普通高等教育"十二五"旅游与饭店管理专业系列规划教材

◎ 教育部高职旅游教指委教学成果奖
◎ 教学做一体化教材/精品课配套教材

总主编 刘住

旅行社经营与管理实务

（第二版）

主 编 朱晔
副主编 洪娟丽 樊小兰 雷引周

西安交通大学出版社
XI'AN JIAOTONG UNIVERSITY PRESS

国家一级出版社
全国百佳图书出版单位

内容简介

本教材以国家职业标准和行业标准为依据,遵照《旅游法》的规定,在校企深度合作的基础上,针对旅行社主要工作岗位,按照旅行社经营与管理实践流程,采用"项目导向,任务驱动"的理念,优化重组知识结构和能力框架,将内容整合设计为筹建旅行社等八个项目,从储备理论知识、熟悉操作流程、开展业务、实施综合管理等方面,以实用的知识结构为支撑,以技能训练为主线,强化对学生职业能力的培养。

本教材以创新的理念,从编写体例、模式、内容和方法四方面进行了大胆的改革,突出实践性、实用性、可操作性,理论阐述简明扼要,操作流程条理清晰,不仅指出了正确的操作要领,还指出了实际工作中常出现的问题,便于初学者借鉴。

本教材既可作为高职高专旅游专业的教材,又可作为旅行社从业人员培训教材。

本教材配有电子教案,凡使用本教材的教师可向出版社索取。

图书在版编目(CIP)数据

旅行社经营与管理实务/朱晔主编. —2 版. —西安:西安交通大学出版社,2014.2(2020.8重印)
普通高等教育"十二五"旅游与饭店管理专业系列规划教材
ISBN 978 - 7 - 5605 - 5983 - 4

Ⅰ. ①旅⋯ Ⅱ. ①朱⋯ Ⅲ. ①旅行社-企业经营管理-高等学校-教材
Ⅳ. ①F590.63

中国版本图书馆 CIP 数据核字(2014)第 019511 号

书　　名	旅行社经营与管理实务(第二版)	
主　　编	朱　晔	
责任编辑	魏照民　祝翠华	
出版发行	西安交通大学出版社	
	(西安市兴庆南路 1 号　邮政编码 710048)	
网　　址	http://www.xjtupress.com	
电　　话	(029)82668357　82667874(发行中心)	
	(029)82668315(总编办)	
传　　真	(029)82668280	
印　　刷	西安日报社印务中心	
开　　本	787mm×1092mm　1/16　　印张 17.25　　字数 420 千字	
版次印次	2014 年 2 月第 2 版　　2020 年 8 月第 5 次印刷	
书　　号	ISBN 978 - 7 - 5605 - 5983 - 4	
定　　价	36.80 元	

读者购书、书店添货,如发现印装质量问题,请与本社发行中心联系、调换。
订购热线:(029)82665248　(029)82665249
投稿热线:(029)82668133
读者信箱:xj_rwjg@126.com

前言 Preface

2013 年《旅游法》的出台和实施,标志着中国旅游业法制化建设实现了根本性的突破。一部《旅游法》让旅行社行业在 2013 年经历了彻底的变革。没有零负团费、没有强迫购物,导游群体陷入迷茫,传统旅行社加入在线价格战,国内团队游遇冷,旅行社集体转型,旅行社自身的经营模式以及相关从业人员的薪酬机制都发生了改变。除此之外,旅行社和游客之间的关系在这一年中发生了诸多微妙的变化。

2009 年国家旅游局发布的《2008 年全国旅行社业务年检情况通报》显示:截至 2008 年年底,全国旅行社总计 20691 家。其中,19626 家通过年检;692 家暂缓通过年检,分别受到限期改正、警告、通报批评、限期整顿、停业整顿等处分;373 家不予通过年检。由此可见,旅行社如何在日益激烈的竞争中抓住机遇、快速转型、规避风险、规范经营、科学管理,以获得经济效益和社会效益最佳化的问题显得尤为重要。

旅行社经营与管理是旅游管理专业的一门核心课程。本书以国家职业标准和行业标准为依据,遵照《旅游法》的规定,在校企深度合作的基础上,针对旅行社主要工作岗位,按照旅行社经营与管理实践流程,采用"项目导向,任务驱动"的理念,优化重组知识结构和能力框架,将内容整合为筹建旅行社等八个项目,从储备理论知识、熟悉操作流程、开展业务、实施综合管理方面等,以实用的知识结构为支撑,以技能训练为主线,强化对学生职业能力的培养。

本书具有以下创新点:

1. 体例创新

本书是由长期工作在教学和旅行社管理一线上的双师型教师和企业专家,总结多年的教学和旅行社工作经验,以国家职业标准和行业标准为依据,从旅行社主要岗位入手,找出知识点、技能点,优化重组知识结构和能力框架。以技能训练为主线加强对学生职业能力的培养,以实用的知识结构为支撑,突出实用性。采用图表文并茂的编写形式,激发学习兴趣,提高学习效果。

2. 模式创新

本书以项目为导向,以任务为驱动,以基于工作过程为载体。打破以教师为主体传播知识的教学模式,转变为以学生为主教师为辅互动教学的模式,即在确定【知识目标】和【技能目标】的前提下,从工作【理论认知】开始,带着【工作任务】【子任务】,按照工作流程,在一个步骤接一个步骤的实训操作过程中,让学生掌握工作程序和标准,培养应具备的职业技能,提高综合素质。

3. 内容创新

本书以项目导向组织课程内容,以任务为驱动组织课程教学,选择适当的工作任务让学生在完成任务中享受工作乐趣,并储备相关理论知识,培养职业能力。正文中既有设定的【情景再现】,又有教师的【指导点评】;既有【应用训练】,又有【温馨提示】;既有穿插在教学中的【实训项目】,又有课后的【思考与练习】,能引导激发学生的学习兴趣,提高教学和学习效率。

4. 方法创新

本书引入项目教学,任务教学,情景教学,操作体验等多种方法,以"实做、实操、实训"方式培养旅行社从业人员的职业素质与技能。

总之,本书突出实战性、实用性、可操作性,理论阐述简明扼要,程序流程条理清晰,不仅指出了正确的操作要领,还指出了实际工作中常出现的问题,便于初学者借鉴。本书既可作为高职高专旅游专业的教材,也可作为高等院校相关专业的参考书,并可作为旅行社从业人员培训教材。

本书由陕西职业技术学院朱晔担任主编,副主编是陕西职业技术学院洪娟丽、山东枣庄职业学院樊小兰、陕西工业职业技术学院雷引周,参编是陕西职业技术学院张园和吴晶、大庆石油学院徐舒、河北建材职业技术学院孟琦、南通大学高鹏、义乌工商职业技术学院傅琴琴。编写分工具体如下:朱晔编写项目一、三、八及本书大纲的编订、全书的统稿;雷引周、高鹏、傅琴琴编写项目二;洪娟丽编写项目四、五;张园、徐舒、孟琦编写项目六;吴晶、樊小兰编写项目七。

在本书的编写过程中,陕西国际旅行社有限责任公司李刚总经理对本书项目的设计、内容的调整给予了指导,并提供了部分旅行社一手资料,中国旅行社总社西北有限公司王凯鹏副经理、西安海外旅行社有限公司王少华总经理等对本书的编写也给予了指导和协助,同时参阅了大量的相关资料(见参考文献),在此向各位企业专家及作者们表示衷心的感谢。

由于时间和水平所限,书中如有疏漏或不当之处,诚恳希望广大读者指正。

本书配有电子课件,凡使用本书作为教材的教师或学校可向出版社索取。

朱　晔

2013 年 12 月写于西安

目录 Contents

项目一　筹建旅行社

实务导入

近代旅游业与旅行社的创始人——托马斯·库克

托马斯·库克于 1808 年 11 月 22 日出生在英国英格兰,自幼家境贫寒,10 岁便辍学从业,先后做过帮工、诵经人和木匠等。由于宗教信仰的原因,库克极力主张禁酒。1841 年 7 月 5 日,托马斯·库克创造性地利用包租火车的方式,载运 540 人从他所居住的莱斯特到拉夫伯勒参加一次禁酒大会,全程 11 英里,每人收费 1 先令。这次活动被后人公认为首次具有商业性质的包价旅游,也是历史上的第一次团体火车旅行。随后,在 1845 年,库克又组织了第一批前往英国利物浦的观光旅游团,这是托马斯·库克第一次有意识的旅游商业活动。库克亲自安排和组织了旅游线路,并担任旅游团的全程陪同。他还雇用了地方导游。这是一次包含了旅游线路考察、旅游产品组织、旅游广告宣传、旅游团队组织和陪同及导游多项内容的旅行社业务活动,大致体现了当今旅行社的基本业务,从而确立了现代旅行社业务的基本模式。此外,他还整理出版了世界上第一本旅游指南《利物浦之行指南》。这些都使托马斯·库克名声大振,也增强了他在这个领域继续开拓的信心。1845 年,库克在莱斯特正式成立了托马斯·库克旅行社,专门从事旅行代理业务。1845—1855 年,他又成功组织了欧洲大陆的团体旅行,并发明了包价旅游形式。1865 年,托马斯·库克父子公司(Thomas Cook & Son Ltd.)正式成立。1872 年,托马斯·库克亲任导游,带着 10 人,历时 70 天,作了人类历史上第一次环球旅行。托马斯·库克及他的旅行社从此声名远扬,享誉欧美大陆。1939 年,托马斯·库克父子公司在世界各地设立了 50 余家分社。

任务:请阐述托马斯·库克旅行社的成立及发展对现代旅行社业的启发和贡献有哪些?

知识目标

掌握旅行社的概念、性质、业务与类型;理解旅行社职能;了解旅行社经营发展的趋势;了解旅行社的组织设计及职能部门的设立;掌握旅行社设立的条件、程序及方式。

技能目标

能准确全面地阐述旅行社的概念、性质、职能等;能按照旅行社的申办程序成立旅行社;能为旅行社进行科学合理的组织设计;能为旅行社设置相应的职位。

工作任务

全面地认知旅行社;解读旅行社设立的条件、程序、方式及产权管理;完成对旅行社的组织设计;设立旅行社职能部门;设置旅行社职位及职责;完成旅行社的设立。

任务一　认知旅行社

子任务 1　解读旅行社的概念与性质

一、解读旅行社的概念

据国务院 2009 年 5 月 1 日起施行的《旅行社条例》规定："旅行社，是指从事招徕、组织、接待旅游者等活动，为旅游者提供相关旅游服务，开展国内旅游业务、入境旅游业务或者出境旅游业务的企业法人。"

二、认知旅行社的性质

在欧美地区，"旅行社是一个以持久盈利为目标，为旅客和游客提供有关旅行及居留服务的企业。这些服务主要是出售或发放运输票证；租用公共车辆，如出租车、公共汽车；办理行李和车辆托运；提供旅馆服务、预订房间，发放旅馆凭证或牌照；组织参观游览，提供导游、翻译、陪同和邮递服务。它还提供租用剧场、影院服务；出售体育盛会、商业集会、艺术表演活动的入场券服务。提供旅客在旅行逗留期间的保障服务；代表其他国外旅行社或旅游组织提供服务"。这一定义力求包容旅行社的经营内容，但是恰恰疏漏了旅行社重要的"招徕"功能。

在我国，旅行社作为旅游企业法人与其他企业具有相类似的共性，也具有其自身的特性。从旅行社的业务范围来看，可以分析出旅行社的几个基本性质。

1. 营利性

旅行社首先是一种企业形态，营利性是所有企业应具有的共性，也是其根本的性质。企业的最终目的是追求利润最大化，旅行社作为一个独立核算、自负盈亏的经营性组织，因而也担负着盈利的重任。

2. 服务性

服务一般是指提供劳动形式，满足他人某种需要并取得报酬的商业行为。服务性是旅游产业中所有旅游企业兼具的，也是旅游企业与工业企业相区别之处。作为向旅游者的空间移动提供旅游产品的旅游企业，旅行社从始至终都离不开服务这一核心内容。同时，由于旅游产业不仅仅是一项独立的、具有经济属性的产业，它的发展还涉及许多社会问题，旅行社作为旅游产业的重要组成部分，其经营旅游产品的出发点和归宿点正是旅游者在旅行中的需求被满足，所以在旅行社的发展过程中，其服务性正是经济效益与社会效益的双重体现。

3. 中介性

作为旅游服务企业，旅行社既是旅游产品的生产者，又是旅游产品的销售者，实质上，旅行社在旅游活动中是旅游服务供应商和旅游服务需求者之间的中介，主要起着媒介和经纪人的作用。

旅行社是旅游客源地与目的地之间，以及旅游消费者与旅游服务供应商之间的纽带，并为促进旅游产品的销售和活跃旅游市场起到了非常积极的作用。旅行社本身的运作主要是依托各类旅游资源和旅游供给设施，并根据旅游需求的全部内容来组织和创新产品，从而完成从资源到效益的转化。

相关链接

携程旅行网品牌创立于1999年,总部设在中国上海,目前已在北京、广州、深圳、成都、杭州、厦门、青岛、南京、武汉、沈阳、三亚11个城市设立分公司,在南通设立呼叫中心,在宁波、苏州、郑州、重庆设立办事处,员工1万余人。作为中国领先的在线旅行服务公司,携程旅行网成功整合了高科技产业与传统旅行业,向超过4000万会员提供集酒店预订、机票预订、旅游度假、商旅管理、特约商户及旅游资讯在内的全方位旅行服务,被誉为互联网和传统旅游无缝结合的典范。

凭借稳定的业务发展和优异的盈利能力,Ctrip于2003年12月在美国纳斯达克成功上市。

(资料来源:携程旅行网)

子任务2 认知旅行社的职能、业务与类型

一、掌握旅行社的职能

虽然世界上存在着不同类型的旅行社,但是它们都是向旅游者提供各种有偿服务的旅游企业,因此企业职能方面具有许多共同之处。

1. 生产职能

旅行社的生产职能是指旅行社设计和组装各种报价旅游产品的职能。旅行社通过批量购买的方式按照优惠价格从其他旅游服务供应部门或企业买进旅游产品的各种基本要素,然后根据旅游市场的需求,将这些要素组装成不同的旅游产品。有时,旅游者根据自己的需求直接向生产旅游产品要素的各类旅游服务供应部门或企业购买,并组装成同样的包价旅游产品。然而,旅游者往往因购买数量较小难以从旅游服务供应部门或企业那里获得优惠的价格,结果造成旅游价格高于旅行社的报价。另外,就产品质量而言,由于旅行社长期从事旅游经营业务,积累了丰富的经验,拥有强大的信息网络,有专业的旅游产品设计人员,因此它们能够向旅游者提供价格公道、旅行便利、接待质量好的高质量旅游产品。

2. 销售职能

旅行社除了在旅游市场上销售本旅行社设计和生产的报价旅游产品外,还经常在旅游服务供应部门或企业与旅游者之间充当媒介,代旅游服务供应部门或企业向旅游者销售单项旅游服务项目。旅行社在此就承担起沟通供求双方的责任,使旅游产品借此可更顺利地进入消费领域,旅行社也因此而成为旅游产品最重要的销售渠道,并具有了销售职能。

3. 分配职能

旅行社的分配职能主要体现在两个方面:一方面,旅行社为了尽量使旅游者对整个旅游过程感到最大限度的满意,必须在不同旅游服务项目之间合理分配旅游者付出的旅游费用,以维护旅游者的利益;另一方面,旅行社必须在旅游活动结束后根据事先同各部门或企业签订的协议和其实际提供服务的数量、质量合理分配旅游收入。

4. 协调职能

旅游活动不仅涉及交通、住宿、餐饮、游览、娱乐、购物等旅游服务供应部门或企业,还涉及海关、边防检查、卫生检疫、外事、侨务、公安、交通管理、旅游行政管理等政府机关。旅行社要

想确保旅游者旅游活动的顺利进行,就必须进行大量的协调工作,在确保合作各方实现各自利益的前提下协同旅游业各有关部门和其他相关行业,保障旅游者的旅游活动过程中各个环节的衔接与落实。

5.信息提供职能

作为旅游产品重要销售渠道,旅行社始终处在旅游市场的最前沿,熟知旅游者的需求变化和市场动态及发展趋势。旅行社将这些信息及时提供给各有关部门和企业,有利于它们调整产品结构和改善经营管理。另外,旅行社利用其与旅游者的接触最频繁和最直接、在旅游者之间享有一定的声誉和旅游者对其比较信赖等有利条件,将旅游目的地本身及各相关部门和企业最新发展和变化的信息及时、准确、全面地传递到旅游市场,促使旅游者选择和购买有关的旅游产品。

二、熟悉旅行社的业务

根据旅行社业务的操作流程,旅行社的基本业务可以划分为产品开发、服务采购、产品销售、旅游接待业务四种类型。

1.产品开发业务

旅行社的产品开发包括产品设计、产品试产与试销、产品投放市场和产品效果检查评估四项内容。首先,旅行社在市场调查的基础上,根据对旅游市场需求的分析和预测,结合本旅行社的规模、专长以及接待能力的实际情况,设计出能够对旅游者产生较强吸引力的产品。其次,旅行社将设计出来的产品进行小批量的试产和试销,考察旅游者对其喜爱的程度,以及该产品是否有瑕疵,是否要对其进行完善。再次,当产品试销成功后,旅行社便应将产品批量投放市场,以便扩大销路,加速成本回收和赚取经营利润。最后,旅行社应定期对投放市场的各种产品进行检查和评价,并根据检查与评价的结果对产品作出相应的完善和改进。

2.服务采购业务

旅游采购业务是指旅行社为了销售旅游产品而向有关旅游服务供应部门或企业购买各种旅游服务项目的业务活动。旅行社的采购业务主要涉及餐饮、住宿、交通、景点、娱乐和保险等部门。

3.产品销售业务

产品销售业务包括制订产品销售战略、选择产品销售渠道、指定产品销售价格和开展旅游促销四项内容。旅行社根据其所处的外部环境和企业内部条件,制订其产品销售战略,确定产品目标市场并选择适当的产品销售渠道。在此基础上,旅行社根据其所确定的利润目标,综合考虑其产品的成本、市场的需求状况、竞争者状况等情况,制订出各项产品的销售价格。旅行社根据其经营实力和目标市场确定和实施旅行社的促销战略并选择适当的促销手段以便将旅行社产品的信息传递到客源市场,引起旅游者的购买欲望,推销出更多的产品。

4.旅游接待业务

旅游接待业务分为团体旅游接待业务和散客旅游接待业务。

团体旅游接待业务是指旅行社通过向旅游团队提供接待服务,最终实现包价旅游的生产与销售。团体旅游接待业务主要由生活接待服务和导游讲解服务构成。

散客旅游接待业务是一项以散客旅游者为目标市场的旅游服务业务。散客旅游接待业务包括单项旅游服务业务、旅游咨询业务和选择性旅游服务业务。

三、分类旅行社

(一)按接待过程分类

按照旅行业团队的组成和接待过程,可以将旅行社分为组团旅行社(简称组团社)和接待旅行社(简称地接社)两种。组团社负责旅游产品的销售,组成旅游团队,并将团队发送到异地接待社处;地接社负责由异地组团社发来的旅游团队在当地旅游行程的安排与接待。一家旅行社可以同时扮演这两种不同的角色。

1. 组团旅行社(简称组团社)

组团旅行社是指接受旅游团(者)或海外旅行社预订,制订和下达接待计划,并可提供全程陪同导游服务的旅行社。

组团社负责客人参团报名工作,根据不同的旅游目的地,联系不同的地接社来完成旅游项目。其业务内容主要包括地接社的选择和接待计划的落实。

组团社必须履行下列义务:

(1)组团社应当维护旅游者的合法权益。组团社向旅游者提供的出国旅游服务信息必须真实可靠,不得做虚假宣传,报价不得低于成本。

(2)组团社经营出国旅游业务,应当与旅游者订立书面旅游合同。旅游合同应当包括旅游起止时间、行程路线、价格、食宿、交通以及违约责任等内容。旅游合同由组团社和旅游者各持一份。

(3)组团社应当按照旅游合同约定的条件,为旅游者提供服务。组团社应当保证所提供的服务符合保障旅游者人身、财产安全的要求;对可能危及旅游者人身安全的情况,应当向旅游者做出真实说明和明确警示,并采取有效措施,防止危害的发生。

(4)组团社组织旅游者出国旅游,应当选择在目的地国家依法设立并具有良好信誉的旅行社(以下简称境外接待社),并与之订立书面合同后,方可委托其承担接待工作。

(5)组团社及其旅游团队领队应当要求境外接待社按照约定的团队活动计划安排旅游活动,并要求其不得组织旅游者参与涉及色情、赌博、毒品内容的活动或者危险性活动,不得擅自改变行程、减少旅游项目,不得强迫或者变相强迫旅游者参加额外付费项目。

(6)旅游团队领队应当向旅游者介绍旅游目的地国家的相关法律、风俗习惯以及其他有关注意事项,并尊重旅游者的人格尊严、宗教信仰、民族风俗和生活习惯。

(7)旅游团队在境外遇到特殊困难和安全问题时,领队应当及时向组团社和中国驻所在国家使领馆报告;组团社应当及时向旅游行政部门和公安机关报告。

(8)旅游团队领队不得与境外接待社、导游及其他为旅游者提供商品或者服务的经营者串通欺骗、胁迫旅游者消费,不得向境外接待社、导游及其他为旅游者提供商品或者服务的经营者索要回扣、提成或者收受其财物。

(9)旅游者在境外滞留不归的,旅游团队领队应当及时向组团社和中国驻所在国家使领馆报告,组团社应当及时向公安机关和旅游行政部门报告。有关部门处理有关事项时,组团社有义务予以协助。

如果组团社或者旅游团队领队有违反以上规定的行为,旅游者有权向旅游行政部门投诉。因组团社或者其委托的境外接待社违约,使旅游者合法权益受到损害的,组团社应当依法对旅游者承担赔偿责任。

2. 接待旅行社（简称地接社）

地接社负责的主要就是完成组团社的客人的要求，不同的团队，不同的服务要求，包括旅游要素的各个项目及一些特殊的要求。一般对于常规旅游团来讲，是简单的房、餐、车、娱、购、游，但是随着现在客人的要求不同，地接社负担的项目也随之增加，所以不能单纯地说地接社的工作就是完成组团社下达的为客户服务的任务。

地接人员从做团到回访的工作职责包括以下七个方面：

（1）工作一定要仔细，不能丢三落四。

（2）报价一定要及时准确，并且明确行程标准，确认传真要打印，叮嘱对方要认真，特别要防止漏接。

（3）送机票之前一定要认真核对姓名，票面内容要看全，交通时刻要认准，交接手续要签字。

（4）发现问题要及时调整，做团质量要保障，团款催收要及时，一定要杜绝团队欠款。

（5）客户的要求要及时反映给导游，有突发事件应迅速得到解决，通信联系要保持畅通。

（6）团队运转要密切关注，各个细节都要做到心中有数，对方有疑问要耐心解释，要跟全陪领队及时沟通。

（7）票据签单要收齐，团队结束要回访，导游报账要细审，卷宗资料要整理。

（二）按业务范围分类

2009年5月1日之前的《旅行社管理条例》规定，旅行社按照业务范围可以分为国内旅行社和国际旅行社。其中国际旅行社经营出境旅游和入境旅游业务，国内旅行社只经营国内旅游业务。

国内旅游业务，是指旅行社招徕、组织和接待中国内地居民在境内旅游的业务。

入境旅游业务，是指旅行社招徕、组织、接待外国旅游者来我国旅游，香港特别行政区、澳门特别行政区旅游者来内地旅游，台湾地区居民来大陆旅游，以及招徕、组织、接待在中国内地的外国人，在内地的香港特别行政区、澳门特别行政区居民和在大陆的台湾地区居民在境内旅游的业务。

出境旅游业务，是指旅行社招徕、组织、接待中国内地居民出国旅游，赴香港特别行政区、澳门特别行政区和台湾地区旅游，以及招徕、组织、接待在中国内地的外国人，在内地的香港特别行政区、澳门特别行政区居民和在大陆的台湾地区居民出境旅游的业务。

2009年5月1日颁布的《旅行社条例》规定，旅行社可以经营国内旅游业务、出境旅游业务和入境旅游业务，没有明确对旅行社进行分类。

相关链接

我国台湾地区的《发展观光条例》将台湾地区的旅行业划分为综合旅行业、甲种旅行业和乙种旅行业3种类型。

1. 综合旅行业：综合经营入岛、出岛和岛内旅游服务。

2. 甲种旅行业：经营出岛旅游服务。

3. 乙种旅行业：经营岛内旅游服务。

问题：从旅行社分类制度来看，我国台湾地区属于哪种分工体系？

相关链接

我国旅行社历史上的两次分类

第一次

1985年公布的《旅行社管理条例》把我国旅行社分为三类：

一类社：经营对外招徕并接待外国人、华侨、港澳同胞、台湾同胞来中国、归国或回内地旅游业务；

二类社：不对外招徕，只经营接待一类社或其他涉外部门组织的外国人、华侨、港澳同胞、台湾同胞来中国、归国或回内地旅游业务；

三类社：经营中国公民国内旅游业务。

第二次

1996年公布的《旅行社管理条例》把我国旅行社分为两类：

1. 国际旅行社：经营范围包括入境旅游业务、出境旅游业务和国内旅游业务；
2. 国内旅行社：经营范围限于国内旅游业务。

子任务3 分析旅行社经营发展的趋势

一、多元化经营

1. 旅行社多元化经营的概念

多元化经营，又称多样化经营，是企业经营不只局限于一种产品或一个产业，而实行跨产品、跨行业的经营扩张。多元化经营战略属于开拓发展型战略，是企业发展多品种或多种经营的长期规划。

多元化经营，就是企业尽量增大产品大类和品种，跨行业生产经营多种多样的产品或业务，扩大企业的生产经营范围和市场范围，充分发挥企业特长，充分利用企业的各种资源，提高经营效益，保证企业的长期生存与发展。旅行社的多元化经营是指那些和主要业务相关的上下游产品的多元开发。但是，这些企业都有相当大的上下游业务，形成了在同一产业链上的多元经营格局。这种多元经营的发展是健康的，是有主体依附的，具有很强的生命力和发展潜力。在集团企业的初级发展阶段比较适合采用这种模式，而盲目的脱离主业的多元经济发展往往会给企业带来损失。

旅行社经济基础一般比较薄弱，使得旅行社抗击市场风险的能力较差，很多旅行社希望通过多元化，改变旅行社单一的中介角色，增强生存能力。因此，经营风险的管理便成为旅行社经营管理活动中的一项重要内容。为了有效地规避经营风险，这就要求旅行社经营人员具有敏锐的洞察力，准确把握我国旅行社行业的发展趋势，并且能够领导自己的企业在变革中求发展。

2. 旅行社多元化经营模式

（1）水平多元化经营战略（horizontal diversification），是指以现有产品市场为中心，向水平方向扩展经营领域的战略。比如，一个经营国际旅游业务的旅行社，还可以同时经营境内旅游、境内居民到境外旅游等业务，它适合于社会信誉较好的旅行社。

（2）垂直多元化经营战略（vertical diversification），是以现有的产品、市场为基础，向垂直方向扩大经营领域的战略。它又分为前向一体化经营战略（forward diversification）和后向一体化经营战略（backward diversification）。比如旅行社可以经营餐饮、商场、娱乐场等业务，它有利于综合利用资源，适合于规模较大的旅行社。

（3）同心多元化经营战略（concentric diversification），指企业利用原有的生产技术条件，制造与原产品用途不同的新产品，虽然与现有的产品、市场领域有些关系，但开发的是完全异质的产品的市场经营领域的战略。比如，旅行社发挥服务优势，经营票务代理、信息传播、咨询服务、创办旅游学校等业务，它适合于技术水平较高的旅行社。

二、集团化经营

1. 集团化经营的概念

所谓集团化即是以母公司为基础，以产权关系为纽带，通过合资、合作或股权投资等方式把三个及三个以上的独立企业法人联系在一起就形成了集团。集团成员企业之间在研发、采购、制造、销售、管理等环节紧密联系在一起，协同运作的方式叫集团化运作或集团化经营模式。

旅行社实施集团化发展战略是我国旅行社业发展到一定阶段的产物，是社会化分工、专业化协作、网络连锁化服务的必然趋势，是市场竞争的必然结果。旅行社实施集团化战略可以为企业赢得规模经济和范围经济效益，实现交易成本的节约，获取多元化经营和垄断经营的优势，因此，近几年已涌现出大量成功实施集团化战略的案例，实现了企业的快速增长。

2. 集团化经营的形式

我国旅行社集团化是改革开放后经济体制适应经济发展规律的必然产物。在各种集团化发展模式中，市场化取向的发展模式应当成为具有核心竞争力的大型旅行社进行扩张、组建企业集团的目标模式和最好选择。旅行社集团主要有两种形式。

（1）以旅行社为主体组成的旅游企业集团。这种形式的集团有比较明显的缺点：首先，如果这些旅行社处在同一地区，相互之间会存在明显的相互竞争关系；其次，旅行社作为中介组织，其资产数量有限，即使实现了资产一体化，也难以维系各个成员而保持集团的稳定，集团的实力也往往比较有限；第三，如果集团由不同地区的旅行社组成，其内部处于不同地区的旅行社在接待上可以相互输送客源，但在从海外引进客源方面又是彼此竞争的关系，这样的集团也存在不稳定的因素。因此，总的看来，这种形式的集团不会占多数。

（2）跨行业的综合性旅游集团。这种形式的集团不仅有旅行社，还有车船公司、旅游饭店、旅游景点、旅游纪念品商店、娱乐设施甚至航空公司。但我国的综合性旅游集团大多局限于某一地区，而且多带有比较明显的行政色彩，往往是通过行政手段把本地区的饭店、餐馆、景点、旅行社组成地区性、跨行业的旅游企业集团。

目前我国的旅游集团多以区域性为主，因此，打破地域界线，消除条块分割，组建我国跨地区、跨行业的旅游集团势在必行。旅游集团要做到政企分开、自主经营、自负盈亏，尽快适应市场要求。

三、跨国化经营

有研究成果表明，旅游产品的特点为旅游企业的跨国化经营提供了市场条件，跨国公司投资自由化为旅游企业跨国化经营提供了货币资本条件，国际服务贸易自由化为旅游企业跨国化经营提供了宏观经济条件,加之跨国公司理论和实践的推动作用,以及发达国家旅游企业跨国经营对发展中国家的示范效应,使旅游企业跨国化经营已经成为国际旅游业发展的大趋势。

对于发达国家来说,跨国经营已经成为旅游产业的增长之源,而对于发展中国家而言,接受境外旅游企业,特别是发达国家旅游企业的跨国化经营也已成为发展中国家旅游业的增长支点。

四、专业化经营

1. 专业化经营趋势

我国的旅行社行业还没有形成专业化分工,产品、服务同质化严重,价格成为主要的竞争手段。随着我国旅游市场容量的扩大,旅行社向旅游批发商、代理商和零售商演变,未来旅行社要实现按不同的市场职能进行分工,最终形成大型旅行社通过并购和重组实现集团化,中型旅行社通过市场细分实现专业化,小型旅行社通过代理制实现网络化的发展格局,真正形成同一市场下的专业分工经营体系。

2. 专业化经营的调整

我国现行旅行社分工体系造成了许多难以解决的困难,对我国旅行社行业的分工体系进行调整势在必行。我国旅行社行业结构的调整,应该是通过对现有旅行社的改造、分化、组合等方式,实现中型旅行社专业化。

在大型旅行社通过重新组合实现集团化以后,市场上那些规模中等的旅行社应相应调整经营方向,避开其在标准化产品方面相对于集团旅行社的比较劣势,实现专业化经营,最大限度地满足特定细分市场,对某些产品进行深度开发,形成特色产品或服务。中型旅行社就是要靠特色旅游产品增强总体的吸引力,以便与旅行社集团展开竞争。

3. 异地专业化经营

不同地区的专业化旅行社可以采用连锁经营方式进行联合,把各个旅行社的力量集中起来,使之可以像旅行社集团那样拥有产品开发、采购等方面的优势。

联合以前,各单体旅行社可能规模不大,但连锁经营是把这些中小规模旅行社的力量集中起来,使其能够像旅行社集团那样拥有在产品开发、采购和促销等方面的优势,这实际上是另一种方式的规模化经营,符合利用规模经营提高行业经济效益的原则。当然,由于受单体旅行社规模的限制,连锁旅行社所经营的产品类型不可能太多,而只能是专业化和特色化的旅游产品。

应用训练

美国运通旅行社的发展历程

美国运通旅行社是美国最大的旅行社,也是世界上最大的旅行社。该旅行社于1850年在美国的纽约州包法罗市建立,起初经营货物、贵重物品和现金的快递业务。1882年,美国运通公司推出自己的汇票,并且立即获得成功。

1891年,美国运通公司推出第一张旅行支票。美国运通公司以其良好的信誉为其所发行的旅行支票作担保,并且保证接受这种支票的人不会蒙受任何损失。假如支票被盗或是支票上的签名被人仿冒,美国运通公司保证承担损失。公司不靠发行旅行支票的手续费赢利,而是靠每年数十亿美元的吸存进行投资。同年,美国运通公司建立欧洲部,并于1895年在巴黎建立了第一家分公司,随后又先后在伦敦、利物浦、南开普敦、汉堡、不来梅等城市建立了分公司。很快,美国运通公司的办事处和分公司遍布整个欧洲。

在旅游市场巨大发展潜力的诱惑下,美国运通公司于 1915 年设立了旅行部。1916 年,旅行部组织了很多旅游团,其中包括分别前往远东地区和阿拉斯加的旅游客轮和前往尼亚加拉大瀑布和加拿大的包价旅游团。1922 年,美国运通公司开始经营通过巴拿马运河的环球客轮旅游。在 20 世纪 30 年代,美国运通公司开始实施大规模的国内旅游业务计划,公司创办著名的乘火车前往美国西部地区旅游的"旗帜旅行团",项目包括交通、住宿、游览观光和餐饮等内容。

第二次世界大战结束以来,美国运通公司获得了巨大发展,现已成为世界上最大的旅行和金融集团。除了旅行部和旅行支票部之外,美国运通公司还设有银行部、投资部和保险部。另外,美国运通公司发行的信用卡还是国际上使用的主要信用卡之一。

[任务] 请回答问题:

1. 通过案例说明旅行社业发展的历程?
2. 旅行社是什么类型的企业?
3. 旅行社的基本职能有哪些?

相关链接

2012 年度全国旅行社基本情况

一、行业规模

截至 2012 年底,全国旅行社总数为 24944 家(按填报 2012 年第四季度组织接待数据的旅行社数量计算),同比增长 5.29%。四川、宁夏、新疆和北京 4 个省份旅行社数量减少,减幅最大的四川达 15.10%;其余 28 个省份旅行社数量都有不同程度的增长,增幅最大的重庆达 16.00%,甘肃、内蒙古、广西、广东和贵州 5 个省份的增长超过或接近 10%。有 10 个省份旅行社数量超过 1000 家,数量最多的江苏为 1996 家;有 10 个省份旅行社数量少于 500 家,数量最少的新疆为 95 家。

全国旅行社资产合计为 839.55 亿元,同比增长 18.05%,其中,负债 544.61 亿元,同比增长 17.93%;所有者权益 294.94 亿元,同比增长 18.28%。全国旅行社直接从业人员为 318223 人,同比增长 6.16%,其中大专以上学历 222760 人,同比增长 11.21%。

二、经营规模和效益

2012 年度全国旅行社营业收入 3374.75 亿元,同比增长 17.51%;营业成本 3141.51 亿元,同比增长 18.05%;营业利润 24.58 亿元,同比增长 11.17%;利润总额 31.16 亿元,同比增长 44.55%;营业税金及附加 14.71 亿元,同比增长 12.62%;所得税 7.16 亿元,同比减少 6.05%;旅游业务营业收入 3096.75 亿元,同比增长 17.90%;旅游业务利润 148.28 亿元,同比增长 11.82%。

2012 年度全国旅行社国内旅游营业收入 1878.33 亿元,同比增长 12.35%,占全国旅行社旅游业务营业收入总量的 60.65%;国内旅游业务利润 87.01 亿元,同比增长 9.75%,占全国旅行社旅游业务利润总量的 58.68%。

2012 年度全国旅行社出境旅游营业收入 936.06 亿元,同比增长 40.11%,占全国旅行社旅游业务营业收入总量的 30.23%;出境旅游业务利润为 44.67 亿元,同比增长 24.25%,占全国旅行社旅游业务利润总量的 30.13%。

2012 年度全国旅行社入境旅游营业收入 282.36 亿元,同比减少 1.46%,占全国旅行社旅游业务营业收入总量的 9.12%;入境旅游业务利润为 16.59 亿元,同比减少 4.43%,占全国旅行社旅游业务利润总量的 11.19%。

三、旅游业务分项

1. 入境旅游业务

2012 年度全国旅行社入境旅游外联 1643.64 万人次、6882.70 万人天,接待 2366.61 万人次、7771.86 万人天,分别同比增长 12.97%、11.34%、3.76%、8.46%。2012 年度旅行社入境旅游外联人次排名前十位的客源地国家和地区依次为香港、韩国、台湾、澳门、日本、俄罗斯、美国、新加坡、泰国、马来西亚。

2012 年度旅行社入境旅游接待人次排名前十位的客源地国家和地区依次为香港、台湾、韩国、澳门、俄罗斯、美国、日本、马来西亚、泰国、新加坡。

2. 国内旅游业务

2012 年度全国旅行社国内旅游组织 14368.64 万人次、43423.72 万人天,接待 16303.49 万人次、38407.67 万人天,分别同比增长 4.80%、增长 21.11%、减少 3.53%、增长 14.06%。2012 年度旅行社国内旅游组织人次排名前十位的省份依次为广东、浙江、江苏、上海、山东、四川、湖北、重庆、湖南、福建。2012 年度旅行社国内旅游接待人次排名前十位的省份依次为江苏、广东、浙江、四川、云南、上海、福建、山东、湖北、湖南。

3. 出境旅游业务

2012 年度全国旅行社出境旅游组织 2830.57 万人次、13021.61 万人天,分别同比增长 39.99%、54.91%。2012 年度旅行社出境旅游组织人次排名前十位的目的地国家和地区依次为香港、澳门、台湾、泰国、韩国、新加坡、日本、马来西亚、越南、法国。

2012 年度全国旅行社总体结构

一、旅行社区域分布

2012 年度旅行社数量排名前十位的省份(自治区、直辖市)依次为:江苏(1996 家)、山东(1963 家)、浙江(1894 家)、广东(1512 家)、河北(1252 家)、辽宁(1141 家)、河南(1141 家)、上海(1090 家)、湖北(1041 家)、北京(1021 家),上述省份旅行社数量占全国旅行社总量的 56.33%。

二、旅行社经营状况分布

2012 年度全国旅行社组接指标排名前十位的省份(自治区、直辖市)依次为广东、浙江、山东、江苏、北京、上海、辽宁、湖南、四川、福建。

2012 年度全国旅行社主要经济指标(旅游业务营业收入、旅游业务利润、实缴税金三项综合)排名前十位的省份(自治区、直辖市)依次为广东、北京、上海、浙江、江苏、山东、湖南、福建、湖北、云南。

三、旅行社类别分布

2012 年度全国出境旅游组团社旅游业务营业收入 1984.21 亿元,同比增长 27.32%,占全国旅行社总量的 64.07%;旅游业务利润 96.55 亿元,同比增长 16.35%,占全国旅行社总量的 65.11%;实缴税金 13.40 亿元,同比增长 8.85%,占全国旅行社总量的 61.27%。

2012 年度全国外商投资旅行社旅游业务营业收入 32.60 亿元,同比增长 29.93%,占全国旅行社总量的 1.05％；旅游业务利润 2.74 亿元，同比增长 46.52％，占全国旅行社总量的 1.85％；实缴税金 0.36 亿元，同比增长 38.46％，占全国旅行社总量的 1.65％。

（资料来源：国家旅游局）

2013 年全年中国的旅游收入可以达到 2.9 万亿元

2014 年 1 月 6 日，全国旅游工作会议举行，会议总结了 2013 年的旅游工作。

2013 年全年中国的旅游收入可以达到 2.9 万亿元，国家的旅游人数达到了 32.5 亿人次，出境旅游的人也是越来越多，达到了 9730 万人次，入境旅游的外汇收入达到 478 亿美元，新增的旅游直接就业人员达到了 50 多万人。2013 年《旅游法》的出台和实施，标志着中国旅游业法制化建设实现了根本性的突破。值得注意的是，旅游投资正在快速的增长，2013 年全国的旅游直接投资是达到了 5144 亿元，其中民间资本成为旅游投资的主力，大约占到了总投资的 57％。

（资料来源：环球旅讯，2014 年 1 月 6 日）

2013 旅行社洗牌之年

一部《旅游法》让旅行社行业在 2013 年经历了彻底的变革。没有零负团费，没有强迫购物，导游开始歇业，旅行社自身的经营模式以及相关从业人员的薪酬机制都发生了改变。除此之外，旅行社和游客之间的关系在这一年中发生了诸多微妙的变化。具体如下：

(1)《旅游法》促旅行社集体转型；

(2)导游群体陷入迷茫；

(3)传统旅游社加入在线价格战；

(4)价格全面上涨；

(5)邮轮混战元年；

(6)高端订制游走热；

(7)海岛自由行火爆；

(8)国内团队游遇冷。

（资料来源：环球旅讯，2013 年 12 月 25 日）

任务二 设立旅行社

子任务1 了解旅行社设立的条件及程序

一、了解我国旅行社设立的条件

1. 营业场所

为确保旅游业务的顺利开展，旅行社必须拥有与其业务规模相适应的固定营业场所，根据《旅行社条例》和《旅行社条例实施细则》的规定，所谓"经营场所"应符合下列要求：①申请者拥有产权的营业用房或者申请者租用的、租期不少于 1 年的营业用房；②营业用房应当满足申请业务经营的需要。

2. 营业设施

《旅行社条例实施细则》对旅行社的营业设施提出了基本要求：设立旅行社，必须拥有两部以上的直线固定电话,传真机、复印机,具备与旅游行政管理部门及其他旅游经营者联网条件的计算机。

3. 注册资本

注册资本是指旅行社向政府企业登记部门登记注册时所填报的财产总额,包括流动资产和固定资产。注册资本是旅行社承担债务的一般担保财产。根据《旅行社条例》,申请设立旅行社,经营国内旅游业务和入境旅游业务的,应有不少于 30 万元的注册资本。《旅行社条例》规定了设立旅行社的最低限额注册资本,其注册资本可以高于上述规定数额,但不得低于上述规定。

4. 质量保证金

《旅行社条例》规定:旅行社应当自取得旅行社业务经营许可证之日起 3 个工作日内,在国务院旅游行政主管部门指定的银行开设专门的质量保证金账户,存入质量保证金或者向作出许可的旅游行政管理部门提交依法取得的担保额不低于相应质量保证金数额的银行担保。质量保证金是一种专用款项,用于赔偿因旅行社的过错或破产而造成的旅游者合法权益的损失。我国设立旅行社质量保证金制度,是为加强对旅行社服务质量的监督和管理,保证旅行社规范经营,保护旅游者的合法权益和维护我国旅游业的声誉。

经营国内旅游业务和入境旅游业务的旅行社,应当存入质量保证金 20 万元;经营出境旅游业务的旅行社,应当增存质量保证金 120 万元。

旅行社每设立一个经营国内旅游业务和入境旅游业务的分社,应当向其质量保证金账户增存 5 万元;每设立一个经营出境旅游业务的分社,应当向其质量保证金账户增存 30 万元。

应用训练

旅行社承包挂靠承包者卷款潜逃

2000 年 12 月至 2001 年 1 月间,黎剑、杜伟(湖南张家界人)等人,以北京中天旅行社接待部名义,租用北京崇文门饭店 203 房间作为经营场所,并以北京中天旅行社名义发布广告,在收取游客大量旅游款或购票订金后携款潜逃。此案共涉及游客 355 人,金额 99 万余元,堪称旅游业大案。此案系中天旅行社内部管理混乱,将部门随意承包所造成的,北京市旅游局在认定责任后,依据有关规定对该社进行了停业整顿,并动用了其 10 万元质量保证金对游客进行补偿。

任务:讨论旅行社如何规范经营、加强管理避免不必要的损失。

【温馨提示】

随着旅游需求在我国的日益增长,人们希望能像购买其他日常用品一样方便地购买各种旅游产品,这就要求旅行社经营者将旅行社的营业场所广泛设立于旅游者便于购买的所有地方。旅行社的代理制是通过旅行代理商对旅游经营商、旅游批发商或其他旅游供应商产品销售权的代理,既妥善解决了旅行社专业化分工和风格化布局问题,又通过佣金制妥善解决了合作双方的经济利益问题。但是北京中天旅行社没有处理好其中的问题,随意的承包挂靠,实质是非法转让或变相转让许可证的违规经营行为。他们这样的行为就是终酿恶果的典型事件。在这里要告诫旅游者报名时不要害怕麻烦,需留心核查组团单位的资质,问明情况,如在门市部报名不妨找总社核实。此案的受害者交款后拿到的都不是正式发票而是收据,有的甚至是白条,而且所签旅游合同和收据上的章都是部门章,而部门章是不具有法律效应的。

(资料来源:http://travel.veryeast.cn)

二、了解我国旅行社设立的程序

在我国,旅行社属于实行业务经营许可制度的行业,即申请设立旅行社必须先经旅游行政管理部门批准,获得旅行社业务经营许可证,方可到工商行政管理部门注册登记。

1. 申请行业许可

凡申请设立旅行社,均应当向省、自治区、直辖市旅游行政管理部门(简称省级旅游行政管理部门)提交以下文件:

(1)设立申请书。设立申请书内容包括申请设立旅行社的中英文名称及英文缩写,设立地址,企业形式、出资人、出资额和出资方式,申请人、受理申请部门的全称、申请书名称和申请的时间。

(2)法定代表人履历表及身份证明。

(3)企业章程。企业章程主要内容应该包括:旅行社的名称、地址和联络办法;旅行社设立、变动、歇业和破产决策;旅行社的经济性质、注册资金额和资金来源;旅行社的宗旨、目的和经营范围;组织机构及原则、劳动用工及人事管理、分配方案;财务管理制度;章程修改程序等。

(4)依法设立的验资机构出具的验资证明。

(5)经营场所的证明。

(6)营业设施、设备的证明或者说明。

(7)工商行政管理部门出具的《企业名称预先核准通知书》。

申请行业许可具体可参照本项目的项目附录。

2. 接受许可审核

旅游行政管理部门在收到设立申请后,会根据旅游业发展规划和市场需要以及对申办条件的实地验收情况进行审批,并在规定期限内予以答复。

申请设立旅行社,经营国内旅游业务和入境旅游业务的,应当向所在地省、自治区、直辖市旅游行政管理部门或者其委托的设区的市级旅游行政管理部门提出申请,并提交相关证明文件。受理申请的旅游行政管理部门应当自受理申请之日起 20 个工作日内作出许可或者不予许可的决定。

旅行社取得经营许可满两年,且未因侵害旅游者合法权益受到行政机关罚款以上处罚的,可以申请经营出境旅游业务。

申请经营出境旅游业务的旅行社,应当向国务院旅游行政主管部门或者其委托的省、自治区、直辖市旅游行政管理部门提出申请,受理申请的旅游行政管理部门应当自受理申请之日起 20 个工作日内作出许可或者不予许可的决定。

3. 办理工商登记和税务登记

对申请设立经营国内旅游业务和入境旅游业务的旅行社,所在地省、自治区、直辖市旅游行政管理部门或者其委托的设区的市级旅游行政管理部门予以许可的,向申请人颁发旅行社业务经营许可证,申请人持旅行社业务经营许可证向工商行政管理部门办理设立登记;不予许可的,书面通知申请人并说明理由。

对申请经营出境旅游业务的旅行社,国务院旅游行政主管部门或者其委托的省、自治区、直辖市旅游行政管理部门予以许可的,向申请人换发旅行社业务经营许可证,旅行社应当持换发的旅行社业务经营许可证到工商行政管理部门办理变更登记;不予许可的,书面通知申请人并说明理由。旅行社在领取营业执照后,应向当地税务部门申请办理开业税务登记,并在办妥银行账号后申请税务执照。办理时应向当地税务部门领取统一的税务登记表,如实填写各项内容。经税务机关审核同意后,旅行社可获得税务登记证,继而申领发票,开始正式营业。

4.设立分支机构

旅行社设立分社的,应当持旅行社业务经营许可证副本向分社所在地的工商行政管理部门办理设立登记,并自设立登记之日起 3 个工作日内向分社所在地的旅游行政管理部门备案。

旅行社设立专门招徕旅游者、提供旅游咨询的服务网点应当依法向工商行政管理部门办理设立登记手续,并向所在地的旅游行政管理部门备案。

5.旅行社变更登记事项或者终止经营

旅行社变更名称、经营场所、法定代表人等登记事项或者终止经营的,应当到工商行政管理部门办理相应的变更登记或者注销登记,并在登记办理完毕之日起 10 个工作日内,向原许可的旅游行政管理部门备案,换领或者交回旅行社业务经营许可证。

6.设立外商投资旅行社

外商投资旅行社,包括中外合资经营旅行社、中外合作经营旅行社和外资旅行社。

设立外商投资旅行社,由投资者向国务院旅游行政主管部门提出申请,并提交符合《旅行社条例》第六条规定条件的相关证明文件。国务院旅游行政主管部门应当自受理申请之日起 30 个工作日内审查完毕。同意设立的,出具外商投资旅行社业务许可审定意见书;不同意设立的,书面通知申请人并说明理由。

申请人持外商投资旅行社业务许可审定意见书、章程,合资、合作双方签订的合同向国务院商务主管部门提出设立外商投资企业的申请。国务院商务主管部门应当依照有关法律、法规的规定,作出批准或者不予批准的决定。予以批准的,颁发外商投资企业批准证书,并通知申请人向国务院旅游行政主管部门领取旅行社业务经营许可证,申请人持旅行社业务经营许可证和外商投资企业批准证书向工商行政管理部门办理设立登记;不予批准的,书面通知申请人并说明理由。

相关链接

旅行社选址的学问

旅行社选址,其重要性不言而喻。就国内的几个大的旅游城市上海、广州、北京而言,上海的旅行社做得最好,广州也不错,北京比之,还有一段差距。上海许多旅行社的门市设在繁华的西藏路,标志显著,对游人的吸引力很强。广州在闹市区及大商场内,也能见许多旅行社门面,常见游客驻足。北京在近几年,几家实力强的大旅行社,也纷纷抢占好位置,在商业街区设起了门脸。行动虽迟了些,但终究有了行动。美国旅游学者帕梅拉·弗里蒙特根据自己的实践经验,就旅行社的选址问题提出自己的见解:

1. 旅行社应设在繁华的商业区,以便吸引过往行人;

2. 旅行社营业处应有足够的停车场,便于公众停留;

3. 尽量避免选择旅行社林立的地区,以减少竞争压力;

4. 旅行社应选择中层收入家庭相对集中的地区,且附近有较大规模的企业,以便吸引人们参加旅游;

5. 旅行社营业场所以底楼为好,以方便顾客。在美国,有关协会还就旅行社选址做了如下规定:旅行社不能设于家中,必须设在公众出入方便的商业区,并保证正常营业时间;旅行社不能与其他业务部门合用办公室,而且必须有独立的出口,如果设于高层商业建筑内,须有门与走廊相接;如果没有直接的通道,旅行社不能设于饭店内。国外对旅行社选址的规定与经验是以其国情为基础的,我们可以作为参考。北京曾在闹市区设立了一条旅游街,几十家旅行社、风景区扎堆做生意,生意出奇的好,家家有生意,都能挣到钱。可惜由于街道改建,这条旅游街给撤了。

子任务 2　确定旅行社设立的方式及产权管理

一、了解旅行社其他设立的方式

除按照程序自行设立旅行社以外,还有两种旅行社设立的方式,这两种方式分别为收购现有的旅行社和特许经营形式。

1. 收购现有的旅行社

收购现有的旅行社是一种比较快速、程序相对简单的旅行社建立方式,这种设立方式的优、劣势非常明显。

优势:有客户关系的工作人员;可以立刻运营;能获得网络经营优势;可能价格优惠。

劣势:关键人员的流失;预想和现实的不符;会受前者经营业绩的影响;对价值评估不准确;需要更多的启动资金。

2. 特许经营形式

特许经营在商业领域中被广泛使用,但在旅行社行业并不多见。旅行社目前已进入微利时代,是一个低收入、低收益的企业,虽然特许费、年服务费等特许经营费用较少,但是,采用特许经营可以拥有一个著名品牌标识的使用权、中央营销系统和培训设施等,这些对旅行社的发展和经验积累也很重要。

二、了解旅行社的产权形式及管理

我国旅行社现已形成由国有独资公司、股份有限公司、有限责任公司、股份合资公司和中外合资公司五种组建形式并存的局面,全部实行有限责任制度。

1. 国有独资公司

我国现有的国际旅行社大多属于这种方式,一般是由原来的国家所有转变为所有权和经营权相分离的企业。

(1)企业的全部资产均为国家所有,其资产委托代理关系为:全民→全国人大→国家各部门→旅行社领导组→旅行社总经理。

(2)企业不存在股权、股份和股票;公司不设董事会,总经理由主管部门任命;企业职员为国家聘用的工作人员。

(3)企业经营权包括使用权、收益权和转让权。

2. 股份有限公司

股份有限公司将全部的资本划分为等额股份,并通过股票的形式上市交易,公司可通过发起设立或募集设立的方式组建公司。发起设立是指发起人认购公司应发行的全部股份而设立公司;募集设立是指由发起人认购应发行股票的一部分,然后通过向社会公开发行股票募集其余部分资金的方式设立公司。股份有限公司可以大规模地向社会筹集资金,并能为社会公众提供投资的机会,而且公司的经营状况会受到社会公众的监督。

股份有限公司的资产为股东所有,实物形态的资产为产权运行的行为主体所有。资产的委托代理关系为股东→董事会→总经理。股份有限公司产权的重要特点之一是股权在个人之间是可分的不可分的,而公司的法人财产权是不可分的运作整体。

3. 有限责任公司

有限责任公司是指不通过发行股票而有为数不多的股东集资组建的公司,股东数量为2个以上50个以下,国家授权的部门也可以设立独资公司。有限责任公司的资本无须划分等额的股份,也不发行股票。股东确定出资金额并交付资金后即由公司出具股东证明作为在公司享有权益的凭证。股东证明不能自由买卖,如要出让,一般要得到全体股东的同意并有一定限制,出让的股份公司股东有优先购买权。

在有限责任公司,董事会成员和高层经理具有股东身份,大股东一般亲自经营和管理公司,公司股权和法人财产权分离程度不高。有限责任公司的财务状况也不必向社会公开,公司的成立歇业和解散的程序比较简单,管理机构也不复杂,产权规模也比股权有限公司要小。

4. 股份合资公司

股份合资公司产权规模较小,从业人员也较少。旅行社全部资产归股份所有者,股份所有者既是股东又是员工,其收益包括工资和分红两部分。资产的委托关系为股东所有者→总经理。公司有股权但无股票,一般也不开股权证明,财产关系由合同规定,总经理由股权持有者选聘或自任,职工由公司聘任。公司资产表现为价值形态和实物形态,目前采用股份合作制的公司较多。

5. 中外合资公司

中外合资旅行社的产权形态及特点与股份有限公司和有限责任公司相同,股份有限公司和有限责任公司只要吸收外资入股即成为中外合资公司。

子任务3 完成对旅行社的组织设计

一、储备旅行社组织设计的相关知识

1. 组织的含义

什么是组织?比较一致地看法认为组织具有两重含义:

(1)组织是一种管理机构设置,是企业为了完成特定的目标与任务,依照一定的原则,通过一定的规章制度建立起来的企业内部管理体系。

(2)组织指的是一种管理活动,是企业围绕自己目标与任务,在责权利统一基础上对生产与经营活动进行分工、协调、计划、指挥、监督、控制的过程,也有人称之为企业内部管理。

2. 旅行社组织机构设计原则

旅行社组织机构设置是否合理,在很大程度上影响旅行社能否高效地运作。旅行社组织机构设计原则是对旅行社机构设置提出的准则与要求。一般情况下,凡是符合这些原则的,我们通常可以认为其是合理的;凡是不符合这些原则的,那么,意味着旅行社的组织机构需要进一步作调整。

(1)目标原则。目标原则要求旅行社在进行组织设计时应该以事建机构,并明确其职能、

任务和工作量,再配置必需的人员,而不是因人设岗,因岗找事。

作为独立经营、自负盈亏的旅游服务企业组织,旅行社的目标是在提供与旅游有关的服务的同时,实现利润最大化和企业长期价值最大化。为此,旅行社一般都相应地设立服务采购、市场销售、旅游接待等业务部门,以及配套的人力资源、财务会计、质量监督等职能部门。

(2)分工协作原则。分工可以降低人们掌握知识和技能的难度,提高劳动的专业化水平,提高劳动效率,并且使责任更加明确。旅行社是一个由多部门、多岗位及众多人员组成的整体,在实行分工时强调相互协作是必要的。尽管旅行社的基本业务有旅游产品开发、旅游服务采购、旅游产品的促销与销售、旅游接待等之分,但它们之间又是互相联系的,而且,任何一个部门业务,哪怕细微的失误或疏忽,都会影响到旅行社整体目标的实现。在旅行社为游客提供的服务中,几乎没有哪一项服务能够靠一个部门或一个岗位就可以完成的。

(3)集权分权原则。旅行社组织权力的集中与分散,是通过统一领导与分级管理来实现的。集权与分权是注意职权与职责的统一。组织设计中,要充分考虑到职权和职责的明确和配套,这样才能调动员工的积极性和工作热情。同时,权力集中的程度应以组织的决策是否有效,同时又能充分发挥下属的工作积极性为尺度;而权力的分散则以不失去有效控制为限。

(4)管理跨度原则。管理跨度通常是指一个管理人员所拥有的直接下属的数量,它决定着组织的层次和管理人员的数目。管理跨度小,意味着直接下属少、工作量小、管理层次多,故工作效率低;管理跨度大,则意味着直接下属多、工作量大、管理层次少,故工作效率也就高。

一个管理者具体能领导多少人数取决于管理者的管理水平、工作的复杂性和标准化程度,以及下属的自我管理水平与素质等。在我国,由于绝大多数旅行社规模较小,业务并不复杂,加之从业人员素质较高,因此,旅行社组织机构的层次不多,管理跨度相对较大。

3. 旅行社组织机构的基本模式

旅行社组织机构的基本模式有直线制、直线职能制和市场部门制三种。

(1)直线制。直线制是从最高层到最低层按垂直系统建立的组织形式。一个下属部门只接受一个上级领导的指挥,不存在管理职能的分工。

直线制组织机构的优点是:机构简单,权力集中,指挥与命令统一,效率高;它的缺点是:缺乏合理分工,不利于同级协调与联系,总经理工作负担过重,经常处于忙乱的状态。直线制的组织机构形式,一般只适用于人数少的小型旅行社。

(2)直线职能制。直线职能制组织机构形式被我国目前大多数旅行社所采用。这种结构模式是在对组织善于控制的"直线制"的基础上,考虑发挥专业人员的才干而发展起来的,主要依照旅行社内部生产过程来构建部门,外联、计调、接待等业务部门可称为旅行社的一线部门,它们按直线制形式组织。办公室、财务部、人力资源部等不直接参与旅行社的业务活动,而是为一线部门服务或者执行某些专门管理职能的部门。这些职能部门一般不拥有对一线部门及其下属部门进行业务指挥的权力,除非接受了总经理的授权负责某些业务工作。如何协调两大部门的关系,使它们能密切配合达到目标,是旅行社管理者研究的一个重要问题。

直线职能制的优点是:权力高度集中,上下级之间实行单线联系,有利于信息快速传递和提高工作效率;部门责权分明,每个部门都有明确的业务分工,每位成员对自己的任务都有明确的了解;由于设置了财务、人力资源等部门,从而有利于充分发挥这些具有专业知识和专业特长的人才的知识和才能。它的缺点也很明显:各业务部门相对独立,容易从本部门利益出发去考虑问题,从而会削弱旅行社实现整体目标的能力;各部门利益分配不均,容易引起冲突,增加了部门之间协调的难度。直线职能制的组织形式一般适用于中型旅行社。

（3）市场部门制。市场部门制是对旅行社按照内部操作流程划分部门改造成的以市场环境来构造部门设置的一种组织结构模式。旅行社按地区、市场等因素，成立若干个地区部门，每一地区部门都有销售、计调、接待等功能，并保留办公室、财务、人力资源等职能部门。市场部门制的特点是突出分权管理，每一地区部门成为利润中心，而各个地区部门的业务运作由市场来调节。这一组织形式较适合大型旅行社。例如，陕西国际旅行社的公司组织结构如图1-1所示：

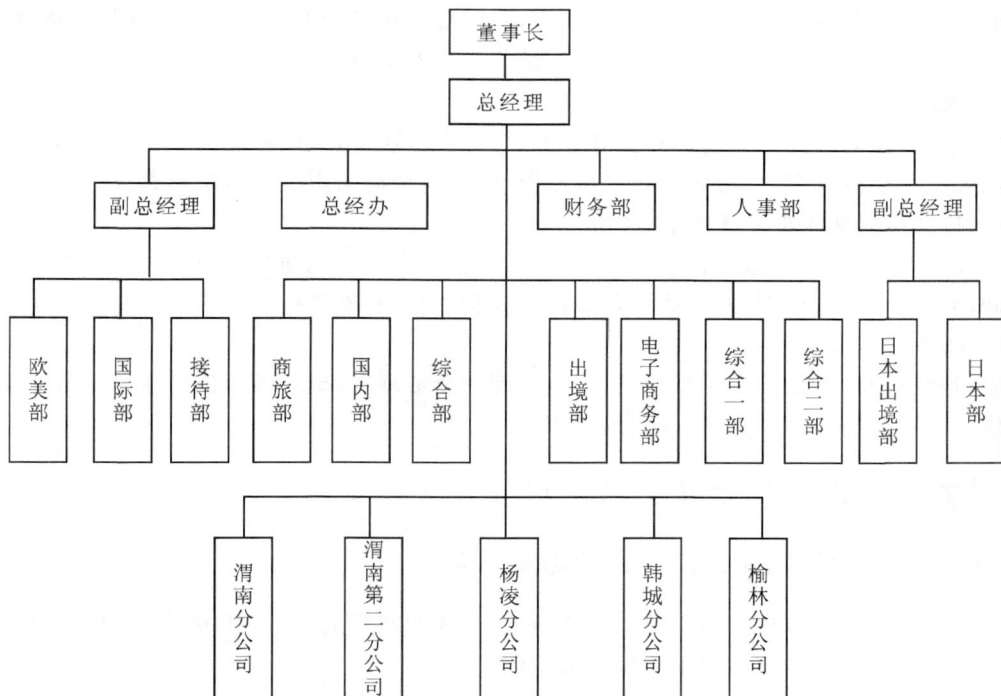

图1-1　公司组织结构图

市场部门制组织机构有许多显著的优点：

①有利于业务衔接和利益分配；

②有利于旅行社对部门实行目标管理和推行二级核算制；

③有利于旅行社业务范围的扩展、数量的增加与质量的提高；

④有利于各部门整体业务的开展以及开辟新的细分市场。

市场部门制也有一些不足之处：

①市场部门制的组织机构对部门经理的素质要求很高，如果部门经理选择不当，可能会影响旅行社的产品销售，甚至会使旅行社丧失某一市场。

②由于旅行社资源重复配制，如各地区部门都有采购功能，会使成本费用增加，而且各部门成为赢利中心后，往往会为本部门的眼前利益牺牲旅行社的长期目标。

任何一种组织结构都不是完美的，各有其优缺点。旅行社在设计组织机构时，应视旅行社的具体情况而定，并在适应环境变化的过程中不断调整和完善。

二、了解旅行社组织机构设计的流程

1. 确定组织目标

旅行社在进行组织结构设计时首先要分析自身的内外部环境、业务范围及相关法律法规的规定,合理确定总体战略目标及各项具体目标,这是确定旅行社主导业务和主要职能部门的前提。

2. 确定主要业务流程

旅行社根据各项具体业务工作进行划分,将性质相同或相近的工作内容进行优化整合,以便合理划分部门和配置各岗位人员的数量,避免人力资源浪费。

3. 确定各职能部门

旅行社根据自己的组织目标和主导业务,再结合行业特点、业务范围、组织环境等因素,进行职能部门的设置和划分,规定管理层次和幅度,进而选择采用哪种组织形式。

4. 明确职责权限及沟通关系

各职能部门确定后,旅行社还要规定各部门之间、上下级之间和同级之间的职权关系及相互之间的沟通方法与原则,同时确定各职位的权利、责任和义务等。

5. 配备各职位人员

旅行社可根据各部门的工作性质、工作强度和业务特点,确定各岗位的任职人员的能力素质要求,再为各个部门配备人员并明确其职务。

子任务4　设立旅行社职能部门

一、分析旅行社职能部门设置的影响因素

旅行社在确定好该社的组织结构后,就要进行职能部门的设置,其中,管理跨度、管理层次和旅行社的利益核算体制是三个主要的影响因素。

1. 旅行社职能部门管理层次

管理层次是指在职权等级链上所设置的管理职位的级数。一个中小型的旅行社一般选择三个管理层次,即经营层、管理层和执行层。在大型的旅行社中由于业务的需要管理层次更多,如在经营层上还有决策层,管理层内部还有高管、中管之分,基层人员也有高低层次。管理层次的具体选择由旅行社的具体环境决定,尤其是旅行社的规模和业务范围。

2. 旅行社职能部门管理跨度

管理跨度是指组织中的上级直接指挥下级的数量。跨度小意味着直接下属的人数少,也意味着管理工作负荷量较小,跨度大,则相反。一般来讲,管理跨度各级人数应形成金字塔形,即上级人数越少,下级的人数越多。

管理跨度的大小主要取决于旅行社从业人员的素质和能力。高层从业人员的素质越高、能力越强,管理的范围就越大,管理的人数就越多;低层从业人员的素质越高,能力越强,其自主工作的能力就越强,自觉工作的意识也越强,不需要高层时刻监督和指导。

3. 旅行社的利益核算体制

旅行社的利益核算体制是指旅行社以什么样的方式进行二级机构利益核算,有按业务职能部门进行二级机构利益核算,如接待部、采购部;有按旅游产品分类部门进行二级机构利益

核算,如亚太部、美加部、欧洲部或出境中心、入境中心和国内中心等,每个部门内部各自设有计调、研发等职能。

4. 社会适应性

社会适应性是指旅行社的组织设计应与相关国家(地区)政治、经济及社会制度保持同步,同时为便于业务联系,旅行社的组织设计应与其他相关旅行社具有一定的相似性。

二、设置旅行社主要职能部门

旅行社主要有三个大职能部门构成:一是旅行社的管理部门;二是旅行社的业务经营部门;三是旅行社的业务支持部门。

旅行社的管理部门是指在旅行社中从事经营计划、核算、指导、监督和协调等工作的部门,在职责范围内对业务经营部门的人员进行监督、指导和考核,这些部门主要有人力资源部、行政部、财务部等。旅行社的业务经营部门是指旅行社中直接参与业务运营的部门,是实现企业目标的操作部门,更是旅行社组织结构的主体,这些部门包括投资发展部、外联部、计调部、接待部、策划部、采购中心等。

旅行社的业务支持部门是指旅行社中间接为经营业务工作服务的部门,不直接参与指导和监督,包括客户服务部等。

旅行社是经营旅游业务的企业法人,在追求经济效益的同时也要为旅游者提供各种便利,其最核心的部门当然是业务经营部门,所以研究旅行社主要的职能部门设置应该重点研究旅行社的业务经营部门。本项目将选大多数旅行社都具有的几个部门进行分析。

(一)策划部

1. 职能范围

策划部的职能围绕旅游产品策划展开,即根据旅行社目标市场进行旅游产品策划。策划部具体职能有:

(1)旅游产品策划的调研;

(2)旅游产品线路设计;

(3)策划旅游产品定价;

(4)旅游产品推广策略。

2. 结构

策划部分为策划和推广两大方面,除了设部门经理外,下设两个主管,分别是产品策划主管和市场推广主管。

(二)采购部

1. 职能范围

采购部是围绕旅游产品各个采购环节展开业务的,是旅行社产品成本控制的关键环节,它决定了旅行社产品在市场价格上是否具有竞争力,采购部具体职能有:

(1)选择合适的旅游供应商;

(2)对采购对象进行考察、评估;

(3)与采购对象谈判并签订合同;

(4)处理好保障供应和降低成本的关系。

2. 结构

采购经理下设采购主管,各个采购主管都有自己的采购队伍,即采购专员。每个采购队伍分别担任特定的采购任务,采购任务有按地域分类,也有按产品环节分类。

(三)外联部

1. 职能范围

外联部,也称市场销售部,是我国旅行社企业设置中一个最重要的经营部门。它围绕旅行社产品销售管理展开业务,该部门在旅行社中担任越来越重要的作用,是保持并扩大接待量的重要部门,需要工作人员具备良好的沟通技巧。随着经营环境、企业目标的变化,外联部要不断进行调整,使其与旅行社的实际情况相适应,使外联部的设置更加有效和实用。外联部具体职能有:

(1)收集旅游市场信息;

(2)寻找潜在的客户,并向客户提供旅行社的信息;

(3)与客户进行价格谈判并签订合同或协议;

(4)建立客户档案,并对之进行管理;

(5)沟通、协调好与旅行社、旅游中间商和游客之间的关系。

2. 结构

外联部机构设置应以能够充分发挥其工作职能和作用为目标。因此,外联部经理下设外联主管,外联主管负责外联部具体工作。

(四)计调部

1. 职能范围

计调部的职能既包括计调部门为业务决策而进行的信息提供、调查研究、统计分析、计划编制等参谋性的工作,又包括为实现计划目标而进行的统筹安排、协调联络、组织落实、业务签约、监督检查等业务性工作。

计调部是围绕旅游业务调度展开业务的,该部门承担着外联部和接待部之间的工作环节,即将包括外联部所赢得的游客所购买产品进行具体落实、安排敲定的环节,再由接待部实行。计调部具体职能有:

(1)制订、安排并下发旅游团接待计划;

(2)协调旅行社、旅游中间商、旅游服务提供商以及导游的关系;

(3)安排酒店、票务、车辆等预订管理;

(4)收集整理旅游业、旅行社、旅行团的各种信息。

2. 结构

计调部工作繁琐复杂,因此人员较多,在大型旅行社中该部门设置计调部经理,计调部经理下设国际部主管、国内部主管。国际部比较简单,下设亚太部、美加部、欧洲部等;而国内部比较复杂,其计调主要是根据旅游线路来设置的,常常还需要设置省内线专员和省外线专员。

(五)接待部

1. 职能范围

旅行社接待部是对已经预定旅游产品的旅游者提供的旅游安排,即为旅游者落实在本地的食、宿、行、游、购、娱等消费活动,这些主要是通过导游服务来完成的。现在很多旅行社将散客服务、门市服务放入接待部门,该部门直接对客户服务,对旅行社的形象和品牌传播有很重

要的作用,所以任何旅行社都应十分重视接待部工作人员的培训和管理。接待部具体职能有:

(1)专、兼职导游管理;

(2)地陪、全陪和领队服务管理;

(3)协调接待部与旅行社其他各部门的关系;

(4)协调导游与旅行社其他各部门的关系。

2. 结构

如果某旅行社中设有外联部,则接待部结构较为简单,如果没有外联部,接待部的结构就要增加,如需增设客户专员等。

子任务5　设置旅行社职位及职责

一、经营管理层的主要职位职责

1. 总经理的职责

(1)制定和实施企业发展战略,提出和制订本旅行社的中长期战略规划,并根据内外环境及时调整,并监督实施;

(2)制订和实施年度经营计划,根据企业发展战略规划和董事会下达的年度经营目标,组织制订、实施和监督旅行社的年度经营计划;

(3)主持日常运营工作,要组织实施董事会决议,制订年度预算方案和利润分配计划,协调各部门之间的配合,推进企业管理制度创新,优化企业资源配置;

(4)资源开发与管理,要开拓旅游业务渠道和旅游产品;

(5)旅行社质量管理,全面负责旅行社的质量管理工作;

(6)促进经营管理层的干劲,培养高级管理者;

(7)负责对外联络,并代表企业出席各方面的重大活动。

2. 运营经理的职责

(1)协助总经理编制企业发展战略;

(2)全权负责年度经营计划的制订与执行;

(3)企业投资项目的管理,制订年度投资计划,选择门市部设立及监督,参与重大项目的谈判;

(4)旅游采购的管理,要拓展与相关企业的业务联系,最大程度降低旅游采购成本;

(5)加强品牌建设;

(6)加强与旅游行政管理部门的联系;

(7)负责所分管部门人员的业务工作。

3. 营销经理的职责

(1)参与企业经营战略管理,协助总经理从市场发展的角度制订中长期发展战略和年度计划;

(2)编制产品销售、售后服务等规章制度并监督执行情况;

(3)产品销售管理,即制订年度销售计划,负责分销渠道建设和促销活动;

(4)销售过程的控制,针对销售过程中出现的问题提出有效的指导意见;

(5)服务质量和客户关系管理,在确保服务质量的前提下建立完善的客户服务体系;

— 23 —

(6)负责所分管部门人员的业务工作。

4.行政经理的职责

(1)制定企业人力资源、行政管理方面的规章制度,并对其进行指导、监督和检查;

(2)人力资源管理方面,要全面统筹规划企业人力资源战略,组织人力资源管理制度的编制和各项方案的制订;

(3)行政管理方面,负责制订行政中心的工作发展规划、计划,组织制订行政管理规章制度并督促其实行,负责指导企业日常行政管理工作的开展,并对行政费用、行政资产进行控制管理,对下属部门进行检查;

(4)负责所分管部门人员的业务工作。

5.财务经理的职责

(1)建立财务规章制度,如资金使用管理制度、管理费用摊销制度等;

(2)疏通融资渠道,根据企业经营状况,组织资金筹集、供应和管理,满足企业运营对资金的需求;

(3)定期对企业财务管理工作进行考核、监督和检查,提高财务部门的效率和准确性;

(4)进行财务监控,即对各部门各项预算费用计划进行审批,监督各项费用的使用;

(5)进行财务分析与预测,即对企业经营状况进行阶段性的财务分析,向董事会提交分析报告;

(6)进行财务审计、督办管理,包括年度审计任务和主要负责人的离职审计、重大违规审计等;

(7)负责所分管部门人员的业务工作。

二、各部门主要职位职责

1.策划部

策划部的职位由经理、产品策划主管、市场推广主管、市场信息专员、产品策划专员、平面设计专员组成,其各个职位的职责如表1-1所示。

表1-1 策划部各职位的职责范围

策划部职位	各职位职责范围	策划部职位	各职位职责范围
经理	1.企业的市场细分及定位,进行品牌管理 2.制订企业竞争策略、产品定位策略 3.组织策划、开发旅游产品及定价工作 4.组织制订产品的市场推广策略及方案 5.负责广告设计方案的审核 6.部门经费的控制与管理	市场信息专员	1.拟订旅游产品市场调查方案 2.具体实施调查工作 3.调查资料数据的整理与分析 4.资料的建档及管理
产品策划主管	1.制订旅游产品市场的调研计划 2.负责旅游产品的策划与开发 3.负责旅游产品的设计、修改与完善工作 4.参与制订旅游产品的价格 5.费用预算管理	产品策划专员	1.参与旅游产品的策划与开发 2.参与旅游线路的设计工作 3.与各大旅游中心人员协作

策划部职位	各职位职责范围	策划部职位	各职位职责范围
市场推广主管	1. 负责旅游产品的市场推广工作 2. 负责企业及旅游产品的广告策划 3. 负责制订旅游产品促销策略及方案 4. 费用预算管理 5. 负责广告设计及实施工作	平面设计专员	1. 负责企业形象设计 2. 负责企业广告设计 3. 负责企业市场活动的设计 4. 负责企业各类宣传品的设计

2. 采购部

采购部由经理、主管及采购专员组成,其职责范围为如表1-2所示。

表1-2 采购部各职位的职责范围

职位	经理	主管	采购专员
各职位职责范围	1. 制订采购计划 2. 对采购对象进行考察评估 3. 与采购对象洽谈、签约 4. 与旅游采购对象处理好合作关系 5. 控制采购成本	1. 协助采购经理制订部门相关制度 2. 对旅游采购市场进行调查 3. 询价 4. 参与采购谈判、拟订采购协议和合同 5. 旅游采购合同及相关资料的管理	1. 按客户成交订单的要求完成相关资源的采购任务 2. 在保证达到客户需求的前提下,不断提高客户服务质量并降低采购成本,提高采购效率 3. 与业务的相关供应商能够保持良好的沟通与合作关系

3. 外联部

外联部的工作职位主要有经理、外联主管和旅游顾问,其职责设立如表1-3所示。

表1-3 外联部各职位的主要职责范围

职位	经理	外联主管	旅游顾问
各职位职责范围	1. 制定旅游产品的渠道策略、销售计划 2. 组织实施旅游产品的促销活动 3. 负责旅游产品的销售管理 4. 客户管理 5. 了解、收集、反馈旅游市场信息 6. 负责本部门运营成本的控制	1. 收集旅游市场信息 2. 开展旅游产品的销售工作 3. 评价、审查游客的参团要求 4. 承办各种委托代办业务 5. 做好旅游产品的对外宣传工作 6. 客户关系的维护与管理	1. 熟悉出境游目的地和旅游线路,掌握旅游产品供应商 2. 熟练操作出境线路报价和出团安排,处理客户问题 3. 熟悉签证、景点、航班、酒店等细节,能为客户量身定制产品 4. 能够独立操作出境线路,定期制订产品

4. 计调部

计调部的主要职位有经理、计调专员、预订专员、签证专员和统计专员,其各自职责如表1-4所示。

表1-4　计调部各职位主要职责范围

计调部各职位	各职位职责范围	计调部各职位	各职位职责范围
经理	1. 组织人员办理签证事宜 2. 关注旅游市场信息与动态 3. 安排旅游团的接待事宜 4. 与旅游服务提供商沟通 5. 负责与接待部相关人员沟通 6. 旅游服务质量的跟踪与控制 7. 旅游线路报价及跟踪反馈 8. 负责本部门的成本控制	预订专员	1. 根据接待计划和游客的要求,订房、订餐和订车 2. 安排外联部承办委托业务 3. 协助财务核算工作
		签证专员	1. 加强与大使馆/领事馆的沟通 2. 核实游客的资料信息 3. 为出境游客办理目的地国家签证申请工作 4. 负责配合大使馆/领事馆审核资料
计调专员	1. 收集客户及旅游市场信息 2. 协助经理安排团队及散客接待计划 3. 与旅游服务提供商沟通 4. 与外联部人员、接待部人员沟通	统计专员	1. 收集旅行社行业的各种信息 2. 收集旅游团反馈的信息 3. 统计全社旅游业务报表 4. 定期撰写旅行社所接待的游客分析报告 5. 负责相关信息资料分发、保管

5. 接待部

接待部主要由经理、领队和导游组成,其各职位的主要职责如表1-5所示。

表1-5　接待部各职位主要职责范围

接待部职位	各职位职责	接待部职位	各职位职责
经理	1. 导游人员的管理 2. 导游接待工作质量管理 3. 导游接待工作的成本控制 4. 协调导游、接待部与旅行社其他各部门的关系	全陪	1. 实施旅游接待计划 2. 联络工作 3. 组织协调工作 4. 维护安全、处理问题 5. 宣传、调研
领队	1. 维护客人在境外的安全、权益 2. 配合和监督目的地导游的工作 3. 衔接各段游程之间的工作	地陪	1. 安排旅游活动 2. 做好接待工作 3. 导游讲解 4. 维护安全 5. 处理问题

项目实训（一）

实训项目　实地考察、调研×××旅行社

实训目标　通过学生实地调查，了解该旅行社的主要业务、机构设置、主要客源、主要产品等情况，有助于同学们进一步较全面地认知旅行社。

实训任务　走访旅行社搜集的宣传品（彩页宣传单、画册、光盘）；将访谈与搜集的资料进行整理分析，写出不少于600字的实训报告。

实训方式　调查访问、座谈、搜集资料

实训指导

1. 指导学生上网查找当地某旅行社业务情况；

2. 主讲教师帮助联系实习基地旅行社，让小组同学进行实地调研、访谈，掌握国际旅行社主要业务情况；

3. 指导学生如何写好调研报告。

实训组织

1. 把所在班级学生分成4个小组，每组10人左右，确定组长，实行组长负责制；

2. 告知学生实地调研、访谈注意事项及相关安全常识；

3. 小组完成专题调研报告，在课堂上进行讲解交流。

实训考核

1. 根据每组所写报告，由主讲教师进行评分和点评，占50%。

2. 课堂讲解完后，由4个小组各给出一个成绩，取其平均分，占50%。

项目实训（二）

实训项目　申办旅行社：假设你所在学校要申请成立一家旅行社，请小组同学给这家旅行社命名，并说出理由。

实训目标　学生通过查找相关资料，了解旅行社命名的原则，有助于培养同学们实际解决问题的能力和分析问题的能力。

实训任务

1. 设计问卷调查表，根据SWOT分析方法，设计一份问卷调查表，了解你所在城市旅行社生存的外部环境。

参考样表

调查项目	调查内容	备注
当地经济及发展水平		
当地对旅游的态度		
旅行社行业的人才供求状况		
当地旅游供给状况		
当地旅游需求状况		
当地旅行社的竞争状况		

2. 根据参考样表的内容,进行调查,收集资料,整理分析。

3. 并完成下表的填写。

项目	内容
Strength(优势)	
Weakness(劣势)	
Opportunity(机会)	
Threat(威胁)	
总结	

实训指导

1. 指导学生分析某一知名旅行社命名的来由。

2. 帮助同学了解学校成立旅行社的优势及目标市场。

3. 帮助学生分析旅行社命名应注意的相关问题。

实训组织

1. 把所在班级学生分成 4 个小组,每组 10 人左右,确定组长,实行组长负责制。

2. 告知学生申请成立的旅行社是国内旅行社。

3. 完成论证报告,包括:旅行社的名称、命名的理由、目标市场等。

实训考核

1. 根据每组所写论证报告,由主讲教师进行评分和点评,占 50%。

2. 课堂讲解完后,由 4 个小组各给出一个成绩,取其平均分,占 50%。

3. 指定某组完成此项目,教师要跟踪指导,并在实训前对学生在实训过程中可能发生的问题进行教育。每组同学应对所承担的实训项目写出实训报告,并在课堂上进行讲解交流。

项目小结

本项目学习了旅行社的概念与性质,掌握了旅行社的职能、业务、类型,分析了我国旅行社经营发展的趋势,全面地认知了旅行社,为经营和管理旅行社储备了基础知识,储备了旅行社设立的条件、程序、组织设计及职能部门的设置等基本知识,实训了申办旅行社、为旅行社进行科学合理的组织设计和设置相应职能部门、职位及职责等技能,基本完成了旅行社设立的任务,为开展旅行社的经营业务做好了准备。

思考与练习

一、主要概念

旅行社　组团旅行社　国内旅游业务　出境旅游业务　注册资本　质量保证金

二、思考题

1. 旅行社的性质是什么?

2. 旅行社的业务包括哪些?

3. 对旅行社如何进行分类?

4. 请阐述《旅游法》的实施对我国旅行社经营发展的影响。

5. 简述我国旅行社设立的条件及程序。

6. 试分析市场部门制组织机构的优缺点。

7. 外联部具体有哪些职能?

8. 简述接待部各职位主要职责范围。

项 目 附 录

西安市申请设立旅行社

报 告 书

申报人（单位）：＿＿＿＿＿＿＿＿＿＿＿＿＿＿＿＿

申 请 设 立 的

旅 行 社 名 称：＿＿＿＿＿＿＿＿＿＿＿＿＿＿＿＿

英 文 名 称 及

缩　　　　写：＿＿＿＿＿＿＿＿＿＿＿＿＿＿＿＿

拟　　设　　地：＿＿＿＿＿＿＿＿＿＿＿＿＿＿＿＿

申　报　时　间：＿＿＿＿＿＿＿＿＿＿＿＿＿＿＿＿

填 表 须 知

1、申请设立旅行社,必须按接受申请的旅游行政管理部门要求填写两份《西安市申请旅行社报告书》。

2、填写本报告前,请认真阅读《旅行社条例》和《旅行社条例实施细则》,按照其规定起草申请书、可行性报告、企业章程和其他申请材料,确定后用钢笔(签字笔)填写或打印在相应的栏目内。

3、报告中的部分栏目设有选择项,符合的请在□中划√,不符合的划×,其他情况请在"备注"栏说明。

4、经检查有重要缺项或不符和填报要求的报告,接受申请的机关不予受理。

5、此表应填写工整、准确,填报两份。

注:申请人须将申请书报送市旅游局办公室,并提交本报告书一式两份报市旅游局监督管理处。

受理部门:西安市旅游局监督管理处,电话:86787626

地　　址:西安市未央区凤城八路 109 号(市政府 5 号楼 5 层)

一、概括：

申报人（单位）_____

申报旅行社中文名称_____

申报旅行社英文名称_____

联系地址_____

邮　　编_____联 系 人_____电　　话_____

二、申报材料：

□《企业名称预先核准通知书》　□设立申请书

□验资证明　　　　　　　　　　□营业场所证明

□营业设施、设备的证明或说明　□法人代表人履历表及身份证明

□经理人员履历表　　　　　　　□企业章程

□其他（说明）

三、营业场所：

办公和营业场所面积_____平方米，为　□自有　□租赁

租期____年，地址_____

办公和营业用房证明单位_____

联系电话_____邮　　编_____

装修情况_____

四、资金情况：

注册资金总额_____万元，保证金_____万元，验资

单位_____。

五、设施设备：

拥有直拨电话____台，其中，投诉电话____台，号码_____

拥有 □互联网端口 □计算机 □传真机 □复印机 □等办公通讯设施和宣传促销设

施及其他_____等旅游接待设施。

六、从业人员：

从业人员共_____人，在编职工_____人，

其中：管理人员_____人　外联人员_____人　导游_____人

　　　财会人员_____人　司　　机_____人　其他_____人

法人代表_____

总经理姓名_____　副总经理_____ _____ _____

经理人员旅游管理经历 □有 □无；接受培训 □有 □无

专职财会人员技术职称 □有 □无

导游语种 □普通话 □英语 □_____ 等

七、管理制度：

□财务管理制度

□服务质量管理制度

□导游人员管理制度

□职工培训制度

申请人（单位）补充意见或需要说明的问题：

填表人：_____申请人（单位）盖章：_____

　　　　　　　　　　　　　　　　　　　　年　月　日

交纳旅行社质量保证金承诺书

_____旅游局：

　　兹有

_____

保证：本报告申请设立的旅行社获得批准后，将按《旅行社条例》和国家旅游局和省、市旅游局规定，按时、足额缴纳旅行社质量保证金 _____万元人民币。

申请人（单位）签章：

年　月　日

管理人员业务资格审核表

拟任职务：□法人代表 □总经理 □副总经理 □_____部经理

姓名		性别		出生年月		民族		照片
政治面貌		职称		文化程度		联系电话		
参加工作时间				身份证号				

现任旅行社职务属：□任命；□聘任；□其他

工作简历	起止年月	工作单位	职务	职称

工作信誉鉴定	由工作单位证明 证明单位（盖章） 年　月　日

身份证复印件

《企业名称预先核准通知书》

设 立 申 请 书

要求：内容包括申请设立的旅行社的中英文名称及英文缩写，设立地址，企业形式、出资人、出资额和出资方式，申请人、受理申请部门的全称、申请书名称和申请时间。

_____旅游局：

特此申请，请审批。

申请人签章：

年　月　日

验 资 证 明

经营场所情况及证明

地　　址			邮编	
用房来源		间数		
办公面积	m²	租期		
营业场所面积	m²	地址		
办公营业场所证明出具单位				

提供用房单位证明和意见	

（盖章）

年　　月　　日

经营设施、设备一览表

设施设备名称	数量	单位	价值	备注
合　计				

企 业 章 程

要求：

　　旅行社章程必须符合工商行政管理部门对企业章程的规定，明确规定企业的设立、变动和停业。歇业、破产的决策，投资及财务管理制度，经营范围、原则和方向，内部组织管理结构及原则，劳动用工及人事管理，分配方式等。其中，国内旅行社的经营范围只能写"国内旅游业务、入境旅游业务"。

项目二　开展旅行社产品开发业务

旅行社产品的开发与旅游服务的采购

2001年初，天津观光旅行社的周凯总经理在作市场分析时发现，当年是中国共产党成立八十周年，一些高校打算组织学生到革命老区进行革命传统教育。周总经理认为，应该抓住这一契机，设计和开放"革命传统教育游"产品。由于这种产品以前未曾面市，究竟能否成功，周总经理并非十分有把握。于是，他首先到革命老区——河北省平山县西柏坡村进行实地考察，参观线路，了解当地的景点、接待设施、导游水平以及往返于天津和西柏坡所需的时间。同时，他还与当地的乡、村干部及接待单位的负责人座谈，了解景点门票、食宿的价格。通过实施考察，周总经理认为新产品有较大的市场需求，能够吸引较多的旅游者前来，而由于西柏坡村及附近地区可用于接待旅游者的住宿设施数量较少，必须提前预订，以保证在旅游旺季时的供给。于是，他便同当地的旅馆和招待所签订了客房包租协议，以较低的价格包租了当年的全部客房。

同年4月，新产品开放成功后，观光旅行社并没有立即大张旗鼓地利用刊登广告进行宣传促销，而是先在较小范围进行试销。到了6月底，市场上一些旅行社已经开始推出同类产品时，周总经理认为时机成熟，决定大规模地进行促销宣传。广告刊出后，由于该旅行社在价格、线路等方面均具有较大优势，吸引了大量旅游者。此时，由于北京、天津等地的旅游者报名踊跃，各家旅行社应接不暇。但是，由于西柏坡村极其附近地区的住宿设施已经被天津观光旅行社全部包租，其他旅行社只好将旅游者安排到平山县，甚至石家庄住宿。这样既增加了往返的交通费用，也减少了旅游者在西柏坡的停留时间，从而引起一部分旅游者的不满。

周总经理及其同事们充分利用了这种对本旅行社十分有利的市场形势。一方面，他们向前来咨询的旅游者介绍该旅行社在提供旅游者住宿方面的优势，吸引更多的旅游者报名参加由该旅行社组织和接待的团队。另一方面，他们又在其包租的旅馆和招待所出现空闲客房时，将其转租给其他旅行社，从而增加收入。这一年，观光旅行社新开发的"革命传统教育游"产品获得了丰厚的经营收入，为来年的经营和企业的进一步发展准备了更多的资金。

任务：

1. 该旅行社为什么会选择西柏坡作为新产品？又是如何对其进行设计和开发的？

2. 周总经理为什么要预订当地旅馆和招待所当年全部客房？这样做的好处有哪些？

知识目标

掌握旅行社产品相关基本知识；掌握旅游线路基本知识。

📖 **技能目标**

能应用基本知识设计旅行社产品;能开发新的旅游线路;能安排旅游日程。

📋 **工作任务**

储备旅行社产品基本知识;设计开发旅游产品;设计开发旅游线路;创新我国旅行社产品。

任务一　储备旅行社产品基本知识

旅行社产品是旅行社考虑到市场的需求,为旅游者提供的各类产品的总和。它以固化形态的产品包的形式出现,将旅行社的各项承诺与服务融入其中。

一、旅行社产品的内涵

从旅游经营者(供给)的角度来看,旅行社产品是指旅行社为满足旅游者旅游过程中吃、住、行、游、购、娱等各种需要,而凭借一定的旅游设施、旅游资源向旅游者提供的各种有偿服务之总和;从旅游者(需求)的角度来看,旅行社产品是指旅游者为获得物质上或精神上的满足而花费一定的费用、时间和精力所获得的一次旅游经历。

旅行社产品以固化形态的产品包的形式出现,将旅行社的各项承诺与服务融入其中。所谓产品包是指由旅行社核心产品及围绕着核心产品提供服务或相关赠品的总和。比如,游客在购买了旅行社的"韩国3日休闲购物游"产品后,他所得到的产品包如下:

(1)住宿:韩国四星级酒店(二人一室)/观光度假村酒店(二人一室,四人一户);

(2)景点门票;

(3)国际机票;

(4)交通车辆;

(5)团体旅游签证;

(6)境外机场税;

(7)餐费;

(8)中文导游;

(9)旅行社责任险。

二、旅行社产品的组成

旅行社产品是一个完整、科学的组合概念,它是由食、住、行、游、购、娱各种要素构成的"组合产品",完美的旅行社产品是通过最完美的组合而形成的。旅行社产品的生产者,都是从这些构成要素出发去从事旅行社产品的生产的。构成旅行社产品的主要要素有如下几种。

1. 旅游交通

旅游交通作为旅游业三大支柱之一,是构成旅行社产品的重要因素。实际上,旅游的发展是伴随着交通的发展而发展起来的。可以说,没有现代化的交通,就没有现代化的旅游。

旅游交通可分为长途交通和短途交通,前者指城市间交通(区间交通),后者指市内接送(区内交通)。交通工具有民航客机、列车、客运巴士、轮船(或游船、游轮)等。旅行社安排旅游交通的原则是便利、安全、快速、舒适、价平。

2. 旅游住宿

住宿一般占旅游者旅游时间的 1/3。同时在住宿地还可以进行娱乐文体等方面的活动。因此旅游者对住宿的满意程度,也是关系旅行社产品信誉的重要一环。旅行社销售产品时,必须注明住宿饭店的名称、地点、档次以及提供的服务项目等,一经确定,不能随便更改,更不可降低档次、改变服务项目。

旅行社安排旅游住宿要考虑旅游者的消费水平。一般来说,安排住宿的要求是卫生整洁、经济实惠、服务周到、美观舒适、交通便利。

3. 旅游餐饮

旅游餐饮是旅行社产品中不可缺少的要素,也是旅游者重要的需求内容。尤其是驰名的风味餐,往往是吸引旅游者出游的因素之一,甚至有的旅游团就是为了风味餐而成团的。即使是短途的"一日游"产品中,也包含有用餐项目。

旅游者对餐饮安排的满意程度直接影响旅行社的信誉和形象。旅行社对安排餐饮的基本原则是卫生、新鲜、味美、份(量)足、价廉、营养、荤素搭配适宜等。

4. 游览观光

游览观光是旅游者最主要的旅游动机,是旅行社产品产生吸引力的根本来源,也反映了旅游目的地的品牌与形象。由于游览观光是旅行社产品的核心内容,所以必须充分重视游览观光的质量。

旅行社对安排游览观光的原则是资源品位高、环境氛围好、游览设施齐全、可进入性好、安全保障强等。

5. 娱乐项目

娱乐项目包括歌舞、戏曲、杂技、民间艺术及其他趣味性、消遣性的民俗活动。许多娱乐项目都是参与性很强的活动,能极大地促进旅游者游兴的保持与提高,加深旅游者对旅游目的地的认识。

6. 购物项目

旅游者在旅游过程中适当购买一些当地特产、工艺美术品等商品,以自用或作纪念或馈赠亲友,是旅游活动中的一项重要内容。

旅行社对安排购物的原则是购物次数要适当,购物时间要合理(不能太多、太长),要选择服务态度好、物美价廉的购物场所,忌选择那些服务态度差(如强迫交易)、伪劣商品充斥的购物场所。

7. 导游服务

旅行社为旅游者提供导游服务是旅行社产品的本质要求,大部分旅行社产品都含有导游服务。导游服务包括地陪和全陪服务,主要是提供翻译、向导、讲解和旅途生活服务。导游服务必须符合国家和行业的有关法规及有关标准,并严格按组团合同的约定提供服务。

8. 旅游保险

旅行社提供旅游产品时,必须向保险公司投保旅行社责任保险,保险的赔偿范围是由于旅行社的责任使旅游者在旅游过程中发生人身和财产意外事故而引起的赔偿。

9. 其他服务

旅行社为旅游者提供其他服务包括交通票务服务、订房服务、签证服务等委托代办业务,它们是旅行社产品的必要补充,也是旅行社业务的重要组成部分。

三、旅行社产品分类

旅行社产品按照不同的标准有多种分类。

1. 按照旅游者的组织形式分类可分为:团体旅游产品和散客旅游产品

团体旅游产品是指由 10 人以上的旅游者组成的旅游产品,旅行社团体旅游产品一般采用包价的形式;散客旅游产品是 10 人以下的旅游产品,旅行社散客旅游产品有时采用非包价的形式,有时也采用包价的形式。需要指出的是:旅行社组团人数的标准有时与产品的档次相挂钩,如国内旅游豪华团 10 人成团,标准团 16 人成团,经济团 30 人成团,入境旅游则 9 人成团。另外,我国公民出境旅游必须以团队形式进行,3 人即可成团。

2. 按照产品包含的内容分类可分为:包价旅游产品和非包价旅游产品

(1)包价旅游产品。包价旅游是旅游者在旅游活动开始前将全部或部分旅游费用预付给旅行社,由旅行社根据与旅游者签订的合同或协议相应地为旅游者安排旅游项目。包价旅游产品可分为全包价旅游产品、半包价旅游产品、小包价旅游产品和零包价旅游产品及组合旅游产品。

①全包价旅游产品是指旅游者将涉及旅游行程中的一切相关的服务项目费用统包起来预付给旅行社,由旅行社全面落实旅程中的一切相关的服务项目。全包价旅游产品中的一切相关服务项目包括食、住、行、游、购、娱各环节及导游服务、办理保险与签证等。

②半包价旅游产品是指在全包价旅游的基础上扣除中、晚餐费用(即不含中、晚餐项目)的一种包价形式。半包价旅游的优点是降低了产品的直观价格,提高了产品的竞争力,也更好地满足了旅游者在用餐方面的不同要求。

③小包价旅游产品也称可选择性旅游,或自助游。它由非选择部分和可选择部分构成。前者包含城市间交通(长途交通)和市内交通(短途交通)及住房(含早餐);后者包括景点项目、娱乐项目、餐饮、购物及导游服务。小包价旅游具有经济实惠、手续简便和机动灵活等特点,深受旅游者的欢迎,是旅行社今后值得推广的产品。

④零包价旅游产品是一种独特的产品形态。参加这种旅游形式的旅游者必须随团前往旅游目的地,返回时也必须随团离开旅游目的地。在目的地期间散团自由活动,旅行社不安排项目,完全由旅游者自己来安排项目。零包价旅游产品特点是:旅游者活动自由,只受到行程期限的限制,行程内容自己安排;旅游者即使以散客的形式也能享受团体机票的优惠;旅行社统一代办签证和保险。目前我国公民出境探亲旅游多采用此种方式。

⑤组合旅游产品也称自由人旅游,这种产品是旅游目的地的旅行社把来自不同旅游客源地的零散游客汇集起来,组成团队进行旅游,旅游活动结束后,旅游团就地解散,各自返回客源地。组合旅游产品的特点是:异地拼团,避免了一些客源地旅行社组团能力不足而造成客源浪费的弊病;另外,组合旅游的组团时间短,有利于目的地旅行社在较短的时间招徕到大量的客源;还有,组合旅游产品比通常的散客全包价费用低,这对于散客旅游者是很有吸引力的。

(2)非包价旅游产品。非包价旅游产品主要指单项服务,也称委托代办业务,是旅行社根据旅游者的具体要求而提供的各种非综合性的有偿服务。旅游者需求的多样性决定了单项服务内容的广泛性,其中常规项目包括:交通票务、订房、订餐、办签证、办边境证、伴游、租车、会务安排等,旅行社单项服务的对象主要限于散客。

综上所述,从全包价旅游产品到单项服务产品,旅行社产品的构成要素逐步减少,服务要素的构成方式也各不相同,但决不等于说旅行社的产品只有这几种形态,事实上,只要有利于满足旅游者要求和提高产品竞争力,任何形态的旅游产品都有开发前景。

3. 按照产品的档次分类可分为:豪华等、标准等、经济等旅游产品

这是由旅游者的消费水平决定的。豪华等旅游产品旅游费用较高,游客一般住宿和用餐于四、五星级酒店或豪华游轮里(或高水准的客房、舱位);享用中高级导游服务;享用高档豪华型进口车;享用高水准的娱乐节目欣赏等。标准等旅游产品旅游费用适中,游客一般住宿和用餐于二、三星级酒店或中等水准的宾馆、游轮里;享用豪华空调车。经济等旅游产品旅游费用较低,游客住宿和用餐于低水准的招待所和旅社,享用普通汽车。此外,在使用长途交通工具上,豪华等旅游产品往返使用飞机航线(干线和支线);标准等旅游产品大部分使用飞机航线(只限干线)双飞;经济等旅游产品一般使用汽车、火车和普通轮船。

4. 按照旅游者的目的和行为分类可分为:观光旅游产品、度假旅游产品和专项旅游产品(特种旅游产品)

(1)观光旅游产品。观光旅游产品是指旅行社利用旅游目的地的自然旅游资源和人文旅游资源,组织旅游者参观、游览及考察。观光旅游产品包括文化观光、自然观光、民俗观光、生态观光、艺术观光、都市观光、农业观光、工业观光、科技观光、修学观光、军事观光等。观光旅游产品一般具有资源品位高、可进入性大、服务设施多、环境氛围好、安全保障强等条件,长期以来一直是国际旅游市场和国内旅游市场的主流产品,深受广大旅游者的喜爱。观光旅游产品开发难度小,操作简易,是旅行社开发度假旅游产品和专项旅游产品的基础。观光旅游产品的优点是旅游者能在较短的时间内领略旅游目的地的特色,缺点是旅游者可参与的项目少,旅游者对旅游目的地感受不深刻。

(2)度假旅游产品。度假旅游产品是指旅行社组织旅游者前往度假地(区)短期居住,进行娱乐、休闲、健身、疗养等消遣性活动。度假旅游产品包括海滨度假、山地度假、湖滨度假、温泉度假、滑雪度假、海岛度假、森林度假、乡村度假等。度假旅游产品要求度假地(区)具备四个条件:环境质量好、区位条件优越、住宿设施和健身娱乐设施良好、服务水平高。度假旅游产品包含的项目都是参与性很强的,如水上运动、滑雪、高尔夫球运动、垂钓、温泉浴、泥疗、狩猎、潜水、农家乐等。购买度假旅游产品的旅游者在旅游目的地的停留时间较长、消费水平较高且大多以散客的形式出行。

> **相关链接**
>
> **休闲旅游线路——"大连海滨休闲度假之旅"**
>
> D1:金石滩观海、海水浴、海泳比赛,宿国家旅游度假区夏威夷别墅区。
>
> D2:高尔夫邀请赛,宿同上。
>
> D3:国际游艇俱乐部体验水上运动,宿同上。
>
> D4:帆船、潜水、沙滩排球比赛,宿同上。
>
> D5:垂钓、滑沙、体验渔家乐,结束旅程。
>
> (资料来源:董正秀,朱晔. 旅行社管理实务[M]. 南京:东南大学出版社,2007.)

(3)专项旅游产品。专项旅游产品又称特种旅游产品,是一种具有广阔发展前景的旅游产品,具有主题繁多、特色鲜明的特点。专项旅游产品包括:商务旅游、会议旅游、体育旅游、探险旅游、烹饪旅游、保健旅游、考古旅游、漂流旅游、登山旅游、自驾车旅游、品茶旅游、书画旅游、宗教旅游等。专项旅游产品适应了旅游者个性化、多样化的需求特点,广受旅游者的青睐,是今后旅行社产品的开发趋势。专项旅游产品的缺点是开发难度大,操作程序多,有时需要多个部门的协作或参与,费用一般较高,这在一定程度上抑制了旅行社的开发积极性。

相关链接

专项旅游线路设计——"福建茶乡品茗之旅"

D1:品茗福州茉莉花茶、雪峰茶、鼓山半岩茶,欣赏茶艺表演。宿福州。

D2:赴武夷山,参观御茶园、中国茶王"大红袍"基地,品茗武夷岩茶,欣赏茶艺表演。宿武夷山。

D3:赴政和,参观茶园,品茗功夫茶、银针白毫、白牡丹等名茶。宿南平。

D4:赴将乐,参观客家擂茶民间技艺。宿南平。

D5:赴安溪,参观铁观音茶园和工艺制作,品茗铁观音系列茶,欣赏茶艺表演。返福州结束旅程。

(资料来源:董正秀,朱晔. 旅行社管理实务[M]. 南京:东南大学出版社,2007.)

值得一提的是,举办大型的国内外会展活动实际上是一种较高层次、较大规模的专业旅游项目,能够给举办国家或地区带来可观的直接效益和间接效益,能带动一条集交通、住宿、餐饮、娱乐、观光、购物为一体的"消费链"。业内人士测算,商务旅游比普通旅游的消费约高3倍,以德国莱比锡博览会为例:参会65万人,每人停留5天,每天消费1000元,总消费可达32亿元。至于综合社会效益,如城市知名度等,则难以量化。因此旅行社应该努力组织并办好各种会展活动,使之成为旅行社产品的新卖点。

任务二 策划、设计与开发旅行社产品

子任务1 选择旅行社产品的设计人员

一、旅行社产品的设计人员的要求

好的产品是知识、经验、灵感的结晶。一个优秀的旅行社产品的设计者,必须具备的素质有以下几点:

(1)要有丰富的旅游基础知识。例如,我国有哪些重点旅游城市、历史文化名城,有哪些主要的旅游线路和风景名胜区等,这些是产品设计人员所要掌握的最起码的知识。

(2)须具备旅游行业工作的技巧,敏锐的商业意识,足够的市场、财会方面的知识。

(3)要懂得旅游需求和心理,还要了解供方的有关情况。

二、旅行社的产品设计部门(小组)人员组成要求

鉴于我国目前旅行社的规模,不可能每家旅行社都成立产品设计部,但是,组成一个产品设计小组还是需要的,也是可行的。旅行社的产品设计部门(小组)应该由以下三类人员组成:

(1)精通旅游市场、熟悉产品内容和具有相当产品设计能力者;

(2)熟悉游客需求、了解游客心理特征的一线接待人员;

(3)具有一定资历的能胜任美工设计的设计人员。

子任务2 了解旅行社产品的开发设计过程

一、分析构思阶段

一个地区在一定的时期内,旅游资源、旅游服务设施和其他客观条件是相对稳定的,关键就在于旅行社如何根据市场需求,经过科学的分析和巧妙的构思,设计出各种吸引旅游者的旅游线路。在旅游线路设计的分析构思阶段,主要从调查分析和构思创意两方面来把握:

1. 市场调查

设计一条旅游线路首先要分析市场行情,了解各类旅游群体的不同需求,然后对旅游交通状况、旅游区(点)状况、旅游可进入性状况、旅游设施和服务状况等进行详尽的研究和精心的选择。信息资料的来源尽可能全面、准确,可以从自己的考察实践中获得,也可以从中间商那里获得,还可以从网络、报纸、旅游局、旅游开发商、饭店宾馆及交通管理部门那里获得。要特别注意铁路、民航部门的时刻表,一定要掌握最新的动态信息。

2. 创意策划

根据调查分析掌握的情况,提出旅游线路的设计构思,即确定旅游线路的主题。构思越多,旅行社选择的余地就越大。旅行社只有具备创造性的构思,才能拟定出具有竞争力的线路设计方案。产生构思的诱发因素主要有三个:一是旅游者需求调研;二是竞争对手的启发;三是其他相关信息的启示。

二、方案筛选阶段

筛选就是旅行社专业技术人员根据直观的经验判断,剔除那些与旅行社发展目标、业务专长和接待能力等明显不符或不具备可行性的构思,缩小有效构思的范围。筛选过程中要防止两种失误:一是误舍,即对某种构思创意方案的潜在经济价值估计不足,而予以舍去,错失良机;二是误用,即对某种方案的经济价值估计过高,而予以采用,招致损失。

三、试产试销阶段

旅游线路设计方案确定后,旅行社即可与有关部门或行业达成暂时协议,将旅游线路设计方案付诸实施,进行试验性销售。在试产试销阶段,旅行社应特别注意:一是规模适中;二是保证质量;三是充分估计各种可能,有备无患;四是试销证明确无销路的旅游线路,不要勉强投入市场。

四、投放市场阶段

旅游线路试销成功后,即可正式投放主要目标市场,并进行广告宣传和促销。

五、检查评价阶段

旅游线路投入市场并非设计过程的终结,旅行社还应对旅游线路进行定期的检查与评价,对线路进行必要的修订和改进,并广泛搜集各种反馈信息,为旅游线路的进一步完善提供依据。

子任务 3　构思旅行社产品的策划创意

一、找寻市场热点

在这一过程中,重要的是要充分运用创造性思维。好的产品需要好的策划,而好的策划则离不开大胆的畅想。创造性的思维在产品策划中的重要性,无论怎么强调都不会过分。比如,旅行社可以配合政府部门所推出的旅游主题,拟定、开发、生产自己的相应产品,以借势的方式向市场出击,成功的几率会大大增加,也可以省去许多广告宣传费。

二、制造市场热点

如果说找寻市场热点尚存被动成分的话,那么,制造市场热点,则是旅行社主动出击的表现。制造热点,是吸引人们的广泛关注、聚拢人气的重要方式。

旅游的发展,需要不断制造热点、吸引游客。在旅游部门及旅行社的大力推动下,许多新的旅游概念、新的旅游形象已经深入人心。以至我们今天一提起"奇山异水",会马上联想到张家界;一提起九寨沟,人们又马上会联想到"童话世界"的美誉。

三、研究游客的需求变化

在市场环境中打拼的旅行社,对市场的需求必须保持自身的洞察力。在产品策划的过程当中,要想避免对市场判断的失误,关注并研究消费者的需求变化是必要的前提。

1. 以游客的心境来进行换位思考

把对客人的了解融入到产品的设计工作中,需要做的具体工作有很多,在确定对某条线路产品进行开发、进入潜意识思维阶段时,首先要做的就是理清头绪、把准脉搏,做到思路清晰。其中所应该做的最重要的一件事,就是揣摩客人的心理、以游客的心境来进行换位思考。

应用训练

周末海外游

社会的进步,现代高科技在交通方面的应用,越来越多的人不再满足于周末短程周边游,而试图"周末海外游",北京中旅看到了商机,通过市场调研,设计推出了"周末海外游"系列产品,结果大受欢迎,也收到预想的效果。

任务: 分析该旅行社设计"周末海外游"成功的经验。

【温馨提示】

"周末海外游"的系列产品,在对市场的分析中,定位在上班的白领族。因为这类人群的特点是:

(1)有出境旅游消费的财力和欲望;

(2)愿意接受新鲜的出境旅游方式;

(3)平日工作紧张,压力较大;

(4)请假较为麻烦。

基于这些理由,"周末海外游"的产品,设计了周五晚上走,周末晚上回的韩国、新加坡等几条线路。看准市场进行有效投放后,取得了预想的效果。

2. 避免闭门造车

客人的需求变化是多方面的,没有看到或不去顾及这种变化,只想以闭门造车拟定好的计划去让市场适应,那结果是不言而喻的。

情景再现

"乘坐旅游大巴从北京到香港"

北京一家公司 2003 年 10 月推出的"乘坐旅游大巴从北京到香港"的产品,就是这类闭门造车的产物。从北京乘坐长途大客车,穿行京、冀、豫、皖、赣、湘、粤等内地省份,随游随走,7 天抵达香港。

【指导点评】

该线路的想法固然浪漫,但事实上无法回避的问题颇多。首先是旅程的辛苦,每日十几个小时的车程,就非常人所能忍受,除非是专门汽车团、探险团,客人有相当的心理准备和体力准备。一个不容忽略的事实是,在京沪高速通车后,一些旅行社开办了京沪旅行车游,初尝新鲜的游客叫苦连连,后续客人杳无踪影。舒适度的考虑缺欠,产品就失去了存在的要件。"乘大巴从北京到香港"还不仅是旅程所带给客人的劳顿,车况、路况、社会治安等许多无法预料的问题,也会吓倒客人。因而,该产品信息发布后,未及成行就先行夭折。

四、做足产品的特色

旅行社产品具有特色,是产品属性的要求。在确定每一项产品的整体创意的时候,产品的特色是不可忽略的。特色产品之所以受到人们认可并追捧,与其相含的具体特质有密切关联。

相关链接

生态旅游产品

生态旅游是近年来旅游市场中的持续热点,许多旅行社在销售的产品中加大了生态旅游的比重。策划生态旅游产品,需要在产品中实现并掌握生态旅游的具体要求和基本特点。国际上公认的关于生态旅游的八项原则,是需要产品策划制作者在动手操作之前先行了解的。

- 生态旅游的核心在于让游客亲身体验大自然;
- 生态旅游通过多种形式体验大自然来增进人们对大自然的了解、赞美和享受;
- 生态旅游代表环境可持续旅游的最佳实践;
- 生态旅游应该对自然区域的保护作出直接的贡献;
- 生态旅游应该对当地社区的发展作出持续的贡献;
- 生态旅游尊重当地现存文化并给予恰当的解释和参与;
- 生态旅游始终如一地满足消费者的愿望;
- 生态旅游坚持诚信为本、实事求是的市场营销策略,以形成符合实际的期待。

2000 年开始,生态旅游成为国际旅游业中发展最为迅速的部分,生态旅游的消费每年增长 20%,差不多是旅游业中其他旅游类型的 5 倍。

(资料来源:董正秀,朱晖. 旅行社管理实务[M]. 南京:东南大学出版社,2007.)

五、冷静的市场分析

产品策划阶段需要的多是富有感情色彩的形象思维,但也绝对少不得抽象思维的清醒把握。市场分析要求我们以理性的态度来对拟定的产品进行剖析,事实上,这样的产品分析,就应该是一份详尽的产品的可行性报告。

子任务4 制作旅行社产品

一、资讯准备

在产品的策划创意做出后,产品就进入到具体的线路产品的编排、制作阶段。产品的制作、线路编排的具体实施阶段的首要步骤是进行资讯准备。目的地概况、各类介绍以及对目的地的评价文章等,都可以视作对产品的设计有用的参考资料。其他旅行社的现成产品在资料收集中也十分有用,但应该仅仅用作参考,而不是用"拿来主义"的方式不做区分直接采用。需要特别提醒的是,在对资料的采信之前,需要对所涉及的内容再进行核实。

二、实地考察

对于设计新的产品,尤其是当产品涉及新的线路的时候,实地考察不是可有可无,而是必须要有,这是一项必需的前期投入。

1. 变换两种角色

实地考察期间,要求参加考察的人员要时时以旅行社与游客的双重身份出现、常常能以两种角度审视周围的一切。

(1)旅行社的角度。考察人员是一家旅行社派出的产品设计人员,必须以专业眼光对考察期间的所见所闻进行观察、分析、记录,不妨用挑剔的眼光、冷静的纯客观的角度去看问题,不时进行常规或非常规的提问。每天在考察工作开始前,要对当日的考察内容进行熟悉。在每天的考察结束后,都应对当日考察情况进行一个全面整理。对餐食质量、景点精彩度、道路状况等涉及旅游行程的各类细节内容均进行翔实记录。

(2)初访客的角度。考察过程当中,要求考察人员也能时时从一名初次探访的游客的角度来进行实地观察和体验。这种心情体验,要求考察者始终处在一种非功利的状态。将最初未加取舍的能打动自己的、最明确的苦与乐的感觉捕捉下来,原原本本进行翔实记录。什么地方能使人兴奋、什么地方美不胜收,这些细微之处,往往是在日后的"人性化"线路设计中必不可少的,常常会发挥出意想不到的作用。

2. 确定具体内容

实地考察阶段,要对目的地的构成旅游六要素的食、宿、行、游、购、娱进行全方位的考察。餐食卫生状况,是否符合游客口味;住宿酒店的级别如何,是否提供开水;路况车况如何,行程是否过长;景点是否精彩,安排是否合理;购物质量如何,是否安排太多;收费是否合理;等等。在一次全方位的考察中,要珍惜机会、掌握要领,力求在最短的时间里获取最大的收益。用敏锐的眼光对生活进行细致观察,是考察中应该时时处处不能疏漏的。往往是在考察中发现的一个当地人司空见惯的细节,就有可能使考察者灵机一动、产生一个智慧的闪光,一个好的产品,就有可能在此萌发。

3. 提交考察报告

考察报告是考察人员归来后一定要提交的工作总结。考察报告应包含这次考察的详细记录,包括产品起因、产品构想、考察的详细日程、考察笔记等与此有关的全部材料,应完整保留归档。

在实地考察的评价表中,至少应包含以下内容:

(1)城市评价;

(2)城市间交通状况评价;

(3)用餐评价;

(4)地接社情况评价;

(5)景点评价。

报告中对旅游线路中所涉及的景点的描述,亦不可少。下面是一份对泰国主要景点的介绍。

相关链接

泰国大皇宫

大皇宫:几代泰国君主的宫殿。大皇宫建筑宏伟,工艺精美,金碧辉煌,是泰国民族建筑文化的集中体现和曼谷王朝的象征。

水上市场:曼谷市郊及附近河道有多处水上市场,商贩一小舢板满载蔬菜、水果、竹草编制品等向傍水而居的家庭售卖。越是河岸居民稠密之处,水上市场就越是热闹非凡。参观水上市场,以租乘小船为最佳。沿湄南河行使,可见一般老百姓的生活景象,亦可随时插入拥挤的售货舢板,在讨价还价中获得乐趣。水上市场最热闹的时间是上午8:00—11:00。

郑王庙:供奉泰王郑信坐像的庙宇,他曾被定为郑昭王(其父为华人)的御用寺院。位于大皇宫一河之隔的湄南河西岸。庙内建于1809年的婆罗门式尖塔高79米,为全国最高之塔。塔身镶满了琉璃和瓷片,阳光之下流光溢彩。

玉佛寺:紧邻大皇宫,为皇家寺庙。寺中供奉的翡翠玉佛,与寺内的卧佛、金佛并列为三大国宝。泰王每年都要为玉佛更换袈裟。玉佛寺的建筑精巧,上百个石雕飞天托塔士气势雄壮,栩栩如生。

(资料来源:董正秀,朱晔. 旅行社管理实务[M]. 南京:东南大学出版社,2007.)

三、分析取舍

在进行产品设计过程分析取舍时,首先要做的就是理清头绪、思路清晰。其中最重要的就是要站在游客的角度、以游客的心境来进行思考。仅仅了解了游客想要看什么还是远远不够的,好的策划、好的产品设计还应当想客人未曾想,即所谓让人产生参加这趟旅游"超值"的感觉。比如,涉及自然美的欣赏时,人们的审美差异并不明显,在以主要体验自然美的旅游线路中,如到海滩、高原、沙漠、湖泊、林地等地的旅游,线路的安排中更多的考虑应该放在是否合理、不让客人太疲劳等形式问题上,客人的知识积淀和欣赏需求可以置于不太重要的地位。但在一些文化旅游当中,所要考虑的问题,就不单单是形式上的需求,蕴含内容上满足客人心理上的需求,成为所要考虑的重要的问题之一。

四、编排线路

线路编排像工厂中的总线装配,是产品成型的一个最后步骤。面对产品名称、交通状况、城市、景点的纷杂内容等各类资料,都需要在这道工作环节中进行组合装配。线路编排时要考虑到行程舒适、有效合理、详略得当、主题突出、安排扣题等多个方面。要想在线路编排上出新,对目的地的熟悉就显得非常必要。产品的制作者应当以某条线路、某个旅行区域的专家的高度给自己设定目标。

五、产品定价和销售(见本书项目三)

六、搜集反馈

搜集反馈意见将有利于对产品的充实和改进。不仅要收集旅行社内部的意见,还要注意收集游客的意见和地接社的意见,同时要关注媒体的反应和竞争对手的反应。

任务三　开发设计旅游线路

子任务1　解读基本概念

一、旅游线路

旅游线路是旅行社产品的重要组成部分。旅游离不开旅游线路,无论是团队包价旅游、散客包价旅游,还是半包价、小包价和其他组合旅游,旅游线路、参观景点及游览娱乐项目均离不开线路行程的设计和制定。旅行社的线路可以说也是旅游产品或旅行社产品,没有线路、行程和游览项目,便不能构成真正意义上的旅游。因此,旅游产品——线路,乃是旅行社的生存之本。

旅游线路,有广义、狭义之分。

广义的旅游线路包括一切意义上的旅行和游览的路线、景点及服务项目,其主要由旅行路线(包括起始地、距离、路线、交通方式、沿途各站点、交通状况、旅程时间等)和旅游景点(包括途中旅游景点、游览项目及食宿地点)等组成。它还指包括旅行社组织的旅游活动在内的一切旅游线路。

狭义的旅游线路,是指旅行社根据旅游市场的需求,结合旅游资源和接待能力,凭借交通线把若干个旅游地或旅游点合理地贯穿起来,为旅游者设计的包括整个旅游活动过程中全部活动内容和服务的旅行游览路线。专指旅行社为游客提供有偿服务的旅游线路,它与旅行社产品紧密联系,是旅行社包价旅游产品的主要形式。它包括旅游线路、景点、行程,参观游览内容和吃、住、行、游、购、娱六个基本要素,此外还必须有时间、站点、衔接、服务、报价、保险及各注意事项和说明。

由此可见,旅行社旅游线路是包括众多服务要素在内的一个综合服务产品。

二、旅游行程

旅游"行程"也叫"日程",它可以说是旅游线路的完整产品形式,是旅行社根据旅游合同为旅游消费者制定的旅游线路和提供各项服务的具体化和标准化。旅游依据行程并不完全等于线路,它包含的内容更加具体,还有与市场相结合的量化标准,如吃、住、行、游、购、娱的标准和规范要求,具有更强的可操作性。因此,"行程"可以是旅游线路的完全产品形式,是旅游线路的提升，一般作为旅游合同的附件而具有法定的约束力，而旅游线路则是旅游行程制定的基础。

旅行社行程制订得好坏，取决于一条旅游线路的成熟与否。从前文提到的旅游产品看，旅游产品的形成和内容是多种多样的，每一种产品又包含许多不同项目，如标准、等级、空间距离、时间范围、常规还是专项旅游、交通方式、包价还是部分包价、服务项目、主题构成等。每一旅游行程，可以是单一的，也可以是组合的，但归根到底，还是取决于旅游线路的开发设计成熟与否。

一条旅游线路的成熟度，主要视产品开发成熟度而定。当一个旅游景区或景点，尚处于原始自然状态或正开发中时，其相应的基础设施和接待条件还不具备，是难以满足旅游者需求的。旅游景区或景点的交通、食宿和安全保障是旅游线路成熟的最主要的条件，此外，产品必须与市场需求相适应。因此，一条完整的旅游线路取决于产品的功能、吸引力和市场需求与推广成熟度。

旅游线路是旅行社产品的主要体现形式，是制订行程的前提条件。旅行社在产品开发设计中，必须综合考虑内在的各种因素，才能组合成能够满足旅游者基本需求的合格的线路产品，并向市场宣传推销。

子任务 2　编制旅游行程

行程，是旅游外联报价的唯一依据，也是旅游者旅行的确切指南。前文提到，行程是线路产品的综合反映，是旅行社为顾客制订并对双方具有约束力的关于旅行、游览的文本，是主客双方应有和确认的旅游指南和经济、法律关系的依据。

一、行程编制的内容及意义

1. 行程的内容

行程应具有吃、住、行、游、购和娱六大要素。吃，要标明早、中、晚餐，写清楚用餐标准，风味餐和特色要求用餐要单独注明，并说明自费项目及就餐地点。住，要有饭店名称、地理位置、等级（星级）及客房标准。行，要有日程、起止地、距离、时间安排和交通工具，交通工具要明确其标准和等级，如空调进口车、波音 737 等。游，是行程的重点，要有具体景点、游览内容和时间安排，要准确明了。购、娱及自费游览娱乐项目要注明，有特殊要求的要说明等。

2. 行程的意义

旅行社行程可以说是产品说明书，也可以说是合同的文本，存在着粗与细、详与略、繁与简的不同，但好的行程，体现着一个企业的信誉和品牌，也反映着外联工作的业务水平。因此无论在格式上还是文字表达上，力求信息传递准确，内容翔实，文字优美，条理清楚易懂。俗话说得好"行家一出手，便知有没有"，一位旅游内行或专家，只要一看别人拿出的行程便知其业务水平如何，可信度如何。

我国旅行社正走在与国际接轨的道路上，对行程编制的要求将更加规范，但现阶段国内大部分旅行社外联或计调用的行程均存在精美不足，粗糙有余；简单马虎，凝练欠佳；陈词滥调，条理不清；笔误带出，准确不够等问题。这样的行程在外联销售中，怎么能让旅游者放心购买呢？即使签订旅游合同后，带来的纠纷和扯皮也会不时发生。因此，外联业务人员在为客人量身定做、编制行程中，一定要认真推敲，精益求精。

编制行程十分重要,一份优秀的行程,会像磁石一般牢牢吸引住人,不仅增加了销售的成功率,也会像名篇佳作一样,令人反复阅读,作为向别人介绍或今后出游的参考收藏。当然,做好的行程编制,需在工作中不断总结磨炼,在实践中不断提高。

二、行程编制的基本要求

1. 内容上要特色化

要招徕游客参加旅游,一定要把景点和游览内容特有的和精彩的部分体现出来,这就必须做到特色鲜明、个性突出,让人感到值得一游。一句话"突出诱人之特色,体现个性之内容"。

2. 编排上要合理化

海陆空的城市间交通和至景区(点)的交通路线一定要规范、科学,本着"旅速游缓"的原则,以最经济、最便捷、最安全及最合理可靠的交通方式到达各个点、站。对于航班、车次与船次,一定要做到反复核实,准确无误。对于游览的景点,要合理搭配、点面兼顾与劳逸结合,游览的时间掌握要充分,不能硬挤式的"急行军"让游客东奔西跑,行色匆匆,即使"走马观花"也要尽可能使其"下马观花",领略佳景。尤其在行程安排上,一定要在时间上留有余地。

3. 景点上要精彩化

各地景点千姿百态,风格各异,一定要把最精彩的、一流的与独特的方面表现突出出来。对同一线上众多的景点要有取舍,突出重点和亮点。当然也可以让游客挑选,为客人量身定做,端出好的"拿手好菜"让客人"品尝",不要"藏一手",也不要怕价格高,人家不接受,不妨标明最佳景点,用括号注明费用、包价范围。有的外联人员,为了体现自己的"无私奉献",在包价范围中让游客游览的全是不花钱的广场、公园与街市;有的为了低价竞争,凡是精品且门票贵的景点一概省略,所安排的景点很多是无门票的地方或门票便宜的公园。

4. 游览上要流畅化

游览线路设计一定要合理,这样在行程上才会流畅。除了景点与线路的流畅外,还要将住宿、就餐及交通因素考虑在内,如景点游览与就餐地点、接送站与住宿和就餐等应在同一线路上。几个关键点连线顺序要考虑周到,安排得当才能流畅自如。不必舍近求远,同时又要避免走重复线或重复在一个地方浪费更多的时间,也不可重复地在同一家餐厅用餐和同一家商店购物,在景点、线路、就餐、购物等方面要始终给客人不同的感觉,让客人觉得新鲜有趣,始终保持旅游的热情。

5. 表达上要艺术化

行程的字数仅有几百字,既要准确、具体,还要鲜明、生动且主题明确,不能用一个行程安排所有的客人,更不宜"千篇一律",搞"一贯制"。因为旅游者每一团有每一团的不同,人员组成、兴趣、标准、景点或交通方式等各有不同。虽走同一条旅游线路,但行程却必须有针对性,因而应一团一行程。在文字的表达上要朴素大方,一定要精炼、优雅、动感与时尚,做到"不同凡响,美不胜收",表达出不同客人的需求和愿望。

综上所述,行程的制订并不是一件简单的工作,其意义重大,要求业务人员在制作行程中体现水平,特色不凡,就如制作衣服一样,外联工作者就是服装的材料组织者和设计师,需对自己的产品负责,既要在面料上精挑细选,又要适合季节,在颜色、款式上不落俗套,还要严格根据消费者需求及"身材"来"量身定做"。款式新潮,做工精细,才能出佳品,才会有市场销路,才会受顾客欣赏。

子任务3 设计旅游线路

旅游线路设计是指在一定的旅游区域内,以一定的旅游时间和费用为参照,分析、选择、组合各种旅游要素,将其生产并包装为综合性的旅游产品的过程。

一、旅游线路设计的决定因素

旅游线路的内涵十分丰富,认识旅游线路设计的基本要素,对于设计旅游线路有着重要作用。旅游线路设计的基本要素包括旅游资源、旅游设施、旅游服务、旅游安全、旅游时间和旅游可进入性等。其中旅游资源、旅游设施、旅游服务、旅游可进入性是决定旅游线路设计的核心因素。

1. 旅游资源

旅游资源是进行旅游线路设计的核心和物质基础,是旅游者选择和购买旅游线路的决定性因素。旅游资源的吸引力决定了旅游线路的主题与特色。旅游线路的设计必须最大限度地体现出旅游资源的价值,如大漠丝路风情线、珍禽候鸟观赏线、美食风味品尝线、梦之旅沈阳足球观战线等。

2. 旅游设施

旅游设施是旅行社向旅游者提供旅游线路所凭借的服务性载体。旅游设施不是旅游者选择和购买旅游线路的决定性因素,但它能影响旅游活动的开展,影响旅游服务的质量。旅游设施分为专门设施和基础设施两大类。前者指住宿、游览、购物、康乐、饮食服务设施;后者指交通、通讯、供电、供排水、卫生、医疗等设施。旅游线路设计中要考虑到旅游设施的数量、种类以及质量与消费档次,有时也要考虑设施的空间布局,如旅游饭店离景点、机场、市区的距离;停车场离景点大门的距离等。

3. 旅游服务

旅游服务与旅游设施密切相关,二者相辅相成,离开了旅游设施,旅游服务就无法实现。旅游服务质量直接影响旅游线路的质量,因而旅游服务是旅游线路设计的核心内容。旅游线路设计时要考虑旅游项目中的服务功能、服务水平,并同时设计宾客意见调查表,着重反映导游、司机的服务态度、服务技能、服务效率等。

4. 旅游可进入性

旅游线路设计时必须考虑到旅游者进入旅游目的地的难易程度和时效性。旅游者是否能顺利到达旅游目的地是构成旅游线路设计的重要因素,因此旅游可进入性是旅游线路实现其价值的前提条件。旅游可进入性包含三个方面:畅通的交通条件、简便的通关手续条件和良好的社会环境。

二、旅游线路设计的基本原则

1. 市场导向原则

市场导向原则指的是旅游线路的设计必须适应国内外旅游业发展的趋势和旅游者的需求。只有这样,旅游产品才容易打开销路,实现其价值。

2. 突出特色原则

突出特色是旅游线路具有吸引力的根本所在。这就要求对旅游线路的资源、形式要精心选择,力求充分展示旅游的主题,做到特色鲜明,以新、奇、异、美吸引旅游者的注意。旅游线路设计突出特色体现了旅游市场营销中旅游产品以差异竞争代替价格竞争的原则,是旅游产品摆脱低水平竞争的根本所在。

突出特色的原则具体体现在以下几方面:

(1)尽可能保持自然和历史形成的原始风貌。在这个问题上,旅行社必须以市场的价值观念看待旅游线路的吸引力问题,而不是凭自己的观念意识主观地作出决定,此外,任何过分修饰的做法都是不可取的。

(2)尽量选择利用带有"最"字的旅游资源项目。例如某旅游资源在一定的地理区域范围内属最高、最大等。只有具有独特性,才能提高旅游线路的吸引力和竞争力。

(3)努力反映当地的文化特点。旅游者前来游览的重要目的之一便是要观新赏异、体验异乡风情。不难想象,如果旅游线路同客源地的情况无差别,游客是不太愿意前来游览的,即使来过一次,以后也难再返故地重游,除非有新的变化。

3. 旅游点结构合理的原则

旅行社在设计旅游线路时,应慎重选择构成旅游线路的各个旅游点,并对之进行科学的优化组合。具体的讲,在旅游线路设计过程中应注意以下几点:

(1)顺序科学。"顺序"包含两个方面意义:空间顺序和时间顺序。旅行社设计旅游线路时一般以空间顺序为根本指导。在交通安排合理的前提下,同一线路旅游点的游览顺序应由一般的旅游点逐步过渡到吸引力较大的旅游点,这样可以不断提高旅游者的游兴,同时要把握游程节奏,做到有张有弛。

如福建精华六日游:

A."福州——武夷山——泉州——厦门";B."厦门——武夷山——福州——泉州",A线显然比B线合理。前者符合"中潮——高潮——次高潮——大高潮"。

(2)避免重复经过同一旅游点。在条件许可的情况下,一条旅游线路应竭力避免重复经过同一旅游点。根据满足效应递减规律,重复会影响一般旅游者的满足程度。如华东五市经典游:"南京——无锡——苏州——上海——杭州"线路比"上海——苏州——无锡——南京——上海——杭州"线路合理。但要注意不是所有的旅游线路都可以按照这一原则,有些旅游点由于受区位交通不利因素的限制,设计旅游线路必须重复经过旅游点,这是无法避免的。

(3)择点适量。在时间一定的情况下,过多地安排旅游点,采用赶鸭子上路的方式,容易使旅游者紧张疲劳,达不到休息和娱乐的目的,也不利于旅游者细致地了解旅游点(尤其是文化内涵丰富的旅游点),对于老年旅游团采用这种方式就更不可取了。目前许多旅游线路设计中,在安排旅游点时都有"贪多求全"的趋势。如某地旅行社开发的"一日游"的线路中,包含了九个景点,许多旅游者甚至是年轻的游客在看完第六七个景点时就体力不支,不论后面几个景点多么精彩,旅游者们都只好坐在景区的门口,望门兴叹。

(4)各点之间距离适中。同一旅游线路几个旅游点之间的距离不宜太远,以免造成大量的时间和金钱耗费在旅途中。

(5)内容丰富多彩。常规观光型旅游线路设计时,要考虑到各旅游点的代表性,不能重复性地安排同一主题的旅游点,同一主题的旅游点对一般旅游者来说往往大同小异,吸引力不大。如短线型旅游线路中,忌上午看寺,下午再逛庙,或者第一天登山,第二天再爬山。但是专项型、度假型旅游线路除外,因为专项型、度假型旅游线路针对的是特定的目标市场。

（6）服务设施有保障。旅游线路途经旅游点的各种服务设施必须得到保障，如交通、住宿、餐饮等。这是旅行社向旅游者提供旅游服务的物质保证，缺少这种保证的旅游点一般不应考虑列入旅行社产品开发计划之中。

（7）购物安排合适。旅游线路设计时，应注意将旅游点上最具特色、商品质量最有保证、秩序最理想的购物场所，安排在线路所串联的景点的最后。这是因为旅游者在即将踏上返程时，购物欲望是最强烈的，而在游程之初购物欲望很低。所以针对旅游者这一心理特点，设计旅游线路（专项购物游线路除外）时不宜将购物点安排在线路的初始阶段。

三、旅游线路设计的要求

1. 独特性

从旅游动机看，旅游者不辞劳苦，千里迢迢，前往某一旅游目的地的主要动机之一，是为了亲眼目睹、感受自己没有见过、在别的地方也无法经历的游览内容，长江三峡、丝绸之路、青藏高原、西双版纳等许多旅游目的地之所以能吸引成千上万的旅游者，就是因为资源的独特性或垄断性，因此在旅游线路设计上，要尽可能突出"唯我独有"，尽量体现"奇"或"新"。

从哲学角度看，任何事物都有个性，都会有其不同于别的事物的特征。同样的旅游线路，可以有不同的景点搭配和行程安排，可以有不同的主题和重点，可以有不同的内容组成和项目安排，切不能千篇一律、照搬套用。

在独特上下工夫，是外联人员考虑线路设计、产品开发与组合的头等大事。如香格里拉最美的季节是每年5～6月或8～9月，但有的旅行社一反旺季推线的做法，在隆冬时节设计推出冰雪之旅，照样赢得市场。四川自贡旅行社，抓住"千年盐都"、"恐龙之乡"和"南贡灯会"这3个很具特色的卖点，着力设计、渲染最能体现这一特色的线路，很受欢迎。

2. 针对性

针对性原则指的是旅游线路的设计必须首先考虑市场需求，一定要以市场来决定产品，这就是市场导向，以消费者需要什么来决定线路设计和推广。每一个外联人员都必须树立强烈的市场意识，认真进行市场调查分析，寻找发现旅游者的消费热点，确定目标市场和与之相适应的产品推广，开发出适销对路的旅游线路。即便是相同的旅游线路，因顾客的需求不同，也应有不同的设计。如对国外游客要突出名、古、奇和文化内涵；对国内游客则突出景点的丰富和看得到的实惠；对老年旅游市场，应突出服务和安全保障；对青年人旅游市场，则应突出娱乐参与性等。总之，针对性是一篇做不完的文章，值得旅游线路设计者认真考虑。

3. 可进入性

这是一个很重要但又容易被忽略的问题，也是基本的规律。所谓可进入性，是指任何线路必须具有必要的交通条件，使旅游者能利用现代化的交通工具，如飞机、火车、汽车、轮船等，顺利出入，只有这样，才能使旅游行程得以实施，也才能在旅游业发展中实现"规模经营"，否则再好的景点，既无法推广，又不可能产生经济规模效益。有的线路和景点，虽极富特色，但基础设施和接待条件差，只能以探险和特种旅游项目去设计和推广，而且要事先说明做好吃苦去的准备。对于很多好线路，在市场推广方面要切记"欲速则不达"这句老话，必须"水到渠成"。例如，丽江某旅行社，早在8年前便推出"老君山三日游"线路，花了不少宣传促销工夫，但收效甚微，老君山固然有旷世之美之奇，但艰苦的条件让游客望而却步，时至今日，虽在政府主导下，但因可进入性差，仍然没有得到推广。

4. 经济性

这里说的经济当然是合理的经济效益。旅游企业是以赢利为目的合法经营者,外联工作便是做市场营销工作,一切以获取利益为主。在拟定线路、确定行程中,一定要掌握市场动态和各方面价格的波动,准确核算,不做亏本生意。要讲究谈判的技巧,做到心中有数。在产品生命周期的不同阶段,有不同的线路设计和报价;在淡旺季有不同的价格策略等。这就要求外联业务人员在成本费用和利润核算方面有较好的业务水平,否则就会亏本和反悔。亏本固然不好,但反悔、退团则更违反信誉原则,招至一系列不良后果。在追求效益上,只赚该赚的部分,只赚合理的部分,不能为追求利益损人利己,不要想一口吃成胖子,否则也只能是一时赚钱,旅行社不可能长久立足。

5. 多样性

就旅游线路而言,多样性是指同一线路上的城市和景点应力求各具特色,避免参观游览节目雷同,这就是说在吃、行、游、购与娱的编排上,尽可能地避免重复和雷同,应尽量体现多样性,这样才不会让游客感到乏味和单调。如自然景观应与人文景观交叉,团队餐与风味餐搭配,白天的游览与晚上的娱乐节目相配合等。多样性的原则还包括主要活动与次要活动配合。在行程受条件限制的情况下,可以在突出某一主要活动的同时,再增加一些富有特色的次要活动,且可以自费项目的形式满足不同游客的不同需要。如云南丽江旅游,在参观主要景点的同时,穿插丽水金沙歌舞晚会和纳西古乐等;在固定的游览线路中,增加束河古镇、白沙壁画等参观项目,深受客人欢迎。再如山西某旅行社,在五台山一日游中除了佛教文化、古建筑的主题外,还安排了观赏高原草场、看"骡马大会"、参观民间工艺书法展览、欣赏地方戏曲等丰富多彩的活动,满足了不同旅游者的需求。

6. 因地制宜

世界各地旅游资源和旅游业发展状况各不相同,先进的经验值得学习,但必须因地制宜、结合实际,在线路设计上尽量体现符合自身实际的要求,如地理环境、交通状况、民族民俗、天气气候等,不能一味追求豪华、讲究优雅,越是地方和民族的,才越受游客欢迎。在这方面,有的外联人员一味与发达国家和地区攀比,诸如购物、娱乐、餐饮与住宿过分突出高档和享受,殊不知再怎么安排均吃力不讨好,因为你的条件根本就达不到发达地区的水平,有的甚至用色情、赌博来吸引游客,如所谓的带游客观看艳舞和去夜总会,这样做只会使自己陷入危险境地。适合当地特色的另一含义,是不要过于迎合旅游者而损害当地居民的自尊心和感情,如警车开道、军乐仪仗等,搞得不伦不类,或者组织当地民族搞所谓的"原生态"表演去迎合客人,引起当地居民的不满。旅游业的发展离不开当地居民的支持,否则将是困难重重的。

任何旅游产品不可能从一开始就是十全十美的,即便一条很受欢迎的线路,也要找出不足,不断改进。很多外联业务人员,不研究、不推敲线路,年年照旧,月月照搬,只等客人上门,甚至有的景点、餐、宿及交通已发生了很大变化,仍一无所知,仍在用老皇历,结果弄出许多问题。而好的外联,时时在关注市场和消费者需求变化,深入实际踩线、及时调整行程,以适应不断发展变化的各种因素。

旅游线路的不断完善和充实,还要在实践中反复检验,在工作中不断总结、改进,要虚心听取游客和工作在第一线的导游人员的意见。如杭州某旅行社,在杭州旅游接待中,根据领队和游客的意见,在线路中减去了不受欢迎的项目,增加了一些其他旅行社从不注意的项目,如"农家访问"、"居民新村"、"针灸观摩"等,赢得了海外游客的好评,游客人数也不断上升。

子任务4 创新旅游线路

旅游线路,是外联销售的具体内容,是旅行社的生存之本。只有精心设计出合理巧妙、有新意、有活力并有丰富文化内涵的好线路,才能吸引旅游者,才能得到游客的青睐。

一、旅游线路创新的意义

好的线路必须有创新,当今市场变化一日千里,唯有创新是一切。这里所说的创新,不仅仅是指产品的创新,更是经营观念的创新。只有首先在观念上创新,才能抢占市场,才可能走在竞争对手的前面,而不是跟在后面追赶。

千篇一律、老调重弹及守株待兔的旅行社经营方式早已成为过去,当今旅游者对旅游产品的需求,已变得越来越多样化。单一的团队包价游已变成多种形式的旅游。过去的团队16人以下能组成团,如今团队规模越来越小,团队和散客已没有十分明确的界限,在形式方面,有观光、度假、休闲、体育、教育、生态、保险、自驾车旅游等,多种多样。现代游客更注重参与性、娱乐性和体验性,所有这些变化趋势,要求旅行社外联人员在线路设计上必须有创新才能赢得市场。这就要求外联人员必须在经营观念上创新、在策略上创新及在旅游线路上创新。

全国各地旅行社的好的创新策划层出不穷,如江苏推出华东旅游新干线,台湾推出大陆观光客三条环岛旅游线、杭州推出唐诗宋词旅游线、上海的上海人游新上海、丽江的东巴文化之旅、香格里拉的天界神川之旅与瑞丽的重返瑞丽之旅,新的创意、新的亮点一个接一个。

时代在变化,随着人们经济水平和文化水平的提高,旅游者的要求也越来越高。为客人奉献出特色鲜明、文化内涵丰富和别具一格的产品,是外联工作者创新策划的根本和出发点,其目的就是要让游客真正感受到精彩,获得旅游的快乐和需求的满足,也给自己带来发展和效益。

二、旅游线路创新的技巧

1. 老线翻新,注入新意

这就是"老线路,新走法",也可以说是"旧瓶装新酒"。旅游线路并不是新的才是好的,有很多老的仍有生命力,尤其是知名度较高的线路,虽然吸引力已下降,但可加以适当调整,重新创意,注入一些新的内涵,就可以再现青春。如云南西双版纳10年一贯制的东线、西线和市内游3条线,可调整为以民族村寨、茶文化为主,线路未变,但主题变了,不同样又有新的吸引力了吗?再如昆明石林线,可增加大叠水瀑布或月湖彝族村观光,同样也可增加新的吸引力。采取"旧瓶装新酒",要在细微之处下工夫,在日程、景点和安排上融入新的活力,重新给人耳目一新之感。

2. 重新包装,变化主题

现代市场,愈来愈重视包装。市场上有很多产品,如药品,内容没变,但外观和包装变了,产品的名字换了。这类做法符合人们求新的心理。旅行社外联也可以从中获得启发:有的景点和线路十几年一贯制,已严重缺乏吸引力,这就是所谓的产品老化必须更新。当然,更换新产品谁都想,但旅游产品与别的产品有很大的不同,资源决定一切,加上投入巨大,牵动着各个方面或受诸多因素限制,不是可随意更换和替代的。一条旅游线和产品从培育到成熟,其间不知要付出多少艰辛的努力,这一条线路将关联到多个行业,一旦放弃和抛荒,对地方经济的影响和损失是巨大的,最有效的解决途径便是重新包装,变化主题。

例如,云南瑞丽旅游线,过去10年曾是与西双版纳旅游线并驾齐驱的主要热线,但衰退很快,近些年被人们遗忘,当地政府和旅游企业已想尽办法,均不奏效,最近他们重新包装、重新创意,以"有一个美丽的地方——重回瑞丽"为主题,以探寻古城、万人泼水节和目脑纵歌节、东方珠宝城、抬脚出国门、边寨集市、不容错过的美食等为宣传内容,取代了过去十多年一贯制的笼统的民族风情、边境口岸和亚热带雨林等宣传口号,吸引了无数旅游者的注意,使瑞丽这条老线又燃起了希望之光。

3. 以线带面,景点串联

一条成熟的线路必然是由知名景点来支撑的,但当它达到顶峰后,终将进入衰退期。外联人员必须了解一个产品的生命周期,未雨绸缪,培育新线。这种新线可以是在老线上的延伸,以线带面,主次结合,多点辐射,将老线新线巧妙结合。这就是说,可以利用以名线名景点为主,进行多点的延伸、组合,同样可以达到意想不到的效果。

如云南省2000年由政府牵头,各旅行社会同航空公司,开通了版纳——香格里拉——昆明的环线航班,接着便由各旅行社纷纷推出版纳——昆明——香格里拉环线三飞游旅游新线,使游客从过去昆明至版纳,版纳至昆明再至香格里拉的时间大大缩短,且将昆明、版纳和香格里拉三大著名景区连接,让旅游者在合理的时间和费用下,既游览了昆明石林,又顺理成章地游览版纳热带雨林和雪域圣境的香格里拉,为沉静的版纳老线重新注入活力,更带动了昆明、香格里拉旅游,增加了游客在云南的停留时间,扩大了经济效益。再如在湖南张家界的旅游线中,有的旅行社不仅加上韶山、长沙,还将线路延伸至九江和庐山,采取火车去飞机返的环线,受到游客尤其是老年团队的欢迎,将"夕阳红"团队做得有声有色。

4. 开辟新景,敢为人先

创新要有勇气,全面创新更需勇气,因为失败是随时存在的。旅游新线,往往是各方面条件欠缺的,它将面临很大的风险,尤其是安全方面的风险,但路是人走出来的,可以说没有哪一条旅游线路是一开始就有的,都是经过长时间的发展才不断完善和成熟的。外联人员必须富智慧、具活力和会幻想,在线路的开拓中勇于创新,才能不断推出新产品,走在别人的前面。如云南临沧,因道路艰苦,迄今仍属秘境,尤其神秘的佤山、崖直和边境口岸,这对游客是非常有吸引力的。直至2004年春节,昆明一家旅行社隆重推出了昆明——临沧——仓源——孟定旅游线后,反响虽强烈,但敢于前往的游客还是不多,但经过几年的不断尝试后,该线现逐渐成为云南又一新旅游热线。

5. 看菜吃饭,量体裁衣

产品和市场是永远值得外联营销研究的问题。在线路设计上,无论是老线新做,还是开拓新线,都必须符合市场的要求。"以产品找市场"和"以市场找产品"都是市场营销的原则。

"以产品找市场"建立在对产品的十分了解上寻找突破口。旅游产品有自身的特点,它是不能被储藏和转移的,对已成熟的旅游线路,我们应分别找到其适合的市场,一条线路并不完全适合所有顾客的需求,必须加以主题,以突出其专业性,才能既对口又对味,有的放矢地推销给有需求的顾客。如对中老年旅游市场,应推出舒适、便捷、知名度高和时间宽松的线路,对青年旅游市场,则应推出参与性、趣味性和娱乐性较强的线路,需更具浪漫和抒情色彩。上海一家旅行社推出"北京名景+天津小吃+天下第一关"线路,特别受中年人欢迎,而另一家旅行社推出的"内蒙古草原+骑马射箭+大漠风情"的线路则受到青年人的青睐。

"以市场找产品"则要求外联人员准确把握市场动向,按照市场变化和需求,对症下药,准确推出不同的线路。近些年,旅游者自选性越来越强,个性化突出,很多事先准备好的常规线路,已不大符合顾客多样化的需求。量体裁衣的做法也越来越多,要求外联业务水平更高,知识性、专业性更强。只要做到胸有成竹,一个好的外联是可以随时随地为顾客设计出满足其需要的线路的。如一家旅行社的外联人员在为某地区医院党政学习团编制线路时,认真听取了客户要求,专为其设计了在"南京——无锡——苏州——上海"旅游线路中,加上了在南京、上海等医院参观交流的项目,获得了顾客的认同。

三、旅游线路创新的根本

要成为一名出色的外联,一方面要熟悉各地旅游资源、接待条件和价格波动,另一方面还要准确把握市场动向,在旅游线路的设计中以熟练、灵活的手法和不断创新的进取精神去赢得顾客,以充满个性化、灵活化和专业化的多姿多彩的线路去争取市场。

随着旅游业的发展,旅游线路也不断走向专业化,如教育、考察、环保、工业、科考及体育方面的专题旅游越来越多,对外联人员来说,只有具备多方面的专业知识,才能设计出满足不同游客需要的线路。

旅游线路的创新是多种多样的。没有固定的模式,根本就是要把握市场需求和旅游市场的动态。一个外联人员只要肯学习,善钻研,在调研中了解新信息,挖掘新景点,从市场出发,就能够创造出更多更好的旅游线路。

相关链接

旅游线路创新七法

1. 翻新式——旧线翻新,注入新意

旧路线之所以仍在沿用,这说明它还有生命力,古语说:"姜还是老的辣",如果我们适当调整,改变思路,给它注入新的内容,就可使其锦上添花,再焕青春。

采取"翻新式",要力求在微细之处下工夫,破除传统观念,大胆而细心,但不可随意乱造,否则,事倍功半,徒劳一场。

2. 多点式——一线多点,巧妙结合

利用以名景点为主,进行多点的延伸、组合,往往可以取得意想不到的效果。

一线多点式的操作,应注意顺道而行,交通便利,不可东一头,西一头,变成多点多线,尽量不走重复路线,始终给人新的感受,避免给客人造成疲惫和出现衔接故障。

3. 新景式——开辟新景,大胆尝试

鲁迅讲过:"第一个吃螃蟹的人是很可佩服的,不是勇士谁敢去吃它呢?"旅游路线的设计者一定要有勇气,富智慧,具活力,会幻想,敢于在实践中大胆开拓与尝试。开辟新线一定要注意观赏性、趣味性和娱乐性,只要"一炮打响",必然"后继有人"。

4. 切割式——地域切割,集中景区

根据我国热点旅游城市相对集中的特点,采取地域切割手段,一次性的集中主要景区,编制路线,也会令人惬意,创造新境,只是时间较长,可称之长线深度旅游。采用切割式要注意尽量就地取材,集中景点,不可舍近求远,否则就失去了"切割"的意义。

5. 拉力式——汽车拉力,求奇探险

根据城市居民向往大自然、求新、求奇、求险、求趣的特点，又不想花太多的钱，我们适时推出了两条汽车拉力线：①从大连出发直奔辽宁西部珠日河草原，住蒙古包，吃羊肉，骑马射箭，祭敖包，感受民族风情，观赏奇特的大青沟原始森林，三岔口漂流，滑草等2夜3日游。②赴辽宁4大名山之一钟灵毓秀的医巫闾山，品尝沟帮子烧鸡，观营口浩瀚的红海滩，欣赏东北第一个"世界文化遗产"雄浑壮"关"的九门口长城，那"城在水上修，水在城中流"的特点，在万里长城中，独一无二，风采奇异，堪称举世一绝，这两条新线，均受到游客欢迎，团体每人费用各为550元左右，可谓价廉物美。

只要肯于学习，了解最新信息，注重调研，善于挖掘新景点，多掌握旅游资源，完全可以从实际出发，绘制出具有新内容、新景色的新路线。

6. 浪漫式——轻松愉悦，领略佳景

针对老年团、家庭组合、新婚夫妇，设计出了"浪漫为主题，轻松为节拍，名景为内容，休闲为特点"的时尚路线，强调"求稳不求险，求精不求粗，求慢不求快"的原则，设计出"北京名景＋天津小吃＋天下第一关火车8日游"、"泰山＋苏杭＋水乡＋上海新貌双飞9日游"、"昆明、石林、大理、丽江、香格里拉＋武汉3飞10日游"等新路线，有的已经推向了市场。

此类豪华旅游线讲究舒适、宽松，富于抒情色彩，以满足游客精神与物质上较高水准的需求。因此，住房多为3～4星级，餐饮标准为50元/人·天，车为新型豪华空调车，旅行日程尽量宽松自在，留有充分个人自由活动时间，以确保其品质。

7. 专业式——对口适度，流畅出新

近些年，许多单位带有专业性的学习、考察团逐渐多起来，表现在自选性强，个性化突出，不大符合我们事先定好的现成线路。对此，旅行社应因团而宜，对症下药，有的放矢地设计出符合专业化要求的特殊路线。如某旅行社在为某地区医院党政交流学习团编制路线时，根据客户要求，设计了"南京、无锡、苏州、水乡、昆山、普陀、上海双飞9日游"路线，在南京、昆山、上海各安排半日中医院参观学习与政工业务交流，并在昆山安排了参观合资企业等项目，经反复修改，符合了客户要求，行程结束，达到了预期目的，客户表示满意。

针对此类团队旅行社在旅游线路设计中首先要按客户要求进行设计，再顺路穿插精华景点，这样顺路成"章"，一举两得。随着旅游事业的发展，专业形式的旅游呈上升趋势，如城建、环保、体育、文艺、农业、经贸、教育等团队会越来越多，设计适销对路的路线，是形势发展的需要，应引起从业人员关注。

当然，旅游路线的设计多种多样，风格千姿百态，手法十分灵活，内容丰富多彩，没有一定的固定模式。我们要切实遵循"以产品找市场"的原则，设计编制出具有科学性、文化性、独特性、趣味性的对路产品，敢于打破常规，勇于标新立异，让绚丽迷人，充满个性化、自由化、灵活化的旅游新线，为我们的旅游市场展示出一幅幅诱人的画卷，增添出一朵朵璀璨的鲜花，让游客随心所欲，尽情地享受吧！因为旅游事业，需要追求卓越、追求完美、追求创新。

（资料来源：董正秀，朱晔. 旅行社管理实务［M］. 南京：东南大学出版社，2007.）

子任务 5 旅游线路报价

旅游线路报价是旅行社产品投放市场，实施销售的首要环节。同时也是旅行社制订产品价格方法和价格策略的最终体现。旅行社产品实施的成功与否，与旅行社的产品报价有很大关系，因为旅行社产品的报价往往不仅仅是价格上的信息，还含有行程、服务标准及相关要素的大量信息,是旅游者和旅游中间商做出决策的重要依据。

一、旅游线路报价的涵义

旅游线路报价就是将旅游线路产品的内容结合价格以信息的形式传播给旅游者或旅游中间商,做到产品质量与销售价格相符。旅游线路报价要体现等价原则:一方面旅游线路中各个项目,包括交通、餐饮、住宿、景点、娱乐等在接待质量上一定要与线路价格相符,不得有"水分"或"偷工减料";另一方面导游提供的服务在接待质量上必须做到规范化、标准化,与线路中所含的导游服务费相符。

二、旅游线路报价分类

(1)根据报价对象不同,旅游线路报价可分为:组团报价(组团社向旅游者报价)、地接报价(地接社向组团社报价)。

(2)根据内容不同,旅游线路报价可分为:总体报价和明细报价。前者只反映线路产品整体性的内容和整体性的价格;后者反映的不仅是整体性的内容和整体性的价格,还有各种细分的、具体的单项内容和价格。

(3)根据线路产品的类型不同,旅游线路报价可分为:①团体旅游线路报价和散客旅游线路报价;②国内旅游线路报价、入境旅游线路报价、出境旅游线路报价;③常规旅游线路报价、专项旅游线路报价;④豪华等旅游线路报价、标准等旅游线路报价、经济等旅游线路报价。

(4)根据报价方式的不同,旅游线路报价可分为:邮寄报价、传真报价、媒体报价、上门报价、门市报价和展销报价六种。其中门市报价、邮寄报价、传真报价在实际中运用得最普遍。除门市报价和媒体报价主要针对的是旅游者外,其余的主要针对的是旅游中间商(或组团旅行社)。

(5)根据旅游者年龄不同,旅游线路报价可分为:成人报价和儿童报价。

(6)根据时间上的不同,旅游线路报价可分为:年度报价、季度报价、月度报价。

(7)根据客源地的不同,旅游线路报价可分为:外宾报价和内宾报价。

(8)根据旅游季节的不同,旅游线路报价可分为:淡季报价和旺季报价。

三、旅游线路报价的计算

1. 旅游线路报价计算明细

(1)综合服务费(简称综费):计算单位为"元/人天"

$$综合服务费总额 = 实际接待天数 \times 综合服务费$$

(2)房费:计算单位为"元/人天"

$$房费总额 = 实际入住天数 \times 房费$$

(3)餐费:计算单位为"元/人天"

$$餐费总额 = 实际用餐天数 \times 餐费$$

(4)城市间交通费:计算单位为"元/人"

$$城市间交通费总额 = 实际乘坐交通工具客票费$$

(5)专项附加费:计算单位为"元/人"

$$专项附加费总额 = 汽车超公里费 + 特殊门票费$$

2. 旅游线路报价计算公式

旅游线路报价＝综合服务费＋房费＋餐费＋城市间交通费＋专项附加费

旅游线路报价计算单位为"元/人"。

3. 旅游线路报价说明

旅行社一般为旅游者安排双人标准房或三人房,有时团队因人数或性别原因可能出现自然单间,由此产生的房费差额根据事先达成的协议由组团社或地接社来承担。

旅游团内成年旅游者人数达到 16 人时,应免收 1 人的综合服务费,全陪只收城市间交通费、房费,其余全免。

12 周岁以下儿童收取 30%～50%综费(不占床位、车位),12 周岁以上儿童收取全额综费。

旅游线路报价一般不含各地机场建设费、旅游意外保险费(自愿投保)、火车上用餐费、各地特殊自费旅游项目。

超公里费指汽车长途客运的收费,各地收费标准不同,如上海一地是以 8 小时、80 公里为基价计算的。

旅游线路报价在实施过程中若发生因不可抗力因素造成实际旅费超过报价的(如行程延期),由旅游者自行承担额外费用,旅行社可不承担此费用,或与旅游者分担费用。

地接旅行社在旅游线路报价中应含有团队确认方式及结算方式的具体要求。

相关链接

旅行社接待质量计费说明

某旅行社接待质量计费说明如下:

1. 接待标准:

A. 豪华团:三星级涉外饭店双人间、空调旅游车、十菜一汤、独立成团。

B. 标准团:二星级酒店或同级标准、空调旅游车、八菜一汤、散客并团。

2. 计费范围:景点间交通、房费、餐费、行程内空调旅游车车费、行程内所列景点首道门票、专项费、行程内各地优秀导游服务费、旅行社责任险。本旅行社保留因不可抗拒因素(如天气、路况、航班原因等)或当地导游对行程调整的权力,但行程内游览的景点不减少。

3. 不含费用:各旅游等级均不含旅行社平安保险费、人妖表演费、机场建设费、航空保险费,火车汽车团不含途中餐费,香格里拉不含骑马费、藏民家访费、丽江不含玉龙雪山大索道费、丽江云杉坪小索道费。

声明:旅游价格在节假日期间上浮 30%。

备注:行程内住宿如产生空床费(即1人入住1间房)则单列收取;如遇行程内各旅游地地方政策性调价,我社有权对此行程报价做出相应调整,并及时通知。本旅行社保留因不可抗力因素对行程调整的权力。

【温馨提示】

旅行社在组团报价时一定要明码标价,不能搞模糊收费。该案例中清楚地标明了旅游团性质、接待标准(包括住宿标准、用餐标准、乘运的标准等)、参观游览项目及计费范围等。特别是向旅游者说明了哪些参观游览项目是包括在团费当中,哪些是自费项目,即报价中不含的费用。另外,特别需要补充说明的也要列出,以免引起不必要的投诉。

应用训练

旅游线路报价案例分析

2000年福建中国青年旅行社省内旅游线路A线报价

A线:"福州—武夷山—泉州—石狮—厦门七日游行程"

D1:福州接团,游鼓山、西湖、林则徐故居,宿福州

D2:乘福州—武夷T248次(08:48—15:11),游水帘洞、鹰嘴岩,宿武夷山

D3:九曲溪、天游峰、一线天、虎啸岩、永乐禅院、城村古汉城遗址,宿武夷山

D4:武夷宫、朱熹纪念馆、宋街,乘武夷山—泉州K985次(14:40—20:22),宿泉州

D5:开元寺、老君岩、海上丝路博物馆,石狮自由购物,车赴厦门,宿厦门

D6:集美鳌园、鼓浪屿(日光岩、菽庄花园、郑成功纪念馆)、万石植物园,宿厦门

D7:南普陀寺、胡里山炮台、中山路自由活动,午餐后送团。

表2-1 旅游线路报价分解图　　　　　　　　　　　单位:元

	住 宿	餐 费	市内交通费	门 票	综 费	火车票	合 计
豪华等	90×6	25×11+10	300	278	15×6	52+178	1723
标准等	50×6	44×6−18	300	278	12×6	52+178	1426
经济等	40×6	38×6−16	220	278	10×6	52+178	1240

报价说明:

(1)组团社请于团队抵达福州前的七至十天将团队计划报予我社,并将团队人数、名单及航班、车次传真确认。确认后,抵达前三天取消或减少人数,按团费的10%收费,接团当天取消或减少人数,按团费50%收费。

(2)团队因天气、自然灾害、交通等不可抗力的因素造成延期之费用,由游客自理或与组团社协商各自分担部分费用。

(3)推荐行程价格仅供参考,如遇政策性调价(交通、住宿、门票等),价格另议。

(4)组团人数:豪华等10人成团;标准等16人成团;经济等30人成团。

服务标准:

豪华等:四星级宾馆(或同等标准酒店)、包餐(十菜一汤)、景点首道门票、进口豪华空调车、优秀导游服务;

标准等:三星或二星级酒店(或同等标准酒店)、包餐(八菜一汤)、景点大门票、国产合资豪华空调车、优秀导游服务;

经济等:普通或准星级宾馆(2~3人房)、不包餐、景点首道门票、国产普通客车、导游服务。

(5)儿童收费:两岁以内免收团费;2~12岁收取50%的团费(不占床位、车位);12岁以上按全价团费收取。

(6)陪同费用:达到成团人数,免全陪一人的综费、超公里费和房费。

(7)结算方式:实行一团一清。团队抵达前请将团费全额汇入我社账户(电汇单应有复印件传真),或由陪同以现金(或现金汇票)与我社结清,行程结束时,我社将结算单据交全陪或领队(无全陪时),带回组团社。

任务四　创新我国旅行社产品

一、我国旅行社新产品分类

目前,我国旅行社开发的新产品主要有以下三种类型:

1. 全新型产品

开发全新型产品往往会在短期内取得独占该产品市场的优势,为旅行社获取丰厚的利润。然而,开发全新型产品需耗费大量人力、物力、财力。如果该产品投放市场后不能立即被广大旅游者认可和购买,旅行社则会丧失赢利的机会,甚至有可能亏本。此外,其他旅行社也会很快仿制出同类产品,形成竞争,影响新产品开发投资的回收。

2. 改良型产品

改良型产品是指旅行社对其原有产品做部分调整或改造,冠以新名称后,重新投放市场的产品。原有产品经过改良后,变成新的产品,增强了吸引力,能够招徕更多的旅游者。改良产品还能节省时间,使产品能够尽早投放市场。此外,由于改良型产品只是在原有产品的基础上进行调整和改造,所以在线路考察、通讯联络等产品开发费用方面低于全新型产品,从而降低了产品开发的成本。改良型产品的缺点在于难以像全新型产品那样使开发这种产品的旅行社在短期内独占该产品市场并获取丰厚的利润。

3. 仿制型产品

对于多数中小型旅行社来说,经常性地开发新产品往往在财力和人力方面成为一个沉重的负担。有的旅行社就采取仿制别的旅行社已经投放市场的新产品的办法来开发自己的新产品。这种做法的优点是:投资少,见效快,省时省力。其缺点是:采用这种方法的旅行社总是步其他旅行社之后尘,难以创造出本旅行社的特色形象。

二、我国旅行社产品现状

1. 产品结构单一,亟待优化

我国旅行社产品丰富多彩,但大多停留于旅游资源的表层开发,属于初级产品。尤其在知识经济的时代背景下,旅行社产品结构仍以观光度假和商务游为主,产品结构严重倾斜,近似于单一,大大制约了我国旅行社产品的市场吸引力。

长期以来我国旅行社产品形成了综合性观光、团体包价旅游等旅游产品一统市场的局面。形成这一局面主要原因有:一是我国观光旅游资源十分丰富,开发成旅行社产品比较容易,产品成本低,适合目前我国旅游者的消费水平和消费能力;而度假和专项旅游资源相对较少,且开发成旅行社产品难度较大,产品成本也相对较高,往往超出了目前我国旅游者的消费水平和消费能力。二是团体包价旅游程序操作简单,组织管理也简单。三是受旅行社服务水平的限制,经营散客、豪华等、专项旅游困难较多,风险也大。四是经营者产品开发观念保守,没有进行市场细分,创新意识不强。五是旅游者消费意识不成熟,个性化的需求不强。

2. 产品主题不突出,精品不精

目前旅行社产品在设计上缺少鲜明的主题,产品定位不明确,这就使得大多数综合性的观光产品在市场上很难招徕回头客(以保证产品质量为前提),单位产品重复消费的次数极少。

其次是产品普遍雷同,品牌不响,精品不精,如福州某旅行社开发一条"福建畲乡风情游"线路产品,经过精心包装和媒介的大力宣传,可是推向市场不到一年,就被许多旅行社竞相仿制,改变这家旅行社对这种产品在市场上原有的独家经营的态势,加上这家旅行社对这条线路缺乏后续创新,使这条线路产品逐渐丧失已有的精品形象。

三、我国旅行社产品创新的基本思路

1. 加快产品升级换代的步伐

产品升级换代,从经济学的角度来说,就是延长产品的生命周期,将产品从衰退期中拉回来,增强其生命力。我国旅行社产品升级换代的过程缓慢,观光型产品老化问题突出,吸引力减弱,直接影响了产品在市场上的竞争力。现阶段旅行社产品升级换代需要做好五个方面的工作:一是从传统的综合性观光向专题性观光发展,丰富观光的内容;二是从单纯的观光向观光加度假、观光加专项发展,注重游客的参与性和娱乐性;三是从区域性观光向内涵性观光发展,提高产品的品位;四是从标准化观光向个性化观光发展,扩大散客、非包价及自助游的比重;五是从经济型观光向豪华型观光发展,增加产品的附加值。

2. 对客源市场进行细分,抓好市场定位

目前我国旅游市场已由卖方市场转变为买方市场,市场开拓是关系旅行社生存发展的重大问题,旅游市场细分和目标市场的选择是市场开拓的中心内容。市场细分是指旅行社把整体旅游市场按旅游者需求的差异,划分为若干个不同的消费群体的过程。每个消费群体就是一个细分市场,同一细分市场中的旅游者需求之间的差别很小,而不同的细分市场之间,旅游者的需求存在着较大差别。旅行社必须针对不同的细分市场开发不同特色的旅游产品,切忌将产品以千人一面的面貌推向市场。例如公务型旅游产品针对的客源市场就同修学型旅游产品针对的客源市场明显不同,因此两种产品的开发思路就不同。

市场细分是目标市场选择的前提条件,目标市场选择是旅行社根据细分市场的划分,将营销目标锁定在某一细分市场上。如综合各种细分标准,我国旅行社主要的国内细分市场有:老年旅游市场(即"夕阳红"或银发市场)、公司高级白领阶层、福利好的事业单位职工、垄断性行业员工、教师、新婚夫妇、体育人士(含球迷)、记者、青年学生等。旅行社根据自身特点和竞争优势,选择一个或多个目标市场,为进行明确的市场定位打下基础。旅行社产品市场定位是旅行社为了让其产品在目标市场顾客心目中树立明确、独特及深受欢迎的形象而进行的各种决策和展开的各项活动。

总之,旅游产品在开发之前,一定要对客源市场进行全面的调查,掌握客源市场消费者的需求变化状况和趋势,通过市场细分确定目标市场的选择,最后进行市场定位。这样才能避免或减少经营者在产品投放市场时的盲目性,从而做到适销对路。

3. 迎合社会发展的特征和潮流

一方面,开发旅游产品时可以结合各种热点事件,如上海旅行社将亚太经合组织领导人会议的会址作为旅游景点纳入上海游的线路中;海南旅行社将博鳌亚洲论坛的会址纳入海南游的线路中;北京旅行社在新千年即将到来的日子里举办了新世纪千对新人结婚大典。另一方面,开发旅游产品可以与各地的节庆联系起来,如广西民歌节、哈尔滨冰灯节、河南少林武术节、山东潍坊风筝节、浙江绍兴书法节、江西景德镇陶瓷节、湖北宜昌国际龙舟节、福州寿山石文化节、北京中关村科技节、浙江舟山海洋节……开发这类旅游产品一定要配合好当地有关部

门和举办单位,协调好彼此间的关系。

应用训练

我国旅行社旅游产品开发与更新案例分析

云南"淘宝游"

云南省瑞丽市的旅游淘宝场,位于云南省中缅边境的瑞丽市弄岛以西约 6.5 公里处,占地 60 万平方米,这里是世界著名的宝石成矿带,也是历史悠久的宝石生产和交易地。

瑞丽市某旅行社向旅游者安排了这一旅游项目,旅游者可使用统一的采淘工具淘宝,游客可将淘到的宝石原矿交特聘的缅甸宝石加工师鉴定并可现场加工成各种首饰,或拼成其他美术制品。

这一旅游项目一经推出,就受到了众多游客的喜爱。

江苏"观光农业旅游"

土色土香的农舍,虽然没有城市宾馆的豪华设施,但是极富有中国庭院式的建筑特色,充满了江南水乡特有的诗情画意。农舍、小河、田野、秧苗、菜花、桃花,对外国游客来说,都富有东方情调。河岸古老的风车在慢悠悠地转动,牛力水车、人力脚踏水车趣味无穷。在农家,手工织布和小车纺纱,吸引了不少女士排队上机操作。

晚上,客人们分成若干小组,被农民请到家里做客。主妇端上粽子、汤圆、馄饨、鱼虾和农村时令蔬菜,客人们吃得眉开眼笑,都说比五星级宾馆里的山珍海味好吃多了。

外国游客特别喜欢宽敞明亮的三间一套的房间,中间是客厅,靠墙摆一张大八仙桌,两边是靠背椅,墙正中挂着寿星图,左右对联,写的多是祝福吉祥的内容。卧房摆着三面雕花的大木床,床上有湘绣花布枕头,窗帘是蓝底白花的土布,门窗玻璃上贴着红纸剪成的窗花。游客离开时,依然兴味未尽。

这就是江苏某旅行社为游客推出的乡村生态旅游产品。

任务:请分析上述两类新旅游产品的成功之处。

【指导点评】

1. "淘宝游"显然适应了现代旅游的一个新时尚:"不仅要看,而且要干。"亲自动手,独立操作,带有某种期盼和梦想,自然是有吸引力的。值得指出的是:我们大多的旅游项目都缺少了参与性,这应该说是一个缺憾。参与性至少有三大好处:一是突出了活生生的旅游生活,再也不是看书、看电视或看电影;二是增强了记忆,能给游客留下美好的回忆,再也不是仅仅通过摄影留念或翻阅旧相片来回忆;三是延长了游客的逗留时间,能为区域旅游业提供商机。例如,有一位美国游客在中国旅游时用土法制造了一张纸,视为其永久的纪念,并跳起来欢呼:"我学会中国的造纸术了!"动手操作及参与性旅游项目的魅力可见一斑。

"淘宝游"是旅游,并不是"淘宝",其旅游属性关系十分重要。旅游者追求的是一种经历,是一种生活体验,并不是为了发财,所以旅行社将其作为旅游项目推出时,应该注意食、住、行、游、购、娱的配套服务,注意对旅游属性的强化与引导,注意我们的服务对象是游客而不是其他职业性工作者这一基本区别,注意提高旅游项目的品位,注意环境保护,以及其他相关的问题。

2. "观光农业旅游",又称"乡村旅游"或"绿色旅游",是以欣赏田野风光作为旅游对象的特色旅游产品,在目前国际国内旅游业中,此类产品成为热销的旅游产品之一。

发展农业观光旅游,投资少,见效快,不仅经济效益可观,而且有较好的社会效益,它以别具一格的魅力,清新淡雅的情调,吸引着越来越多的国内外游客。

现代社会人们喜好大自然,"环保"和"绿色"更是人们刻意追求的。本例成功之处,在于抓住游客的心理,真正按市场需求设计和推出游客喜爱的旅游项目。

我国是农业大国,农业门类繁多,地域特色和民族特色显著,发展农业观光旅游有得天独厚的条件。发展乡村旅游,不需要付出多大的经济成本,却可以收到相当好的社会效益和经济效益,是一项很有生命力的旅游项目。

综上所述,旅行社唯有创新产品,不断满足旅游者的旅游需求,才能获取最大效益,才能在市场竞争中立于不败之地。

项目实训

实训项目 设计旅游线路:针对学生市场,结合本地情况,请设计两条三日游线路,并给出设计理由。

实训目标 通过学生实地调查,了解当地旅游产品开发的要素,并能运用所学知识开发旅行社产品。

实训指导

1. 指导学生整合当地适合学生市场的旅游资源。

2. 确定旅游线路设计的主题。

3. 明确旅游线路设计的原则。

实训组织

1. 把所在班级学生分成4个小组,每组10人左右,确定组长,实行组长负责制。

2. 指导学生上网查找相关资料,初步确定线路主题。

3. 指导小组同学进行实地调研,完成线路设计报告,包括吃、住、行、游、购、娱等要素。

实训考核

1. 根据每组所写报告,由主讲教师进行评分和点评,占50%。

2. 课堂讲解交流完后,由4个小组各给出一个成绩,取其平均分,占50%。

项目小结

本项目学习掌握了旅行社产品和旅游线路相关基本知识,掌握了旅行社产品的策划、设计与开发程序,实训了开发设计旅行社产品、设计旅游线路、安排旅游日程等技能,基本完成了针对我国旅行社产品的现状,用创新思路设计开发旅行社产品的任务。为旅行社销售业务的开展奠定了基础。

思考与练习

一、主要概念

旅行社产品 旅游线路 旅游日程 旅游报价

二、思考题

1. 旅行社产品由哪几部分构成?

2. 旅行社产品有哪些类型？

3. 如何构思旅行社产品的策划创意？

4. 结合实例谈谈旅游线路的制作过程。

5. 旅游线路创新的技巧有哪些？

6. 设计旅游线路应遵守哪些基本原则？

7. 旅游行程编制的基本要求有哪些？

8. 简述我国旅行社新产品的主要类型。

9. 结合我国旅行社现状，谈谈我国旅行社产品的开发与更新思路。

三、案例分析

认真阅读新兴旅游线路，并回答问题。

文化旅游线路设计——"安徽皖南徽文化之旅"

D1：绩溪胡氏宗祠（全国重点文物保护单位），宿歙县。

D2：徽商之源渔梁坝、许园石坊（全国重点文物保护单位）、徽商花园太白楼、新安碑园、棠樾牌坊群、竹山书院，宿屯溪。

D3：黟县宏村和西递村古民居村落、徽州区潜口明代民居博物馆（全国重点文物保护单位），宿屯溪。

D4：休宁万安古镇、屯溪老街、程氏三宅，结束旅程。

注：该线路中的皖南古民居群已纳入世界文化遗产名录。

请回答：

(1)如何在旅游线路中体现特色，使其具有强吸引力？

(2)请分析新兴旅游线路"新"在何处？

项目三 开展旅行社产品销售业务

实务导入

旅游业与影视文化业如何才能实现完美联姻

电视剧《乔家大院》作为 2006 年的开春大戏，它的热播引起了全国的"乔家大院热"，天南地北的游客纷纷慕名而来，想看看晋商乔家的发祥地。乔家大院从 2006 年 3 月份开始，与前一年同期相比，游客增长 300%，达到 4 万多人，往年就是 1 万多人。

乔家大院是晋商乔家的院落，因房屋建筑雕刻精美而在晋中民居中具有突出的代表性，20世纪 90 年代初张艺谋的著名电影《大红灯笼高高挂》在这里拍摄，很多人都是从这部电影中，知道了山西乔家大院，而电视剧《乔家大院》在央视的热播，更让这里的知名度大大增加，同时这里的游客倍增。

"想看看乔家大院到底什么样，这个建筑我觉得非常好"，一位普通游客的心声暗示了影视文化传播给景区营销带来的巨大影响力。

一部《乔家大院》使乔家大院旅游由淡转旺，游客倍增，门票大涨，甚至迎来了该地历史上的旅游高峰，旅游业与影视文化业的完美联姻，给我们完美展现出一块诱人的蛋糕。（案例来源：同程旅游网）

任务：

1. 旅游业与影视文化业如何才能实现完美联姻，旅行社如何更好地利用文化营销手段？
2. 针对文化旅游产品，旅行社通过门市如何宣传和销售？

知识目标

理解旅行社的目标市场、无差异目标市场策略、差异性目标市场策略、密集性目标市场策略等概念；了解影响旅行社目标市场选择、产品价格制订的因素；了解旅行社产品的销售渠道；掌握旅行社产品价格的制订原则及旅行社的促销策略；储备旅行社门市及对客服务理论知识。

技能目标

能较准确地为旅行社选择目标市场；能选择合理定价策略；能为旅行社产品制订合理的价格；能选择合适的销售渠道；掌握设立旅行社门市柜台的方法，能进行旅行社门市对客服务。

工作任务

选择旅行社目标市场；选定旅行社的定价策略；制订旅游产品价格；为旅行社产品选择销售渠道；储备旅行社门市基本知识；营造旅行社门市环境；提供旅行社门市对客服务。

旅行社产品销售、管理的核心，是如何以适当的价格将旅行社的产品通过适当的渠道推向所选定的目标市场，而销售过程的管理和售后服务对于旅行社具有非常重要的意义。旅行社的促销管理不仅有利于促进旅行社产品的销售，也有助于树立旅行社及其产品的良好形象。

任务一 选择旅行社目标市场

子任务1 准确理解旅行社目标市场的含义

旅行社的目标市场，是指旅行社准备用其产品与服务来充分满足的一组或几组特定的旅游者群体，或者说，目标市场是旅行社准备在其从事经营活动的一个或几个特定的细分市场。

旅行社的市场细分与目标市场的选择既有联系，又有区别。旅行社的市场细分是按一定标准划分不同旅游者群体的过程，而目标市场的选择是旅行社选择细分市场的结果和作出经营对象决策的过程。由此可见，旅行社目标市场的选择是在市场细分基础上进行的，市场细分是旅行社选择目标市场的基础，目标市场的选择则是旅行社市场细分的结果。

子任务2 分析旅行社目标市场选择应考虑的因素

一、市场的规模与发展潜力

旅行社目标市场的客源规模与发展潜力对旅行社经营效益具有重大影响。如果市场规模过小，发展潜力不大，即使旅行社市场占有率很高，也不会为旅行社带来较高的利润。我们强调目标市场的规模与发展潜力，并不是一味强调它的绝对规模，而是强调目标市场是否具有适度规模和发展潜力。在这里，适度规模是一个相对概念，即相对于旅行社资源与经营能力的市场规模。有些旅行社在选择目标市场时，不考虑本企业的资源条件与经营能力，往往重视规模大的客源市场，忽视规模小的客源市场，形成众多旅行社在同一细分市场经营的局面。这样既增加了市场竞争的强度和经营风险，又加大了旅行社经营的费用，使一些旅行社的经营处于不利的地位。

二、市场结构

在旅行社的经营活动中，有时会出现目标市场规模与发展潜力较为理想，但利润水平较低甚至亏损的现象。因此，旅行社在选择目标市场时，还要考虑目标市场的结构。市场结构是指旅行社与市场的关系特征与形式。一般情况下，旅行社在特定目标市场经营都会面临行业内竞争者、潜在竞争者和中间商砍价能力三种力量的威胁。

1. 行业内的竞争者的威胁

当旅行社选定的目标市场已经存在一定数量的竞争者时，该目标市场就会失去经营吸引力。因为在这种情况下，目标市场上旅行社的供应能力不断扩大，旅行社要想坚守这个目标市场，就要加大促销力度、提高产品质量，并运用价格手段参与市场竞争，这样就必然会大幅度降低旅行社经营的利润。因此，旅行社在选择目标市场过程中，应考虑目标市场竞争者的存量，选择竞争对手较少的细分市场作为自己的目标市场。

2. 潜在竞争者的威胁

如果旅行社选定的目标市场可能吸引一定数量新的竞争者进入，那么当这些新来的竞争者具备了与本旅行社争夺市场的实力时，该目标市场就会失去经营吸引力。因此，旅行社在目标市场选择过程中，应考虑目标市场上潜在竞争者进入的难易程度，选择那些潜在竞争对手难以进入的细分市场作为自己的目标市场。

3．中间商砍价能力的威胁

在旅行社选定的目标市场中，负责提供客源的中间商具有较强的砍价能力时，该目标市场就会失去经营吸引力。因为中间商一旦具有较强的砍价能力，就会要求旅行社压低产品价格、提高产品质量，甚至提出更多的附加条件。这样一来，旅行社经营利润就会大幅度地降低。因此，旅行社在选择目标市场过程中，应考虑目标市场中间商的砍价能力，选择中间商砍价能力较弱的细分市场作为自己的目标市场。

子任务3 分析旅行社目标市场经营策略

一、无差异目标市场策略

无差异目标市场策略，是旅行社把整个客源市场作为目标市场来经营的一种营销策略。虽然客源市场可以按许多因素与标准细分，但如果客源市场对产品的要求不存在实质性的或有经济意义的差别时，旅行社就可采用无差异的目标市场策略。无差异目标市场策略适用于以下三种情况：

(1)整个客源市场的需求虽有差别，但需求的相似程度较大；

(2)客源市场的需求虽有实质上的差别，但各个需求差别群体的经济规模较小，不足以使旅行社通过某个细节市场的经营取得效益；

(3)旅行社业内竞争程度较低，客源市场的需求强度较高。

旅行社采取无差异目标市场策略的经济优势在于成本较低，一般来讲，无差异目标市场策略使旅行社向市场提供标准化产品，可以大大降低产品开发、广告促销、市场调研以及市场管理的各项费用，有利于旅行社形成规模经济。

二、差异性目标市场策略

差异性目标市场策略，是指旅行社在大多数细分市场上经营，并为每个存在明显需求差异的细分市场设计不同的经营方案的策略。旅行社差异性目标市场策略适用于以下三种情况：

(1)客源市场的需求存在着明显的差异；

(2)按细分因素与细分标准划分的各类客源市场都具有一定的经营价格；

(3)旅行社规模较大，且产品经营能力足以占领更多的细分市场。

与无差异目标市场策略相比较，差异性目标市场策略通常能取得更好的经营绩效。由于它针对性强，满足市场需求的程度高，对旅行社扩大市场占有率是十分有利的。这也是许多旅行社普遍采取这种目标市场策略的重要原因。但是旅行社采取差异性目标市场策略，会增加各种经营成本和经营费用。

三、密集性目标市场策略

密集性目标市场策略，是指旅行社只选择一两个细分市场作为其经营目标，制订一套经营方案，并集中力量在这些细分市场上占有绝对份额的策略。旅行社密集性目标市场策略适用于以下两种情况：

(1)细分市场具有明显的、实质性的需求差异；

（2）旅行社规模较小,且经营能力有限。

旅行社采取密集性目标市场策略时,由于目标市场明显集中,可以实行针对性较强的经营方案,这将有助于旅行社提高产品的市场形象和市场占有率,同时,还有利于旅行社降低产品经营成本。密集性目标市场策略是中小型旅行社经常采取的一种目标市场策略,其不足之处是经营风险较大。

任务二 分析旅行社的定价策略

旅行社产品价格是旅游者为实现旅游活动需要而向旅行社支付的费用,是旅行社所提供的产品价值的货币表现,从价值构成看,旅行社产品价格由成本和利润两部分组成。其中,成本用于旅行社补偿采购、住宿、交通、餐饮等单项旅游产品物化劳动的耗费及导游人员劳动的耗费;利润是产品价格扣除成本费用支出后的余额,包括税前利润和税后利润两部分。旅行社产品价格有两大特点:一是综合性,指旅行社产品覆盖跨度大,具有旅游产品综合性的特征;二是灵活性,指旅游产品的价格受各种因素的影响,变动多,变化大,种类多。

子任务1 分析旅行社产品价格制订的因素

影响旅行社产品价格制定的因素包括产品的内部因素和外部因素。产品的内部因素是指构成旅行社产品的各项成本和利润;产品的外部因素则包括旅游市场的供应状况、竞争状况、汇率、季节、替代产品价格等。

一、内部因素

1. 固定成本

固定成本指在一定范围内和一定时间内总额不随经营业务量的增减而变动的产品成本,包括旅行社的房屋租金或房屋折旧、其他固定资产折旧、宣传促销费用、销售费用、员工工资等。固定成本分摊到旅行社所销售的全部产品中。固定成本分摊到单个产品里的份额同旅行社的总销售量成反比关系。

2. 变动成本

变动成本是指随着旅行社产品销售量的变化而变化的各种成本,与产品的销售总量成正比例关系。变动成本是旅行社产品的主要成本,是决定产品价格的主要因素。

3. 利润

利润是旅行社通过销售其产品所获得的收入与旅行社为生产和销售产品所付出的各项成本费用相抵后的余额,是旅行社经营的财务成果。旅行社产品的价格中必须包含一定比例的利润。

二、外部因素

1. 供求状况

旅行社在制定产品价格时必须充分考虑旅游市场上的供求状况。当旅游市场上对于旅行社某种产品的需求增加时,旅行社常常提高该产品的销售价格;当旅游市场上对某种产品的需求量减少时,旅行社往往降低该产品的销售价格。

2. 竞争状况

旅行社应当把旅游市场上的竞争状况作为制订产品价格的主要参考依据。如果市场上经营同类产品的旅行社数量众多,且呈现供大于求的局面时,旅行社通常将价格订得较低;如果市场上经营同类产品的旅行社数量较少,甚至是某旅行社独家经营,形成供不应求的局面时,旅行社一般将价格订得较高。

3. 汇率

经营入境旅游和出境旅游的旅行社在制订价格时,除了需要考虑上述的各种影响价格制订因素外,还应考虑货币的汇率因素。汇率是一个国家的货币用另一个国家的货币所表示的价格。两种货币之间的比价发生变化,会对旅行产品价格产生一定的影响。当本国货币贬值时,入境旅游产品的实际价格下调了而出境旅游产品的实际价格上涨了;当本国货币的升值时,入境旅游产品的实际价格上涨了而出境旅游产品的实际价格下降了。

4. 季节

由于旅游活动的季节性决定了旅行社在制订产品价格时,必须将产品销售的季节因素考虑进去。一般情况下,旅行社在旅游旺季时会保持其产品售价不变或将产品售价上调,在旅游淡季时则会将产品售价适当地降低。

此外,替代品价格、国家政策也会对旅行社制订旅游产品价格起到一定的影响。

子任务2 遵循旅行社产品价格制订的原则

一、市场导向原则

旅行社经营管理者在制订产品价格时,应遵循市场导向原则,以旅游市场需求为导向,根据市场需求的变化制订和调整产品的价格。产品供不应求时,可以适当提高产品的销售价格,而当产品供过于求,则应该将产品的价格适当地下调。

二、质价相符原则

旅行社在制订产品价格时,必须坚持质价相符原则。以达到旅游者的期望值为准则,既不应使价格过分高于旅游者的期望值,给旅游者造成产品质次价高的不良印象,也不应把产品价格订得过低,使旅行社受到损失。

三、价格稳定原则

旅行社的经营管理者在制订和调整产品价格时,必须使产品的价格在一段时间内保持相对稳定,以增加旅游者对本旅行社产品价格的信心,提高本旅行社产品在旅游市场上的竞争地位。旅行社产品价格的频繁变化会给旅游市场带来一定程度的波动,使潜在的旅游者在心理上产生不稳定的感觉,挫伤他们购买本旅行社产品的积极性,影响本旅行社产品的市场需求。

四、灵活性原则

旅行社产品是由众多采购的"零部件"组成的,采购的数量、时间、季节以及供应企业(部门)不一样,其产品价格也不一样。旅行社应该根据自身的需求进行实时的调整。

子任务 3 分析旅行社产品定价策略

旅行社产品定价策略是旅行社决策层进行价格决策的行动指南。旅行社应根据不同的产品和市场情况,采取适当的定价策略,以实现其产品定价目标。

一、取脂定价策略

取脂定价策略,又称撇油定价策略或高价策略,是旅行社为新产品制定价格时经常采用的一种定价策略,其主要特点是将产品的销售价格定得很高,力图在较短的时间里将开发这种产品的投资全部收回,并获得可观的投资回报。

采用取脂定价策略的旅行社认为,在新产品投入市场初期,竞争对手尚未推出与之竞争的同类产品,开发出新产品的旅行社在旅游市场上暂时处于一种产品垄断的地位。取脂定价策略可使旅行社在短期内获取较高营业额,较快收回产品开发成本,逐渐扩大旅行社的新产品开发和生产能力,是一种见效快的定价策略,颇受一些资金比较短缺的中小旅行社的欢迎。

然而,取脂定价策略显然是一种追求短期最大利润的策略,由于利润率过高,必然会迅速招来竞争对手,而且不利于迅速开拓市场。因此,从长期的观点看,这种策略是不可取的。

二、渗透定价策略

渗透定价策略,又叫低价策略,是一种通过将新产品低价投放市场,增加产品销售量和开拓市场,并有效地排斥竞争者,以达到长期占领市场的目的的产品定价策略。

这种策略与取脂定价策略正相反,采用这种策略的旅行社尽量把新产品的价格定得低一些,其目的在于是新产品迅速地被消费者所接受,打开和扩大市场,优先取得市场上的领先地位。当旅行社产品具备大批量接待能力时,旅行社往往采取渗透定价策略。

取脂定价策略与渗透定价策略是两种不同选择标准的定价策略,其不同之处见表 3-1。

表 3-1 旅行社定价策略的选择标准

选择标准	取脂定价策略	渗透定价策略
市场需求	高	低
与竞争产品的差异性	小	不大
价格需求弹性	小	大
生产能力扩大的可能性	小	大
旅游者购买力水平	高	低
仿制难易程度	难	易
市场潜力	不大	大
投资回收方式	迅速	逐渐

三、心理定价策略

心理定价策略是利用旅游者对价格的心理反应,刺激旅游者购买旅游产品的策略。它可分为尾数定价策略、整数定价策略与声望定价策略三种。

1. 尾数定价策略

尾数定价策略又称奇数定价策略,是利用旅游者喜欢带尾数价格的心理而采取的产品定价策略。不少旅行社认为,旅游者在购买旅行社产品,尤其是单项服务产品时,从习惯上乐于接受尾数价格而不喜欢整数价格。因此,旅行社经常在定价时给其产品带尾数的价格,使旅游者获得一种享受折扣优惠的印象。尾数定价策略多用于散客门市价及单项旅游服务产品的价格。

2. 整数定价策略

整数定价策略适用于价格较高的旅行社产品如豪华旅游、团体包价旅游等。整数定价策略容易使购买这类产品的旅游者产生"货真价实"、"一分钱一分货"的感觉,有利于提高产品的形象。

3. 声望定价策略

声望定价策略多见于在旅游市场上享有较高声望的旅行社及其产品。采取声望定价策略的旅行社一般将其产品的价格定得高于多数旅行社。然而,由于旅行社及其产品的声望,以及"好货不便宜,便宜没好货"的心理影响,旅游者能够接受这种高价格,而且还会产生一种购买到优质产品的感觉。部分旅行社为了保证产品服务质量,特别是保证利润率高的团队获得一流的地接服务,有实力的客户旅行社更看重地接社的声望及品牌效应,尽管它的产品价格较高。当然,声望定价策略的使用必须适度,必须物有所值。

四、折扣定价策略

折扣定价策略包括数量折扣、现金折扣、季节折扣和同业折扣策略。

数量折扣是根据顾客购买产品数量的多少而相应地降低产品销售价格。用以鼓励购买者多购买,从而扩大产品销量和收益的一种方法,一般购买数量越大,折扣也越大,如旅游团团队人数越多,线路产品的价格折扣也越大,旅游者享受的价格优惠也越多。

现金折扣又称付款期限折扣,是指旅行社对现金交易或按期付款的产品购买者给予价格折扣。在国外,旅行社对分期付款的旅游者不给予价格折扣而对一次性付款的旅游者给予价格折扣。目的是为了加快旅行社的资金周转率,减少因赊欠造成的利息损失和坏账损失。

季节折扣是指旅行社对客户购买淡季产品或冷点旅游线路时的一种折扣方式,又称之为季节差价。旺季价格高、淡季价格低,热点价格高、冷点价格低。还有,在举行大型节庆或其他活动(如奥运会、世界博览会等)时,客流量集中,也可临时提高旅游价格,等等,可以根据情况灵活运用。但需注意,《旅游法》中明确规定:"旅行社不得以不合理的低价组织旅游活动。"

同业折扣是旅行社对同一集团网络或战略联盟内部接收的客源给予价格折扣,如某地中国旅行社对当地华侨大厦的住客报名参加该社旅游时给予一定的价格优惠,因为中国旅行社与华侨大厦同属于中旅系统或中旅集团一员。

应用训练

价格标准战略定乾坤——庐山游定价策略简析

1995 年 7 月,深圳人纷纷打电话到深圳旅游集团海外部问:"报纸广告上的盘子和刀叉是怎么回事?"原来,这是该公司推出的庐山自助游的形象广告。这种表现方式在当时的旅游广告中还是挺稀奇的。这年夏天,深圳计划开通庐山(九江)直航班机,面对这一商机,深圳旅游集团海外部成功地实施了一套保护自己的价格策略,从而保障了产品开发者的利益。以往去庐山旅游,均由南昌进出,路上耗费不少时间,往往在山上住一晚就匆匆离去,现在,面对即将开通至庐山脚下九江的航班,如何做才能形成自己的相对优势,不至于转瞬又陷入价格战的漩涡中? 经营者首先对目的地作了分析,庐山是一个很适宜休闲度假的地方,和黄山相比,虽然风景可能略逊一筹,但山上的度假条件却得天独厚,拥有各种档次的酒店,还有一个上万人的小镇,交通良好。同时,对市场作了分析,深圳人很忙,工作节奏快,喜欢直航,容易接受新事物、新概念,易被引导。对航空包机人而言,需要有市场推动人。经过分析,经营者决定在市场上以"专业"和"全面"的形象出现,根据目的地特色和市场情况,设计出几种套餐:(1)自助游。以庐山的接待条件,非常适合自助游,这在当时还是较新的旅游概念,对于平日紧张惯了的深圳人而言,早上不用按时起床,想走就走,想停就停,无疑是很有吸引力的。更重要的是,山上拥有从各类疗养院到星级酒店多种选择,适宜不同客人需求,这样,只需要酒店派车到机场接送,无须增加地接成本,在价格上,从疗养院的1380元起至三星级酒店1780元,形成了无敌价,竞争对手很难切入。(2)同时推出的有各种全包团,由于在市场上率先推出,有酒店和航空公司的支持,其产品也就成了市场上的标准,而谁制订了标准,谁就有了优势。有了一系列的策划和强有力的推广,该公司很快取得了庐山直航线的绝对优势,这样,当年,该公司在庐山线上成了最大的赢家。

任务:分析深圳旅游集团定价策略的成功之处。

【指导点评】

价格在产品差别不大,市场尚未形成优势品牌时,是重要的竞争手段,但当你运用价格策略时,一定要很清楚你的目的是什么? 否则,很容易伤到自己,伤及市场。庐山直航的定价1380元绝对是市场最低的,它有效地遏制了后来者的价格竞争策略,避免了你降10元,我降20元的现象出现,甚至在相当长时间里对手无法出招,只能走联合的路线。最低价的制订并不影响其在主推产品(三星级酒店)上的获利,前者主要是为自己形成壁垒,后者才是主力。倡导非价格导向的深度旅游并非不注重成本控制,相反,价格是深度旅游营销的重要环节。价格竞争绝对是一个重要手段,只是当它远远偏离了价值本身时就必然像一柄双刃剑伤及消费者和企业、行业自身。你不妨看看,按一般的市场地接价做,你的顾客的满意度是多少? 如此下去,你的回头客会有多少? 我们必须让价格与价值相符,即在确保质量的前提下,尽可能降低成本。

如何降低成本? 这是许多经营者的"拿手好戏",但真正的高招在于跳出小我,走联合道路的专业规模经营。你不能什么都做,什么都自己做。你必须先定位,确定你的战略目标、聚焦,力图在相对窄的领域里做得最专业,取得最大的市场份额,你的成本必然就是相对最低的! 你所要做的便是在某一方面如何成为最专业、最有规模的企业,你的价格肯定也是最有竞争力的。

(资料来源:董正秀,朱晔.旅行社管理实务[M].南京:东南大学出版社,2007.)

子任务4　筛选旅行社产品定价方法

一、成本导向定价法

以成本为导向定价方法是指在旅行社产品成本的基础上加上一定比例的利润来确定该产

品的价格的方法。这种定价方法不考虑市场需求方面的因素,简单易行,是许多企业目前最基本、最常用的一种定价方法。由于成本形态不同,该定价方法主要包括成本加成定价法、边际贡献定价法和投资回收定价法。

1. 成本加成定价法

这种方法以旅行社产品的单位成本为基础,再加上一定百分比的预期利润来定价,也就是说,计算产品的变动成本,合理分摊相应的固定成本(销售代理商佣金、营销费用、行政管理费、税金、各种费用和固定资产折旧等),再按一定比例的目标利润来决定价格。

在实际定价过程中,旅行社往往根据当年估算的总成本和公司预计接待旅游者的总数来确定人均分担的固定成本。这样,每一个旅游团分担的固定成本是一样的,不管其目的地和价格如何,或者直接简单地以变动成本加上一定比例的费用用于支付固定成本和利润,作为产品的销售价。

成本加成定价法的关键是确定一个合理的成本利润率,而成本利润率的确定,必须考虑市场环境、行业性质等多种因素。绝大多数旅行社采用的都是行业平均的利润率。

2. 边际贡献定价法

这种定价法只计算成本,而不计算固定成本,以预期的边际贡献补偿固定成本并获得盈利。边际贡献是产品销售收入和变动成本的差额,若边际贡献大于固定成本,企业就有盈利,反之,则亏本,若边际贡献等于固定成本,则企业保本。

例如,某旅行社在旅游淡季推出一日游团体包价旅游产品,每人市内交通费40元,正餐费30元,导游费15元,门票费26元,共计111元。由于市场竞争激烈,又时值旅游淡季,客源较少。因此,旅行社难以用111元的价格招来大量的旅游者。在这种情况下,旅行社采用边际贡献法,将价格降为104元,即减少导游收入7元。这样,该项旅行社产品的单位售价高于变动成本(96元),仍可获得边际贡献8元。

这种定价法能给旅行社提供衡量销售价格的客观标准,便于旅行社掌握降价幅度,开展价格竞争。只要边际贡献大于零,旅行社就可以在更大的范围内实行价格竞争,争取市场优势。

3. 投资回收定价法

这种定价法是根据旅行社的总成本或投资总额、预期销量和目标收益额来确定价格。旅行社在确定目标利润额及预测全年外联人天数以后,先按外联总人天数计算出总成本,然后用总成本加预期总利润并除以外联人天数,就可以得出外联人天的平均销售价。其基本公式为:

$$单位产品价格 = (总成本 + 目标收益额)/预期销售量$$

例如,某旅行社以接待国内旅游团队为主营业务。该旅行社2002年的目标利润总额是570 000元,固定成本760 000元。根据预测,该旅行社2002年将接待38 000人天的国内团体包价旅游者。据调查,该旅行社所在地区适宜接待国内旅游团队的饭店平均房价是180元/间(天);旅行社接待每一人天的综合变动成本为25元。那么,该旅行社接待国内旅游者的每人天收费是:

$$[760\,000 + 38\,000 \times (90 + 25) + 570\,000]/38\,000 = 150$$

在理论上,这种定价方法可以保证目标利润的实现,但由于此方法是以预计销售量来推算单价,而忽略了价格对销售量的直接影响,只有经营垄断性产品或具有很高市场占有率的旅行社才有可能依靠其垄断力量按此方法进行定价。

二、需求导向定价法

需求导向定价法是以市场需求为中心,以顾客对旅游产品价值的认识为依据的定价方法。具体分为认知价值定价法和需求差别定价法。

1.认知价值定价法

认知价值定价法认为价格的决定因素是旅游者对旅游产品价值的认识水平,而不是卖方成本。它采用顾客听证的形式,邀请顾客来参与价格的制订。只有产品和服务的价格符合旅游者的理解时,他们才有可能接受这一价格。旅行社可以运用各种宣传促销活动来影响旅游者对产品的认识,特别是对旅行社企业品牌的认知,使之形成对旅行社有利的理解价格,以获取超额利润。

2.需求差别定价法

需求差别定价法是指旅行社根据不同购买力、数量、种类、地点、时间等因素采取不同价格。该方法并不是基于成本的变化,而是基于不同的旅游者收入水平的不同、偏好的不同和掌握市场信息充分程度的不同,因而对同一旅游产品有不同的认知价值;在不同的时间和季节旅游者的需求偏好和强度也有所不同,因而在认可程度高、需求强度高的地区和时间就可以制订高价格,反之只有制订较低的价格以应对市场竞争。

在国际旅游市场上,旅行社相同的线路产品对不同客源国的报价是有差别的,这就是利用不同客源国对相同线路的认知存在差别,采用需求差别定价法的定价结果。此外,还有儿童价与成人价的差别,国内游客和国外游客的差别,学生价与一般游客价的差别,淡季价与旺季价的差别。

三、竞争导向定价法

竞争导向定价法是为了应付市场竞争而采取的特殊定价方法。它优先考虑市场能承受的消费能力以及优先考虑在竞争对手面前能占一定的优势,而不是盲目追求本企业的利润最大化。这种定价方法充分考虑到了市场竞争和旅游者的反应因素,所制订出的产品价格容易为旅游者接受,并能够使旅行社产品在较短的时间内在市场竞争中取得优势。竞争导向定价法主要有随行就市法和率先定价法。

1.随行就市法

这是指旅行社参照行业中主要竞争对手的价格,或跟随市场上的平均价格来确定自己产品的价格。这种方法既易于应付竞争,又可以保证旅行社获得平均利润,是一种较为稳妥的定价方法。

2.率先定价法

一些实力雄厚的旅行社或产品独具特色的旅行社可以采取这种主动竞争的定价方法。自行制定价格后,在对外报价时先于同行报出,可以在同行中取得"价格领袖"的地位,获取较高的利润。

总而言之,旅行社在进行产品定价时,首先选择的是成本导向的定价法,即采用成本加成的定价方法(单位产品价格=直接成本+毛利),然后采用需求导向定价法并结合竞争导向定价法,对已经确定的产品基本价格进行必要的修订,以便适应市场发展的需要。

应用训练

非价格导向的价值旅游——千名长者温馨结伴港澳游

2001年无疑是价格恶性竞争愈演愈烈的一年,深圳市场港澳游的价格一路下降,毛利只有100元左右,产品也以自助游为主,而深圳国旅推出的"千名长者温馨结伴港澳游"无疑成了当年的明星产品,其提供的服务不仅获得市场的高度赞扬,而且产生了良好的经济效益,单个产品创下了组团人数和毛利率的纪录,在深圳至今仍具有唯一性和垄断性。

(1)策划背景。2001年初,广东省公安厅决定在广东四个地市进行暂住人员赴港澳地区旅游的试点,其中一项政策就是子女户口在这四个地市的,其父母便可在其子女户口所在地办理赴港澳旅游的手续,深圳市就是其中之一。

深圳某旅行社早在2000年就看准老年人这个潜力巨大的旅游消费群体,成立了"温馨结伴行"长者旅游俱乐部,专门为深圳的离退休人士提供量身定做的与同龄人结伴同行的旅游服务。俱乐部以会员制方式,"人性化"地为老年人营造温馨的活动空间,使每一次旅游都是老年人一生难忘的经历。

(2)顺势而为。深圳是一个移民城市,大多来自四面八方,经过多年打拼,有些人已在深圳成家立业,他们常定期或不定期地将父母接到深圳来居住,而他们本人却工作繁忙没时间陪父母,"如何让老年人在深圳安心、充实地生活?"一直是深圳子女为之苦恼的问题。如果能让辛苦了一辈子的老人去香港澳门旅游一趟,这可是在离香港最近的深圳工作的儿女给父母最好的孝礼,但老人旅游子女如果不陪又放心不下,那怎么办?深圳国旅充分考虑上述因素,成功地策划了"千名长者温馨结伴港澳游"的旅游方案。

首先,完全站在顾客的角度,人性化地设计行程。一改传统的从罗湖口岸出境,乘火车赴香港的交通方式,变为乘直通巴士过港,避免了在罗湖边检排队苦等几个小时,乘火车又可能走失及无座位保障的情况。其次,不仅改变传统的香港游不派领队的惯例,安排专业领队带团,而且每团有一名医生随行,行程中也充分考虑到老年人的特点,不安排无意义的购物,松紧适度,饭菜的安排也尽量合老人的胃口,当月过生日的老人还可幸运地得到一份惊喜礼物。

广告策划也对深圳子女孝敬父母的脉把得很准,真正以情动人。另外,旅行社还成功地说服了香港地接针对性地调整价格,并共同致力于开发老年人这一新的细分市场。半年时间,仅深圳一地,旅行社就成功组团近两千人次。

(3)精彩广告。广告临门一脚的作用也在这个策划案中体现了传神的魅力,尤其是广告语真正说到了读者的心里,真正激发了他(或她)对父母的孝心,让每一个深圳人看了都有一种说不出的牵挂感。

给爸妈一个惊喜

上次爸妈来深圳,想去香港看看,

就因为办手续很难,所以很遗憾地回家了。

我很不是滋味,父母来深圳一趟不容易,

说不准真会是一辈子的遗憾。

现在好了,

"千名长者温馨结伴港澳游",让爸妈和我不再有遗憾了!

【指导点评】

这是一个典型的策划出来的产品,在政策出台的一段时间内,其他旅行社均未能看到这潜在的市场,一般旅行社如果不创新仍按传统手法来操作,市场反应估计仍会冷淡,组团人数寥寥,这样政府实施新政策的真正目的还是无法达到。

经过精心策划,在市场上形成了"长者港澳游"这独一无二的产品(竞争对手都纷纷退出),一年多来,该社线路价格没降,仍保持着稳定的组团量,其成功的关键在于定位精准,走的是亲情和价值路线。广告到位,为细分市场目标群体量身定做,服务人性化,最终实现了消费者、旅游目的地、旅行社三方共赢的局面。

在严格控制成本的同时,坚决走价值路线,以至于该产品成了长者港澳游的标准:医生陪同、乘直通巴士上过境等等,团队虽然利润很高,但消费者仍趋之若鹜,因为他们看中的不是几百元的价格差异,而是能充分满足其孝心,对老人有保障,人性化的服务,这方面的价值远远高于金钱。试想一下,即使市场上有更便宜的火车团,可谁又会去让老人遭过关那个罪呢?

值得思考的是,一直以来,该产品在市场上未遇对手。为什么有钱赚的生意无人跟进呢?

其实,在提供独特价位的同时也在为自己设定技术壁垒。没有足够的实力,派医生和安排直通车都会额外增加很多成本,竞争对手要达到同样的服务水准必然要有相应的成团人数,而综合了广告设计、媒体选择、联合推广等多种因素在内的先行者已在市场上建立起了难以跟进的相对优势,于是,竞争对手干脆放弃了这一块业务。

(资料来源:董正秀,朱晔. 旅行社管理实务[M]. 南京:东南大学出版社,2007.)

任务三　选定旅行社的渠道策略

旅行社的销售渠道,是指旅行社通过各种直接或间接的方式,将其产品转移到最终消费者手中的整个流通途径。旅行社销售的关键之一就是研究如何以最少的流能费用,选择最合适的销售渠道,用最快捷的流通速度将旅行社产品送到消费者手中。

子任务1　分类旅行社产品的销售渠道

目前我国旅行社产品的销售渠道分为直接销售渠道和间接销售渠道两种,如图 3-1所示:

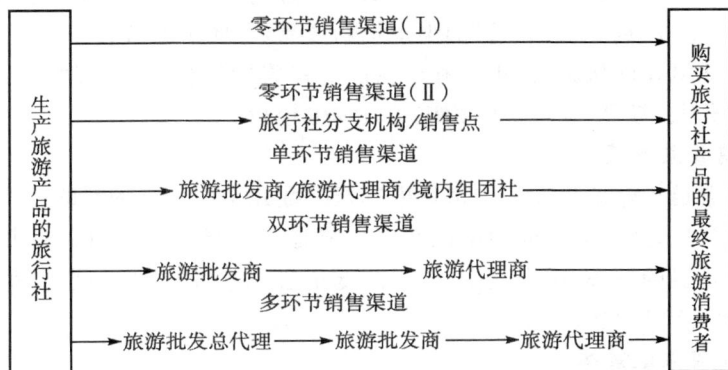

图 3-1　旅行社产品销售渠道

一、直接销售渠道(零环节销售)

我国旅行社通过设在海外的销售机构直接向旅游者销售旅游产品,如国旅、中旅等大企业在亚洲及欧美一些国家设常驻机构,向当地的居民出售自己的旅游产品。

直接销售无须通过中间商,减去了中间费用,可以降低价格,但也有一些缺陷,首先,没有哪家旅行社能有人力、财力在世界各地设立自己的销售机构;第二,并非所有国家和地区都允许外国旅行社进入;第三,我国旅游业尚处于不发达阶段,海外与我国之间存在一定的文化差异,直接销售会有不少障碍。所以,我国的国际旅行社在国际入境旅游业务中采用的主要是间接销售,而国内旅行社大多采用直接销售渠道。

二、间接销售渠道(多环节销售)

旅行社的旅游产品绝大多数都是通过间接渠道销售的。间接销售渠道主要是通过异地地接社或组团社进行。

我国旅行社主要通过客源国(地区)的旅游批发商、旅游零售商等中间商向旅游者出售旅游产品,实际工作中主要有两种形式:

(1)通过零售商向国外旅游者销售产品。一般均为包价旅游,这类产品既适合零散旅游者,也适合团体旅游者。

(2)通过批发商或经销商和零售商向国外旅游者销售产品。经销商或批发商实力较强,通常可以获得较理想的批发价格,而且他们还可以根据自己的经验和研究成果,在我国旅行社提供的产品基础上进行加工和重新组装,加上第三国或其他地区的产品,经这样加工后的产品往往更受当地旅游者的欢迎。

子任务2 选择旅行社产品销售渠道

一、旅行社的销售渠道策略

在国际旅游市场中,大的旅游商都十分重视销售渠道策略,因为这是影响旅游产品销售的关键因素之一。除直接向旅游者销售旅行社产品外,旅行社的销售渠道策略主要有三种。

1. 广泛性销售渠道策略

广泛性销售渠道策略即广泛地委托零售商或通过各地旅行社及相关企业销售产品,招揽客源的一种策略。其优点是选择广泛的渠道推销产品,方便了旅游者的购买,同时便于旅行社联系广大旅游者和潜在的旅游者,也有利于在广泛销售的过程中发现理想的中间商。不利之处在于销售过于分散,管理上有难度,相应的成本也较高。

2. 选择性销售渠道策略

选择性销售渠道策略即只在一定市场中选择少数几个中间商的策略。往往是经过了广泛性销售渠道策略之后,从广大中间商中优选出几家有利于产品推销的企业来作为以后的产品销售渠道。优点是目的明确,重点集中,可以降低销售成本,缺点是一旦中间商选择不当则可能影响相关市场的产品销售。

3. 专营性销售渠道策略

专营性销售渠道策略指在一定时期,一定地区内只选择一家中间商的销售战略。此时,作为旅行社总代理的中间商一般不能同时代销其他竞争对手的产品。优点是可以提高中间商的积极性和推销效率,旅行社与中间商联系单一,可以降低成本,产销双方利害关系紧密,有利于协作。缺点在于如果中间商经营失误,就可能在该地区失去一部分市场,若中间商选择不当,则可能完全失去该市场。

子任务3　选择与管理旅游中间商

一、旅游中间商选择

旅游中间商的选择,直接决定着旅行社间接销售渠道策略的成败。旅行社应首先进行综合分析,明确自己的目标市场,了解旅游市场需求状况,确定产品的种类、数量和质量,选择销售渠道策略,然后有针对性地选择适合自己的旅游中间商。旅行社对中间商的选择应从以下几个方面进行考察:

1. 经济效益

总的原则应考虑成本相对较低,利润相对较高的销售网络和中间商。实际中注意风险与利润相称,毫无疑问,风险小,利润小,风险大,利润也大,所以应该在风险大小与利润高低之间进行合理平衡和选择。

2. 市场一致性

中间商的目标市场必须与旅行社的目标市场相吻合,而且在地理位置上应在旅行社客源较为集中的地区,这样便于旅行社充分利用中间商的优势进行产品推销。

如美国出国旅游的50％集中在加州、纽约、新泽西、佛罗里达、德克萨斯和伊利诺斯六个州,因此,我们所选的美国中间商也一定是以这六个州为目标市场,地理位置应在这些区域。

3. 商誉与能力

中间商应有良好商业信誉和较强的推销能力和偿付能力,其中偿付能力是双方合作的经济保障。

4. 业务依赖性

一般专营中国旅游业务的中间商对我国旅行社具有相当大的依赖性。而既经营中国旅游业务,又同时经营多国旅游业务的中间商,依赖性就较小,甚至不存在任何依赖性,依赖性大小影响着中间商的努力程度。

5. 规模与数量

选择的中间商过多会造成销售费用的浪费,同时,因交易次数增加也会增加产品成本,中间商之中也会因"粥少僧多"而影响推销积极性;中间商过少有可能形成垄断性销售。从规模上来说,中间商规模大,组团能力强,易形成垄断性销售,往往使旅行社受制于中间商,但规模过小,实力单薄,也不利于我们的产品推销,因此应该合理考虑其数量和规模。

6. 合作意向

旅行社应通过不同的渠道,了解中间商是否有意与旅行社合作。旅行社与中间商之间存在相互选择的问题。旅行社在选定中间商后,便可以签订合同,并开展业务合作。

二、旅游中间商管理

旅行社对中间商的管理主要从以下四个方面进行:

1. 建立中间商档案

中间商档案中应对其中的个人资料作详细记载,如表3-2所示,往往个人交往关系在旅行社与中间商合作过程中起决定性作用。

表3-2 中间商档案内容

中间商名称				注册国别	
法人代表		营业执照编号		业务联系人	
营业地址				电话与传真	
电子信箱					
与我社建立业务途径及时间					
与我社联系部门及联系人					
客户详细情况					
备注					

填表人: 填表时间: 年 月 日

根据双方合作状况,对中间商有了进一步了解之后,应不断增加新内容。如组团能力、经济效益、偿还能力、推销速度等,从而不断扩大、充实中间商档案,为扩大合作或中止合作提供决策依据。

2. 及时沟通信息

一方面是及时、准确、完整地向中间商提供产品信息,另一方面则是从中间商处获得旅游者需求信息,以保证产品开发与销售的配合默契。

3. 有针对性地实行优惠与奖励

常用优惠和奖励的形式包括减免预订金、组织奖励旅游、组织中间商考察旅行、实行领队优惠等方法,联合推销和联合进行广告宣传。

4. 适时调整中间商

旅行社碰到以下几种情况应做出调整中间商的决策:原有中间商质量发生变化、旅行社产品种类和档次发生变化、旅行社需扩大销售、旅行社要开辟新的市场、旅行客源结构发生变化及市场竞争加剧等。

三、选择中介个人

旅行社的销售中间商虽然以客户旅行社为绝对主力,但对有直接或间接组团能力的中介个人亦应给予足够重视,应建立联系档案,加强重点对象的日常公关。特别是异地旅行社组团经理的亲戚好友,或者是大公司、大单位的决策人物或对他们有重大影响的人物,旅行社应当加强公关,因为他们有时可以促成旅行社旅游产品对异地旅行社的销售,促成旅游产品对大公司、大单位的直销,甚至偶尔可以促成某个会议的接待,带来可观利润。但是应当严格将此类个人的作用限制于牵线搭桥的中介作用,销售对象、合同的签订一定必须是异地旅行社或购买旅行社旅游产品的公司或单位。

相关链接

互联网上的旅行社

20世纪90年代末的法国,一家叫做德格利夫的旅行社,竟有45%的巴黎人,50%的企业中的高级管理人员、自由职业者、电子媒体,60%的互联网网民都知道这家旅行社,尽管有如此高的知名度,却没有一家门市部。此旅行社在1998年销售总额达到4.6亿法郎,比上一年增长20%,人员也从1991年的4人变成1998年的60人。仅有7年的时间,为什么会有如此高的成就呢? 不能不说是一家成功的旅行社,没有门市,他们是怎么销售产品呢?

德格利夫旅行社是第一家利用电子媒体开展业务的旅行社,它利用互联网的普及率建立了自己的旅游产品,可以说,法国的每一台上网电脑都是他的门市部,这种快捷、信息量大、直观、更好地了解产品特色的特点,被广大的旅游者所接受,顾客上网的同时可以通过网络查询。

此旅行社还在价格上下工夫,他们贵在了解顾客的消费心理,瞄准顾客首先是价格,再次是质量的心理,把销售的产品的价格降为普通市场价格的60%~70%,为什么会达到降价的效果呢,他们是通过比别家旅行社先出售同类产品这一段时间差来达到的,比如说,他们把在网上了解到剩余的飞机票,剩余高级饭店的客房等购买下来,在低价出售给旅游者,旅游者以低价购买了好的产品,何乐而不为呢。

有了好的价格,也有好的产品,他们通过联网,给旅游者出售350多种产品,他们的产品渗透旅游活动的各个方面,让旅游者感觉到旅游活动无处不在,可以是美国时代广场的音乐会,可以是英国泰晤士河游船票等等,这些旅游者可以在网上了解到,只要你满意,一点击,就可以得到确认单。

他们有160多个员工,却有上千个信息源,分别被20个销售员工所掌控,只要有新的信息,新的产品就会出现在网页,让你第一时间了解到新的旅游信息。他们同时也注重旅行社的信誉,不光给好的信息,还对产品信息的准确性、质量给予保证,有产品的售后服务和保障。同时与保险公司合作,保障旅游者的利益,注重与顾客的沟通,耐心听取建议,在加以改正,也在展示自己的实力,使顾客对自己的服务有信心,加强同媒体的联系,建立很好的人际关系。

(资料来源:http://www.cnta.gov.cn/html)

任务四　分析旅行社的促销策略

旅行社促销是指旅行社人员和非人员的推销方式,通过与顾客进行信息沟通,来赢得顾客的注意、了解及购买兴趣,为旅行社及其产品树立良好的形象,从而促进销售。

我国旅行社常用的促销方法有广告促销、直接营销、营业推广、公共关系、网络促销等类型。

子任务1　广告促销策略

一、广告类型

1. 自办媒体型广告

自办媒体性广告是指旅行社为了宣传和促销自己的产品所投资创立的广告媒体。旅行社业常用的自办媒体性广告主要包括：

（1）户外广告牌。户外广告牌是一种影响力较大的自办广告媒体。户外广告牌一般放置在飞机场、火车站、长途汽车站、水运码头等过往行人较多的公共场所和公路两侧旁、建筑物顶部等容易为过往人群注意到的地方。广告牌上的语言应简洁、生动，所用字体应易为多数人看清和看懂。旅行社应加强对广告牌的维护，防止因风吹、日晒、雨淋等自然因素造成油漆脱落、牌面污染等现象，影响广告的效果。

（2）广告传单。广告传单有单页传单、折叠式传单等形式，由旅行社安排人员在公共场所散发或在公共广告栏张贴。广告传单具有能够较详细地介绍旅行社及其产品，传单的制作及散发成本比较低的优点。

（3）载有企业或产品信息的纪念品。许多旅行社利用载有企业或产品信息的物品进行广告促销。例如，旅行社向旅游者赠送印有本旅行社名称、主要产品、联系地址和电话号码的旅行包、太阳帽、T恤衫等纪念品。旅游者在日常生活中携带这些纪念品出入各种公共场所时便在无意中为旅行社做了免费的广告宣传。属于这类广告促销纪念品的还有印有旅行社名称或产品信息的火柴盒、钥匙链、圆珠笔、记事本等。

2. 大众传播媒体型广告

大众传播媒体型广告，是指旅行社利用大众传播媒体进行宣传和促销的广告类型，主要包括：

（1）报纸。报纸是一种影响面广、费用低和重复率高的广告媒体。报纸分为全国性报纸、地方性报纸和专业性报纸三种媒体类型。旅行社应根据产品的目标市场选择不同类型的报纸刊登广告，传播旅行社产品信息和扩大旅行社的知名度。

（2）杂志。杂志是一种以某一阶层读者为宣传对象的广告媒体，具有针对性强、易于保存和读者层稳定的优点。尤其是旅游专业杂志，旅游者往往对其介绍的信息信赖程度较高，是旅行社针对具体目标市场开展广告促销宣传的理想工具。杂志的缺点是出版周期长和传播范围受到一定的限制。

（3）广播电台。广播电台是一种以地方性市场为主要宣传目标的广告媒体，具有价格低、信息传播及时等优点，尤其适用于以农村和偏远地区为目标市场的旅行社产品促销。广播电台的缺点是难以使信息在听众头脑中长时间保留，不能产生生动的形象效果。随着电视、网络的普及，广播电台的听众日益减少，限制了广播电台的影响范围。

（4）电视。电视广告具有传播范围广、信息传送及时、广告形象生动活泼、针对性强、重复率高等优点，是一种影响力极强的传播媒体。电视广告的缺点是广告的播出时间短，难以让观众迅速理解广告的信息。另外，电视广告价格昂贵，许多中小型旅行社无法问津。

（5）联合广告。联合广告是许多中小型旅行社或由某种旅行社产品所涉及的旅游企业，为了达到共同促销的目的而采取的一种广告合作形式。联合广告分为旅行社间的联合广告和产品导向联合广告两种形式。

①旅行社之间联合广告。在旅行社行业中绝大多数的旅行社是中小型企业，拥有的资金不多，往往难以在产品促销广告上做大量的投资。然而，随着旅行社产品市场上竞争日趋激烈，旅行社必须设法利用大众传播媒体开展促销活动，以便提高旅行社及其产品在广大旅游者中间的知名度，扩大产品的市场份额，增加经济收益。面对这种困难局面，不少的中小型旅行社采取联合广告的方式，即由各家参与的旅行社共同出资在报纸、杂志、电视、广播电台等大众

传播媒体上刊登广告,为其产品进行广告宣传。

②产品导向联合广告。产品导向联合广告是指旅行社为了促销某种产品,联合某些与该产品有关的其他旅游企业如旅游景点、饭店、餐馆、航空公司等共同出资在大众传播媒体上刊登广告进行宣传促销的一种广告促销方式。这种联合广告既使旅游者了解到有关的产品信息,又使每个参与促销的企业节省了一部分广告费用,取得少花钱多办事的良好效果。

情景再现

联合促销打造旅游"巨无霸"

西安六家颇有实力和影响的旅行社企业——西安中旅、西安国旅、陕西中青旅、西安招商国旅、陕西中旅假日和西部国旅,面对日益激烈的恶性竞争,组成一个统一联合体,宣称今后将以统一的接待标准、统一的价格、统一的行程、统一的服务质量、统一的出发日期,携手共同打造名为"九州游"的国内旅游品牌;并实行品牌资源共享,携手开拓旅游市场。

参加联合体的各家旅行社在各自的业务领域里都有自己的长处和特点,联合起来几乎可以覆盖国内所有市场上的各个环节和精品旅游线路;还新推出了包机游,有8架包机;这都是过去一家旅行社做不到的。这个联合体已经开始联合在媒体上刊登广告,对外宣传联合体开发的旅游产品。据介绍,此次联合体推出的一系列旅游线路,在费用方面均比过去由单独一家旅行社操作时的费用少,这六家旅行社抱团组成一个"巨无霸",不能不使业内同行为之侧目。

1997年,上海市18家中小旅行社在完全自愿的基础上,组成了联合体,以统一的品牌、统一的价格、统一的服务、统一的承诺在申城旅游市场刮起散客旅游新旋风,并向在国内旅游中一直处于垄断"霸主"地位的大旅行社发出挑战。其特点和做法:第一,18家成员皆为上海小旅行社,且分布在申城东南西北的各个角落,符合"旅游超市"方便散客就近买票,不与市中心大旅行社抢客源的原则;第二,18家旅行社,每家都根据自己的特长,拿出一两条过硬的线路,一共30条线路,在18家旅行社统一挂牌出售,任何散客只要到这18家中任何一家,就可选择这30条线路中任何一条,而不会像以前那样,买一张旅游票得跑许多家旅行社,各家旅行社同一线路、价格、内容又有很大不同;第三,坚持优势互补、共同发展的原则,为防利益不均,"超市"提出了一家举旗,18家卖,在利润分配上采取倒四六折账法,即代理商拿六,组团社拿四。

【温馨提示】

小旅行社既有小、快、灵的优势,又有缺乏规模效应的劣势。因而视自身特点,营销之道也就不能照抄照搬,模仿大旅行社,否则东施效颦。在这点上,上述两例给我们的启示是深刻的。

1. 西安6家,上海18家中小旅行社自愿组成联合体,为中小旅行社的发展探索了一条好的路子。首先是联合超市的经营新理念,既方便客户,又赢得信誉,还避免了同行间的无序恶性竞争;其次是在经营旅游产品上不追求千店一面,各家依旧有各家的绝活,但统一了营销网络;其三是建立了利益均沾、共同发展的机制,促使有关各方共同把蛋糕做大。这是一个值得继续探索和完善的路子。

2. 中小旅行社的基本经营之道,在于客观地分析并正确地认识自我——自我的优势与劣势,而后扬长避短,主动出击,把优势发挥得淋漓尽致。其中,最大的优势就是贴近市场,贴近客源,船小好调头,从而总驶顺风船。所以,中小旅行社的营销总是更灵活,销售的旅游产品总是更适合某一细分市场游客的口味,总让游客感到更方便、更可靠。

3. 旅行社市场营销是为达成与自身发展目标一致的交换行为。促销是旅行社市场营销组合的基本构成之一。有效的促销能够向潜在旅游者提供旅游产品信息,劝说人们形成对特定产品和品牌的偏爱,或在特定的旅行社购买旅游产品,诱导旅游者的购买行为。

4. 促销是一种与旅游消费者进行信息沟通的行为过程,也就是通过各种渠道向旅游者提供和接受反馈信息,激发他们的兴趣和购买欲望,并在他们产生购买行为之前的各个阶段提供信息支持。促销的目的是将潜在的旅游者转变为现实的购买者。旅行社的促销管理应把握消费者如何接受和处理信息,以及信息如何影响消费者的心理及行为。

5. 促销信息对消费者的影响,表现在消费者从接触到购买这一过程中各个阶段心理状态的演变上。各种促销信息由于内容、形式、渠道的不同,对消费者的影响也一样。要做到成功地与消费者沟通,必须有一个有效的沟通模式,即:由谁来说→说什么→通过什么渠道传播→传播给谁→产生效果如何。

(资料来源:董正秀,朱晔. 旅行社管理实务[M]. 南京:东南大学出版社,2007.)

3. 互联网广告

近年来,随着信息产业的迅速发展,越来越多的旅行社已经开始认识到网络的功能和作用,选择在互联网上开展广告促销活动。作为新兴的媒体广告形式,互联网广告具有传播范围广、交互性强、成本低等优点,成为旅行社行业日益重视的促销工具。

二、各广告类型的优缺点

广告的类型不同,在实际的广告促销中所表现出的优点和缺点也不同,如表3-3所示。

表3-3 不同媒体的广告优缺点

广告类别	优点	缺点
电视	①时效性强、针对性强 ②视听结合,表现生动 ③市场覆盖率高 ④重复出现性好 ⑤可信度高	①对顾客选择性差 ②竞争大 ③费用高
广播	①地理及人口针对性强 ②覆盖面广 ③传播速度快 ④时效性强 ⑤费用低	①表现单调,只有听觉 ②听众零星分散,顾客选择性差 ③对顾客产生的注意力较差
报纸	①时效强、及时、灵活 ②较高的当地市场覆盖率,针对性强 ③费用低 ④可信度较高	①广告不易保存 ②表现手法单调 ③不易引起注意
杂志	①人口选择性强 ②表现手法灵活 ③易于保存 ④制作质量高	①时效性差 ②版面位置选择性差 ③传播范围有限

续表 3 - 3

广告类别	优点	缺点
户外广告牌	①费用低 ②位置选择灵活 ③灵活性好,复现率高 ④视觉效果强烈	①顾客选择性差 ②时间性差
广告传单	①顾客选择性强 ②保密性好、竞争小 ③个性化突出	①广告形象差 ②可信度低

三、广告促销的步骤

广告促销的步骤如下:

确定广告宣传销售目标→广告信息选择→媒体选择→广告实施→评价广告效果

(1)确定广告宣传销售目标。广告宣传销售目标主要有宣传旅行社及产品,说服顾客购买以及在产品成熟期作提醒式广告等。

(2)广告信息选择。广告信息是旅行社通过广告媒体传递给公众。信息是整个广告活动成败的关键因素之一,一个好的广告信息应是内容和形式两方面的有机结合,并具有特色和吸引力,能迅速得到公众的注意和接受。在选择广告信息时,应首先收集广告信息。广告信息主要是来源于顾客的看法和反映,其次来源于广告人员、旅游专家、竞争者。最后再进行信息的选择,并通词语、语气、结构、风格、版式等组合进行广告信息的表达。

(3)媒体选择。选择能将广告信息传递目标市场最有效的媒体。

(4)广告实施。选择好媒体后与该媒体进行联系、谈判,确定广告宣传的时间、价格等实施过程。

(5)评价广告效果。广告效果评价从以下两方面进行:一方面是销售效果,反映在旅行社产品的销售量上;另一方面是沟通效果,反映旅游者知晓、了解、偏好等心理因素变化评价。

情景再现

广告促销孰对孰错?

广东某旅行社推出了广州——深圳——珠海"特惠团",并提出了"感谢老朋友,照顾新朋友"的口号。这是利用承办社的优势,在常规线的接待基础上,为感谢新老顾客推出的薄利多销并承诺保证质量的一种新的尝试。具体安排:第一天接团住广州;第二天乘车去珠海,游览市容、澳门外环岛、九州城、拱北免税店,晚上住珠海;第三天早晨乘船去深圳,参观锦绣中华、民俗文化村、市容、国贸大厦;第四天在深圳中英街物,下午走高速公路返广州;第五天广州市内游览,参观越秀公园、中山纪念堂,尖沙咀购物;第六天送站。全程包价 888 元/人。

【温馨提示】

1."感谢老朋友,照顾新朋友",是一个温情脉脉的口号。"朋友"一词,拉近了经营者与消费者的距离。大家是朋友,旅行社为游客旅游活动提供服务,为与游客共同度过这一段难忘的旅游生活而努力。大家是朋友,既使旅游者感到亲切,又符合旅游业经营的基本文化底蕴,这无疑是开拓新客源和争取回头客的有力举措。

2. 仅有口号远远不够，只靠口号是少有客户买账的。本例的成功在于有优质线路和高质量、低价格的方案。游客实实在在地感受到了优惠，感受到了物有所值。如果没有这些措施，只是空造声势，只是变换花样，只是堤内损失堤外补，或者只是通过降低服务质量来追求相对低廉的价格，旅游者总会有受骗上当的感觉，得出"买家不如卖家精"的感叹，结果当然是弄巧成拙。

3. 价格竞争永远是市场竞争的一个手段。本例的优质低价和薄利多销，是在常规线基础上推出的一个特惠方案，是一种促销方案。这种有促销意义的特惠方案，通常还会有一定的执行时间，是通过特定线路的综合让利提高市场占有份额，在实践中收益甚好。

案例：某旅行社在报纸上刊登了一则广告，称其组织的九寨—黄龙八日游，不仅游览项目多，食宿条件好，而且价格便宜，服务质量有保障。游客陈某等10余人，见此广告，经比较其他旅行社的同样线路之后，决定交费参加该旅游团。不料，陈某等旅游者并未能得到广告所说的服务条件，因此陈某等联名向当地旅游管理部门投诉。

【温馨提示】

1. 旅行社为推销企业产品，扩大企业知名度，增加竞争力的目的而采取广告宣传的方式，作为市场营销手段之一，这本无可非议。然而有少数旅行社从业人员将"一切向钱看"视为高于一切，从而导致企业的形象和信誉受到极大损害，严重的还会造成巨大的经济损失。

2. 本例中的旅行社，为谋取一时利益，弄虚作假、欺骗游客，是要受到法律制裁的。旅行社的企业形象和信誉在竞争中占有重要的地位，旅游者要求的不仅仅是优惠的价格，更要求游有所值，即严格按事先约定的数量和质量提供服务。旅行社只有实现让旅游者满意的质量价格比，才能树立良好的企业形象和企业品牌，才能在竞争中立于不败之地。

3. 广告是沟通旅行社与推销这些产品的旅游中间商及潜在的旅游者的一种重要手段，其最终目的是设法影响旅游者的购买行为，并改变旅行社产品市场的要求。旅行社产品市场营销广告应该遵循真实性、针对性、创造性、简明性、艺术性和合法性的原则。广告应突出主题，在内容和形式上应有鲜明的个性特点和强烈的吸引力，还须选择能够沟通促销对象的最佳广告媒体，并相应做好广告预算管理工作。

（资料来源：董正秀，朱晔. 旅行社管理实务[M]. 南京：东南大学出版社，2007.）

子任务2 分析直接营销策略

直接营销是指旅行社通过直接接触旅游者或客户来推动产品销售的促销方法。所谓客户是指所有可以为作为推销主体的旅行社提供客源的机构和组织。

一、直接营销的类型

常见的旅行社直接营销方式包括人员推销、电话推销和直接邮寄三种类型。

1. 人员推销

人员推销是指旅行社为达到推销其产品的目的，派出推销人员直接上门拜访潜在旅游者或客户的一种促销方式。推销人员通过与潜在旅游者或客户的直接接触，向他们推荐旅行社的产品，解答他们提出的各种问题，引导消费并设法取得购买旅行社产品的合同。人员推销的方法包括：

（1）人员接触。人员接触包括个别推销人员同个别旅游者接触、个别推销人员同客户接触、推销小组同客户接触三种形式。

（2）会议促销。会议促销是指旅行社推销人员邀请旅游者或客户代表在某一约定地点开会，由推销人员在会上介绍旅行社的产品并进行促销活动。

（3）讲座促销。由旅行社派遣推销人员前往客户所在地作关于旅行社最新产品的教学式讲座的促销方式称为讲座促销。

应用训练

销售失败

某旅行社经理与市环保局局长是同学，得知环保局拟于7月赴井冈山举行党团活动仪式，于是派外联人员张小姐去环保局促销。经局长帮忙，张小姐很顺利地将原已内定交市政协旅行社承办的井冈山之旅拿了下来，并与环保局办公室达成销售意向，但张小姐未当场签约而是准备回社汇报后第二天再去签约。

不料环保局办公室主任将此消息传到了政协旅行社，结果，市政协主席连夜打电话给环保局局长："你怎么把给我们的团转给别人了呢？"结果可想而知：当张小姐第二天再去时，谈好的生意吹了。

任务：请思考并回答：

1. 你从本案例可吸取什么教训？

2. 张小组有可能再次夺回此单生意吗？为什么？

2. 电话推销

旅行社的销售人员根据事先选定的促销对象名单逐一给他们打电话，介绍产品信息，征求他们对产品的意见并询问他们是否愿意购买这些产品。电话营销有两种形式：一种是使用自动播音设备向对方介绍产品、联系方法、购买产品的途径，但是不直接回答对方提出的问题；另一种是由推销人员在电话里向旅游者介绍旅行社的产品，同时还回答对方提出的问题，引导对方选购旅行社的某些产品。后一种方式的成本较高，一般只用于重要的客户。

3. 直接邮寄

旅行社将载有产品信息的旅游宣传册、旅行社产品目录、产品广告传单等促销材料直接邮寄给旅游者和客户。旅行社在邮寄这些材料时，应附上印有旅行社通讯地址和贴上邮票或已付邮资的信封，以方便和鼓励对方回信。直接邮寄受空间和时间的限制较少，能够接触到较多的旅游者和客户。此外，直接邮寄在各种直接营销形式中的成本最低。但是，同前两种方式相比，直接邮寄从对方所得到的反馈率较低。尽管如此，直接邮寄所得到的信息反馈仍高于各种广告促销形式，是许多旅行社喜欢采用的一种促销手段。

情景再现

小旅行社的营销之道

1982年，陈安华在上海长寿路创办了普陀旅行社。社址设在弄堂里的一个过街楼下，面积13.8平方米。当时上海已有十几家旅行社，均设在繁华的外滩、南京路、西藏路、延安路、淮海路、四川路上，镀金的招牌和耀眼的霓虹灯十分引人注目。陈安华明白他的旅行社地理条件不足，而且做不起广告。于是他就想到用发"求爱信"的方式获得客源，信中开诚布公地表明：蔽社开张不久，希望各方大力支持。一并附上的是旅游路线、服务项目及收费标准。陈安华从此开始"求爱信"的批量生产。此后的 8 年他发出了一百万封"求爱信",春夏秋冬每季一封。无论对方有意无意,陈安华一往情深,从不间断,他的"求爱信"遍及全国各地,如今普陀旅行社生意越做越旺,社址也迁到了长寿路的街面房子,年营业额突破百万。

【温馨提示】

上海普陀旅行社选择了"求爱信"的方式,而不是在大众传媒上做广告的方式来宣传自己的企业,自然有广告费用方面的原因,但他们的那份挚诚、那份执著、那份体贴入微,也自有其独到的魅力。

(资料来源:谢颖.旅行社经营管理实务[M].大连:大连理工大学出版社,2009.)

二、直接营销的优点与不足

直接营销是一种通过旅行社销售人员与旅游者或客户直接接触来推动产品销售的促销方式,具有联系紧密、机动灵活、反馈及时、选择性强等特点,有利于培养和加深旅行社同旅游者和客户之间的良好关系。同时,同其他促销活动形式相比,直接营销也存在着某些不足之处。

1. 直接营销的优点

直接营销具有四个显著的优点:

(1)及时性。旅行社的推销人员能够在同潜在的旅游者进行接触的过程中及时得到信息的反馈。

(2)灵活性。旅行社的推销人员能够随时根据旅游者或客户的意见,在允许的范围内对产品的价格、内容等进行适当的调整。

(3)可靠性。旅行社的推销人员能够直接从旅游者或客户那里得到购买产品的保证,甚至有时会当场成交。

(4)针对性。旅行社推销人员能够直接接触到预先选定的促销对象,具有很高的促销命中率。

2. 直接营销的不足之处

直接营销的不足之处主要包括以下三点:

(1)促销费用高。直接营销需要较多的推销人员和接待人员。这些人员的工资及营销所需的邮寄费用、电话费用等均很高。

(2)覆盖面窄。每个推销人员只能在有限的时间里接触到部分旅游者或客户,难以在短期内将旅社的产品信息传递给广大的旅游者。

(3)合格人才少。旅行社产品推销是一项十分复杂的工作,要求推销人员具有广博的知识、良好的素质和积极热情的敬业精神。旅行社往往难以招聘到大量合乎这些标准的人才。

总之,直接营销是一种重要的促销手段,能够在旅行社产品销售中发挥重要的作用。旅行社的管理人员应该熟悉和掌握这种促销工具,针对不同的目标市场和不同的产品特点,选择最适用的方法进行促销活动。在使用直接营销方法时,必须权衡利弊。

三、直接营销的步骤

直接营销的步骤如下:

寻找潜在顾客──→沟通信息──→推销产品──→提供服务──→建立长期关系

(1)寻找潜在顾客。直接营销首先是寻找潜在顾客的线索。根据目标市场涉及的单位或个人群体寻找各种相关的资料(如顾客姓名、单位名称等)用信函、电话向顾客介绍本旅行社的产品,发现追踪相关旅游线索。

(2)沟通信息。根据寻找到的顾客通过亲自拜访、电话访问、写信等方式与其接触,介绍本旅行社的产品信息,并了解对方对本旅行社产品的意见和建议,与顾客进行信息沟通。

(3)推销产品。推销人员借助本旅行社产品宣传册、产品音像资料,举办产品介绍会议、新产品教学式讲座等方式进行产品推销。

(4)提供服务。与顾客达成交易后,为确保顾客的满意,销售人员要根据顾客签订的交易合同与旅行社其他部门一起为顾客提供优质服务。

(5)建立长期关系。推销人员可采用问候电话,意见征询单,书信往来,游客招待会等形式的售后服务,加强对老顾客的联系,提高顾客对本旅行社产品的忠实度,建立长期的关系。

情景再现

引导市场,创造需求——泰国直航团简析

1994年底,东方航空公司开通了上海—深圳—曼谷的国际航班,当时,国内的航空公司与旅行社之间关系还是简单的供求关系。深圳人也仍习惯于参加泰港游。航班很空,航空公司当初定位在商务、探亲、来华旅游上,曼谷线是一条旅游线,那时,护照、签证、出境都不是一件容易的事,而国内的票价市场化程度还不高。航空公司、旅行社、市场三者之间在当时似乎是不相干的。深圳旅游集团海外部在这之间找到了内在的联系,将资源进行整合,找到了商机。首先,他们找到东航深圳营业部的经理,说明散客是不可能自己办护照去泰国的,一定要依赖旅行社将其包装成产品并提供一条龙服务,航空公司只有同旅行社合作,将卖机票转为卖组合产品才能解决瓶颈问题。并且,在价格上,改变了计划经济的定价方式,使其比香港往返更具竞争性。很多的沟通促成了观念上的改变。其次,要改变深圳人从香港出游的习惯必须有特别的说服力。东航逢周一、五飞,产品必须就航班分成四天团、五天团。而传统的泰港线是六天团,如何让市场接受呢?首先是在价格上做文章,由于无须经香港,加之票价低,让人不能不心动。同时,该公司设计了一系列产品,主题广告词:"实现深圳人出国度周末的梦想","国内游的花费,出国游的享受"等,引导市场向周末出国游和价格便宜看齐。加之强调直航,广告一出,电话便被打爆。春节前形成了参加泰国直航团的热潮。

【温馨提示】

如何捕捉市场机会,如何将看似不相关或不可能的资源转变为竞争优势,如何引导市场、创造需求,成功往往就在这点滴之间,在于你比别人更早、更好地解决了一些关键问题。东航开通曼谷线的消息对谁都是公平的,问题在于你是否能突破常规思考?四天团也许是个劣势,换成周末团,意义就不一样了。不经香港,让人遗憾,但突出直航,便有省时省力之感。卖线路,只是为那些准备购买者提供多一种选择。卖产品,是在卖时尚、生活方式和文化,这让许多潜在的消费者跃跃欲试。这便是营销,发现需求并设法满足它。同时,你所做的一切令销售成为多余,这便是营销的力量。

(资料来源:董正秀,朱晔. 旅行社管理实务[M]. 南京:东南大学出版社,2007.)

总之,直接营销是一种重要的促销手段,能够在旅行社产品销售中发挥重要的作用。旅行社的管理人员应该熟悉和掌握这种促销工具,针对不同的目标市场和不同的产品特点,选择最适用的方法进行促销活动。在使用直接营销方法时,必须权衡利弊,在尽力发挥其积极作用的

同时,也要尽量避免或减少其不足之处可能造成的损失。

子任务3 分析营销公关策略

营销公关是旅行社开展的以具体旅行社产品品牌为中心的公共关系活动,旨在建立和加深旅游者与客户对所推销的旅行社产品的良好印象。通过营销公关活动,旅行社能够不断地吸引更多的旅游者购买旅行社的产品,并争取长期保持现有的市场份额和扩大市场份额。

一、旅行社营销公关形式

旅行社营销公关活动可以采取以下四种形式:

1. 新闻发布会

旅行社营销公关的最常用方法是向新闻媒体发送消息,通报有关的特殊旅游产品及其他旅游方面的消息。旅行社在开发出新的产品后,可采取新闻发布会的形式向旅游者及客户进行介绍,所发送的消息必须及时,富有新闻价值,且能够吸引听众对产品的注意力,以便刺激他们购买这种产品的兴趣。

2. 熟识旅行

熟识旅行是指旅行社邀请旅游新闻记者或旅游专栏作家免费旅行的一种公关活动,旨在使他们对旅行社的产品产生浓厚的兴趣和深刻的印象,回去后撰写有关旅行社产品的介绍性文章和报道。

邀请旅游新闻记者或旅游专栏作家作免费旅游是一种更为有效的公共关系活动。为了增加旅游新闻记者和旅游专栏作家对旅行社的产品产生积极印象的可能性,旅行社应为他们配备能够提供一定帮助的人员。如果邀请国外旅游专栏作家,还应配备翻译人员。成功地组织旅游专栏作家旅游的结果往往是这些人在有关的杂志、报纸上发表对旅行社及其产品的专门性介绍文章。鉴于公众往往认为报纸、杂志的信息来源的真实程度高于旅行社的广告,旅行社绝不应低估同旅游专栏作家和旅游新闻记者搞好关系的重要性。通过在新闻界和文化界进行公关活动以提高旅行社及其产品知名度的最好办法是接待全国性或国际性旅游作家会议。然而,旅行社为了获准成为接待这种会议的单位,应开展专项促销活动以影响有关方面的决策者作出委托旅行社接待这种会议的决策。

3. 邀请旅游中间商

旅行社邀请旅游中间商前来对旅行社的有关产品进行实地考察是一种行之有效的营销公关活动。通过这种公关活动,旅行社既能够促进同旅游中间商之间的合作关系,又能够使他们加深对旅行社产品的认识,以便在今后的推销活动中对旅行社的产品作更加有利的宣传和促销。

4. 专题讲座、学术会议

旅行社可以通过举行专题讲座或赞助学术会议的方式宣传旅行社最新设计和开发的产品,并吸引公众对这些产品的关注。这种方法尤其适用于推销公众不熟悉的自然景观和人造景点。

二、营销公共活动的步骤

公共关系促销的步骤如下:

确定公关促销的目标→选择公关信息并开展公关活动→评价公关促销效果

(1)确定公关促销的目标。旅行社公关促销的目标主要是建立旅行社或产品的知名度,树立或改变旅行社形象及促销产品等。

（2）选择公关信息并开展公关活动。根据公关促销目标选择与目标相关的公关信息，通过开展公关活动传递给社会公众和顾客。

（3）评价公关促销效果。针对确定的公关目标，设计出相应的评价指标，对公关促销效果进行评价。评价效果主要从目标顾客接受公关信息的次数、顾客对旅行社产品或旅行社知名度的认识程度及旅行社产品的销售量等三个方面评价。

营销公关是旅行社获得旅游者和公众的接受与认可的重要途径。这对于旅行社来说是十分重要的。旅行社应该比任何其他企业更加重视人际关系，而且必须为所有公众的利益服务。任何以牺牲某个旅游者群体的利益换取另一个旅游者群体好感的做法都是不可取的。

子任务4 分析营业推广策略

营业推广是短期的促销方法，通过短期内降价，举办展销会、招待会等促销活动，刺激顾客购买欲望的促销方法。

一、营业推广的对象

营业推广的对象有三种：

（1）大众顾客。对大众顾客的营业推广，主要目的是鼓励和刺激新老顾客购买本旅行社的产品。

（2）旅游中间商。对他们营业推广的主要目的是鼓励他们销售本旅行社产品，协助旅行社开展营销活动，促进他们在旅游淡季购买。

（3）本旅行社的推销人员。对推销人员的营业推广，主要是鼓励他们积极推销产品，扩大旅行社产品的销售量。

二、营业推广的方法

（1）价格促销。价格促销是指旅行社通过短期降低产品价格来吸引顾客购买的一种促销方法，主要有针对中间商及旅游购买者给予价格折扣、赠送折价券等方式。

（2）竞赛促销。竞赛促销具体有两种方法：

①对大众顾客竞赛促销。开展针对本旅行社产品知识或某个旅游目的地旅游知识有奖竞赛活动，设立一定价值的奖品或前往某条旅游线路旅游的奖励。在举办竞赛时，应注意竞赛活动的知识性和趣味性，吸引更多的人参加。这样参加的人越多，竞赛影响就越大，营业推广的效果就越好。

②对旅游中间商促销竞赛。旅行社对推销人员及旅游中间商开展促销竞赛。在竞赛时设立一定的奖金额，奖励给推销业绩好的推销员和提供客源多的中间商。

（3）赠品促销。赠品促销是旅行社将印有旅行社及产品信息的商品（如旅行包、太阳帽、雨伞、T恤衫、钥匙链等）赠送给旅游者开展营业推广促销。

三、营业推广的步骤

营业推广的步骤为：确定营业推广目标→选择营业推广的方法→选择营业推广方案→营业推广的具体实施→营业推广效果评价。

相关链接

少林寺的大众营销

"2006 年 10 月 15 日以后,全国各地的游客就可以在嵩山山谷之内、少林古寺之畔,欣赏到投资 3.5 亿的《禅宗少林·音乐大典》这场盛大的实景演出了,我要创造一个奇迹",著名音乐人谭盾在谈到这次跟少林寺联手合作,自信之情溢于言表。

具有 1500 年历史的少林寺,2006 年也从佛门圣地走向了大众营销的舞台,一场少林寺大众营销之旅也由此展开。"少林和尚用电脑"、"少林和尚办网站"、"少林寺成立公司"、"少林寺接纳洋弟子"、"少林寺公布医药、武功秘籍"、"少林寺投拍电影、电视剧,并在全球范围海选108 名中国功夫演员"等等,每一条新闻都成了大家关注的热点。

"在外来宗教、外来文化的冲击下,如果佛教还像过去那样闭门自守,我们的信徒、我们的文化,甚至我们的僧源就都不会有了! 我希望佛教能够走出寺院,走出山林,到人群中去,到众生中去,能够跟大众沟通,跟人群沟通,真正成为大众的佛教,大众的宗教。"少林寺方丈释永信在少林寺内部刊物《禅露》上的这段话,很好地诠释了少林寺大众营销的灵魂。

神永远是供人敬仰的,而"民族的,大众的"才是最就有生命力的,文化也是如此,高高在上或跟不上时代的步伐,只能成为曲高和寡的阳春白雪,或成为历史尘封的记忆;只有融入时代才能找到更大的一个舞台和品牌张力,少林文化的大众化营销,就是少林文化融合时代的最好见证。 少林寺大众营销的背后,是释永信推广"少林文化"的良苦用心,也是少林文化传承和发扬的重要传播途径。

"此次音乐盛典,还将打造成第一个以中国禅宗文化为背景的音乐艺术教育基地,这场演出有义务展示给现代人一种更深邃的中原文化和佛教文化。"谭盾的一席话,或许能给我们一些启发,如何扩张文化营销的张力,同时把文化赋予一个时代的大背景,才能找到文化生命力和文化所有者的和谐发展。

(资料来源:同程旅游网)

子任务5 盘点旅行社各种促销方法

旅行社各种促销方法优缺点如表 3-4 所示:

表 3-4 促销方法

促销方法	平均促销成本	优点	缺点
广告	较低	传播广、效率高、传播信息规范、形式多样、重复性强	说服力较弱、针对性差、不能形成即时购买
直接营销	最高	方式灵活、针对性强、及时促成交易、建立感情和关系、信息反馈	费时费钱、效率低、平均成本最高
营业推广	较高	促销刺激强、激发需求快、吸引力大	促销有效期短、易引起竞争、影响面较窄、长期运用不利于产品形象
营销公关	最低	可信度高、影响面广、可赢得公众对旅行社的好感	活动组织难、工作量大、针对性差、直接销售效益不明显、限制性大

应用训练

长沙"国旅"品牌战略简析

长沙"国旅"立足长沙,放眼世界,注重质量,优化产品,积极拓展销售渠道,全面推行品牌战略,受到了良好的经济效益和社会效益,并进入全国国际旅行社百强。

长沙"国旅"重视旅游产品的开发、设计、包装、促销,先后向海内外推出"伟人故里之旅"、"走向红太阳升起的地方"、"仙山奇景——张家界之旅"等系列产品,在东南亚、日、韩、中国港台市场上取得了丰硕的成果。长沙"国旅"先后派出业务骨干赴日本、韩国、新加坡、马来西亚、泰国、印度尼西亚、中国香港和中国台湾等国家和地区进行产品推介,使这些国家和地区认识和熟悉了湖南,不断推出湖南的旅游产品。随着湖南旅游环境的不断完善,知名度的进一步提高,长沙"国旅"把眼光投向欧美市场,并在人才引进、资金投入方面予以相应配套。针对欧美客人参与性强、富于探险精神,以及专业性强的特点,长沙"国旅"依据长沙地理位置和在历史上的作用,突出其历史文化名城的特色。湖湘经济中心的特殊性结合张家界独具魅力的自然特色,及时采用新技术制作张家界风光 VCD,运用因特网第一时间发布旅游信息,介绍湖南旅游产品的特色,近几年来已见成效。

长沙"国旅"已在全国建立了自己的经营、销售、接待网络,全面实行规范化管理,企业内部实行总经理、部门经理持证上岗考核制,导游人员实行资格等级认证制。高效务实的管理机制曾先后受到省、市旅游局的肯定,并多次被授予"先进单位"、"最佳旅行社"等荣誉称号。

长沙"国旅"视旅游为先导性产业,与南方航空公司联合成立长沙"国旅"机票营运部,实现了旅行社与交通部门的跨行业强强联合,在"大旅游、大产业、大市场"上做大文章,与长沙市三十多家饭店、汽车公司、景区管理机构结成松散性的联合体,极大地提高了自身的竞争能力。

长沙"国旅"积极引导市民正确消费,推出"欢乐假期"品牌,设计开发出"爱我河山世纪行"系列旅游产品投放市场。针对青少年客源市场,推出"今天桃李芬芳,明天祖国栋梁,追寻革命历程,成就明天主人"的夏令营活动,取得了良好的社会效益和经济效益。

任务:请分析长沙"国旅"营销成功的经验。

【指导点评】

1. 开拓国际客源市场要有特色、有组织,要积极进取。湖南长沙要在强手如林、竞争白热化的国际旅游市场争得一席之地,应该说是有难度的。因为国际旅游市场的竞争是全球性的竞争,各大洲洲内旅游的发展在与洲际旅游争客源,同时,周边国家旅游业不约而同地超前发展也在互争客源,而同一性或者叫具有相互取代性的旅游目的地之间的竞争就更加空前激烈。我们注意到,本例中"走向红太阳升起的地方"、"仙山奇景——张家界之旅"都是旨在强调"异化",强调特色,当然取得了丰硕成果。可以说,特色是立身之本。同时他们走出去进行推介,并通过互联网向世界发布产品信息,均为有胆识的积极进取之举。开拓国际客源市场所需要的也正是这种不断扩展,不断寻求新市场,不断占领新的细分市场,不断培育潜在市场的精神。

2. 我国加入 WTO 后,旅行社的营销要走向现代化,旅游服务业也面临更加严酷的竞争和面对更为广阔的市场。可以预见,强者不仅可以稳定并扩大目前的市场,而且还可以在国际市场上赢得更大的市场份额,正所谓"强者恒强",弱者则必然走向衰败。所以,首先营销要借鉴国际的成功经验率先走向现代化。本例中,我们注意到"经营、销售、接待网络"、"规范化管理"、"在大旅游、大产业、大市场上做大文章"等观点和做法,是值得肯定的,既是目前企业发展的需要,也是适应未来竞争的必然。

3. 旅行社的营销要能够引导消费。从理论上讲,产品的设计和营销有两层含义:一是发现消费者的现实需求,推出产品满足这种需求并做好每一个环节,力求尽善尽美;二是研究或发现消费者的潜在需求,将消费者的潜在需求引导为现实的需求。在第二种情形下,旅行社更具有产品的原创性和对产品的垄断性,在营销中的位置也就更有利。本例中的"欢乐假期"品牌设计与项目推出,就有此种含义。应该说,能够引导消费需求,尤其是善于把潜在旅游需求变为现实旅游需求的旅行社,才称得上是成熟的旅游企业。

(资料来源:董正秀,朱晔. 旅行社管理实务[M]. 南京:东南大学出版社,2007.)

任务五　服务与管理旅行社门市

随着旅游业的不断发展,旅行社经营的业务范围不断扩大,招徕客源的渠道也呈现多样化,其中门市柜台已经成为许多旅行社,尤其是经营出境旅游业务、国内旅游业务旅行社的重要客源渠道,必须高度重视旅行社门市业务。

子任务1　储备旅行社门市基本知识

旅行社门市部是指旅行社在注册地的市、县行政区域以内设立的不具备法人资格,为设立社招徕游客并提供旅游咨询、宣传、接待以及销售旅行社产品等服务的收客网点。

咨询服务主要指旅行社门市工作人员当面或通过电话、信函、网络等形式,解答旅游者提出的有关旅游方面的问题,向旅游者介绍旅行社的旅游产品,提供旅游建议。门市工作人员提供旅游咨询服务时,应做到热情接待、细致解答、引导销售。

门市宣传活动的主要内容有宣传旅行社产品、宣传旅行社门市形象、宣传旅行社品牌等。

【温馨提示】

门市宣传活动的注意事项

1. 门市应该清楚地认识到自身宣传活动等行为可能对旅游者产生的影响,应加强对旅游目的地的宣传,强化潜在旅游者对目的地的感知印象,增加潜在旅游者的出游愿望,促使旅游者提前决策。

2. 加强对潜在旅游者闲暇规律的调查,使出游时间更科学、合理;加强对旅游线路和旅游景点的筛选,保证旅游的质量,以提高旅游者的满意度。

3. 加强对门市工作人员的培训,使门市工作人员以良好的形象出现在旅游者面前,获得旅游者的信任,增加旅游者的消费行为。

4. 加强对门市工作人员的规范管理,增强旅游者的安全感等。

门市接待服务一般是选择性旅游接待服务,主要包括三种情况:受理散客来本地旅游的委托,代办散客赴外地旅游的委托,受理散客在本地旅游的委托。

旅行社门市设立的目的就是为了招徕客源,扩大旅行社产品的销售,旅行社门市提供的咨询与宣传业务都是为最终的销售环节服务,可以说销售旅行社产品是旅行社门市的重要业务。通过门市工作人员合理的建议、专业的安排和规范的操作,增加了旅游者的心理安全感,最终引导旅游者购买,促成双方签订旅游合同。

情景再现

这条线路很贵的

李先生进入某旅行社门市,发现门市服务人员在玩电脑,过了 5 分钟都没人理睬他。李先生就自己拿了一些宣传资料看,当拿起一份"梦江南——云南昆明大理豪华 9 日游"产品宣传活页时,门市服务人员冷不丁地说了一句:"这条线路很贵的!"听了这句话,李先生顿时如吃了一只苍蝇一样,马上逃出了该旅行社的门市。

【指导点评】

该旅行社门市服务人员接待顾客时,存在两个明显的问题。第一,门市服务人员在李先生进入门市 3～5 分钟后,都仍惜语如金,没有一句问候,让顾客感到被冷落,不受欢迎不受重视。第二,"这条线路很贵的",门市服务人员是"此地无银三百两"的体现,首先暗示这条线路利润很高,性价比不合理;其次,这是一句挑衅语言,暗示顾客穷,买不起,极容易伤害顾客自尊,因此惹恼顾客。

因此,旅行社门市服务人员的语言表达要注意掌握以下技巧:"坏话好说"、"狠话柔说"的技巧,使顾客心情愉快的技巧,化解矛盾的技巧,衬托渲染的技巧,善意幽默的技巧,成功推销的技巧。

(资料来源:李幼龙.旅行社业务与管理[M].北京:中国纺织出版社,2009.)

子任务2　营造旅行社门市环境

一、设立门市柜台

设立门市柜台是旅行社开展门市业务的第一步,涉及门市部设立的地点和内外的装饰及布局。选择地址是旅行社设立门市部的开端,门市部是否坐落在适当的地点,对于旅行社门市业务的开展具有重要意义。旅行社门市部的地址选择不当,可能会对旅行社门市业务产生不良影响。因此,在实际工作中,大多数旅行社经营者十分看重门市部地点的选择。然而,由于经营业务不同,经营风格各异,旅行社选择门市部地点的标准也不尽相同。一般说来,旅行社在选择门市部地点时,应考虑四方面因素。

1. 目标市场

旅行社在选择门市部地点时,应首先考虑其产品的目标市场,并根据其产品的目标市场来设立门市柜台。如,以过往客人作为主要目标市场的旅行社,应在飞机场、火车站、港口码头等处设立门市柜台;以商务客人为主要目标市场的旅行社,则应把门市柜台设立在商务酒店内或附近地区;以当地居民为主要目标市场的旅行社,可以把门市部建立在人口稠密的居民区;而以学校教师和学生为主要目标市场的旅行社,则必须选择学校比较集中的地方。总之,旅行社门市部的选址要靠近其目标客源市场所在地。

2. 位置醒目

旅行社在门市部选址时,还要考虑所选择的地点是否容易被旅游者找到。通常,旅行社把门市柜台设在主要交通干线上,也要选择适当的位置,使旅游者能够从较远的地方清楚地看到。例如,在一条大街上,门市部的最佳位置应是面对人流或车流的路口处,而不是背向人流或车流的地方。

3. 方便顾客

方便顾客是旅行社门市部选址时必须考虑的另一个因素。一般说来,旅游者很少愿意到距离自己居所或工作单位较远的旅行社门市部进行旅游咨询。因此,旅行社应设立在商业区、居民区、机关企业等较为集中的地方,而且一般设在临街的门面房或楼房的一层。不应将门市柜台设在闹市区或商场里面,因为在这些地方,人群的流动速度太快,不利于旅游者停下脚步寻找旅行社的门市部。如果旅行社将门市部设在酒店里,应设在前厅比较显眼的地方,最好能够有临街的单独出入的门,以便客人进出。

4. 旅行社相对集中

旅行社相对集中本身就是吸引旅游者前来咨询和购买旅行社产品的一个重要因素。但也有人主张旅行社不应把门市部选在旅行社较多的地区,认为那样会造成旅行社之间的竞争加剧,使新的旅行社门市部难以开展业务。事实上,这种观点有失偏颇,在旅行社相对集中的地区设立门市部,虽然会使其在经营方面面临较大的压力,但这种压力却往往有利于旅行社门市部的发展。由于地处同行相对集中的地区,门市部可以借鉴同行们的经营经验,变压力为动力,促使旅行社在改善产品质量、降低经营成本、提高服务水平等方面下大力气,从而吸引更多的旅游者。

相关链接

旅行社门市部的室内布局

门市入口及等待区:门市入口及等候区是旅游者走进旅行社门市部后所见到的第一个区域。这个区域应该让人看上去十分舒服,能够立即对旅游者产生强烈的吸引力。与此同时,这个区域又应该具有较强的实用性。在这个区域进行布局设计时,应保证门市部进出通道畅通,等候接待的旅游者所坐的位置不应处在顾客过往的通道上。另外,桌椅不能摆放在刚进门的旅游者的前方视线落点,这会让他们产生杂乱无章的感觉。

接待与咨询服务区:接待与咨询服务区是旅行社门市部的核心区域,必须让顾客看上去感到心情愉快,并且产生这里工作效率极高的印象。这个区域的布局应该是:

①工作人员的座位不能过于拥挤,否则无法保证较高的工作效率。应该为每一位接待员提供一块供个人使用的工作区域,以保证他们在工作时不会受到来自其他接待员的干扰。

②接待员的办公桌可以沿房间的墙壁摆放,使接待员面对门市部的门口,随时能够看到走进来的旅游者。办公桌的对面应摆放一两把椅子,使旅游者咨询时坐。

③区域内应整齐地摆放一些期刊架,上面摆放最近一期的旅游杂志、报纸、旅游目的地介绍、旅游宣传小册子等。

后勤工作区:后勤工作区一般由三部分构成:部门经理办公室、库房和卫生间。后勤工作区一般不对外开放,除了特殊情况外,不应让旅游者进入这个区域。

(资料来源:http://ecourse.gdqy.edu.cn/jp_xiaoji/2008)

二、选择门市接待人员

门市部是旅行社重要的对外窗口,门市接待人员的岗位职责主要包括介绍旅行社散客旅游产品、提供各种旅游咨询、办理各种散客旅游产品销售业务和处理各种文件。因此,旅行社在选择门市接待人员时,除了要求具备较高的职业道德和一定的身体健康条件外,还应具备以下业务素质。

1. 精通旅游产品知识

门市接待人员首先应具备的业务素质是精通旅游产品知识,熟悉产品的内容及什么时候、以什么价格能够获得这些旅游产品。另外,门市接待人员还应该能准确地判断各种旅游产品的质量,并了解各种旅游产品的特色。

2. 了解游客需求

门市接待人员必须能够全面地了解游客的需求。为此,旅行社的门市接待人员必须掌握旅游心理学方面的知识,同时具备良好的提问能力和倾听能力,能够从旅游咨询者的回答中抓住问题的实质,发现游客的真正需要。

3. 善于推销旅游产品

门市接待人员必须具备较强的产品推销能力,在旅游咨询者的咨询过程中,积极主动地向旅游者介绍本旅行社的旅游产品,并善于抓住稍纵即逝的机会,引导旅游咨询者购买。

4. 具有较高的文字水平

在旅行社门市接待过程中,接待人员除了回答旅游咨询者提出的各种问题并提供咨询意见和建议外,还要填写各种表格和起草各种业务文件。因此,门市接待人员应具有较高的文字水平。

子任务3　提供旅行社门市对客服务

一、掌握旅行社门市销售业务程序及技巧

旅行社门市的对客销售,不仅仅是在推销产品介绍线路,也是推销整个旅行社的品牌和旅行社的声誉。因此,门市服务人员要具有良好的销售理念,在实际工作中不断提高销售技能。

1. 礼貌问候

当旅游咨询者走进旅行社门市部后,门市服务人员首先要仔细观察,判断旅游咨询者走进门市部的意图,是随便问问,还是有旅游意向,是否有某条线路或者某种产品已经引起了旅游咨询者的注意。其次,门市服务人员要专注,看到旅游者已经进来了,就要转向旅游者,用眼神来表达关注和欢迎,在距离三步的时候就要面带微笑,热情地问候"您好,欢迎光临",并用手势、语言敬请旅游咨询者坐下。接着,要主动为旅游咨询者提供帮助,这极有可能促成一笔交易。

2. 及时沟通

在介绍旅游线路之前,门市服务人员必须先了解旅游咨询者的意图,这就要求门市服务人员要善于仔细观察,及时沟通并提供帮助。门市服务人员可运用打招呼、介绍旅游产品等方法与旅游咨询者接触和搭话。与旅游咨询者第一次进行沟通时,一定要把握好时机,过早搭话会引起咨询者的警惕和反感,过晚答话会让咨询者有被冷落的感觉。在进行咨询的过程中,可以把握以下时机:

(1)旅游咨询者较长时间凝视某条宣传线路时。

(2)旅游咨询者看完青睐的线路后抬起头时。

(3)旅游咨询者临近资料架停步认真看某条线路的图片时。

(4)旅游咨询者拿起某条线路的资料时。

(5)旅游咨询者在资料架旁边寻找某条线路时。

(6)旅游咨询者把脸转向门市服务人员时。

这些时机意味着旅游咨询者已注意到某项旅游产品,或者希望得到门市服务人员的帮助,门市服务人员可通过接触搭话使旅游咨询者的注意从无意注意转向有意注意,或者从对旅游业产品的注意发展到对该产品的兴趣。

3. 适时出示旅游产品

出示产品就是在旅游咨询者表明对某种旅行社产品产生兴趣时,门市服务人员要立即取出该产品的宣传资料递给旅游咨询者,以促使其产生联想及购买欲望。门市服务人员与旅游咨询者搭话以后,应尽快出示旅行社产品,使旅游咨询者有事情可做,有东西可看,有引起兴趣、产生联想的对象。

(1)示范法。示范法就是展示旅行社产品。例如,可以让旅游咨询者欣赏他所中意产品的精美图片。这是进一步激发旅游兴趣、打消旅游咨询者疑虑的好方法。

(2)感知法。感知法就是尽可能地让旅游咨询者想象、感受、体验旅游产品,比如通过网络信息、旅游论坛中的评论,使其实际感知旅行社产品的优点,以消除疑虑。

(3)多种类出示法。多种类出示法适用于旅游咨询者对具体购买某种旅行社产品还不确定时,门市服务人员可出示几种行程相似或价格相近的旅行社产品供其选择,但这并不表示出示的旅行社产品越多越好。

4. 进行产品说明

产品说明是指在出示旅行社产品的同时,应向旅游咨询者提供产品的有用信息。这时门市服务人员应实事求是地说明和介绍,并列举该产品的一些卖点或者亮点等特色。专业的介绍能使门市服务人员掌握销售的主动权,并能刺激旅游咨询者的购买欲望。产品说明时注意以下三点:

(1)列举旅行社产品的一些卖点或者亮点等特色。

(2)强调能满足旅游咨询者需要的特点。

(3)向旅游咨询者说明购买此项旅行社产品所能获得的利益。

在此基础上可以帮咨询者参谋,将旅行社产品的一般特征转化为旅游咨询者所向往、所理解、所需要的个性化特征,即旅游咨询者利益的过程。

5. 促进信任并建议购买

促进信任是促进旅游咨询者对打算购买的旅行社产品的信任,坚定旅游咨询者的购买决心。门市服务人员建议旅游咨询者购买,绝对不等同于催促旅游咨询者购买。如果门市服务人员不断地催促旅游咨询者购买,会使旅游咨询者非常反感。

(1)帮助旅游咨询者做决定。旅行社门市服务人员要有耐心,能够始终贯彻"以旅游者利益为中心"的原则,以一个旅游专家的身份,为旅游咨询者提供专业的建议和合理的安排,以达到双赢的效果。

(2)"二选一"法则。"二选一"法则,就是指门市服务人员以旅游咨询者购买为前提,再次询问旅游咨询者所需要的是什么特色或者什么细节的旅行社产品,这样,旅游咨询者就不会将考虑的重点放在是否需要购买的选择上,从而促成交易的成功实现。

(3)有限数量或者期限。旅行社门市人员一定要明确产品数量的有限性、时间的期限性的意义。旅游咨询者知道产品数量有限或者时间有限之后,会担心"错过"时机,进而产生"此时不买,更待何时"的急切心理。再通过煽情的语言加强促销力度,就会进一步拉升旅游咨询者的购买紧迫感,从而促成双方的交易。

(4)奖励法。奖励法是一种通过向旅游咨询者提供奖励,鼓励旅游咨询者购买某项旅行社产品的方法。这种方法与用削价出售旅游产品的方法相比,它不会让旅游咨询者产生旅行社产品本身价值就低,或认为该项旅游产品有缺憾或者卖不出去的错觉,反而使旅游咨询者感到意外的惊喜。采用向旅游咨询者提供奖励的方法,可以使旅游咨询者更乐意购买产品,使得购买之旅也非常快乐。

(5)印证法。旅游咨询者对旅行社产品的个别问题持有疑虑,迟迟不愿做购买决定时,可通过介绍其他旅游者购买此项旅行社产品后的满意度来印证门市服务人员所做的介绍,从而消除旅游咨询者的疑虑。应该注意所介绍的事例要让旅游咨询者感到门市服务人员是真诚的,而不是强行推销。

6. 灵活处理价格异议

当旅游咨询者有购买意向但对价格表示异议时,很多门市服务人员因处理不当而导致销售失败。在处理价格异议时,门市服务人员应注意运用以下技巧。

(1)引导旅游咨询者关注产品的价值而不是价格。当旅游咨询者的注意力放在产品的价格上时,门市人员不要就价格谈价格,而是应该对产品性能进行说明与比较,提升产品的价值,从而刺激了旅游咨询者的购买欲望。实践经验证明,对于没有阅历的旅游消费者来说,价格的敏感性大大高于价值,但对于有一定阅历的旅游消费者来说,价值的重要性远远高于价格。因此,门市服务人员商谈咨询过程中,如何使价值和企业的品牌等因素超越价格,实在是一件很有必要去研究的事情。当旅游咨询者把注意力集中到产品的价值以及品牌的时候,价格自然就成为次要的考虑因素。

(2)把价格谈判放到最后。在旅游产品价值、品牌包装完成之前,旅行社门市销售人员需要避免直接进入价格谈判。先转移旅游咨询者的注意力,或先展示自己的产品,或先与旅游咨询者拉近相互的距离,使其产生认同感,延缓价格的讨论,从产品的价值和服务以及旅行社的品牌等多方面继续包装,就可以大大刺激旅游咨询者的购买欲望,把价格谈判放到最后,最终达到销售成功的目的。

7. 签订旅游合同

为了维护旅游者和旅游经营者的合法权益,旅行社门市应当依法与旅游者签订书面旅游合同。双方在签订旅游合同时,应注意以下几点:

(1)掌握合同的全部详细条款,并具备能够深入浅出地解释相应法律、法规知识的能力。

(2)明确合同关系中有关双方权利与义务的条款。

(3)注意与旅游者的特殊约定,一定要写入补充条款或者协议条款中,并且表述明确、翔实。

(4)注意签约时加盖公司印章及签写上经办人姓名、旅游者签名及有效证件号码和联系方式。

(5)旅游合同签订后,如需要更改部分内容,一定要有文字记录和旅游者签名。

(6)熟悉国家旅游局的规范合同文本、当地旅游管理部门和工商管理部门制订的地方性旅游合同文本。

8. 收取费用

旅游者一旦签订旅游合同后,门市服务人员就应该收取相应的费用,并为旅游者开好发票。收取费用时一定要做到"三唱一复"。"三唱"即唱价(确认旅游咨询者所购买的产品的价格)、唱收(确认所收旅游咨询者现款金额)、唱付(确认找给旅游咨询者余款金额),"一复"即复核(确认旅游者所付产品费用与收进费用相符)。

当开好的发票交到旅游者手中时,门市服务人员应向旅游者表示感谢,赞扬旅游者的选择,并请其对该项旅行社产品的质量和旅行社的服务放心。

9. 收尾工作

门市服务人员在为旅游者开好发票、结束销售时,还应询问旅游者是否还有亲人或者朋友一起去旅游,并且要提醒旅游者旅游出发前要注意的事项,旅游途中要注意的事项等。这些都将使旅游者体验到旅行社门市是真心实意为他们服务的,从而对门市留下美好的印象,并起到良好的口碑宣传效果。

应用训练

旅行社门市怎样进行体验营销

案例中,A 表示接待人员,B 表示咨询者。

[情境再现 1]

A:您好,欢迎光临,请问您要旅游吗?(咨询者可能会想:来看看不行吗?)

B:啊? 是的,有什么好的线路吗?

A:日本旅游近期非常火爆,您不妨试试。(太主观了,根本不了解咨询者需求和旅游预算。)

B:日本旅游太贵了,我可没有那么多钱。

A:那去北京吧,伟大的首都,价格便宜。(被动应付咨询者心理变化,不了解咨询者消费偏好)

B:北京没什么好看的,我都去了好几次了。

A:北京市确实没有什么好看的。那么华东或者云南游怎么样? 价格适中又是新线路。(让咨询者牵着鼻子走,咨询者一变,自己马上就否定了自己的线路产品。到现在都没搞清楚B 先生是一人出游,还是家庭集体出游。)

B:那里多热啊,人多又拥挤,孩子受不了。

A:还有小朋友呀,那您不妨去广州,还可以去海洋馆看海底世界,小朋友都喜欢。(绕了一圈又回到家门口。)

B:广州这么近,完全可以自己去,如果要去,也没必要找你们旅行社呀。我还是到其他地方看看吧。

A:……(无言以对,失去了一位潜在顾客。)

[情境再现 2]

A:您好,欢迎光临,请问我可以为您做点什么?(温文尔雅,又不硬性推销。)

B:我想趁暑假出去旅游,放松一下。

A:您是和您的家里人一起去享受快乐的假期吧?(委婉地了解出游人数。)

B:对,我们三口人一块去。

A：看起来先生一家经常外出旅游。都去过那些地方呢？（了解咨询者的旅游经历。）

B：本省我们都已经去遍了，另外还去过北京、上海等许多国内的大城市。现在我对都市旅游已经不太感兴趣了。

A：现在是夏天，天气炎热。去亲近山水的地方是个不错的选择，您说呢？就像我们这个门市布置得一样，清凉舒畅。（有针对性地试探咨询者的旅游偏好，并充分利用被视为夏季促销而特别进行的布置。）

B：有道理。

A：那您看，我们这里有几条适合夏季旅游的线路，距离较远的有四川九寨沟、内蒙古的草原之旅、江西的庐山等线路；距离较近的有湖南的张家界、福建武夷山等。价钱适中，行程也都比较轻松，适合家人一起出游。您可以具体了解一下这几条线路的具体情况，这里有线路介绍的小册子和精美的图片。（有针对性的提供不同选择，及时为咨询者提供直观的资料、图片，便于咨询者决策。）

B：那增城的白水寨怎么样？

A：非常漂亮，而且是消夏避暑的好选择。这里有我们的旅游团队在白水寨旅游的录像资料，我给您播放一下。（在较简单直观的图片等资料的基础上，对有强烈意向的潜在游客播放时间更长、效果更直观的录像，推动其做出正确选择。）

B：真的非常漂亮。

A：您还可以用这台电脑上网，登陆白水寨的网址，仔细浏览一下该景点的详细情况。（通过咨询者上网进行自行浏览，促使其最终做出决策。）

B：没问题，就是白水寨了。既清凉避暑，距离又近，不至于让孩子感觉疲惫。

（促销成功。）

【指导点评】

从以上两个门市接待情境中可以明显地看出：情境1中的接待员时时以自我为中心，不了解咨询者需求，态度生硬，对旅行社知识了解不够，在促销中不能利用旅行社门市中应有的体现体验营销的各种条件，最终导致促销失败。情境2中的接待员则处处从咨询者的角度出发，是一次成功的营销，主要表现在以下几个方面：第一，处处从咨询者角度考虑问题，想咨询者所想，急咨询者所急，每一次提问都有很强的针对性和专业性。第二，充分利用体验营销原理，运用景点图片、录像资料、电脑上网等手段，极大增强了促销的具体性、可信度。在使用过程中注意使用的顺序与促销的进度相互配合，在咨询者感兴趣的初始，使用文字资料和静态图片；在咨询者有明显的取舍偏向后，给咨询者播放录像；最后通过咨询者自由浏览网页的有关介绍，推动咨询者最终做出决定。第三，有很强的逻辑性，层层推进。正像我们在每句对话后的括号中所提到的那样，接待员先了解咨询者准备出游的形式、人数，拥有的旅游经验以及旅游线路、旅游偏好等，再进行有针对性的促销。由于接待人员每一步都占据着主动，促销成功率当然比第一个情境中的做法好得多。

（资料来源：http：//www.jidiao.net）

二、掌握旅行社门市电话销售技巧

(一)门市电话销售的信念

门市服务人员在进行电话销售时，要树立这些信念：每个电话都很重要，所接听的每一个电话都可能是一次宝贵的销售机会,门市服务人员的态度代表的是旅行社形象,对每一位旅游者都要抱着认真负责的态度,绝不能敷衍;所拨出的每一个电话,都可能成为客户。

门市服务人员的良好形象,建立在每一个电话中,门市的业务和人脉(与客户建立的良好关系),会在每一个热忱的电话中悄悄拓展开来。在与用户的交流中,饱满的热情可以通过电话传递给客户。

(二)门市电话销售的技巧

1. 电话脚本的设计

(1)设计独特且有吸引力的开场白,这是门市电话销售不被拒绝、使客户继续听下去的重要组成部分。

(2)30秒原理(客户愿意听你说话的时间)。

(3)用"问题对问题"的方式,以吸引客户的注意力,这个问题应是具有影响力并且是客户关注的。

(4)塑造旅行社产品的价值,让客户产生强烈需求的意愿。塑造旅行社产品的价值是门市电话营销过程中,客户为什么要听门市服务人员讲解的关键。

2. 打电话前的准备

(1)门市服务人员打电话前,必须明白每一个电话想要达到的效果或目的。

(2)所打的每个电话,应是通过市场细分的目标客户群体,并且准确无误地将旅游资讯传递给客户,同时了解客户的真实需求。

(3)门市服务人员要保持积极的工作心态。门市服务人员电话销售时,具备积极、自信的心态尤其重要。因为电话对方的客户没有机会看到门市服务人员,而只能通过言谈来判断门市服务人员的形象。门市服务人员对自己的信心,往往也是客户对门市服务人员的信心。

3. 打电话时应注意的细节问题

(1)使用标准的专业文明用语。

(2)具有良好的亲和力,尽量和客户保持语调和语速的同步,这是通过声音传达给客户的第一感觉——信任感,便于与客户建立融洽的沟通氛围,使其产生乐意与门市服务人员继续沟通的愿望。

(3)具有良好的语言沟通能力。通过沟通,能够准确地了解客户的真实需求,适时地为客户提供帮助。

4. 养成良好的工作习惯

(1)随时记录。手边放有纸和笔等文具,随时记下所接听或拨打的每一个电话中有价值的信息。

(2)及时报出旅行社或者门市和自己的全名,并询问对方的公司、姓名和电话号码以及通信地址,以便于电话沟通中,不时地称呼客户的姓名,更好地了解顾客的真实情况。

项目实训(一)

实训项目 旅行社门市销售技巧:让学生到当地实习基地旅行社门市,做一天门店销售实习。

实训目标 学生通过现场销售,能够更好地掌握销售知识,提高实际应用能力。

实训指导

1. 指导学生掌握旅行社门市销售技巧及注意事项。

2. 主讲教师帮助同学联系实习基地旅行社门市，让小组同学学习销售技巧。

实训组织

1. 把所在班级学生分成 4 个小组，每组 10 人左右，确定组长，实行组长负责制。

2. 告知学生门店销售流方法，即顾问式营销、体验式营销。

3. 小组完成当天营销心得报告，在课堂上进行讲解交流。

实训考核

1. 根据每组所写报告，由主讲教师进行评分和点评，占 50％。

2. 课堂讲解完后，由 4 个小组各给出一个成绩，取其平均分，占 50％。

项目实训（二）

实训项目　旅游门市服务技能实训：让学生到当地实习基地旅行社门店，做一天门市服务实习。

实训目标　学生通过门市服务实习，能够更好地掌握门市服务知识，提高实际应用能力。

实训指导

1. 指导学生掌握门市服务技巧及注意事项。

2. 主讲教师帮助同学联系实习基地旅行社门市，实训门市服务技巧。

实训组织

1. 把所在班级学生分成 4 个小组，每组 10 人左右，确定组长，实行组长负责制。

2. 告知学生门市业务办理程序，分别扮演门市服务人员和旅游者，进行旅行社门市销售，分别向犹豫型、挑剔型、价格异议型旅游者推荐销售旅行社产品，开展顾问式、体验式的营销。

3. 小组完成当天服务心得报告，在课堂上进行讲解交流。

实训考核

1. 根据每组所写报告，由主讲教师进行评分和点评，占 50％。

2. 课堂讲解完后，由 4 个小组各给出一个成绩，取其平均分，占 50％。

项目小结

本项目主要从旅行社选择目标市场出发，依次分析了旅行社的定价策略、销售渠道策略以及促销策略，强调了从全方位做好旅行社产品的销售工作的重要性，尤其从认知旅行社门市、营造门市环境、门市对客服务等方面详细阐述了旅行社门市服务与管理的知识。要求学生掌握相关理论知识，会设立旅行社门市柜台，能进行旅行社门市对客服务。

思考与练习

一、主要概念

旅行社的目标市场　无差异目标市场策略　差异性目标市场策略　密集性目标市场策略　营销公关　取脂定价策略　渗透定价策略　心理定价策略　广泛性销售渠道策略　选择性销售渠道策略　旅行社门市　咨询服务

二、思考题

1. 简述影响旅行社产品价格制订的因素。
2. 旅行社产品价格的制订原则是什么？
3. 请对比不同媒体的广告优缺点。
4. 旅行社门市宣传活动应注意哪些事项？
5. 旅行社门市销售业务程序包括哪些环节？
6. 旅行社门市人员该怎样进行电话销售？

项目四　开展旅行社外联业务

🧑‍🤝‍🧑 **实务导入**

甘肃丝绸之路国旅外联中心成功接待美国旅行商团队

近日,甘肃丝绸之路国际旅行社总部外联中心成功接待了美国西部风情北美旅行商团。该团是由洛杉矶、亚特兰大、旧金山及加拿大等地的旅行商组成的高端甘肃丝绸之路考察团,一行 20 余人,由美国西部风情商务旅游顾问有限公司总经理丁志刚亲自带队,访问兰州、永靖、武威、张掖、酒泉、嘉峪关、敦煌等地,并在兰州飞天大酒店举行甘肃省旅游局推介、招商、洽谈会议,历时 9 天。全部日程由总部外联中心负责安排,包括会议场所、用车、酒店、全程翻译和美国西部风情委托的其他各项事宜。

该考察团级别高、专业性强,兼之甘肃各地都有相关的当地政府领导参加会议,因此接待要求很高。在外联中心全体员工的努力和其他部门的大力协助下,圆满完成了该团的接待工作。外联中心缜密细致、高效有序的接待工作得到了美国西部风情商务旅游有限公司总经理丁志刚先生的高度赞扬,美国西部风情更是要求外联中心在酒店大堂以及车辆上同时摆放甘肃丝绸之路国旅的宣传牌子,这一切充分体现了他们对我公司 GSRIT 品牌的认可。

(资料来源:http://www.travelsilkroad.cn/TravelNews.aspx?id=87134)

任务:

1. 外联部的主要业务有哪些?
2. 应怎样与客户洽谈业务和签订合同?
3. 如何管理客户?
4. 怎样处理外联函电?

📖 **知识目标**

了解旅行社外联部及其业务;熟悉旅行社外联业务洽谈与合同签订程序;掌握旅行社客户管理方法;掌握外联函电处理方法程序。

📖 **技能目标**

能洽谈外联业务;会签订合同;能管理旅行社客户;会处理外联函电。

📋 **工作任务**

储备旅行社外联部及其业务相关知识;洽谈业务与签订合同;进行管理旅行社客户;处理外联函电。

外联业务主要担负旅行社的生产和销售职能。它通过对各种信息的利用,设计旅游线路、开发、促销旅游产品,将产品销售给旅游中间商或旅游消费者,由此来招徕客源。因此,外联业务在旅行社各业务中居于龙头地位。

任务一　储备旅行社外联部业务相关知识

旅行社外联工作很难具体界定,因为即使是相同的旅行社,由于其部门不同,外联的实际工作就不同,有的面对单个游客,有的面对组团社,有的只是负责端茶送水,起到旅行社形象大使的作用,有的要负责招徕客人,向客人推介旅游产品、安排行程和报价,有的外联人员更是多面手,所有旅行社工作都要精通,甚至计调与财务。这里主要沿指旅行社业内一种约定俗成的说法,即外联就是指旅行社业务销售人员,相对计调内勤性质的工作,外联工作主要是旅行社的外部公关销售工作。

子任务1　熟悉外联部主要业务

一、组合旅游产品及服务采购

旅行社产品是一种特殊性的服务产品,是为满足旅游者在旅游过程中的所有需要而提供的各种有偿性服务。如果把旅游中吃、住、行、游、购、娱等各个元素比喻成菜料,那么旅行社的外联就是把这些菜料加工成各种美味菜肴的厨师了。可见,外联的一个很重要的工作就是根据游客的需求,把各种旅游资源巧妙地组合成可供游客选择的旅游产品。

一般情况下,服务采购工作是旅行社计调部门的一项基本业务,但是,计调部门的服务采购计划往往全面涉及旅游六大要素,而且按部就班,不能适应市场的需求变化。外联部与市场联系紧密,在许多时候,为了适应游客需求,突出产品特色,加强产品销售能力,完成市场销售计划,外联部会制订一些必要的服务采购计划。通常情况下,根据工作计划的需要,外联部服务采购计划主要反映节假日包房计划、包机计划、广告宣传计划等对销售影响较大的内容。

二、市场开发与产品销售

开发市场、招徕游客、组织客源和产品销售是旅行社外联部主要的工作任务。在旅游产品一定的情况下,外联部的任务就是尽一切可能将产品销售出去,开发更多的旅游客源,这也是旅行社接待服务活动的基础。

三、制订接待计划

外联部作为出游服务中心,一项重要的工作是制订服务接待计划。旅行社的接待服务计划包括地方接待服务计划和组团接待服务计划。外联部的接待服务计划着重从接待人员的安排、餐厅用餐、酒店住宿、景点游览、行程交通、安全对策等方面进行设计,通过出团通知书的形式表现出来。

四、制订作业和控制计划

作业控制计划是对旅行社各部门、各工种工作人员在贯彻执行业务计划的过程中,进行执行性、操作性控制的计划,是旅行社管理不可缺少的一项计划内容。由于我国旅行社管理起步较晚,水平较低,许多旅行社对作业计划制订还不够重视。外联部的作业控制计划主要是针对门市销售人员、外联业务员、客户档案管理员的操作控制计划。

五、质量监督计划

服务质量是旅游业的生命线，是旅游业发展的关键，特别是我国加入 WTO 后，旅游业竞争日趋激烈，服务质量已成为旅行社竞争的主要阵地。实践经验证明，运用质量管理的基本理论和方法，结合旅行社工作的特点进行综合治理，是旅行社切实提高服务质量的有效途径。旅行社提供的产品质量主要表现为旅游服务在使用价值方面适合并满足旅游者的物质和精神方面需要的程度，主要包含以下三个方面：

（1）旅行社产品设计质量。好的旅行社产品设计质量要求旅行社设计出能满足不同层次旅游者需求的线路和节目，吃、住、行、游、购、娱等项目供应标准要质价相符。

（2）旅行社实际接待服务质量。旅行社的门市和导游要通过热情周到、谦和礼貌、舒适方便和迅速及时的服务，使旅游者得到物质和精神方面的满足。

（3）旅行社的环境质量。旅行社的环境质量主要是旅行社的业务、采购、接待和财务部门，以及景点、酒店、餐厅和车队等协作单位的工作质量。

外联部的质量监督计划要体现旅行社全面质量管理思想，对游前、游中、游后三个阶段以及部门全体员工工作态度、工作语言、工作技术、工作项目等内容进行质量监督。我国《旅游法》规定：旅游经营者应当保证其提供的商品和服务符合保障人身、财产安全的要求。旅游经营者取得相关质量标准等级的，其设施和服务不得低于相应标准；未取得质量标准等级的，不得使用相关质量等级的称谓和标识。因此，结合国家有关法律、法规和 ISO 质量体系在旅行社质量管理中的应用，围绕突出质量教育、加强信息反馈、完善合同制度、主动规避风险几个方面，建立起科学、系统、可持续的质量监督计划，使旅行社的服务质量得以不断提高，从而使旅行社在激烈的市场竞争中得以立足。

子任务 2　了解外联人员的素质要求

一、仪表端庄

外联人员代表着旅行社的形象，因此在身高和长相上应有所要求。但这并不是最主要的，外联人员最重要的是要对自己的仪容仪表要严格要求。如果一个人的长相还可以，但他经常不修边幅，则容易让客户感到不舒服。

二、性格开朗，擅长沟通

外联人员其实就是旅行社的销售人员，性格开朗活泼的销售人员往往能够在举手投足间感染客人，让客人产生购买欲望。善于与人沟通是对外联人员的一项基本要求，如果一个外联人员总是无法有效地向客人表达自己的意见与看法，这样的外联人员注定是一事无成的。

三、良好市场拓展能力和团队合作精神

外联人员往往是旅行社开拓市场的先锋，所以必须具备良好的市场拓展能力和团队合作精神。首先，外联人员要具备创新的精神。初到一个新市场，没有前人的经验可循，没有总社的指令可依，一切都要靠自己揣摩、自己判断，有时得自己拿主意，这就需要外联人员拿出开拓市场的魄力来。其次，在开拓市场时，外联人员要具备很强的团队精神，每个人都怀有强烈事

业心和责任感,相互之间默契合作,能取到事半功倍的效果。

四、博闻强记,熟悉业务

优秀的外联人员应该对旅游基础知识、旅游目的地接待条件、景点内容、线路特点、当地人文历史等知识博闻强记,对自己的业务烂熟于胸。努力做到客人有问必答,让客人对自己产生信任与依赖感。

任务二　洽谈业务与签订合同

洽谈业务与签订合同是旅行社外联业务的主要工作之一,是旅行社外联人员与旅游客户业务联系,商讨交易条件,最终达成一项令双方都能满意的协议的过程。

子任务1　洽谈业务

业务洽谈是外联常见工作,它是与旅游中间商进行业务联系、商讨、讨价还价等谈判活动的主要形式,也是销售工作的主要方法之一。为了拓展市场,争取更多的客源,旅行社会派一定的外联人员寻找新的客户旅行社或新的旅游消费群体进行拜访,打算通过沟通建立新的业务关系;也会派业务人员定期拜访重要的客户旅行社,进行感情沟通;旅行社发来的每个旅游团,也需重新通过传真确认有关该团购买产品的业务细节,有时双方还需要就该团的特殊安排进行业务洽谈。一般来说,外联与客户进行业务洽谈分为当面洽谈和通讯洽谈两种形式。

一、当面洽谈

当面洽谈是指旅行社外联人员与旅游客户进行直接的面对面的业务洽谈。经过认真的谈判,最终建立业务关系或达成购买意向。旅行社与旅游客户的洽谈一般包括准备阶段和谈判阶段。

1. 准备阶段

为了尽可能取得成果,在进行面谈之前,外联人员需要做好充分的准备工作,才能掌握谈判过程的主动权。一般来说,应做好以下五方面的准备工作:

(1)选择好谈判人员。一般应由主管销售业务的部门经理主持谈判,并由具体负责该地区销售业务的外联人员提供报价、联络等具体业务工作情况。在进行一般谈判时,旅行社人员以两人为宜,根据情况需要可加派人员。

(2)做好信息方面的准备工作。要了解有关谈判内容的尽可能详细的行情。

(3)了解有关国家法律、政策等方面的工作。国家政策、法律不允许办的事,就不能办,否则谈判非但不能有效,而且还可能受到法律的惩罚。

(4)在做好上述三个方面工作的基础上,旅行社业务谈判人员应制订出相应的谈判方案。根据对市场需求、竞争状况、对方可能采取的谈判策略、对方可能做出的最大让步等情况的认真研究,谈判人员要制订出谈判的上策、中策、下策方案以及在谈判中的进退幅度和交换条件。

(5)审查谈判对象(客户)是否合格,就是说该客户是否有资格作旅游团、签协议。在审查是否合格的同时还要了解它的经营范围等。

由此可见,要使谈判工作进行得顺利且有效,不仅要求谈判人员要严格执行国家的有关方针政策,而且要求谈判人员掌握广泛的旅游业务知识,熟悉市场并了解谈判对象的情况。在此基础上,谈判时尽力发挥谈判艺术,视具体情况采取灵活机动的策略,使业务关系建立、业务谈判成功。

2. 谈判阶段

在谈判过程中,旅行社业务谈判人员应根据事先拟定的谈判方案,在互惠互利的前提下,通过友好、坦诚、认真的协商,争取达成产品购买协议。谈判一般应按照以下两个步骤进行:

(1)推销产品。谈判开始后,旅行社业务谈判人员应首先将所编制的旅行社产品向对方作详细介绍,并就对方提出的关于产品方面的问题做出耐心细致的解答,使对方能够在较短时间内熟悉产品的内容、特点、销售价格、购买方式、付款条件等情况。

(2)购买谈判。在介绍完产品之后,双方就进入购买谈判阶段。购买谈判指谈判双方就产品的内容、价格,购买方式、付款方式等具体问题逐一进行的讨论。在这一轮的谈判中,旅行社业务谈判人员应在事先拟订的方案的基础上,吸取旅游客户提出的意见,适当修改产品的内容、价格、购买方式和付款方式,做到既维护旅行社的利益,又能达成协议。在谈判中,每形成一个协议后,都必须将"付款条件"这个重要问题和要求向对方讲清,争取合作和谅解。当前,我国很多旅行社都存在着严重的拖欠款问题,这给国家和企业都带来了很大的经济损失。为了解决这一问题,国家制定了预付组团定金的制度,使旅行社的正常经营得到必要的保障,在对外谈判时必须注意这一环节。

3. 谈判技巧

谈判能否成功,一方面取决于洽谈人员的能力和水平,另一方面取决于洽谈技巧的应用。因此,外联人员在进行业务谈判时,须注意自己仪表、行为、语言的技巧,同时也要注意时间、地点的选择技巧。

(1)谈判时的仪表。销售人员在与客户接触时,客户对销售人员第一印象好坏,主要取决于销售人员的仪表。仪表不整,往往不受欢迎。仪表整洁、大方,往往给顾客印象较好。一个好的仪表会受到客户的欢迎并赢得好感,所以销售人员与顾客谈判时应注意仪表形象。

(2)谈判时间、地点的选择。选择合适的时间、地点进行谈判,对谈判的成功影响很大。一般选择顾客较为轻松愉快时间进行谈判,避免选择顾客身心处于低潮的时候谈判,尽量由顾客安排时间。谈判地点的选择也尽量选择在己方的场所,规模与气派较大的办公室是谈判的好地方,选择一个和谐坦诚的谈判环境及舒适方便的洽谈场所,可以使谈判有一个好的气氛,促进交易谈判成功。总之要以双方不产生烦躁心情为原则。

(3)谈判行为技巧。谈判不仅仅是双方实力的较量,同时也是心理的制衡。谈判人员应具有自信心,给对方可以信赖的感觉。在谈判中冷静思考,分析对方的心理想法,把握时机,运用制订好的谈判策略达到最终目的。在谈判中应耐心、察言观色,积极倾听对方的发言。能理解对方的要求和意愿,并针对性地给以答复。这种善于倾听和思考的行为技巧能了解对方的意图,发现其真正需要,掌握谈判中的主动权。

在谈判中,合理地运用观察、等待及沉默谈判行为技巧。通过观察对方,可作出判断,适当地调整谈判策略。而采用等待与沉默技巧,可使对方感受到一种心理压力,就会适当妥协。总之在谈判中应冷静、机智、风趣、不失风度。

(4)谈判语言技巧。旅游产品销售谈判是一种交易谈判,双方应当以协商语气进行谈判,使用普通话或客源国语种与对方交谈。谈判中要保持语言的准确性,不要用含糊的措辞,要注意语言的规范化。在谈判中主要用阐述、提问、应答和拒绝四种语言方式进行。

阐述,主要是销售人员根据准备好的有关产品资料,详细准确地介绍产品的(线路)内容、特色及价格,使对方能及时、准确地了解产品情况。

谈判中的提问,目的是相互沟通,进一步了解对方。要正确有效地运用这一方法,首先要注意提问的时机,应在对方发言的间歇或结束之后,不能在对方发言过程中打断对方进行提问。对一些敏感性问题提问时,应首先向对方说明理由,以示尊重对方。提问时要注意语气温和,不要用讽刺性、威胁性、盘问式或审问式的语言。

应答对方提问时,语言要灵活。由于谈判具有很强的对抗性,难免会出现冷场、对抗的局面,这就要运用幽默、风趣的语言技巧使大家摆脱窘境,有时可避开这个话题而转换成另一个话题。应答时先理解对方提问的真正意思,再作应答。对不便回答的问题,可以用一些适当的原因作借口避开。

在谈判中,对于对方的一些过分要求,免不了要拒绝。拒绝可采用提问拒绝法,也可采用借口拒绝法。当对方的意见有一定合理性,只能接收部分条件时,可采用赞赏拒绝法。首先赞赏可接收部分的意见,再拒绝不接收的部分。拒绝时不能用挖苦、嘲弄或教训的语气,不要用批评性语言,更不能讲粗话或发怒。

相关链接

商务谈判基本功的五个层次

1. 保持沉默

在紧张的谈判中,没有什么比长久的沉默更令人难以忍受。但是也没有什么比这更重要。另外我还提醒自己,无论气氛多么尴尬,也不要主动去打破沉默。

2. 耐心等待

时间的流逝往往能够使局面发生变化,这一点总是使人感到惊异。正因为如此,我常常在等待,等待别人冷静下来,等待问题自身得到解决,等待不理想的生意自然淘汰,等待灵感的来临……一个充满活力的经理总是习惯于果断地采取行动,但是很多时候,等待却是人们所能采取的最富建设性的措施。每当我怀疑这一点时,我就提醒自己有多少次成功来自关键时刻的耐心,而因缺乏耐心又导致了多少失败。

3. 适度敏感

莱夫隆公司的创始人、已经去世的查尔斯·莱夫逊,多少年来一直是美国商业界人士茶余饭后的话题。

数年前,广告代理爱德华·麦克卡贝正在努力争取莱夫隆的生意。他第一次去莱夫隆总公司去见莱夫逊,感到这位化妆品巨头富丽堂皇的办公室华而不实,并且给人一种压迫感。

麦克卡贝回忆道:"当莱夫隆走进这个房间时,我准备着听他来一通滔滔不绝的开场白"。可是莱夫隆说的第一句话却是:"你觉得这间办公室很难看,是吧?"

麦克卡贝完全没有料到谈话会这样开始,不过总算咕咕哝哝地讲了几句什么他对室内装修有点不同看法之类的话。

"我知道你觉得难看",莱夫隆坚持道:"没关系,不过我要找一种人,他们能够理解,很多人会认为这间房子布置得很漂亮。"

4. 随时观察

在办公室以外的场合随时了解别人。这是邀请"对手"或潜在客户出外就餐,打高尔夫、打网球等活动的好处之一,人们在这些场合神经通常不再绷得那么紧,使得你更容易了解他们的想法。

5. 亲自露面

没有什么比这更使人愉快,更能反映出你对别人的态度。这就像亲临医院看望生病的朋友,与仅仅寄去一张慰问卡之间是有区别的。

商务谈判中的八字真言

谈判能力在每种谈判中都起到重要作用,无论是商务谈判、外交谈判,还是劳务谈判,在买卖谈判中,双方谈判能力的强弱差异决定了谈判结果的差别。

对于谈判中的每一方来说,谈判能力都来源于八个方面,就是 NO TRICKS,每个字母所代表的八个单词——need, options, time, relationship, investment, credibility, knowledge, skill。

N 代表需求(need)。对于买卖双方来说,谁的需求更强烈一些? 如果买方的需求较强,卖方就拥有相对较强的谈判力,你越希望卖出你的产品,买方就拥有较强的谈判力。

O 代表选择(options)。如果谈判不能最后达成协议,那么双方会有什么选择? 如果你可选择的机会越多,对方认为你的产品或服务是唯一的或者没有太多选择余地,你就拥有较强的谈判资本。

T 代表时间(time)。这一点是指谈判中可能出现的有时间限制的紧急事件,如果买方受时间的压力,自然会增强卖方的谈判力。

R 代表关系(relationship)。如果与顾客之间建立强有力的关系,在同潜在顾客谈判时就会拥有关系力。但是,也许有的顾客觉得卖方只是为了推销,因而不愿建立深入的关系,这样在谈判过程中将会比较吃力。

I 代表投资(investment)。在谈判过程中投入了多少时间和精力? 为此投入越多的一方,对达成协议承诺越多,往往拥有较少的谈判力。

C 代表可信性(credibility)。潜在顾客对产品可信性也是谈判力的一种,如果推销人员知道你曾经使用过某种产品,而他的产品具有价格和质量等方面的优势时,无疑会增强卖方的可信性,但这一点并不能决定最后是否能成交。

K 代表知识(knowledge)。知识就是力量。如果你充分了解顾客的问题和需求,并预测到你的产品能如何满足顾客的需求,你的知识无疑增强了对顾客的谈判力。反之,如果顾客对产品拥有更多的知识和经验,顾客就有较强的谈判力。

S 代表的是技能(skill)。这可能是增强谈判力最重要的内容了,不过,谈判技巧是综合的学问,需要广博的知识、雄辩的口才、灵敏的思维……

总之,在商业谈判中,应该善于利用"NO TRICKS"中的每种力,这样才能在谈判中处于优势地位。

(资料来源:董正秀,朱晔. 旅行社管理实务[M]. 南京:东南大学出版社,2007.)

二、通讯洽谈

通讯洽谈是指旅行社利用通讯工具进行的业务洽谈。旅行社在通讯洽谈中常使用的通讯工具主要有函件、电话、传真和电传等。

(1)函件是外联业务中最普通、最常见的联系形式。在利用函件进行业务洽谈时,要注意格式规范、书写端正、文字流畅,内容简洁明了、让人一目了然。

(2)电话是最有效的一种洽谈方式,也是外联人员与客户联系最常用、最广泛的方式,但电话只能作为一般联系之用,对于重要问题,一般不宜使用。因为电话不能留下书面凭证,容易错记、漏记,引起不必要的麻烦。因此,事先应注意拟好洽谈的提纲,见表4-1。

表4-1 外联人员洽谈提纲

组团社	客户
1. 宣传推销旅游产品 ①将编制好的旅游产品及价格向客户作介绍 ②根据对方提供的线路、日程安排及要求报价 ③根据顾客的修改、补充意见修改产品,并重新报价,以上过程应将日程安排及报价中所包含内容及不包含内容告知对方组团社	1. 购买旅游产品向客户作介绍 ①根据对方的产品及价格提出购买意向 ②主动提出参观游览的线路及日程安排,请对方报价 ③对对方的推销线路提出修改、补充意见 以上做法要把旅游日期、人数、服务等级和游客特殊要求告知对方客户
2. 确认报价及付款方式 ①收到对方的确认报价函后向对方提出付款条件 ②收到确认付款条件函后,致电表示谢意	2. 接受报价 ①收到对方报价认为价格和日程均可接受后,对方提出付款发确认函给对方 ②根据对方的付款条件,双方协商好付款方式,表示谢意,并发函确认
3. 编写、下发接待计划:旅游产品交易确认后,立即按线路日程、服务等级、旅游团人数及团队要求编写接待计划,下发给旅行社相关部门着手采购和准备接待	3. 汇款:按照与对方达成的协议汇款

(3)传真是一种既迅速又方便可靠的通讯方法。随着通讯技术的发展,传真已经成为旅行社外联业务中进行业务联系和交易确认的最主要手段。根据文件的不同内容,传真件的格式可以用普通书信格式编写,也可用旅行社专用的传真格式纸编写,常见的传真格式纸如表4-2所示。

表4-2 传真格式纸

收件人旅行社:	发件日期:
收件人姓名:	共　　页:
发件人旅行社及传真号:	发件人姓名:
传真内容:	

情景再现

知己知彼，战无不胜

某学院的一个系每年都组织教师外出旅游。一年 3 月份，该系准备组织教师参加小浪底——王屋山两日游，经营同一条旅游线路的旅行社有很多家，这次他们决定在与多家旅行社洽谈的基础上选定一家。那么谁将赢得这个由 60 多人组成的大团呢？

A 旅行社派去的业务员手里拿了一沓各旅行社的价目表，一再强调 A 旅行社的定价是同行中最低的，比其他旅行社的定价低 10～20 元/人。而当系领导问及详细的服务标准，如坐什么车、乘什么船、派什么导游时，业务员都无法明确答复。这使得系领导和教师们对 A 旅行社的服务质量产生了怀疑。一年中难得集体出游这么一次，系领导考虑的重点显然不在于每人多花或少花 10～20 元钱。

B 旅行社派去的业务员显然是一个生手，他似乎没有料到系领导会问那么多、那么细的问题。例如，几点到达那里？在哪儿吃饭最合适？年轻人爬山需花多长时间？年龄大的人又需要多长时间？等等。业务员对一些细节问题不甚明了，所带的资料也很不充分，不得不一趟又一趟地返回旅行社准备资料。最后，经过几个来回地折腾，总算以其诚恳、热情打动了系领导和教师们。正准备签订合同时，系领导问了最后一个问题："你们会为我们派一个什么样的导游？"业务员不假思索地回答："谁负责联系的团队，谁就当导游。"显然，在这最后的关键问题上，B 旅行社败下阵来。

第三个去洽谈的是 C 旅行社的业务员，他似乎对该系可能问及的所有问题都早有准备。在准确流利地解答了系领导和教师们所关注的问题之后，他补充道："你们是高等院校的教师，又是这么大的一个团队，我们将派出我社资历最深的优秀导游为你们带队……"最后，该系选中了 C 旅行社。

【指导点评】

由于旅行社产品的无形性、不可储存性等特点，增加了旅游者的购买风险，旅游者会从产品信息、旅行社信息以及销售人员的基本素质等多方面因素详细分析，来降低自己的购买风险，因此旅行社外联洽谈人员诚恳的服务态度、充分的准备、丰富的专业知识以及较强的洽谈技巧成为销售成功的关键。

（资料来源：李幼龙. 旅行社业务与管理［M］. 北京：中国纺织出版社，2009.）

子任务2　签订合同

旅行社外联人员与旅游客户经过业务洽谈后，双方都有了建立业务关系的意向，愿意在互谅互让、互通有无的基础上开始商务合作，就共同关心的问题，如合作拓展市场，打开销路，旅游产品的内容、价格、付款方式和优惠条件等项目达成一致意见后，便可以签订旅游合同书、合作意向书或委托书等书面协议，明确双方的关系，在此基础上进行业务合作。以上所提到的几种协议，有的具有经济约束力，有的则不涉及经济问题，而只有道义上的约束力，下面就这几种不同的书面协议形式予以介绍。

一、签订旅游合同书

合同书是当事人之间为了实现一定的经济目的，明确相互权利和义务关系的契约，是用来调整经济关系的一种法律形式,具有法律约束力。在签订旅游合同时,一切须按法律程序办理,对签约应当谨慎行事,除需要详细了解对方以外,还必须了解相关的法律法规,避免出现与其冲突的条款。如一方对有的条款无法给予完全保证,则应在条款中加以声明,避免到时因为不能履行而负法律责任。

国家旅游局在广泛征求多家旅行社意见的基础上,起草了"旅行社合同范本",供旅行社参照使用。各地旅行社可以根据实际情况,增加附加条款,进一步明确双方的权利与义务。2010年,国家旅游局会同国家工商行政管理总局联合修订了《团队出境旅游合同》示范文本、《大陆居民赴台湾地区旅游合同》示范文本,联合制定了《团队国内旅游合同》示范文本。旅游合同内容:《中华人民共和国旅游法》已于2013年10月1日起施行,《旅游法》中规定:旅游合同应当采用书面形式,包括下列内容:

①旅行社、旅游者的基本信息;

②旅游行程安排;

③旅游团成团的最低人数;

④交通、住宿、餐饮等旅游服务安排和标准;

⑤游览、娱乐等项目的具体内容和时间;

⑥自由活动时间安排;

⑦旅游费用及其交纳的期限和方式;

⑧违约责任和解决纠纷的方式;

⑨法律、法规规定和双方约定的其他事项。

二、签订旅游意向书

意向书一般是指旅行社与旅游客户(主要是海外中间商)在进行了初步业务洽谈后,在未达成实质性交易之前,就某项旅游业务有意愿进行合作的一种备忘录形式,其意向旨在等双方进一步了解后,或者时机成熟时,就所涉及项目继续合作。意向书一般没有法律约束力,不涉及权利义务问题,但它对双方在道义上有一定的约束力。这种意向书可被视为是双方签署合同书的前奏。在签署合同书之前,根据实际情况,意向书可能要反复签署多次。这种签署意向书的做法,没有什么国际惯例可循,签署与否的必要性要视具体需要而定。在实际谈判过程中,意向书往往也可以起到推动双方的良好意愿逐步变为实质性合作的作用。

相关链接

意 向 书

中国××旅行社代表与加拿大××旅行社代表于××××年××月××日在京初次会面并商谈了双方在中国旅游业务合作方面的有关事宜。商谈后双方达成如下意向:为发展旅游业务和扩大旅游销售,中国××旅行社有意委托加拿大××旅行社在加拿大及美国为其推销中国的旅游商品并代其洽谈有关来华旅游业务。

加拿大××旅行社信任并欣赏中国××旅行社优质服务的能力,愿意接受此委托并和它建立长期稳定的旅游业务关系。有关双方合作的具体事宜,待双方代表在作好进一步准备后另择时间洽谈。双方坚信在互利互助的基础上通过共同的努力与密切协作,将会获得圆满成功。

加拿大××旅行社代表　　　　　　　　中国××旅行社代表

签字：　　　　　　　　　　　　　　　签字：

　　年　　月　　日　　　　　　　　　　　年　　月　　日

此意向书一式两份，双方代表各持一份备案。

三、签订旅游委托书

委托书是指旅行社与旅游客户（主要是旅游中间商）之间的"委托代理"或"意向代理"关系，即旅游客户（受托人）依照旅行社（委托人）的委托行使代理权的代理行为。这种委托代理是双方的法律行为，通常采用签订委托合同的形式，即旅行社与旅游客户之间签订委托书。双方经过有诚意的业务洽谈后，相互之间有了一定程度的了解和信任，在此基础上，为了扩大业务，发展客户，争取市场和客源，旅行社签发给旅游客户旅游业务委托书，委托其在某市场为旅行社做宣传并争取客源。委托书要有委托权限、任务和期限。委托书要加盖公司公章方才有效。

相关链接

委　托　书

中国××旅游公司是中国政府批准的民间性质的旅游企业，属于大型的国际旅行社，对外具有外联权和签证通知权，对内可组织全国范围内的旅游业务。敝公司自开业以来，奉行顾客至上、质量第一的宗旨，礼貌待客，讲究信誉。承蒙海内外同仁企业的惠顾和关照。为扩大业务，发展客户，兹委托　　　先生（女士）为　　　国家（地区）的宣传、推销、业务咨询代理。持此函前往联系业务时，敬请拨冗洽谈，不胜感激。

（本托书自签署之日起三年内有效）

公司营业执照号码：企业字

公司地址：

电话（传真）：

电传：中国××旅游公司

总经理签字：

　　　　　　年　　月　　日

任 务 三　　管 理 旅 行 社 客 户

在当今"渠道制胜"的市场竞争当中，谁掌握了销售渠道，谁就赢得了市场竞争的主动权。旅行社在选择了合适的客户作为合作伙伴后，还应不断地对他们进行考察并加强管理。有关资料表明，成功地实施客户关系管理的企业，销售员的销售额增加 51%，客户的满意度增加 20%，销售和服务的成本降低 21%，利润增加 2%。旅行社企业应当进行一系列的"以客户为中心"的客户价值管理活动，采取有效措施，建立客户关系管理系统，实施客户关系管理，形成自己的市场营销网络，留住老客户，开发新客户，这是旅行社营销工作的当务之急。

子任务 1　熟悉客户日常管理办法

旅行社对客户的日常管理主要是建立客户档案,及时沟通信息和维持、巩固和发展客户。

一、建立客户档案

建立客户档案是旅行社管理客户的一种重要方法,可以使旅行社随时了解客户的历史与现状,通过综合分析与比较研究,探索进一步合作与扩大合作的可能性,并对不同的客户采取不同的对策。如对销售得力的客户应有特殊的条件和优惠;对一些小的客户,如认为有发展前途,就应该重点扶植培养。此外,还可以根据客户的组团能力等指标对客户进行分类排队等。

经过一段时间的合作,旅行社对客户的经营实力及信誉都有了进一步的了解,此时客户档案应增加新的内容,如组团能力、经济效益、偿还能力、推销速度等,从而不断充实客户档案,为扩大合作或终止合作提供决策依据。

各旅行社的客户档案各不相同,但基本内容大致如表 4-3 所示。但是需要特别指出的是,人际关系,特别是个人交往,是与客户友好合作的一个重要因素,客户档案中应对客户的个人资料进行尽可能详细的记载,而且旅行社应充分运用这些资料发展与客户的友好关系。另外,客户与旅行社的合作情况也应记录在案,并附于客户档案中,内容参见表 4-4。

表 4-3　客户情况登记表

客户名称			注册国别	
法人代表		营业执照编号		业务联系人
营业地址			电话与传真	
电子信箱				
与我社建立业务关系的途径与时间				
我社联系部门与联系人				
客户详细情况				
备注				

表 4-4　旅行社与客户合作情况登记表

中间商名称	
合作年度	
合作情况	
备注	

相关链接

作业细心,注意条理

每一个外联业务经理,桌上往往各种卷宗堆积如山,经常忙于各种琐碎事务。有时,为了查找一个电话号码或一份计划，浪费很多时间。这里提供了一个最简单的窍门，将客户分门别类进行细分，实施条例化管理即可。

将自己经常或需要联络的客户建立档案，分一类、二类、三类客户，将他们的姓名、地址、通信方式、企业情况及与本社合作情况等信息存入电脑，同时给每一位客户通过量体裁衣为其设计的产品陈列其后，注明"对××社（公司）的报价及线路"。并将所有关于该客户的有关资料附于其中，做到一客户一档案，以便随时备查和调用。

【温馨提示】

客户计划就是按规范化、标准化、程序化进行操作，只有熟练的客户计划操作，才能使琐碎的工作有序，并可以提高效率。

（资料来源：李幼龙.旅行社业务与管理［M］.北京：中国纺织出版社，2009.）

二、及时沟通信息

向客户及时、准确、完整地提供产品信息，包括本社的新产品及报价、各相关产品的价格变动以及本社的情况变动等，是保证客户有效推销的重要条件。同时，向客户了解其他各方面的信息，如对方的客源情况、市场需求、市场价格变动等，根据客户提供的市场信息改进产品的设计，开发出更多适销对路的产品。

三、维持、巩固和发展客户

客户的发现、选择和培养，都不是容易的事，需要外联部的经理和人员用心和依靠客户工作计划来完成。同样，客户的维持、巩固和发展，更需要有客户计划的实施来保证，才能使旅行社获得固定的客源。对客户关系的维持、巩固和发展，可采用多种计划管理策略。

1. 客户分级制度策略

和旅行社有过合作的个人和组织都是旅行社的客户，根据他们对利润的贡献能力将其分为不同的等级，给予不同的优惠政策。分级标准为消费量、消费额、消费频率、消费等级、为旅行社创造的利润总额、利润率、客户所在地区、推荐新客户数量和结果等。

2. 维持客户策略

首先，要定期研究客户消费情况的变化。可以通过对客户满意情况的定期询问和了解旅游市场，以获得客户满意度的变化情况，掌握市场动态，及时对自身经营做出调整。这样可及时解决双方合作中的矛盾，消除隔阂，以巩固合作基础。

其次，要分析变化的主客观原因。客户情况的变化来自主、客观两方面的原因。主观方面原因是客户自身原因，比如组织内部的变化、身体原因等；客观方面原因有消费潮流的变化、其他旅行社的竞争、相关群体的影响等。外联人员了解到原因后应提出相应的解决方案。

最后，要对流失客户再分析。外联人员应对那些停止与本旅行社合作而转移与竞争对手合作的客户进行访谈，应了解原因。例如，是因为价格还是服务，产品是否适应客户需求的变化等。上升的流失率通常表明客户满意率的下降。对流失客户除采取挽留措施外，还应当记录在案，包括原因、采取的手段和效果等，以便改进客户计划管理。

3. 重要客户的培育策略

重要客户是指知名度高、对本旅行社有特殊贡献以及多次购买本旅行社产品的回头客等。这些客户是旅行社的宝贵财富，除了要给予价格上的优惠外，还可以提供一些特殊优待，对他们的建议和要求应充分重视,可以定期举行一些联谊活动,这是推动他们继续作为本旅行社客户的有效方法。

子任务2 分析折扣策略

折扣策略是以经济手段来鼓励客户多向旅行社输送客源、调节客户输送旅游者的时间或鼓励客户及时向旅行社付款,以避免不良债权的一种重要方法。有针对性地优惠和奖励客户可以调动客户推销的积极性。旅行社常用的优惠和奖励形式包括:减收或免收预订金、组织奖励旅游、组织客户考察旅行、实行领队优惠、联合推销和联合进行促销等。这里简单介绍一下数量折扣、现金折扣和季节折扣三种策略。

一、采取数量折扣策略

数量折扣策略是旅行社为了鼓励客户多向旅行社输送客源所采取的一种策略。采取这种策略的旅行社以旅行社产品的基本价格为基础,根据客户销售旅行社产品的销售额给予客户一定程度的折扣。换句话,如果客户达到一定的销售额,就可以享受低于产品基本价格一定比例的折扣价格优惠。数量折扣分为非累进折扣和累进折扣两种。

1. 非累进折扣

非累进折扣是指旅行社以低于产品基本价格的折扣价格向客户提供产品,即采取降低单位产品价格的办法。如某旅行社推出一条"北京——西安——洛阳——上海"的团体包价入境旅游线路,基本价格为每人天综合服务费120元。为了鼓励客户多输送客源,该旅行社向同他合作的某国某客户提出的综合服务费价格为每人天100元,这样降低了单位产品的售价。

非累进折扣是一种以低于产品基本价格的优惠价格为手段,鼓励客户大量销售旅行社产品的管理方法。非累进折扣主要适用于长期与旅行社合作、具有良好的信誉和较强的输送客源能力的客户。另外,旅行社也经常在购买数量较大的一次性交易中使用这种方法。

非累进折扣策略是旅行社在产品销售和客户管理中行之有效的管理方法,对于加强同客户的合作、刺激他们积极销售旅行社产品具有一定的作用。但是,非累进折扣没有将折扣优惠与客户产品销售量直接挂钩,因而对客户的刺激力度较小。

2. 累进折扣

累进折扣是指旅行社根据在一个时期内客户销售旅行社产品数量或销售额的大小决定其提供折扣价格比例的管理策略。实行累进折扣策略的旅行社通常针对客户的销售量或销售额规定出若干标准,每项标准都同折扣的比例挂钩。当客户的销售量或销售额达到第一级标准时,可以享受基础折扣价格;当销售量或销售额达到第二等级时,其享受的折扣价格比例高于第一等级的标准……以此类推。例如,某旅行社以输送旅游者的人天数作为计算折扣比例的标准,分别规定了500个人天、1000个人天、1500个人天、2000个人天四级标准。当客户向旅行社输送的旅游者达到500个人天时,可享受产品基本价格4%的折扣;当它输送的旅游者超过500个人天而尚未达到1000个人天时,除了500个人天仍然按照基本价格4%的比例计算价格折扣外,超过500个人天以上的销售价格将按照基本价格6%的比例计算折扣价格……以此类推。输送的旅游者越多,客户享受的折扣比例就越高。

累进折扣策略避免了非累进折扣策略与客户的销售数量没有直接挂钩的缺点,有利于调动客户向旅行社输送旅游者的积极性,并且有利于稳定客户,建立比较牢固的长期合作关系。

累进折扣策略的缺点是随着折扣比例的提高,旅行社将蒙受较多的利润损失。

二、采取现金折扣策略

现金折扣策略又称付款期折扣,是旅行社为了鼓励客户尽快向旅行社付款,避免或减少拖欠款、呆账等不良债权的管理措施。实行现金折扣策略的旅行社一般规定,如果客户能够在双方事先约定的付款期限之前偿付欠款,就可以享受一定比例的现金折扣优惠。例如,某旅行社规定,凡在旅游者离开本地10天之内付清旅游者接待费用的客户,可以享受销售额1%的现金折扣,即客户只需将接待费用的99%付给旅行社,剩下的1%归客户所有。超过10天而能够在商定期限内付清接待费用的,则不能享受这种优惠。现金折扣一般应略高于客户所在地的银行利率,以刺激他们尽早付清所欠旅行社的各种费用。

现金折扣策略在旅行社管理客户拖欠款问题上发挥了重要的作用,是一种效果很好的管理方法,其不足之处是降低了旅行社的经营利润。

三、采取季节折扣策略

季节折扣策略是旅行社针对旅游淡旺季明显的特点,为了调节客户向旅行社输送客源的时间所采取的一种管理策略。由于客流量在不同季节的不均衡性和旅行社产品不可贮存的性质,使得时高时低的客流量成为严重影响旅行社经济效益的一个不利因素。例如,在旅游旺季时,大量旅游者蜂拥而至,给旅行社的旅游接待、旅游服务采购等工作造成很大的压力。有的时候,旅行社为了确保旅游者能够在旅游旺季住上其所要求的饭店或乘坐旅游计划上所确定的交通工具,不得不以高价租房或购买飞机票、火车票等,给旅行社造成一定的经济损失。而到了旅游淡季,前来的旅游者又寥寥无几,使旅行社的接待能力闲置,造成人力资源的浪费。

为了缓解旅游淡旺季的矛盾,旅行社采用季节性折扣策略来调节旅游客户向旅行社输送旅游者的时间。当客户在旅游旺季向旅行社输送客源时,旅行社按照产品的基本价格或略高于基本价格的产品向客户收取旅游费用;当旅游客户在旅游淡季向旅行社输送客源时,则可以享受一定比例的价格折扣。通过这种方法,旅行社可以达到鼓励客户在旅游淡季多向旅行社输送客源、平衡旅行社全年旅游接待量的目的,同时还可以增加旅行社的经济收入。

子任务3 调整客户队伍

旅行社应根据自身发展情况和客户发展情况,适时调整客户队伍。旅行社应在以下情况下做出调整客户队伍的决策:

一、旅游市场发生变化

旅行社应根据旅游市场的变化,及时调整与之合作的客户。例如,在旅游市场上,散客旅游发展迅速,成为一种主要的旅游客源。旅行社根据这一市场动态,选择某些具有一定经营实力并确有合作意向的专营或主营散客旅游业务的客户作为合作的伙伴。

二、旅行社自身发生变化

旅行社自身发生变化的主要原因有:旅行社产品的种类和档次发生变化;旅行社需扩大销售,旅行社要开辟新的市场;旅行社的客源结构发生变化。旅行社在自身发生变化并影响与客户的合作关系时,应适当调整客户。例如,由于旅游市场的变化,旅行社将其经营的产品种类从文化观光型的团体旅游产品为主转变为以度假型散客旅游产品为主。根据这一变化,旅行社应选择专营度假旅游产品或散客旅游产品的客户作为其新的合作伙伴,以逐步取代经营文化观光旅游产品或团体旅游产品的客户。

三、旅游客户发生变化

当同旅行社合作的客户发生变化时,旅行社应对其进行适当的调整。如某客户在同旅行社合作期间,出于其自身的原因长期拖欠应付的旅游接待费用。旅行社在发现这一情况后,可相应地采取减少接待该客户输送的旅游者、必要时停止与其合作等措施以避免更大的经济损失。又如,某旅游客户违反与本旅行社达成的协议或合同,擅自将大量旅游者输送给本旅行社的竞争对手,从而急剧地减少了为本旅行社输送的客源。旅行社应针对这一情况,及时采取应对措施,在该客户所在的旅游市场上积极寻找新的合作伙伴,以逐步取代该客户。

子任务4 管理客户数据库

由于互联网技术的不断成熟和应用,已经彻底改变了旅行社的产品结构和存在方式,利用网络收集旅游者信息,为旅游者提供在线服务,同时通过数据的收集,建立旅游者的相关特征数据库,实现在旅行社内部的数据共享,这样不同部门为旅游者提供服务时都能保证信息的针对性和准确性,从而实现了旅行社服务价值的延伸。

旅行社客户数据库是指将旅行社客户的基本资料分别加以收集、筛选、测试、整理、编辑及充实之后,妥善储存、保管,等到旅行社进行各种营销活动之时,依照特定的目的需求,迅速且完整地提供相关客户的资料。现在,由于计算机信息技术发展迅速,计算机在客户数据库管理工作中的作用突出。

一、熟悉客户数据库内容

旅行社客户数据库的价值高低,可以说完全取决于数据库内容的好坏。与客户有关的背景资料、性格特征、消费形态、习惯等相关资料越多,提供的信息的价值也就越高。另外,也要根据旅行社产品的特性,再行收集相关信息,如客户对本旅行社品牌的忠诚度、看法,对其他旅行社品牌的评价等。任何与营销、销售有关的资料、信息,无论是直接或间接的资料,对旅行社中从事的营销活动都无比重要,都是数据库中的重要内容。

二、整理客户数据库

在对客户资料进行筛选及测试时,通常根据已有的外部资料,由资料编辑人员主动打电话给潜在客户或将附有回函的邮件直接寄给潜在客户,以证实资料的正确性,进而试探客户的购买意愿,作为将来促销的参考资料。经过证实之后,一些不准确或无效的资料被删除,经过筛选保存下来的资料,即可根据资料的性质分门别类,予以编号,做成索引,以利于将来资料填记、补充及运用。

三、维护客户数据库

经过上述步骤建立的数据库,为保持客户资料的有效性及正确性,旅行社营销人员平日应将每天客户交易资料、每天对客户展开促销的要点、从不同资料来源得知的资料等内容填入相应的个别客户的资料卡中。这样处理过的资料，供旅行社营销人员掌握正确的情况，以利于工作的顺利进行。对于客户数据库这样一个威力无比的宝库，旅行社要确保信息安全，防止窃取行动，积极地修正、充实、保养，才能取之不竭，可称为"智慧型数据库"。这样不仅能描绘客户状况及其需要，而且能掌握及灵活运用数据库中的客户信息。

任务四　处理外联函电

旅行社外联人员很多时候是通过通讯工具与国内外客户进行业务谈判和信息交流。旅行社在通讯洽谈中常使用的通讯工具主要有电话、传真、网络、函件和电传等，这里主要介绍电话与传真两种旅行社常用的通讯工具。

子任务1　掌握电话与传真的特点

一、电话

电话是最有效、最迅速的一种洽谈工具，也是外联人员与客户联系最常用、最广泛的方式，然而电话只能作为一般联系和口头洽谈之用，最后的协议达成要用传真、函件或电传确认。由于用电话联系不能留下书面凭证，所谈内容一方容易发生漏记、错记和引起不必要的麻烦。

二、传真

传真是一种迅速、方便、可靠的通讯方法，通过传真机经通讯线路传递图像及文字，文字语言能按原貌展示。传真机具有自动接收和发送功能，不需要专人守候。目前，传真已成为旅行社外联业务中进行业务联系和交易确认的最主要手段。

1. 传真的特点

(1)传真机可以收发图像、文字，尤其是亲笔手迹、签名、印章等。

(2)传真机具有自动接收与发送功能，无需专人守机等候，特别是与时差较大的地区通信联络更为方便。

(3)传真机的不足之处是传真件不能长期保存，它是用感光纸热敏而形成的，一般可保存一年左右，如有重要传真件需长期保存，必须将传真件复印保存。

2. 传真件的编写格式

根据文件的不同内容，传真件的格式可以用普通书信格式编写，也可用旅行社专用的传真格式纸。

子任务2　处理往来函电

旅行社函电内容有很多种类，如询价函电、委托代办函电等，外联人员应处理和管理好各类函电。

一、处理函电

外联人员收到客户函电时，应按以下步骤处理：

1. 阅读

主要了解来函由何地发来、客户名称、发函电人、发函日期、函电内容。

2. 办理

根据函电内容进行实际办理,下面举例说明。

(1)询价函电的办理步骤。

①排:按函电要求的服务标准、线路、饭店档次及一些其他特殊要求排出"旅游日程表"。

②算:计算综合服务费、交通费、附加费等。

③报:将以上旅游日程表及每位游客购买该产品的价格报给客户。

④填交得到确认后,根据确认的旅游日程表、服务等级及游客特殊要求填写接待任务通知书交给经办部门,以作接待准备。

(2)零星业务委托函电办理步骤。

①算:根据委托业务项目,计算出委托代办收费。

②报:将计算出的委托代办费用报给委托方,并确认。

③填:根据函电内容填写任务通知书,一式两份,一份留存备查,一份同原件一起交给经办部门。

④回复:将经办的情况及时回复委托方。

二、掌握处理函电的要求

外联人员收到函电后应及时办理、明确答复。

(1)及时办理:收到函电后应根据函电要求及时处理。

(2)明确答复:函电要求处理的事项一般须在四十八小时内明确答复对方。

三、管理函电

管理函电是根据函电的内容归类建立档案,并进行保存。

1. 函电建档

(1)按客户建档。将函电按客户名称建档存放,档案封面标明客户名称、地址及通讯号码,这种方法有利于随时掌握各个客户情况。

(2)按旅游团建档。将函电按旅游团队建档存放,将已报价或已成团的函电按团队名称建档,档案封面标有团队名称、编号及月份,这种做法有利于外联及时安排各团队计划。

(3)按确认与否建档。将所有"已确认"与"未确认"的函电分别存档,档案封面标明"已确认"或"未确认"。

2. 函电存档

每一次函电存档就是外联人员将每一次收到的客户函电和为答复对方所发的函电归类存档,主要有以下两种方法:

(1)按日期编排。在每一次收、发的函电件右下角注明收件或发件日期及时间。书写收件日期、时间时用一种颜色,书写发件日期、时间用另一种颜色,以便区分并将其订在一起,放入相应的整体函电档案中存档。

(2)按序号编排。将每一次收发函电件右下角按函电收发后的顺序注明收1、发1,收2、发2,……收件、发件用不同颜色以示区分,并将同一序号的收、发订在一起放入相应的整体函电档案中存档,这种做法很容易看出函电的收发顺序。

应用训练

旅行社外联函电处理

西安某旅行社收到北京青年旅行社询价传真:

收件人旅行社:秦林旅行社	发件日期:2010 年 4 月 8 日
收件人姓名:王雪	共 1 页、第 1 页
发件人旅行社及传真号:北京青年旅行社 010 - 87093909	发件人姓名:张华

王雪女士:

　　您好!

　　由我社组织的旅游团一行 23 人,将于 5 月 8 日乘 T55 次列车于次日上午 6:03 抵西安,5 月 11 日下午 1:08 乘 T70 次列车离开西安回北京,往返火车票已由我社订妥。请安排西安 4 日游,按内宾标准团接待,请将日程安排及每人的接待价格报给我社。

　　谢谢!

【温馨提示】

秦林旅行社收到该传真后按下列步骤处理:

1. 阅读

(1)传真由北京青年旅行社传来,发件人:张华。

(2)日期:2010 年 4 月 8 日。

(3)旅游团人数:23 人。

(4)服务等级:标准。

(5)饭店:三星级。

(6)要求:无特殊要求。

(7)5 月 8 日上午 6:03 乘 T55 次列车抵西安,5 月 11 日下午 1:08 乘 T70 次列车离开西安。往返火车票已由对方订妥。

2. 排

旅游日程安排:

D1:上午 6:03 抵西安,专人接站并送酒店入住,上午休息,下午游秦始皇兵马俑博物馆,晚上在华清池观看"长恨歌"大型文艺演出节目。

D2:上午游慈恩寺,下午游西安碑林博物馆。

D3:上午游法门寺,下午游杨凌现代农业示范园,晚返回西安。

D4:上午游陕西省历史博物馆,午餐后专车送往火车站。

3. 算

据以上日程安排,计算出每位游客的接待价为 1450 元/人。报价含:

①住宿三星级酒店,3 晚;

②所列景点首道门票;

③早餐自助餐,正餐八菜一汤;

④全程空调旅游车；

⑤优秀导游服务。

4. 报

将以上行程，每人接待费用报给北京青年旅行社。

项目实训

实训项目 旅游外联销售技巧：让学生到当地实习基地旅行社，做一天外联销售实习。

实训目标 学生通过现场销售，能够更好地掌握销售知识，提高实际应用能力。

实训指导

1. 指导学生掌握外联销售技巧及注意事项。

2. 主讲教师帮助同学联系实习基地旅行社，让小组同学学习外联销售技巧。

实训组织

1. 把所在班级学生分成 4 个小组，每组 10 人左右，确定组长，实行组长负责制。

2. 告知学生外联销售、谈判方法。

3. 小组完成当天外联心得报告，在课堂上进行讲解。

实训考核

1. 根据每组所写报告，由主讲教师进行评分和点评，占 50%。

2. 课堂讲解完后，由 4 个小组各给出一个成绩，取其平均分，占 50%。

项目小结

外联业务主要担负旅行社的生产和销售职能，在旅行社各业务中居于龙头地位。它通过对各种信息的利用，设计旅游线路，开发、促销旅游产品，将产品销售给旅游中间商或旅游消费者，由此来招徕客源。本项目从认知旅行社外联部，洽谈业务与签订合同，管理旅行社客户，处理外联函电等方面详细阐述了旅行社外联业务。要求学生掌握外联业相关理论知识，能洽谈外联业务，会签订合同，能管理旅行社客户，会处理外联函电。

思考与练习

一、主要概念

外联业务　合同书　意向书　折扣策略

二、思考题

1. 旅行社外联部主要业务有哪些？

2. 旅行社外联人员应怎样进行业务洽谈？

3. 旅行社外联人员与旅游客户经过业务洽谈，可以签订哪些协议？

4. 旅行社对客户进行日常管理，包括哪些内容？

5. 旅行社采取折扣策略有哪些形式？

6. 旅行社应怎样处理外联函电？

相关链接

合同编号：_____

上海市境内旅游合同示范文本

（2013 版）

甲方（旅游者或旅游团体）：_____

乙方（旅行社）：_____

经营许可证编号：_____

经营范围：_____

　　为保证旅游服务质量，明确合同当事人的权利义务，根据《中华人民共和国合同法》、《中华人民共和国旅游法》、《旅行社条例》等有关法律法规的规定，双方经过协商一致，达成如下协议：

　　第一条　合同标的

　　旅游产品名称_____。

　　团　　号_____。

　　组团方式（三选一）

　　□　自行组团

　　□　委托组团（委托社全称_____）。

　　□　拼　　团（其他社全称_____）。

　　出发日期_____，出发地点_____。

　　途经地点（经停地点）_____。

　　目的地_____。

　　结束日期_____，返回地点_____。

　　第二条　行程与标准（乙方提供旅游行程单，须含下列要素）

　　景点名称和游览时间_____

_____。

　　往返交通_____，标准_____。

　　游览交通_____，标准_____。

　　旅游者自由活动时间_____，次数_____。

　　住宿安排（名称）及标准和住宿天数_____

_____。

　　用餐次数_____，标准_____。

　　地接社名称_____，地址_____，

　　地接社联系人_____，联系电话_____。

　　导游服务（□全陪；□地陪）。

　　第三条　旅游者保险

　　乙方提示甲方购买旅游意外险。经乙方推荐，甲方_____（应填同意或不同意，打勾无效）委托乙方办理个人投保的旅游意外保险。

保险公司及产品名称：＿＿＿＿＿＿＿＿＿＿＿＿＿＿＿＿＿＿。

保险金额：＿＿＿＿＿元，保险费：＿＿＿＿＿元。

第四条　旅游费用及其支付

甲方应交纳旅游费用＿＿＿＿＿元，大写＿＿＿＿＿＿＿＿＿＿元。（含导游服务费用
＿＿＿＿＿元/人，合计＿＿＿＿＿元）。

旅游费用交纳期限＿＿＿＿＿＿＿＿＿＿＿＿＿＿＿＿。

旅游费用交纳方式：□现金；□支票；□信用卡；□其他＿＿＿＿＿＿＿＿＿＿＿。

第五条　双方的权利义务

（一）甲方的权利与义务

1.甲方应自觉遵守旅游文明行为规范，尊重旅游目的地的风俗习惯、文化传统和宗教禁忌，爱护旅游资源，保护生态环境。甲方在旅游活动中应遵守《中国公民国内旅游文明行为公约》和安全警示规定，遵守团队纪律，配合乙方完成合同约定的旅游行程。

2.甲方有权知悉其购买的旅游产品和服务的真实情况，有权要求乙方按照约定提供产品和服务，拒绝乙方未经协商一致指定具体购物场所，安排另行付费旅游项目的行为。

3.甲方有权拒绝乙方未经事先协商一致的转团、拼团行为。

4.在旅游过程中，甲方应自行保管好随身携带的财物。

5.在自行安排活动期间，甲方应在自己能够控制风险的范围内活动，选择自己能够控制风险的活动项目，并对自己的安全负责。

6.行程中发生纠纷，甲方应与乙方平等协商解决，不得损害乙方的合法权益，不得以拒绝上、下机(车、船)等行为拖延行程或者脱团，否则应当就扩大的损失承担赔偿责任。

7.甲方在签订合同或者填写各种材料时，应当使用有效身份证件，并对填写信息的真实性、有效性负责。限制民事行为能力人单独出行的，须由监护人书面同意。

8.甲方购买旅游产品、接受旅游服务时，应当如实告知与旅游活动相关的个人健康信息，参加适合自身条件的旅游活动，遵守旅游活动中的安全警示要求，配合有关部门、机构或乙方采取的安全防范和应急处理措施。

9.甲方不能成行的，可以让具备参加本次旅游条件的第三人代为履行合同，并及时通知乙方。因代为履行合同增加或减少的费用，双方应按实结算。

（二）乙方的权利与义务

1.乙方不得以不合理的低价组织旅游活动，诱骗旅游者，并通过安排购物或者另行付费旅游项目获取回扣等不正当利益。

2.乙方提供旅游行程单应与本合同团号一致，经双方签字或者盖章确认后作为本合同的组成部分。

3.乙方应在出团前，如实告知相关旅游服务项目和标准，提醒甲方遵守旅游文明行为规范，尊重旅游目的地的风俗习惯、文化传统、宗教禁忌。在合同订立时及履行中，乙方应对旅游中可能危及甲方人身、财产安全的情况，作出真实说明和明确警示，并采取防止危害发生的适当措施(可另附安全告知书，由甲方确认签字)。

4.甲方属老年人等特殊群体凭有效证件可享受旅游景点门票优惠的，双方对该旅游景点门票价格可在补充条款中另行约定。

5.因航空、轮船、铁路运输等费用遇政策性调价导致合同总价发生变更的，双方应按实

结算。

6.乙方按照合同约定,为旅游团队委派的导游人员,应持有国家规定的导游证。

7.甲方有下列情形之一的,乙方可以解除合同:

(1)患有传染病等疾病,可能危害其他旅游者健康和安全的;

(2)携带危害公共安全的物品且不同意交有关部门处理的;

(3)从事违法或者违反社会公德的活动的;

(4)从事严重影响其他旅游者权益的活动,且不听劝阻、不能制止的;

(5)法律规定的其他情形。

因前款情形解除合同的,乙方应当按本合同第六条扣除必要的费用后,将余款退还甲方;给乙方造成损失的,甲方应当依法承担赔偿责任。

8.成团人数与不成团的约定(二选一)

□ 最低成团人数____人;低于此人数不能成团时,乙方应当提前7日通知甲方,本合同解除,向甲方退还已收取的全部费用。

□ 本团成团不受最低人数限制。

第六条 甲方解除合同及承担必要费用

因甲方自身原因导致合同解除,乙方按下列标准扣除必要费用后,将余款退还甲方(二选一)

□(一)双方可以进行约定并从其约定:

1.在行程前解除合同的,必要的费用扣除标准为:

(1)行程前____日至____日,旅游费用____%;

(2)行程前____日至____日,旅游费用____%;

(3)行程开始当日,旅游费用____%。

甲方行程前逾期支付旅游费用超过____日的,或者甲方未按约定时间到达约定集合出发地点,也未能在中途加入旅游团队的,乙方可以视为甲方解除合同,乙方可以按本款约定扣除必要的费用后,将余款退还甲方。

2.在行程中解除合同的,必要的费用扣除标准为:

旅游费用—(）—(）—(）—(）

□(二)双方没有约定的,按照下列标准扣除必要的费用。

1.在行程前解除合同的,机(车、船)票费用按实结算后,其余必要的费用扣除标准为:

(1)行程前7日至4日,旅游费用10%;

(2)行程前3日至1日,旅游费用20%;

(3)行程开始当日,旅游费用30%。

甲方行程前逾期支付旅游费用超过____日的,或者甲方未按约定时间到达约定集合出发地点,也未能在中途加入旅游团队的,乙方可以视为甲方解除合同,乙方可以按本款规定扣除必要的费用后,将余款退还甲方。

2.在行程中解除合同的,必要的费用扣除标准为:

(旅游费用—旅游费用×行程开始当日扣除比例)÷旅游天数×已经出游的天数+旅游费用×行程开始当日扣除比例。

如按上述1、2方式支付的必要的费用低于实际发生的费用,按照实际发生的费用扣除,但最高额不应超过旅游费用总额。

行程前解除合同的,乙方扣除必要的费用后,应当在合同解除之日起____个工作日内向甲方退还剩余旅游费用;

行程中解除合同的,乙方扣除必要的费用后,应当在协助甲方返回出发地或者到达甲方指定的合理地点后____个工作日内向甲方退还剩余旅游费用。

第七条　违约责任

(一)乙方在行程前7日以内(不含第7日,下同)提出解除合同的,向甲方退还全额旅游费用,并按下列标准向甲方支付违约金(二选一)

□ 1.双方可以进行约定并从其约定。

(1)行程前____日至____日,支付旅游费用总额____%的违约金;

(2)行程前____日至____日,支付旅游费用总额____%的违约金;

(3)行程开始当日,支付旅游费用总额____%的违约金。

□ 2.双方没有约定的,按照下列标准承担违约责任。

(1)行程前7日至4日,支付旅游费用10%的违约金;

(2)行程前3日至1日,支付旅游费用总额15%的违约金;

(3)行程开始当日,支付旅游费用20%的违约金。

如上述违约金不足以赔偿甲方的实际损失,乙方应当按实际损失对甲方予以赔偿。

乙方应当在取消出团通知到达日起____个工作日内,向甲方退还全额旅游费用并支付违约金。

(二)甲方逾期支付旅游费用的,应当每日按照逾期支付部分旅游费用的____%,向乙方支付违约金。

(三)甲方提供的个人信息及相关材料不真实而造成损失,由其自行承担;如给乙方造成损失的,甲方还应当承担赔偿责任。

(四)甲方因不听从乙方的劝告、提示而影响团队行程,给乙方造成损失的,应当承担相应的赔偿责任。

(五)乙方未按合同约定标准提供交通、住宿、餐饮等服务,或者未经甲方同意调整旅游行程,给甲方造成损失的,责任由乙方承担。

(六)乙方未经甲方同意,擅自将旅游者转团、拼团的,甲方在行程前(不含当日)得知的,有权解除合同,乙方全额退还已交旅游费用,并按旅游费用的15%支付违约金;甲方在行程开始当日或者行程开始后得知的,乙方应当按旅游费用的25%支付违约金。如违约金不足以赔偿甲方的实际损失,乙方应当按实际损失对旅游者予以赔偿。

(七)乙方未经与甲方协商一致或者未经甲方要求,指定具体购物场所或安排另行付费旅游项目的,甲方有权在旅游行程结束后三十日内,要求乙方为其办理退货并先行垫付退货货款,或者退还另行付费旅游项目的费用。

(八)乙方具备履行条件,经甲方要求仍拒绝履行合同,造成甲方人身损害、滞留等严重后果的,甲方除要求乙方承担相应的赔偿责任外,还可以要求乙方支付旅游费用____倍(一倍以上三倍以下)的赔偿金。

(九)其他违约责任:_____

_____。

第八条　争议解决方式

双方发生争议的,可协商解决,也可在旅游合同结束之日起90天内向旅游质监机构申请调解,也可向消费者协会等有关部门或者机构申请调解,或提请上海仲裁委员会仲裁(不愿意仲裁而选择向法院提起诉讼的,请双方在签署合同时将此仲裁条款划去)。

第九条　附则

本合同自双方签字或盖章之日起生效,本合同附有行程单、安全告知书和补充条款均为合同的附件,与本合同具有同等的法律效力。

补　充　条　款

甲方签字(盖章):＿＿＿＿＿＿＿＿＿＿　　乙方签字(盖章):＿＿＿＿＿＿＿＿＿＿

住　　所:＿＿＿＿＿＿＿＿＿＿＿＿　　营业场所:＿＿＿＿＿＿＿＿＿＿＿＿

甲方代表:＿＿＿＿＿＿＿＿＿＿＿＿　　乙方代表(经办人):＿＿＿＿＿＿＿＿＿＿

联系电话:＿＿＿＿＿＿＿＿＿＿＿＿　　联系电话:＿＿＿＿＿＿＿＿＿＿＿＿

邮　　编:＿＿＿＿＿＿＿＿＿＿＿＿　　邮　　编:＿＿＿＿＿＿＿＿＿＿＿＿

日　　期:＿＿＿＿＿＿＿＿＿＿＿＿　　日　　期:＿＿＿＿＿＿＿＿＿＿＿＿

(资料来源:http://lyw.sh.gov.cn/h/wsbsbgxz/index.jhtml)

项目五 开展旅行社计调业务

实务导入

新疆某旅行社地陪在带团购物时，因团客购物不理想而面露不悦之色，带着情绪工作，全陪向组团社领导汇报工作时说明此事，组团社与地接社进行了沟通。

第二天早餐地陪没有来，因为上午自由活动。本来，前一天晚上地陪告诉游客，只要报出旅行社的名称即可就餐，但是地陪未与餐厅衔接好，餐厅当班的服务员根本不知道此事，故拒绝让客人吃早餐。领班与餐厅经理联系，餐厅经理手机关机，无法接通。直至全陪到来，才迫使餐厅让客人吃上了早饭。

全陪在与地接社计调部经理通话时，该计调部经理却大声责备全陪不应该把这件事情向组团社上报，而应该向她反映，并说地陪有情绪是正常的。为此全陪非常生气，迅速关机。这件事情的影响极其恶劣，导致第二个团没有交给该地接社操作。

（案例来源：山东东营导游服务网. http：//www.dytg.net/Info.asp？id＝362）

任务：

1. 计调部经理能这样袒护其地陪吗？

2. 如何作一位完美的计调？

3. 计调人员的工作仅仅是在办公室接打电话吗？

知识目标

掌握计调部的概念、职能、特点及旅行社计调工作的内容及职责等基础知识。

技能目标

能应用掌握计调业务基本知识、操作计调业务流程与步骤；能建立旅游服务采购协作网络，并初步管理旅游服务采购；能初步对计调部人员进行管理。

工作任务

储备旅行社计调部和业务相关知识；熟悉旅游服务采购业务；掌握计调部业务流程。

任务一 储备旅行社计调部业务相关知识

计调就是计划与调度的合称，是在旅行社内部专职为旅游团（散）客的运行走向安排接待计划、统计与之相关的信息并承担与接待相关的旅游服务采购和相关业务调度工作的一种职位类别。在从事国际旅游业务的旅行社中通常称之为 OP（operator），意为"操作者"。在旅行社的经营管理中，销售部、计调部、接待部构成了旅行社具体操作的三大块，与财务、人事等后勤部门组成了整个旅行社的运作体系。其中，计调部起着联系各方的作用，是旅行社业务中的重要组成部分。

子任务 1　了解计调部的机构设置

计调部的工作包括采购业务、客流调度平衡与统计等工作,旅行社基本是根据其业务范围及业务量来设置计调部门及配备计调人员。在规模较小的私营旅行社及承包挂靠的门市部一般是以经理负责制配置2～3名计调人员。经理与计调人员身兼数职,他们既要做业务,又要做计调,还要做导游,有的甚至还要做门市接待,这是中小旅行社人手少所决定的。中等规模的旅行社按其业务量通常计调部是独立的,按其主打业务分为接待部及组团部。规模较大的国际旅行社按其国际业务能力设有国际部、国内部,其部门的职能相当于小型旅行社;国际部比较简单,下设欧洲部、美洲部、亚洲部等;而国内部却比较复杂,国内部的计调业务主要是根据旅游线路来设置的,所以又常常分为省内线和省外线,一个计调人员管几条线路,负责接听电话、报价、签约、问询等。

相比而言,大型旅行社的机构设置要合理、科学一些,它是专人负责,但体系庞杂、各自独立,采购内容往往难以统一。而中小旅行社的计调机构设置则要混乱一些,常常会发生衔接不好的现象。如一些事情本来就是相互联系的,有时你以为另外一个计调人员做了这件事,而实际上却谁也没有做,造成计调部的失误,给旅行社带来不必要的损失。比较理想的计调部机构设置应该是专人负责,各司其职。

子任务 2　了解计调的分类

按业务范畴划分,计调人员分为组团计调、接待计调、批发计调和专项计调四种。

一、组团计调

按游客出行目的地可划分为中国公民国内计调、中国公民出境计调。

二、接待计调

接待计调可分为国内旅游接待计调和国际入境旅游接待计调。

三、批发计调

批发类计调分为国内游专线同业批发计调和出境游专线同业批发计调。

四、专项计调

专项类计调分为:①商务会展计调;②学生游计调;③老年游计调;④特种游计调(包括修学游、摄影游、探险游等);⑤签证类计调。

子任务 3　了解旅行社计调部的职能及作用

一、计调部的职能

计调部门负责旅行社旅游工作的计划、协调、调配,其工作职能在于对内接待、安排旅游团,对外计划、协调、发团等多重职能。

1. 计划职能

计调部门是旅行社接待任务的计划部门。当招徕到客源后,计调部门就是旅游团接待工作的第一站。计调人员根据组团社发来的接团要约,收集旅游团的各种资料,进行分析,并按照本社旅行在一定时期内的客源数量,所需人、财、物,以及如何接待等情况,编制科学的接待计划,然后下发到接待部门做好接待工作。

计调部门在每次安排本旅行社带团出去的陪同人员出团时,负责进行交代和安排工作计划,应把全陪人员所带团队的各方面具体情况及事项分别详细地告知全陪人员,以及全陪人员带团在外旅游过程中有可能出现的问题要作全方位的考虑,以防出现差错。

2. 联络职能

计调部门是当地各旅游企业的联络站。计调部门要加强同外联人员的联系,及时了解、掌握、分析反馈的信息,然后进行消化、吸收、落实。当组团社发来要约后,计调部门就要预订当地的食宿、交通等,以及将本来松散的旅游企业和其他部门统一协调起来,围绕旅游团运转而形成综合接待能力。也可以说,没有计调部门,就没有旅游团队的总体服务,当地的旅游企业也形成了体验综合接待能力的联合体。同时,计调部门又是旅游团整个行程中的联络站。它要保证旅游团在行程中各站之间的衔接,避免延误和脱节的情况发生,从这个意义上讲,计调部门就是旅游线路上的枢纽。

3. 参谋职能

计调部门就是旅行社决策层搞好计划管理的参谋部门。旅行社决策层要编制计划,就要掌握全面科学的统计资料,而这些资料大部分来自于计调部门。计调部门不仅有旅行社接待旅游者的全部资料,而且有与其他旅游企业交往的资料。这些资料的分析和统计结果,就是旅行社决策层进行计划编制的依据。

4. 创收职能

计调部门在对外洽谈业务时,根据社会总的旅游供给能力的变化,在协议价的基础上作出价格调整,尽量争取最优惠价格,从而降低旅行社的经营成本,使企业利润增加。虽然计调部不是旅行社的直接创收部门,但它是间接创收,增加经济效益。因此,这也是旅行社计调部门的一项重要的职能特点。

5. 结算职能

旅行社和饭店、餐厅、交通部门等接待单位经济结算,是通过接待计划和合同来完成的,而这些接待计划往往会因为导游或其他人为的疏忽而产生差错,或由于交通、气候等因素的影响而发生变化,这就给财务结算带来了麻烦。在这种情况下,计调部门旅游团的原始资料,就成了团队财务结算的凭证。

二、计调的重要作用

一般而言,计调是为落实接待计划进行服务采购,以及为业务决策提供信息服务的总和,因此,计调部在旅行社中处于中枢位置。计调业务连接旅行社内外,牵一发动全身,在旅行社运转中的作用日益突出。

1. 计调是旅游行程中的命脉

计调在旅行社的整体运作中发挥着极其重要的作用。在旅游行业中,一直就有"外联买菜、计调做菜、导游带游客品尝大餐"的说法。可见,外联、导游、计调各司其职,都是旅行社业务中十分重要的角色。计调人员犹如饭店里厨师一样,其素质与水平的高低,直接决定着旅游行程的服务质量。计调人员丰富的操作经验,灵活的调配能力,细心、周到的人性化服务理念及超强的责任心,是决定服务质量的关键,决定着旅行社所做的每道"菜"是否合游客的"口味"。所以有人把"计调"比喻为"旅游行程中的命脉"。

2. 计调是旅游活动的幕后操作者

对计调而言,成本领先与质量控制是计调岗位的两大核心。成本领先是指计调要与接待旅游团队的酒店、餐馆、旅游车队及合作的地接社等洽谈接待费用,计调能够控制旅行社的成本。所以,一个好的计调人员必须要做到成本控制与团队运作效果相兼顾,必须在保证团队有良好的运作效果的前提下,在不同行程中能编制出一条能把成本控制得最低的旅游线路。在旅游旺季,计调要凭自己的能力争取到十分紧张的客房、餐位、票务等,这对旅行社来说极其重要。

质量控制即在细心周到地安排团队行程计划书外,还要对所接待旅游团队的整个行程进行监控。因为导游在外带团,与旅行社唯一的联系途径就是计调,而旅行社也恰恰是通过计调对旅游团队的活动情况进行跟踪、了解,对导游的服务进行监管,包括游客在旅游过程中发生突发事件代表旅行社进行灵活地应变。因此,计调是一次旅行的幕后操纵者。

子任务4 解读计调人员的职责和素质要求

计调人员的主要工作是分发与落实各业务部门提交的预订计划及变更计划;协助导游中心监控接待计划的实施,处理预订计划在实施过程中遇到的问题;及时收集、掌握、管理、分析和传递各种信息资料,提高咨询服务质量,协助外联人员和宣传策划人员调整产品结构,核定产品成本,负责业务档案的整理、归纳工作;负责选择和评审工作;负责对饭店,购物、娱乐场所,餐厅、旅游运输公司的不合格服务提出处理意见并负责实施。

一、计调人员的主要职责

计调部门是旅行社工作的核心部门,计调部工作直接影响和决定着旅行社的正常工作。为了提高工作效率,增加工作效益,计调工作人员应本着"尽心尽责、求实创新"的态度,履行如下岗位职责:

(1)负责对内接待、安排旅游团,对外计划、协调、发团等工作。

(2)广泛搜集和了解不断变化的旅游市场信息及同行相关信息,对其他旅行社推出的常规、特色旅游线路逐一分析,力推本旅行社特色线路及旅游方案。

(3)修改、制订和完善本旅行社各常规线路的行程及具体安排,及时提出符合客人要求的旅游线路及报价建议。

(4)在协调、安排市区、郊区及周边地区旅游团旅游时,要协助本部门经理在交通服务、导游服务等方面的工作,尽量做到有备无患;在安排游客的食、住、行等活动时,尽量考虑周到,在确保团队质量的前提下,力争"低成本、高效益"。

(5)为提高工作效率,在工作中,按季节及时掌握各条线路的成本及报价,以确定对外报价的可靠性、可行性及准确性。

(6)加强同外联人员的联系,及时了解、掌握、分析反馈的信息,然后进行消化、吸收、落实,提出合适的线路和价位建议。

(7)按规定整理团队资料做好归档工作,包括旅游交易会的资料归档,以及日常业务中的传真件和地接社或组团社的宣传资料,以便今后做线路时查找方便。

二、计调人员的素质要求

通常是从销售部或销售人员手中接下任务后,计调人员开始操作,进行用车的调配、行程的安排、饭店的落实、票务的预订、景点的确认等,然后交给接待部门执行。通过计调部的有效运作,使各部门形成完整的、互动的经营体系。计调岗位十分需要高素质、高水平的人员,一个优秀的导游或外联人员能直接给旅行社带来客源效益,计调人员的价值也同样重要。计调员工的优秀与否,是旅行社经营运作的一个重要元素。

一个管理严格、完善的旅行社,对计调人员的素质提出以下要求:

1. 业务熟练

一名好的计调人员熟悉旅游计调业务,应熟练使用电脑、地图册、列车时刻表、航班时刻表,有一定的地理、历史知识及文案写作能力和计算能力,必须掌握与合作地接社、饭店的谈判技巧,并对团队的旅行目的地情况、接待单位的实力及票务运作等胸有成竹。一般来说,旅行社计调人员多是做过几年导游的人员,有着较丰富的带团实践经验,对计调部业务轻车熟路。

2. 具有极强的责任心与严格的组织纪律性

一名好的计调必须热爱旅游事业,让导游和旅行社省心。计调工作是由无数琐碎的工作环节组成的,没有极强的责任感与认真细致的工作态度,是无法把这份工作做好的。对有关重大问题,必须多向领导请示汇报,批准后再进行处理,千万不可擅自决定;否则后果不堪设想。

3. 工作的计划性

一名好的计调在工作中一定要有计划性,如出境游需要提前多少天办理签证,要给自己建立一个预警机制。旅游是一环紧扣一环的活动,而负责将这些环节紧扣在一起的工作便由计调人员去完成。如果没有计划性,票务、用车、接送团队等其中一环没有扣好或没扣上,就会出现一招棋错、满盘皆乱的失控局面。

4. 精确的预算能力

一名好的计调必须要做到成本控制与团队运作效果相兼顾。要多问几个为什么?这个价钱为什么别家旅行社能做下来,而我们旅行社做不下来呢?

5. 市场意识与创新能力

在制订旅游线路、旅游新产品的开发及采购上要求计调必须具备强烈的市场意识,要了解旅游市场、各旅游目的地的变化、各地接待单位的实力情况等,按季节及时掌握各条线路的成本及报价,确保对外报价的可靠性、可行性及准确性,还要不断地对工作进行创新,跟上时代潮流的发展。

6. 良好的人际关系和较强的交际能力

在与有关部门、单位的协作中,计调应善于配合,谦虚谨慎,广交朋友,同时注意维护本旅行社的声誉。

7. 有风险和法律意识

一名好的计调对旅游相关法规要了如指掌,要严格遵守财务制度和合作单位的各项规定,自觉维护国家和集体利益,绝不牟取私利。

目前,高水平、高素质的计调人才实在难求。一方面是因为旅游从业人员门槛相对较低,文化素质和经验都相对不足。另一方面就是分工细化后,计调仅仅是熟练的流水线作业,而不关心其他业务工作,所以真正达到要求的人员很少。有些小旅行社的计调是导游、外联、计调集于一身,而如此大的工作量会令其心有余而力不足。当前,旅游行业正朝着品牌化、国际化、大型化、网络化发展,这是一个更强调服务个性化的时代,这对旅行社计调部人员素质的要求也越来越高。旅行社计调人员能否跟得上时代的潮流,能否组合出更具个性化的旅游产品,正日益成为旅行社之间竞争的着力点。

三、旅行社对计调部的要求

计调是旅行社完成地接、落实发团计划的总调度、总指挥、总设计,具有较强的专业性、自主性、灵活性,而不是一个简单重复的技术性劳动。旅行社对计调部的要求主要表现在以下方面:

1. 线路制作的有效性

旅行社外联部人员在做业务时,经常需要一些新的线路及其制作,这时就要发挥计调人员的积极性,需要他们准确地制作一系列有效性地线路和产品。

2. 产品报价的准确性和竞争性

旅行社外联部人员不仅需要一系列有效的线路,还需要其线路或产品报价的准确性。这样他们在对外与其他旅行社竞争时,才有胜算的把握,才具有一定的竞争性。比如,××年全国开展"红色旅游",对井冈山一地的报价有三日游和四日游两种行程。可是,各旅行社的报价却不大一样,差不多相差 100 元左右。以三日游为例,报价低的,有 588 元/人,报价高的则有688 元/人。对于潜在的游客来说,价格不能不说是一个比较敏感的因素,游客多半还是会选择低价位的旅行社,因此旅行社计调部对各条线路或各种产品报价的准确性,或者说是否具有竞争性,就显得非常重要。

3. 协调好与组团社的关系

作为地接社的计调部,要协调好与组团社的关系,组团社组织客源交给地接社,而对同一目的地来说,有许许多多的地接社,哪一家地接社的报价适中,又能保证服务质量,就能在同行中取胜。每一地接社不仅要自己明白,还要导游人员明白:组团社组织客源,是非常不容易的,是在许多家旅行社相互竞争中取胜的。所以我们地接社要正确对待每一个旅游团,要确保其服务质量。

4. 协调好与地接社的关系

作为组团社的计调部,也要协调好与地接社的关系,不要以为自己是组团社,而摆出"大姐大、大哥大"的样子,组团社与地接社虽然是两个不同的旅行社,有不同的利益分割,但它们都有一个共同的目标,就是通过自己的服务,使游客获得一次美好的经历,让游客满意,并以此来树立各自旅行社的品牌。所以与各地接社建立良好关系,关系到每一个旅游团的服务质量。

总之,旅行社与计调部门是"唇齿相依"的关系,计调部门隶属于旅行社在旅行社的众多部门中,是一个核心部门,是旅行社总经理的参谋部。计调部门看似不创收,实则不然,它控制着旅行社的成本和服务质量。因此,计调部要做到计划的合理性、联络的及时性、结算的准确性与信息的高效性。

任务二　熟悉旅游服务采购业务

旅行社产品是一种特殊的产品。在旅行社中,除了诸如导游服务等少数服务项目是由旅行社直接提供之外,其余的多数服务项目均购自其他旅游服务部门或行业。旅行社按照产品设计的要求,将这些购自其他行业或部门的服务项目按照旅游市场的需要组合成各种各样的产品,投放到市场上进行销售。因此旅行社在其产品设计完成后,应立即根据产品内容的构成,向相关行业或部门采购其所需要的各种服务,这是旅行社业务中的一项主要内容。

子任务1　阐释旅游服务采购

计调业务的范围根据旅行社的规模和发展状况不尽相同,但对外采购服务,包括变更后的采购,以及对内提供信息服务都是旅行社计调业务的基本内容。

一、旅游服务采购的内涵

旅游服务采购,是指旅行社为了组合旅游产品,而以一定的价格向其他旅游企业及与旅游业相关服务项目采购的行为。旅行社作为中介组织,它销售的旅游产品大部分不是自己生产而是由其他旅游服务企业提供的,或者说,旅行社向其他旅游服务企业采购旅游产品,经过组合加工之后,再转手销售出去。就我国的旅行社而言,旅行社在所出售的旅游产品中,除了导游服务外,其余的几乎都是从外面采购进来的。旅行社的采购对象涉及饭店、餐馆、航空、铁路、车船公司、景点及娱乐场所等相关单位。

二、旅游服务采购的任务

1. 保证提供旅游者所需的各种服务

既然旅行社出售的产品大部分是由其他旅游服务企业供应的,旅行社能否满足其顾客的要求,很大程度上取决于其能否采购到所需要的服务。旅行社在销售产品时需要明确产品的内容和范围,并规定其数量与质量。在旅游者到达目的地时,假如由于采购工作的失误,不能完全兑现"已经销售的产品",如旅游者搭不上计划中的航班,住不上预期的饭店,欣赏不到旅游协议书中的景点,品尝不了销售时所推销的菜肴时,都会引起旅游者的不满甚至投诉,这将影响旅行社的声誉乃至客源。

旅行社采购工作的任务,就是保证提供旅游者所需要的各种旅游服务,这是旅行社业务经营中一个非常重要的方面。我国旅游业的发展历史较短,基础薄弱,在客流量大幅度上升的情况下,常常会出现某些旅游服务供不应求的紧张现象,要确保按质按量地提供各种服务,确实不是一件容易的事。

2. 降低旅游产品的成本

在旅行社的产品成本中,直接成本占大部分,因此旅行社降低成本的主要着眼点应放在决定直接成本高低的关键性因素——采购价格上。一方面,目前旅行社行业的价格竞争很激烈,以致旅行社利益呈不断下降趋势。如果某家旅行社的采购价格比别的旅行社低,就可以争取到更多的客源,反之会失掉许多客源。由此可以看出降低采购价格对增加旅行社营业额与利润具有越来越重要的意义。另一方面,我国正处于价格改革和经济高速发展的过程中,常常会因为国家调整某些产品价格或因通货膨胀等原因造成某些旅游服务的涨价,而旅行社出售的产品,特别是系列产品,从报价到成交有一个时间差。如果在旅行社报价与成交之间某些旅游服务价格上涨幅度过大,就会给旅行社造成很多困难,使其失去很多客源。因此,如何尽可能保持产品成本的稳定是工作的一项重要任务。

三、旅游服务采购协作网络的建立

计调部的核心工作,就是通过与旅游相关行业签订合同协议,统筹计划,协调安排,使旅游产品行、住、食、购、游、娱各个环节的服务供给得到保障。因此,与旅游相关行业建立广泛的协作网络,是计调部工作的重点和依托,也是旅游服务采购的基础。高质量采购协作网络的建立,能保证旅游产品在旺季时也能以最合理的价格拿到客房、订到机位;淡季时,也能通过同行合作招徕客人。

旅游采购协作网络的建立,具体是指旅行社通过与其他旅游企业及旅游相关行业或部门就合作内容与合作方式达成共识,签订合作协议,明确双方的权利、义务及违约责任,以法律手段保障旅行社所需服务的供给。

根据旅游产品的组合性,旅游采购协作网络的建立从以下几个方面进行:

1. 交通运输网

交通运输业是旅游业三大支柱之一,它包括航空公司、轮船公司、铁路公司、汽车公司和出租车公司等。旅游者外出最关心的事情之一就是能否安全、方便、舒适、快捷、准时地抵离旅游目的地,以免耽搁或影响行程。

(1)采购航空服务。目前,许多旅行社都与各航空公司、轮船公司、铁路公司建立代理关系,经营联网代售业务。以航空公司为背景的电脑预订系统(GRS)和全球分销系统(GDS)的不断完善与迅速发展,大大简化了旅游作业流程、提高了作业效率、节省人力和物力。近年来,GRS系统除航空订位作业外,还逐渐加入了订房、租车、订火车票等各种非航空(non-air)作业,旅行社与其建立代理销售业务是非常必要的。

旅行社采购航空服务,具体落实在飞机的订位上,航空服务主要分为定期航班服务和包机服务两种。计调部根据旅游接待预报计划,在规定的期限内向航空公司提出订位,如有变更,应及时通知有关方面;如遇客流量超过正常航班的运力,旅游团队无法按计划成行,则旅行社就要考虑包机运输。

(2)采购铁路服务。火车具有价格便宜,沿途又可以饱览风光的特点,特别在包价产品中具有竞争力。近年来,我国铁路加大力度改善交通环境,使火车运输仍具优势。采购铁路服务就是按照旅游接待计划订购火车票,确保团队顺利成行。出票率、保障率是衡量铁路服务采购的重要指标。

(3)采购水路服务。鉴于我国的大陆形态,除去三峡、桂林等内河及少数海路,轮船不是外出旅游的主要交通工具。旅行社向轮船公司采购水路服务,关键是做好票务工作。如遇运力无法满足,或不可抗力因素无法实现计划,造成团队船次、船期、舱位等级变更,应及时果断地采取应急措施。

(4)采购公路服务。尽管汽车已成为人们普遍的旅行方式,但一般观点认为,乘汽车旅游的距离不宜过长,景点间最好控制在50公里左右,长距离最好在300公里以内,否则客人会感觉疲劳。旅行社在采购汽车服务时应考虑:车型、车况、司机驾驶技术、服务规范与准运资格。

要选择管理严格、车型齐全、驾驶员素质好、服务优良、已取得准运资格,且善于配合,同时车价优惠的汽车公司,并与之签订协议书。

2. 游览景点网

参观游览是旅游活动最基本最重要的内容,计调代表旅行社向可供游览参观的单位采购游览服务,此项采购的关键是就价格和支付方式达成协议。对于一些特殊的参观点,如工厂、民宅等,应征得同意,并力争取得支持与配合。随着旅游业的发展,各地新的旅游景点如雨后春笋般层出不穷,与其保持良好的协作关系,是开发新的旅游产品的关键。为了满足不同层次旅游者的多样化旅游需求,与各旅游地的名胜古迹、寺庙园林、名人故居、民宅村落、博物馆、传统工艺品工厂以及各种娱乐机构等,保持良好的协作关系也是非常重要的。

3. 饭店网

饭店是旅游业三大支柱之一,是旅游产品的重要组成部分,在一定程度上已成为衡量一个国家或地区旅游接待能力的重要标尺。选择不同星级标准和地理位置的饭店,以满足不同旅游者的多样化需求也是旅游产品组合中至关重要的环节。因此,旅行社必须与相关饭店建立长久、稳定、互利的协作网络。在许多旅游城市或商务活动集中的城市,如上海,地理位置优越、接待服务质量好的饭店非常抢手。特别是在旅游旺季,如果没有良好的协作关系,旅行社很难拿到价格合理的房间。计调应按接待计划提出的等级要求采购住宿服务,并在选择饭店时充分考虑以下因素:饭店保安、同级备份、房况、饭店销售配合、房价及结算等。

4. 餐饮网

餐饮服务在旅游产品中具有举足轻重、至关重要的地位。均衡的营养搭配,色、香、味、形的感官刺激,清洁、优雅的用餐环境,专业到位的用餐服务,都会令旅游者,特别是海外旅游者留下深刻的记忆,更是其旅途中莫大的享受与难忘的体验。

计调人员在选择餐饮网点时,首先要考虑到地理位置的多样性,根据行程的不同,就近用餐;还要考虑不同客人不同饮食习惯和饮食口味。对旅游者来说,独具风味的异地美食是旅途之必需,旅游餐饮网点选择的好坏,会直接影响到旅游者对所购买的旅游产品的最终评价。餐饮采购是旅游服务中选择余地较大,但又是最敏感、受人为因素影响最大的一项采购,因此要给予高度重视。

5. 旅游商店网

引导旅游者购物,是地接社的主要任务之一。为使旅游者购物方便、安全,计调应当慎重选择旅游购物商店,要与其建立相对稳定的合作关系。人们每到一个地方旅游,总要买些有当地特色的纪念品,或赠送亲朋好友,或留作收藏以示纪念。尤其是海外旅行者,没有购物的旅游是极少的,也是不完整的,合理的购物安排还能为国家创汇。因此,为了使购物活动成为旅游活动中丰富多彩、不可缺少的一部分,也为了方便旅游者节省时间,并免遭不良商贩及黑店的蒙骗,旅行社必须选择质量与信誉上乘的旅游商店,如珠宝古董、书画印章、土特产品等,作为定点商店,并与之建立相对稳定的合作网络。

6. 娱乐设施网

娱乐是旅游活动六要素之一。旅行社采购娱乐服务时,就预订票以及演出内容、日期、时间、票价、支付方式等达成协议。旅游是相当消耗体力的活动,白天的观光游览结束后,适当地安排一些晚间娱乐活动,有助于解除疲劳,同时,也能给旅游产品增资添彩。目前,旅游产品中的娱乐活动,主要有杂技、马戏、京剧、民族歌舞、古装歌舞、中国功夫等。这些娱乐活动为旅游者更进一步了解当地的民俗文化提供了良好的契机。旅行社与各娱乐机构保持良好的协作关系,丰富了旅游产品的多样性。

7. 保险网络

根据《旅行社条例》及相关法律,旅行社应该为旅游者提供规定的保险服务,旅行社中由计调负责采购保险服务。国家旅游局规定,旅行社组团旅游,必须投保"旅行社责任险",游客的"人身意外伤害险"由游客自愿投保。旅游保险是旅游活动得到社会保障不可忽视的重要因素。因此,旅行社与实力强、信誉好的保险公司建立合作网络,也是非常必要的。

8. 地接旅行社网

旅游产品是跨地区的,这就需要旅行社与各旅游目的地和旅游胜地的旅行社建立广泛的地接合作网络,满足不同旅游团特殊需求的保障。旅游产品的质量在很大程度上取决于各地接社接待质量,尤其是各旅行社的接待质量。因此,选择高质量的接待旅行社,是采购到优质接待服务的关键。地接社的遴选要有严格的标准,全面、综合地对其服务质量进行不定期的考查和定期考核,实行末位淘汰制。受到一次投诉的,口头提醒;受到两次投诉的,书面警告;受到三次投诉的,取消地接资格。

计调在采购时应考虑到:地接社的资质、实力、信誉;接待社的体制、管理;地接社的报价;地接社的作业质量;地接社的接待质量;地接社的结算(垫付)周期;地接社的合作意愿等。

9. 同行合作网

旅游市场的竞争日趋白热化,旅行社的数量多如牛毛,旅游市场已完全变成了一个买方市场。因此,单靠一家旅行社的招徕,常常不能满足组团人数需求,只有各同类旅行社联合招徕游客,才可形成团队批量,降低直观价格,组成团队旅游,才能及时满足客人的出游需求。在没有同业合作之前,因不成团原因而不能成行的情况经常发生。

子任务 *2*　实施旅游服务采购的管理

一、旅游服务采购网络协调的原则

旅行社为购买各种旅游服务项目而与旅游企业或相关部门订立的各种购买契约通称为旅游采购服务合同。它以一定价格向其他旅游企业及与旅游相关的其他行业和部门购买相关的服务行为,是一种预约型的批发交易,通过多次成交完成。这种采购特点决定了旅行社同采购单位签订经济合同的重要性,以避免和正确处理可能发生的各种纠纷。采购合同的基本内容包括:

1. 合同标的

合同标的是指法律行为所要达到的目的。旅游采购合同的标的就是旅行社向旅游企业或相关部门购买的服务项目,如客房,餐饮,航空、陆路交通等。

2. 数量和质量

数量指买卖双方商定的计划采购量(非确切购买量);质量则由双方商定最低的质量要求。

3. 价格和付款办法

采购价格是合同中所要规定的重要内容。确定采购量和定价的关系,以及合同期内价格变动情况,还要规定结算方式及付款时间等。

4. 合同期限

合同期限指签订合同后开始和终止买卖行为的时间,一般一年一签,也可按淡、旺季分列两个合同。

5. 违约责任

按照我国《经济合同法》规定,违约方主要承担支付违约金和赔偿金的义务。

在市场经济条件下,旅行社与旅游相关行业之间的关系,应该是在互利基础上有法律制约的经济合作关系。在旅游产品消费过程中,为满足旅游者行、住、食、游、购、娱等各种需求,旅游相关行业之间必须互惠互利、真诚合作。我们要建立旅行社招徕的游客不仅是旅行社自己的客户,也是所有旅游相关行业的客户的概念。合作者之间要相互支持、相互体谅,换位思考,不计较一时一事的得失,着眼未来,顾念大局,双赢互利。旅游产品还具有不可储存性和季节性,计调部要对这些网络进行实时追踪、实时更新,以保证各协作网络的时效性和持续性。

二、实施旅游服务采购的管理

旅游服务采购的管理实际上就是对旅行社"财"的管理,是计调管理的基础与核心。旅游服务采购管理要从以下几方面着手:

1. 建立广泛的采购合作网络

为了达到保证供应的目的,旅行社应该和有关的旅游服务企业建立广泛和相对稳定的合作关系,特别是在旅游服务供不应求的时候,协作的网络越广泛,旅行社取得这些紧缺服务的能力就越强。在出现供过于求的情况下,为了得到最便宜的价格,同样需要有一个广泛的协作网络,旅行社要建立和维持广泛的合作关系。要建立广泛的采购合作网络要做到以下两点:一是应该善于运用经济规律,与合作的企业建立互惠互利的合作关系;二是应该善于开展公共关系活动,促进企业之间和有关销售人员之间建立良好的伙伴关系。

2. 正确处理保证供应和降低成本的关系

保证供应与降低成本,是旅行社采购工作中同等重要的两大任务。正确处理保证供应和降低成本的关系,就是"既要保证供应,又要降低成本"。在实际工作中,旅行社针对不同情况在这两者之间有不同的侧重,或者说,是在不同时期用不同的策略来协调这对矛盾。

在供应紧张时,侧重供应,调动所有关系,全力以赴地保证供应;在供应充足时,侧重降低成本,尽可能多地扩大利润空间。如在旅游旺季时,机票常常是旅游业务最大的顽敌,报名参团的人数很多,可是机位却迟迟不能确认,业务经理像热锅上的蚂蚁,着急上火,彻夜难寐。此时"交通运输网"的作用就显现出来了。谁的网络范围广泛、合作关系良好,谁就能拿到更多的机位,也就能保证更多的成团率。这不仅能显示出自己的运营实力,还能赢得潜在的客源市场。而在旅游淡季时,机位充足、客源紧缩,为了吸引尽可能多的游客,旅行社就要凭借良好的"交通运输网",拿到优惠的价格,降低成本,提高产品的市场竞争力。保证旅行社旺季不慌、淡季不淡。

3. 正确处理预订和退订、预订和增订的关系

旅游属于预约性交易,旅行社一般在年底根据其计划采购量,与旅游相关行业洽谈其第二年的业务合作。计划采购量一般是由旅行社参照前几年的实际客流量,并根据对来年的市场预测确定的。计划数额与实际需求之间总会有差距,这就要求旅行社有良好的预测、约定和应急能力,能处理好预订和退订、预订和增订的关系。也就是说,在正常情况下,即在没有突发事

件和意外事件时,旅行社要对自己往年的客流量有精确的统计,对来年市场的预测有理有据、准确率高。在与相关行业签订和约时,充分考虑到各种特殊情况发生的可能性,细致入微地约定好临时退订和临时增订条款,尤其是对非常事件和不可抗力造成退订的约定,更要详尽明确,合理维护自己的权益,避免买卖双方发生不必要的纠纷。

在实际运作过程中,如果计划预订量大于实际需求量,就需要临时退订,产生退订费用;反之,计划预订量小于实际需求量时,就需要临时增订,产生增订费用。增订一般还会有一定的数额限制。买卖双方因立场不同,对退订和增订的期限、数额和相应的费用,有着截然相反的期望。买方旅行社希望退订的期限越晚越好,增订的限额越高越好,退订的费用越少越好;而买方则正好相反。总之,退订期限越晚,退订费用就越高,最高可达到销售价格的100%。

一般情况下,如果买卖双方能本着互惠互利、相互理解、相互支持的原则,着眼长久和未来,是能够达成共识,共同解决好预订和退订、预订和增订的矛盾关系的。买卖双方协商的结果不可避免地要受到市场供求状况的影响。一般说来,供过于求的市场供求状况有利于旅行社获得优惠的交易条件。双方协商的结果还取决于旅行社的采购信誉。如果在过去几年中旅行社采购量一直处于稳步增长状态,其计划采购量与实际采购量之间的差距比较小,卖方就愿意提供较为优惠的条件。

4. 正确处理集中采购与分散采购的关系

旅游服务作为一种无形产品,与有形产品一样,都是可以进行采购的。采购的目的就是保证供应和降低成本。按照商业惯例,批发价格低于零售价格,批发量越大,价格也就越低。因此,旅行社作为中间商,应把旅游者的需求集中起来向旅游服务供应企业采购,也就是说,应该集中自己的购买力以增强自己在采购方面的还价能力。这种采购叫批量采购,也叫集中采购,通常有两种方式:一是把本旅行社各部门和全体销售人员接到的订单集中起来,统一以一个渠道对外采购;二是把集中起来的订单尽可能集中地投向一家或尽可能少的供应商进行采购,以最大的购买量获得最优惠的价格。

但是,在供过于求的情况下,分散采购可能更容易以较低价格获得旅游者所需的服务。究其原因,是因为集中采购数量虽然很大,但其中远期预订较多,具有较大的不确定性,在较长的预订期内,由于种种原因,实际采购量比计划采购最可能会减少很多,计划量虽大,其中含的水分也高。因此,卖方对买方计划的可靠性缺乏足够的信心,不一定愿意将价格定得很低。反之,由于分散采购多是近期预订,预订时一般都有确定的客源,因此,采购的可靠性高于远期预订。卖方迫于供过于求的压力,常常愿意以低价出售。

目前,有些旅行社依然实行分散采购,各自为政地去采购,没有集中力量统一采购。这样的弊端很多,减弱了谈判的优势,容易滋生采购人员私取回扣、佣金的行为,且日后纠正这种做法阻力较大。

三、处理变更后的采购

旅游计划的变更因自身在产业链的位置,极易受到相关因素以及突发事件的影响。这种影响直接对原先的采购构成威胁。当外联部或接待部告知变更时,计调部应积极协助处理,并作出相应调整,如根据团队人数增减、交通问题、行程变动等情况,作出改行程、取消原定计划并从新采购等决策。通常,计调在对原计划进行调整时,应遵循以下原则:

1. 计划调整的原则

(1)变更最小原则。变更最小原则即将因计划变更所涉及的范围控制在最小限度,尽可能对原计划不作大的调整,也尽量不引起其他因素的变故。

(2)宾客之上的原则。旅游计划是旅游活动的依据,旅行社同旅游者一旦形成约定关系,一般不要随意更改,尤其在行程进行中,对不可抗因素引起的变故,应充分考虑旅游者的意愿,并求得他们的谅解。

(3)同级变通原则。同级变通原则是指变故后服务内容应与最初的安排在级别、档次上力求一致,尤其是住宿。

2. 变更后的采购办法

(1)因航班变故可考虑包机,但要注意控制成本。

(2)因飞机改火车可尽量利用晚间,但距离不宜过长。

(3)因铺位不足可考虑加挂。加挂不行可考虑利用汽车运输。

(4)因房、餐出现问题,可选择就近同级房、餐。

(5)另外,采取加菜、赠品等小恩惠弥补因变更给客人带来的损失。

当计划变更和突发事件发生时,计调应立即拟出应急方案,并与旅行社的相关部门,如外联、接待以及交通、饭店、地接社等迅速构成协同通道,用以应对所有可能的突变。

任务三 熟悉计调部业务流程

子任务**1** 了解计调的工具与手段

一、计调工具

计调工作中常使用的工具如下:

(1)电话机:固定电话、移动电话、本地通电话等。计调电话最忌变换,如遇动迁,应千方百计保留原始号码。另外,强调话机功能,如呼叫转移、来电显示、电话录音、语音信箱等。

(2)传真机:普通传真机(热敏纸,尽量不使用普通纸传真机),FAX - MIE 等。视业务量大小,最好设两台传真机(收发各一)。

(3)E-mail 宽带、MSN 等,为旅行社通讯升级的台阶,也有益于降低通讯成本。

(4)地图:中国地图、世界地图、分省图、公路客运图、网上地图等。

(5)时刻表:铁路、航空、公路、航运时刻表等。特别注意淡旺季、年度的新版时刻。

(6)字典:语言类、景点类字典等。

(7)景点手册。

(8)采购协议:按组接团社、房、餐、车、景点、购物分类建档。

(9)各地报价(分类):最好按区域列出目录,分类列置。

(10)常用(应急方式)电话:按组接团(经理、计调)、酒店(销售部、前台)、餐厅(经理、订餐)、车队(调度、驾驶员)、导游等分类开列,放置显眼处并随身携带。

二、计调手段

计调工作中的常用手段如下:

(1)旅游文书的拟写:询价单、报价单、确认单、更改单等。

(2)常规表单应用:地接及横向用《决算单》、《团队费用小结单》、《团队费用包销单》、《结算单》等;组团用制式《组团合同》、《概算单》、《决算单》、《团队费用包销单》、《结算单》等。

(3)常规统计:团队动态台账、团队核算台账、往来(应收应付)台账、营业额、毛利、人数、人天数、到款率等。

(4)单团核算:将每个团作为核算对象,进行独立的财务记录和分析。优点是通过缩小核算单位,将每个团的盈亏责任落实到具体的业务员身上,并能掌握每个团的具体情况。而缺点就是会加大核算的数量和难度,相应的会增加管理成本的支出。

(5)文书(卷宗)归档。

子任务2 掌握计调操作流程

一、组团计调操作流程

组团计调操作流程大致可分为以下几个步骤,见图5-1。

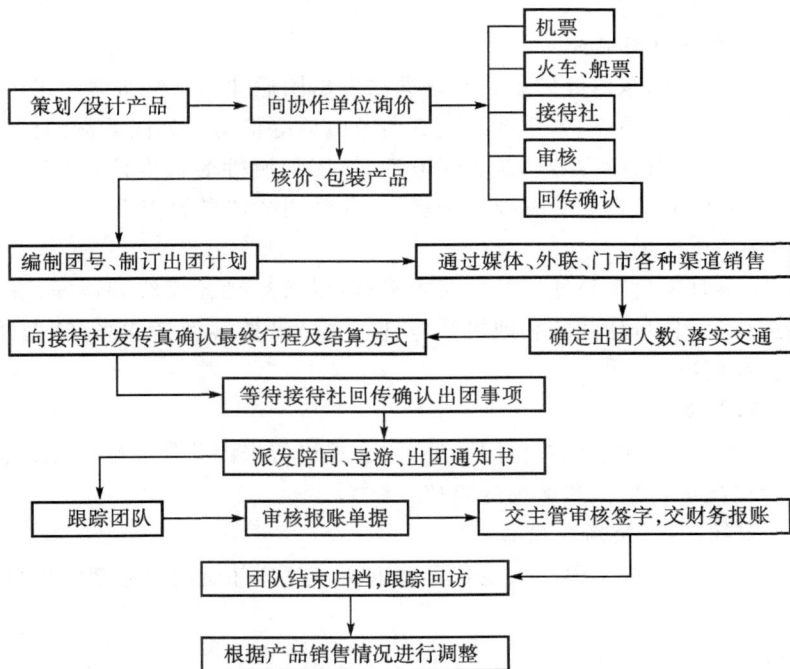

图5-1 组团计调操作流程图

1. 策划/设计产品

计调人员根据市场行情及季节变化策划、设计、推出具有卖点和竞争力的旅游产品。

2. 向协作单位报价

计调人员就设计出的旅游产品涉及的方面向协作单位询价,其中包括:交通的落实与地接社的选定。还要将线路行程传给接待社询问接待价格。

3. 核价、包装产品

计调人员对线路行程的整体价格进行核算、调整和包装。

4. 编制团号、制订出团计划

计调人员对计划推出的产品线路编制团号,制订好公司每月的各类团体明细出团表。

5. 通过媒体、外联、门市各种渠道销售

产品已经策划和整合好,面临的就是销售和如何推向市场的问题。计调要将产品和出团计划通过媒体、外联、门市等各种渠道销售出去,将计划落实到实处。

6. 确定出团人数,落实交通

产品销售后,根据出团人数向航空公司、铁路部门等交通机构落实好行程或往返的交通。

7. 向接待社发传真确认最终行程及结算方式

给地接社发传真确认最终出团的行程、餐饮、住宿、标准、价格及参团游客的人数和名单、接团方式、紧急联系人姓名、电话等,约定好结算方式。如行程或团队人数有变化,须及时通知地接社,并就变更内容重新做确认。

8. 等待地接社回传确认出团事项

等待地接社回传确认,落实好团队的所有细节。

9. 派发陪同、导游出团通知书

应根据最终落实的团队内容向游客及陪同派发出团通知书。给游客的出团通知书上应包含团队的行程、出发时间、地点、紧急联系人姓名及电话等信息。如团队派陪同,应将确认的行程、标准、出发时间及地点、游客名单及联系电话、接团导游姓名及电话、地接社联系人及电话等信息列明,并对陪同的职责和义务要详加提示,起到团队监督的作用。

10. 跟踪团队

在出团前 24 小时要再次与地接社落实和确认,以防地接社疏忽和遗漏,发现问题可及时补救。在团队进行过程中,计调应和地接社、陪同、领队及游客保持联系,掌握团队的行程,发现问题及时沟通和解决。

11. 审核报账单据

团队结束后,地接社(除个别先付团队外)均会很快传来团队催款账单,组团计调人员应根据团队实际运行情况进行单据和费用的审核及结算。

12. 交主管审核签字,交财务报账

将审核无误的单据付报账单交由主管再度审核、签字,并交由财务部门报账请其按协议准时付清款项。

13. 团队结束归档,跟踪回访

团队结束后,要将所有操作传真及单据复印件留档,作为操作完毕团队资料归档。并对参团客人进行回访,建立好客户档案。

14. 根据产品销售情况进行调整

根据产品销售情况,出团量、团队质量对产品进行适当调整。销售好的产品继续销售也可适当增加出团计划,销售欠佳的产品要总结是线路本身不够吸引还是市场等情况造成的,如团队质量出现问题要寻求原因,对接待单位要斟酌、再选择。

出境计调的操作流程和国内组团计调的操作流程大致一样,但由于出境旅游操作存在语言和通信上的差异,所以应更细致,而且要防止上当受骗。

二、接待计调操作流程

国内、入境接待计调操作流程,见图5-2。

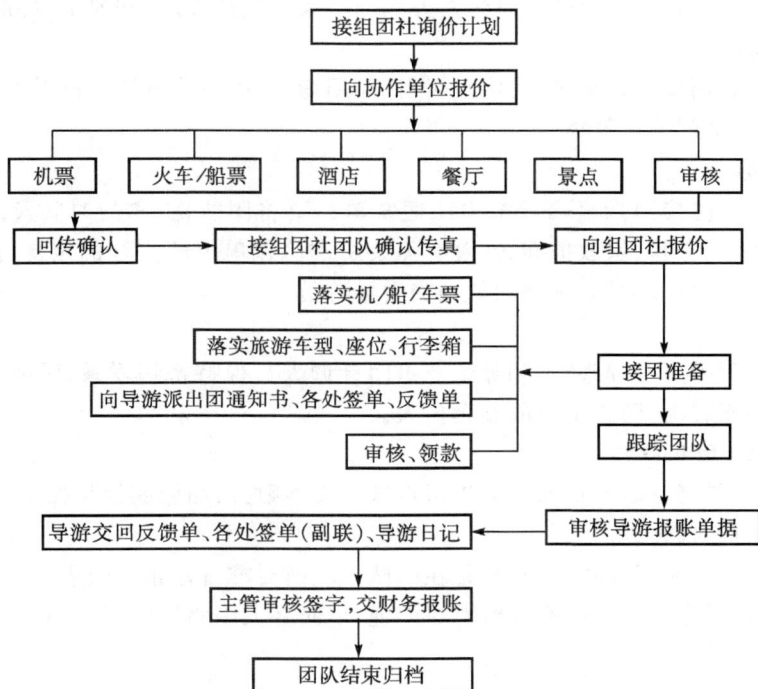

图5-2 接待计调操作流程图

1. 制订接团计划

当地接社接到组团社发来的预报计划传真时,接待计调要向协作单位核实和询价,包括飞机、火车、轮船票的时间、班次、价格,车队的旅游用车、酒店、餐厅、景点等,审核并与协作单位达成协议。

2. 向组团社包价

核算成本,并向组团社报价。

3. 做好接团准备

当组团社发来团队确认传真后,要与协作单位一一确认落实。

(1)用房。根据团队人数、要求,以传真方式向协议酒店或指定酒店发送《订房计划书》并要求对方书面确认。如遇人数变更,及时做出《更改件》,以传真方式向协议酒店或指定酒店发送,并要求对方书面确认;如遇酒店无法接待,应及时通知组团社,经同意后调整至同级酒店。

(2)用车。根据人数、要求安排用车,以传真方式向协议车队发送《订车计划书》并要求对方书面确认。如遇变更,及时做出《更改件》,以传真方式向协议车队发送,并要求对方书面确认。

(3)用餐。根据团队人数、要求,以传真或电话通知向协议餐厅发送《订餐计划书》。如遇变更,及时做出《更改件》,以传真方式向协议餐厅发送,并要求对方书面确认。

（4）交通。仔细落实并核对计划，向票务人员下达《订票通知单》，注明团号、人数、航班（车次）、用票时间、票别、票量，并由经手人签字。如遇变更，及时通知票务人员。

（5）与组团社确认。以传真方式向协议组团社发送《团队接待通知书》并要求对方书面确认。如遇变更，及时做出《更改件》，以传真方式向协议地接社发送，并要求对方书面确认。

4. 编制概算

对团队接待费用作一预算表，注明现付费用、用途，交由主管审核后报财务部门审核，填写《借款单》，向财务部门领取款项。

5. 委派导游

选择合适的导游接团，制作《导游出团通知单》，要将团队抵、离的时间及地点，准确的游程，团队成员的背景资料、宗教信仰、饮食有无禁忌及协作单位落实好的接待计划等写明。并将各处签单、团队质量反馈单、预领的款项交由导游员。

6. 全程跟踪

团队行进过程中要全程跟踪，和导游及组团计调人员保持密切联系，随时关注团队行程，遇到问题及时沟通解决，防止事态的蔓延扩大。

7. 结清账目，团队归档

团队结束后，要将导游的报账单据进行审核并交给财务，与组团社见按照合同协议结算款项，并将团队资料归档存放。

入境计调的操作流程大致一样，只是在团队入境前要准备好相关的手续如邀请函、中转机票、入境客人的资料登记等。在审核时要更严谨，以防客人因为证照问题陷入不能入境或被滞留的尴尬境地。

子任务3 实施旅行社计调人员管理

一、计调员工的业务要求

（1）熟练掌握计调部采购的各项常用业务成本。

①各景点门票及折扣价；

②各类酒店的挂牌价和淡旺平季团队报价，陪同床价格及成团房间数；

③各餐厅的餐费折扣价；

④各类型旅游车客运单价：元/公里及线路公里数和特殊线路的线路全包价，各类型车、各条线路停车过路费标准（往返里程×百公里油耗×油价×2）＋每天小包利润数×天数；

⑤机票折扣。

（2）接听电话时一定要客气委婉，接到电话必须说：你好，××（旅游公司）；一定要音质甜美，语速适中，语言委婉流畅，让客户感到放心舒服。

（3）接听业务咨询电话，一定要记住对方旅行社的名称、业务联系人传真电话、线路要求（人数、线路景点、住宿标准、用车情况、返程情况、大概出发时间等）。如果有手机，最好留下对方的直接联系方式。

（4）做报价时，一定要迅速，准确，5分钟之内将报价传真给对方。

（5）传真给对方发过去5分钟之后打电话问询对方是否收到传真件，并询问对方所收到的传真是否按照要求。

（6）如果传真准确无误,和对方业务人员沟通团队的情况,要了解团队大概的出发日期、人数,做到心中有数,尽量通过和对方沟通早早把价位定下来。

（7）如果团队早定下来了,要和对方盖章确认,和对方约定结账方式,并在传真确认件上注明清楚。

（8）如果团队没有及时定下来,要及时跟单,并在上面注明每次跟单的情况,做到心中有数。

（9）团队定下来以后,在传真件上注明需要注意的情况,以及所要求导游性别、性格以及专长。

（10）及时将团队转发给操作计调,让计调早操作,早安排。

（11）按照传真件上约定的情况及时催收团款。

（12）在团队的游览过程中,要多和带团导游联系,知道团队的进度情况,万事应在当地处理好。

（13）团队返回目的地后,及时打服务跟踪电话,做到团团满意,团团心中有数,做到以后操作中应该注意的事项,并将意见及时转发给业务操作计调。

（14）操作完团队之后,将业务联系人的资料整理、备档,并在特殊时间致电问候。团队结束三日内(含下团的当日)必须将结算单传真到组团社,并确认对方收到。

二、计调员工应注意的问题

计调是旅行社完成地接落实发团计划的总调度、总指挥、总设计。"事无巨细,大权在握",具有较强的专业性、自主性、灵活性。如果说"外联"是辛勤的采购员,那么计调就是"烹饪大师",经他们的巧手要把"酸、甜、苦、麻、辣、咸"的不同滋味调制出来以满足不同团队的"口味",确实需要一定的技巧。计调人员提高工作效率、避免差错应注意以下几个方面的问题。

1. 人性化

计调人员在讲话和接电话时应客气、礼貌、谦虚、简洁、利索、大方、善解人意、体贴对方,养成使用"多关照"、"马上办"、"请放心"、"多合作"等"谦词"的习惯,给人亲密无间,春风拂面之感。每个电话、报价、说明都要充满感情,以体现合作的诚意,表达作业的信心,显示准备的实力。书写信函、公文要规范化,字面要干净利落、清楚漂亮、简明扼要、准确鲜明,以赢得对方的好感,以换取对方的信任与合作。一个优秀的计调人员,一定是这个旅行社多彩"窗口"的展示,它像"花蕊"一样吸引四处的"蜜蜂"纷至沓来。

2. 条理化

计调人员一定要细致地阅读对方发来的接待计划,重点是人数、用房数,有否自然单间,小孩是否占床;抵达的准确时间和地点,核查中发现问题及时通知对方,迅速进行更改。此外,还要看看人员中是否有少数民族或宗教信徒,饮食上有无特殊要求,以便提前通知餐厅;如果发现有在本地过生日的游客,记得要送他一个生日蛋糕以表庆贺。如人数有增减,要及时进行车辆调换等。条理化是规范化的核心,是标准化的前奏曲,是程序化的基础。

3. 周到化

"五订"(订房、订票、订车、订导游、订餐)是计调人员的主要任务。尽管事物繁杂缭乱,但计调人员头脑必须时刻清醒,逐项落实。这很像火车货运段编组站,编不好,就要"穿帮"、"撞车",甚至"脱节"。俗话说:"好记性不如烂笔头"。要做到耐心周到,还要特别注意两个字:第一个字是"快",答复对方问题不可超过 24 小时,能解决的马上解决,解决问题的速度往往代表旅行社的作业水平,一定要争分夺秒,快速行动;第二个字是"准",即准确无误,一板一眼,说到做到,"不放空炮",不变化无常,回答对方的询问,要用肯定词语,行还是不行,"行"怎么办?"不行"怎么办? 不能模棱两可,似是而非。

4. 多样化

组一个团不容易,往往价格要低质量要好,计调人员在其中往往发挥很大作用。因此,计调人员要对地接线路多备几套不同的价格方案,以适应不同游客的需求,同时留下取得合理利润的空间。同客户"讨价还价"是计调人员的家常便饭。有多套方案,多种手段,计调就能在"变数"中求得成功,不能固守"一个打法",方案要多、要细、要全,才可"兵来将挡,水来土掩",纵然千变万化,我有一定之规。

5. 知识化

计调人员既要具有正常作业的常规手段,还要善于学习,肯于钻研,及时掌握不断变化的新动态、新信息,以提高作业水平;肯下工夫学习新的工作方法,不断进行"自我充电",以求更高、更快、更准、更强。如要掌握宾馆饭店上下浮动的价位;海陆空价格的调整,航班的变化;本地新景点,新线路的情况,不能靠"听人家说",也不能靠电话问,应注重实地考察,只有掌握详细、准确的一手材料,才能沉着应战、对答如流,保证作业迅速流畅。

计调人员不仅要"埋头拉车",也要"抬头看路",要先学一步,快学一步,早学一步,以丰富的知识武装自己,以最快的速度从各种渠道获得最新的资讯,并付诸研究运用,才可以"春江水暖鸭先知"。一般而言,加入计调这行,需具备以下这些知识中的某几项内容:旅游行业发展现状及旅行社的地位;旅行社业务及计调工作基本常识;旅游产品的设计原则及价格构成;航空公司、铁路、轮船公司的基本常识及票价;交通工具、酒店、餐饮与旅游产品的关系及对旅游产品价构成的影响;旅游合同及旅游保险;计调相关表单的制作;旅游心理研究;旅游质量管理;旅游市场的细分;旅游市场的营销;旅游网络应用;如何做旅游广告;旅游客户管理;地接操作常识;全国旅游线路设计应掌握的知识。

相关链接

如何做好计调工作

基于计调工作的重要,可从以下几个方面来做好计调工作:

1. 报价要快速准确

计调报价要非常快速有效。在珠江三角洲,受地域文化的影响,客人最不喜欢计调乱报价格。经常听到客人说:"你到底懂不懂,怎么与你之前跟我说的不一样?"最好的办法是要密切注意价格变化情况,特别是黄金周等时段,各酒店、餐馆、车费、景点门票都有所变动,每天做的团数多达几十个的时候更要求计调报价要很准确。

2. 与导游沟通

对本公司的导游多了解一些,能根据旅游团的特点安排导游,如果是计调无权派遣的导游,可是建议接待部派遣导游,这样有利于保证旅游产品的质量和提高旅游者的满意度。比如,有些导游在带教师团时很在行,但派去带散客团时就难以应付。同时,要注重在团队回来后,跟导游或领队及时了解带团的情况,他们对地接、酒店、景点景色游玩情况的意见很直接,有利工作更顺畅地展开和及时调整。

3. 信息及时更新

计调员要保持自己了解的信息都是最新的,如火车时刻查询系统、飞机时刻调查系统、天气预报查询系统、道路情况查询表等。比如,有一条道路某天开始封路,但没收到这方面的信息,在派遣用车时的价格也没有变动,可能出团后,才会发现这条线路做下来是亏本的。不久前,笔者有个朋友参团去长隆欢乐世界,但是那天刚好一整天都下雨,朋友大大扫兴,抱怨说,计调没有查天气预报吗? 虽然有些客观原因,但是如果把工作做得更用心,一些不必要的事情还是能避免的。同时,对同行的一些信息也要及时了解,最好能每个星期都上竞争者的网站,了解市场情况。

4. 平时多充电

如看一些谈判技巧、处理突发事件的书籍,学习法律知识、旅游相关法规等,多和有经验的、优秀的计调学习,多参与中国计调网的论坛等。

5. 做事细致

计划书的细致与周到直接影响着团队服务质量,行程标准写详细明了,办理各种手续要当事人签名,跟合作社、酒店确认并要求对方回传、购买的门票要认真看清票面的内容。在团队结束回来后,要将相关的单据收齐等,无不要求计调细心。

旅行社计调工作八大禁忌

计调工作对从业人员有十分严格的要求。对于初次从事计调工作的人员来说,总有一些工作不到位,即便是一些老计调人员,也容易犯一些常识性错误。以下是作者总结出的旅行社计调工作八大禁忌。

1. 禁忌口头确认或不明确确认

计调在与相关合作单位确定吃、住、行、游、购、娱等方面的接待事宜时,必须要以接收到对方盖有公章或者业务专用章的确认函、或者对方盖有公章或者业务专用章的传真确认件为准,并加以核实,不能接受对方的口头确认或者网络聊天确认,即使对方是很熟的合作对象也不可以。

2. 禁忌工作无条理

计调需要处理各种各样的日常或者突发事件,也需要与各种各样的人打交道,这就要求计调人员做事要有条理、有计划,要分清轻重缓急,更要准备好各种情况下的处理预案。计调要对每一个运行团队的基本情况烂熟于心,并适时进行双向的信息沟通。

3. 禁忌延误回复

计调人员对每一项需要回复的要求都应予以重视,绝对不能拖延或者应付;否则,就会误事,或是失去客户。比如,对方要求你提供一个产品的报价,或者一条旅游线路设计,你必须尽快从自己的资料库中提取相关信息,进行加工润色之后,在3～5分钟之内回复。

4. 禁忌滥用通讯设备

计调人员对打出或打入的电话都应该言简意赅,快捷明了,不能闲扯过多的无关话题。同时,计调必须24小时开机,保证联系畅通。目前旅游从业者的年轻化愈发明显,年轻人间有比较多的话题,有些人经常以工作名义互相聊天、套近乎,从而达到笼络客户的目的。但是,这种既浪费时间又浪费资源的方法是不可取的,把你与对方互相恭维的时间,用在如何把团队做好上,你会得到更多的客户。充分利用好通讯设备,也是作为一个合格计调的必要素质。

5. 禁忌作业不精心

计调人员要缜密严谨,心细如发,目光如电,能够发现接待计划中的细微变动,要对特殊要求仔细研究,要有重复检查及细节检查的意识。把每一项需要向接待人员交代的注意事项落实到书面上,不能只是在脑子里过一下或者临时现想。

6. 禁忌行程安排不合理

计调要对本接待区域的吃、住、行、游、购、娱等事项全面了解并实地查看,还要掌握这些事项的最新变化,要以最优化的组合,妥善安排旅游接待计划。对于一些诸如看日出、观潮汐、进场馆看比赛等活动,要严格掌握时间、地点、规则、禁忌、路线等。要适时与有关接待人员进行信息沟通,虚心听取他们的意见建议。

7. 禁忌与外联人员缺乏沟通

计调在安排团队接待计划及接待人员时一定要联系本团的外联人员,向他详细了解团队的有关信息及特殊要求,并据此作出有针对性的接待计划。只有加强沟通,增进了解,才能给游客提供更舒心的服务。

8. 禁忌对合作社缺乏了解

计调在联系合作旅行社时要对其进行深入了解,诸如规模、行业信用度、团量等信息是必须要掌握的,是否"黑社"更要从严核实。

项目实训

实训项目 港澳三天两晚行程计调工作实训

实训目标 学生通过实地调研和操作,能更深入地了解计调工作的流程与特点,提高实际操作能力。

实训指导

1. 指导学生了解计调工作的流程和特点,编写计调采购流程,了解旅行社向其他旅游服务供应部门或企业采购哪些类型的旅游服务。

2. 帮助同学联系实习基地旅行社计调部门,让小组同学进行实地调研和学习。

3. 指导小组同学写出港澳三天两晚行程计调工作实训报告。

实训组织

1. 把所在班级学生分成 4 个小组,每组 10 人左右,确定组长,实行组长负责制,到不同旅行社计调部门进行实训。

2. 告知学生实地实习的注意事项。

3. 小组完成实训报告后,在课堂上进行讲解交流。

实训考核

1. 根据每组所写报告,由主讲教师进行评分和点评,占 50%。

2. 课堂讲解完后,由 4 个小组各给出一个成绩,取其平均分占 50%。

项目小结

本项目阐释了旅行社计调部的业务及其职能、计调人员的职责与岗位要求;旅游服务采购的概念、原则与任务及旅游服务网络的建立与管理;重点分析了计调的操作流程及其人员管理。通过本项目的学习,使学生掌握计调及旅游服务采购的基本技能,培养学生从事计调工作的职业素养和职业能力。

<h1 style="text-align:center">思考与练习</h1>

一、主要概念

旅行社计调　旅游服务采购

二、单项选择

1. 旅行社的采购工作主要指（　　　）

A. 向其他旅游服务企业采购旅游产品　　　　B. 采购办公用品

C. 确定接待旅行社　　　　　　　　　　　　D. 确定客源状况

2. 保证供应和＿＿＿＿＿是旅行社采购工作中同等重要的两大任务,但在实际工作中,这两者之间经常是矛盾的,需要旅行社根据不同的情况在这两者之间选择不同的重点,或者采取不同的策略,以达到最优效果。（　　　）

A. 降低成本　　　　　　　　　　　　　　　B. 建立广泛的采购协作网络

C. 集中采购　　　　　　　　　　　　　　　D. 分散采购

三、思考题

1. 走访本地几家旅行社的计调部,并比较其异同之处。

2. 旅行社旅游服务采购的内涵与任务?

3. 旅行社如何正确处理集中采购和分散采购的关系?

4. 如何进行旅行社旅游服务采购管理?

项目六　开展旅行社接待业务

实务导入

某旅行社导游小王在 10 月 27 日接待了一个从广州飞西安的台湾旅游团。飞机从广州到达西安机场的正点时间是上午 10 点 50 分。11 月 1 日,小王又接到那个旅行社的通知,让小王第二天上午再接待一个同样从广州到西安来自台湾的旅游团。

到 11 月 2 日上午小王按照 10 月 27 日接团的时间按时来到了机场。上午 11 点钟从机场出来了一个旅游团。导游小王迎向该旅游团并询问:你们是台湾的游客吗? 你们是从广州乘飞机来的吗? 你们是 26 个人的团队吗? 游客的回答都是肯定的,于是小王便带旅游团到停车场登上了自己旅行社准备的客车。当车快抵达酒店时,小王接到旅行社的电话,说旅游团 11 点 40 分准点到达机场,但是没有人员迎接,至今旅游团仍在机场等候,这时小王慌了,赶紧向领队核实才知道所接旅游团的地接社是西安中国旅行社,而该团的导游也没有接到他们。

(资料来源:山东省旅游局人事教育处.导游实务真题全解[M].济南:山东科技出版社,2009.)

任务:

1. 如何理解旅行社的接待业务?

2. 导游员小王应如何保质保量地完成她的接待任务?

知识目标

了解旅行社接待工作的内容及职责;学习旅行社团队接待、散客接待及特殊团队接待的主要内容和工作流程;掌握旅行社接待业务的过程管理等基本原理。

技能目标

能应用旅行社接待业务的工作流程完成旅行社接待业务。

工作任务

储备旅行社接待业务相关知识;制订旅游接待计划,了解导游带团及接待服务、导游接待服务管理;熟悉团体旅游接待服务、散客接待服务及特殊团队旅游接待业务流程。

任务一　储备旅行社接待业务相关知识

旅游接待是旅行社的基本业务之一,旅游接待过程是旅行社的直接生产过程,优秀的接待服务能够树立旅行社的美誉度和品牌忠诚度,从而促进旅行社的良性发展。

子任务 1 解析旅行社接待业务的特点

旅行社的接待业务是旅行社为已经购买了旅行社产品的旅游者,提供系列实地旅游服务的一项综合性工作,具有以下特点:

1. 综合性和时效性

由于旅游产品具有很强的综合性,包含了住宿、餐饮、交通、娱乐、游览、购物等服务项目,接待的过程就是上述服务实现的过程。而接待一个旅游团(者)常常要在几天或更长的时间内,由多个城市的多家旅行社,按预定程序提供相应的服务才能完成,因而它是一项相当复杂的工作。而在实际接待工作中常常会发生预计不到的变化或旅游者本身的事故,主观上的差错或责任事故,使得旅游行程被打乱。因此,旅行社的接待工作既有综合性又有极强的时效性。这就要求旅行社必须有一套科学而严密的制度,保证员工恪尽职守地工作。

2. 文化性和趣味性

现代旅游不仅是一种度假休闲活动,而且也包含着了解异国他乡的文化和增长阅历的动机。旅游活动包含着对文化的了解,对知识的渴求,这在客观上要求接待工作具有较高的文化性。游客从旅行社购买的产品是一种经历、一种服务、一种享受与满足,旅行社接待服务是传授知识、交流情感、陶冶情操的高级服务活动。而接待工作的主要部分是导游接待服务,导游接待服务不仅要帮助、照顾客人的旅行生活,更重要的是要在讲解的过程中传播文化。所以,接待工作具有较强的文化性,导游员要通过健康的导游内容与趣味性的导游方式相结合来达成目的。

3. 服务过程规范化

为了保证服务质量,接待工作过程必须流程化和规范化以保证服务标准,在接待工作中要按质、按量、按时地兑现已销售出的各项服务。根据国家旅游局颁布的《旅游行业对客人服务的基本标准》的规定,旅行社在接待服务过程中必须坚持下列标准:

(1)实行"三定",即安排旅游者到定点旅馆住宿、定点餐馆就餐、定点商店购物,并确保向旅游者提供符合合同规定的服务。

(2)采取必要措施以保证旅游者人身财产安全,完善行李交接手续,保证旅游者行李运输安全和准确无误。

(3)旅行社委派接待的导游人员必须通过全国导游人员资格考试,取得国家旅游局颁布的导游员证书,并在接待前做好一切相关的准备工作。

(4)旅行社应将文娱活动作为固定节目安排。

(5)对不同国别、肤色、职业、性别、年龄的旅游者一视同仁,热情接待。

接待服务程序化是旅行社保证团体旅游接待服务质量的有效措施,使旅行社在接待过程中减少事故隐患,保证接待过程中各项工作的落实,从而最终提高旅行社接待服务的质量。同时,也有利于旅行社对接待服务质量的监督和管理,使得接待服务和接待管理有章可循。

4. 服务方式个性化

旅行社接待服务的对象——旅游者来自不同地区和国家,他们有着不同的生活习惯、文化背景、宗教信仰、价值观念和个人爱好,对旅游接待服务的要求也有不同程度的差别。旅行社应针对旅游团成员的不同特点,在坚持规范化原则的同时,在力所能及的范围内充分照顾到旅游者的个性化要求,根据不同团队的特点,采用灵活的服务形式和有特色的服务手段,在满足游客一般性服务需要的同时,提供富有个性化和人情味的服务,尽可能满足不同游客的不同需要,使旅游者感到温馨愉快。

5. 服务的原则性

由于旅游接待工作是独立进行的,接待人员和游客是双向交流的,所以,接待工作要遵守两个原则:一是必须坚持四项基本原则,严格按照党的方针政策办事;二是要切实遵守外事纪律和旅游工作的各项规章制度及有关工作细则。国际旅游接待服务活动既是一种经济活动,又是一项外事工作,"外事无小事",不能掉以轻心。

子任务2 实施旅游接待业务的过程管理

旅行社的团队接待服务工作,大体分为接团前的准备阶段、接团中的服务阶段、接团后的总结阶段三大部分。在这三个不同阶段中,旅行社应采取不同的方式进行管理,以确保接待工作圆满完成。

一、准备阶段的管理

旅行社接待部门在准备接待阶段所实施的管理包括以下两个方面:

1. 委派适当的导游员

接待部门在接到本旅行社销售部门或客源地组团旅行社发来的旅游计划后,应根据计划中对旅游团情况的介绍和所提出的要求,认真挑选最适合担任该旅游团接待工作的导游员。为了做到这一点,接待部门负责人应在平时对该部门导游员的性格、能力、知识水平、身体条件、家庭情况、思想状况等进行全面了解,做到心中有数。当接待任务下达后,接待部门经理便能够根据旅游团的特点,选择适当的导游员承担接待任务。如在接待专业旅游团时,接待部经理应选择在该专业领域有一定知识的导游员担任接待人员,以便在接待过程中,能以较为丰富的专业知识使旅游者感到熟悉和亲切,增加相互之间的共同语言,以便更好地为旅游者提供接待服务。又如,接待主要由中年妇女组成的旅游团时,接待部经理则应为他们挑选一位年龄相仿、比较了解中年妇女的心理、对商店购物比较在行的女导游员,以便于提供具有针对性的服务,使旅游者感到满意。

2. 检查接待工作的准备情况

在准备阶段,接待部门经理应注意检查承担接待任务导游员的准备工作进展情况和活动日程的具体内容。对于进展较慢的导游员,应加以督促;对于活动日程中某些不适当的安排,应提出改进意见;对于重点旅游团的接待计划和活动日程,应予以特别关照;对于经验较少的新导游员,则应给以具体的指导。总之,接待部经理应通过对接待工作准备情况的检查,及时发现和堵塞漏洞,防患于未然。

二、接待阶段的管理

实际接待阶段是旅行社接待管理的重要环节。由于担任接待工作的导游员往往单独带领旅游团活动,接待部门难以随时保持对接待人员的控制,而接待过程中发生的问题又多集中在这个阶段,所以,这一阶段的管理是旅行社接待管理工作中最困难也是最薄弱的环节。旅行社接待部经理应该特别重视这个阶段的管理,使旅游团的接待服务工作能够顺利完成。实际接待阶段的管理包括建立请示汇报制度和接待现场抽查与监督两项内容。

1. 建立请示汇报制度

旅游团队接待工作是一项既有很强的独立性，又需要由旅行社加以严格控制的业务。一方面，担任旅游团接待工作的接待人员（特别是导游人员），应具有较强的组织能力、独立工作能力和应变能力，以保证旅游活动顺利进行。那种动辄就请示汇报，不主动想办法解决问题，遇到困难绕着走的人，是不能胜任独立接待旅游团的重任的。另一方面，凡事不请示、不汇报，特别是遇到旅游接待计划发生重大变化的情况也不请示擅做主张，甚至出了事故隐匿不报的做法也是极端错误的。

为了加强对旅游团接待过程的管理，旅行社应根据本旅行社和本地区的具体情况，制订出适当的请示汇报制度。这种制度既要允许接待人员在一定范围内和一定程度上拥有随机处置的权力，以保证接待工作的高效率，又应要求接待人员在遇到旅游活动过程中的一些重大变化或发生事故时，及时请示旅行社有关管理部门，以取得必要的指导和帮助。只有建立和坚持这种适当的请示汇报制度，才能保证旅游团的接待工作顺利进行。

2. 接待现场抽查与监督

除了建立适当的请示汇报制度，以保证接待人员能够将接待过程中发生的重大情况及时、准确地传达到旅行社接待部门，使接待部经理和旅行社总经理等有关管理人员，能够随时掌握各旅游团接待工作的进展情况外，旅行社还应建立旅游团接待现场抽查和监督的制度。由接待部经理或总经理等人在事先未打招呼的情况下，亲自到旅游景点、旅游团下榻的饭店、就餐的餐馆等旅游团活动场所，直接考察导游人员的接待工作情况，并向旅游者了解对接待工作及各项相关安排的意见，以获取有关接待方面的各种直接信息。旅行社接待管理人员通过现场抽查和监督，可以迅速、直接地了解接待服务质量和旅游者的评价，为旅行社改进服务质量提供有用的信息。

三、总结阶段的管理

总结阶段的管理，主要是通过对接待程中发生的各种经验教训进行总结，处理旅游者对接待人员的表扬和投诉，增强接待人员的思想认识、知识水平和业务能力，以提高旅行社团体旅游接待的整体水平。旅行社在总结阶段的管理主要是建立接待总结制度与处理旅游者的表扬和投诉。

1. 建立接待总结制度

为了达到提高旅游团接待工作效率和服务质量的目的，旅行社应建立总结制度。要求每一名接待人员在接待工作完成后，对接待过程中发生的各种问题和事故、处理的方法及其结果、旅游者的反映等进行认真的总结，必要时应写出书面总结报告，交给接待部经理，接待部经理应认真仔细地阅读这些总结报告，将其中的成功经验加以推广，使其他接待人员能够学习借鉴，并将接待中出现的失误加以总结，提醒其他人员在今后的接待工作中尽量避免犯同样的错误。通过总结，达到教育员工，提高接待水平的目的。此外，接待部经理还可以采用其他方式对旅游团接待过程进行总结。例如，旅行社接待部经理可以采用听取接待人员当面汇报，要求接待人员就接待过程中发生的重大事故写出书面总结报告，抽查接待人员填写的"陪同日志"、"全陪日志"、"领队日志"等接待记录的方式，更好地了解对旅游者的接待情况和相关服务部门的协作情况，及时发现问题，采取补救措施。

总之，旅行社接待管理人员通过总结旅游团接待情况，不断积累经验，以便进一步改进产品,提高导游人员的业务水平和完善协作网络。

2. 处理旅游者的表扬和投诉

处理旅游者对导游员接待工作的表扬和投诉,是总结阶段中旅行社接待管理的另一项重要内容。一方面,旅行社通过对优秀工作人员及其事迹的宣传,可以在接待人员中树立良好的榜样,激励接待人员不断提高自身素质。另一方面,通过对旅游者针对导游员接待工作提出投诉的处理,既可教育受批评的导游员本人,又能对其他接待人员起到了鞭策作用,使大家在今后的接待工作中不再犯类似的错误。

任务二　操作团体旅游接待业务

子任务1　解析团体旅游接待业务的特点

团体旅游接待业务,是旅行社根据事先同旅游中间商达成的旅游合同或协议,对旅游团在整个旅游过程中的交通、住宿、饮食、游览参观、娱乐和购物等项活动提供具体组织和安排落实的过程。旅行社的团体旅游接待业务分成入境团体旅游接待业务、出境团体旅游接待业务与国内团体旅游接待业务三个类型。

一、团体旅游接待业务的共性

1. 计划性强

旅游接待计划是组团旅行社(包括旅游中间商)同各地接待旅行社之间达成的契约性文件。旅游接待计划是一个相互连接的整体,旅行过程中上下站之间的衔接十分重要,旅游计划中出现的任何纰漏都可能给整个旅游活动造成严重影响,并会给旅行社和旅游者带来经济损失和心理挫伤。因此,严格地按照旅游计划接待团体旅游者,是每一个提供接待服务旅行社的职责。如果确需对旅游计划进行修改,必须事先征得旅游者的同意。另外,对于旅游线路中所经停的各地接待旅行社来说,还必须根据组团旅行社下达的旅游团接待计划,制订旅游团在当地的活动日程,并加以全面落实。

2. 技能要求高

尽管散客旅游接待同样需要旅行社接待人员提供技能性强的服务,但是由于团体旅游的人数多,成员之间的关系比较复杂,不少旅游者在旅行开始前根本互不相识,需要在有限的旅游期间内相互适应,这就给旅行社接待工作带来了更大的难度。因此,旅行社在安排团体旅游接待人员时,必须针对旅游团的这一特点,选派责任心强、带团技能高的导游员担任领队、全程陪同或地方陪同。

3. 协调工作多

团体旅游接待是一项综合性很强的业务,需要在接待过程中及接待工作开始前和结束后,进行大量的沟通和协调工作。团体旅游的人数比较多,在旅游目的地停留的时间一般比较长,通常需要旅行社同许多其他旅游服务企业共同协作才能完成接待工作。在团体旅游接待的集体中,有旅游团领队、全程陪同和地方陪同。他们既要维护各自旅行社的利益,又要共同维护旅游者的利益,需要经常就接待中出现的问题进行磋商,相互协调。旅游团内的旅游者来自四面八方,具有不同的生活经历和习惯,所受的教育程度也不同,在他们之间存在着不同的价值观,对事物的看法常会出现分歧。因此,在旅游过程中旅行社的接待人员必须随时注意旅游团内的动向,一旦团内出现分歧或矛盾,应及时设法加以调解。

二、不同团体旅游接待业务的个性

旅行社在接待不同类型的旅游团时,不仅要研究团体旅游接待的共性特点,还应注意研究不同类型团体旅游的个性特点,以便提供具有针对性的服务。

1.入境团体旅游的接待

入境团体旅游,是指由旅行社通过海外旅游中间商招徕和组织的海外旅游团队,到中国大陆旅行游览的活动。入境团体旅游接待的主要特点有:

(1)停留时间长。除了少数港澳同胞来内地旅游的团队外,多数入境旅游团队在我国大陆旅游时,通常在几个甚至十几个城市或旅游景点所在地停留。因此,入境旅游团队的停留时间少则一周,多则十几天,少数入境旅游团队曾经创下在华旅游时间长达40多天的记录。由于在旅游目的地停留的时间长,所以其在旅游期间的消费一般比较高,能够给旅游目的地带来较多的经济收益。因此,旅行社应为入境旅游团队安排和落实其在各地的生活服务和接待服务,使旅游者慕名而来,满意而归。

(2)外籍人员多。入境旅游团队以外国旅游者为主体,其使用语言、宗教信仰、生活习惯、文化传统、价值观念、审美情趣等均与我国有较大差异。在由海外华人所组成的旅游团队中,不少海外华人及其子女因长期居住在国外,在生活习惯、使用语言、价值观念等方面也与当地居民十分相似,许多海外华人已经基本上不会讲汉语,或根本听不懂汉语普通话。因此,旅行社必须充分尊重他们,为其配备熟悉其风俗习惯、文化传统,并能够熟练地使用外语的人员担任导游。

(3)预订周期长。相对于国内团体旅游,入境团体旅游的预订周期一般比较长,从旅游中间商开始向旅游目的地的接待旅行社提出接团要求起,到旅游团队实际抵达旅游目的地时止,旅行社同旅游中间商之间需要进行多次的通讯联系,不断地对旅游团队的活动日程、人员构成、旅游者的特殊要求等事项进行磋商和调整。另外,旅游中间商还要为旅游团队办理前往旅游目的地的交通预订、申请并领取护照和签证等手续及组织散在各地的旅游者在事先规定的时间到达指定地点集合,组成旅游团队并搭乘预订的交通工具前往旅游目的地。这有利于接待旅行社在旅游团队抵达前充分做好各种接待准备,落实各项旅游服务安排。

(4)涉及环节多。在各种团体旅游接待工作中,入境旅游团体要求接待旅行社负责落实的环节最多。其在旅游目的地停留的时间长、地点多,旅游活动往往涉及旅游目的地的各种有关旅游服务供应部门和企业。为了妥善安排入境旅游团的生活和参观游览,接待旅行社必须认真研究旅游接待计划,制订出缜密的活动日程,并逐项落实整个旅行过程中的每一个环节,避免在接待中出现重大人为事故。

(5)活动变化多。入境团体旅游的活动变化比较多,如出发时间的变化、旅游团人数的变化、乘坐交通工具的变化等。因此,接待旅行社在接待过程中应密切注意旅游团活动可能出现的变化,及时采取调整措施,保证旅游活动的顺利进行。

2.出境旅游团体的接待

出境旅游团的接待业务,是指我国一些经过特许经营中国公民自费出国旅游业务的旅行社所组织的中国公民出境旅游团体的接待业务。目前,根据《中国公民自费出国旅游管理暂行办法》的规定,中国公民自费出国旅游主要以团队形式进行。出境旅游团的接待业务比较简单,主要是委派领队负责对整个旅游计划的实施过程进行监督,沿途照顾旅游者的生活,担任旅游团出境前和返回境内后至抵达出发地之前的陪同工作。尽管如此,出境旅游团的接待业务仍有其不同于入境旅游团和国内旅游团接待业务的一些特点,这些特点主要是:

(1)日程稳定。除非发生极其特殊的情况,出境旅游团的活动日程一般比较稳定。无论是组团社,还是地接社,都必须严格按照事先同旅游者达成的旅游协议,安排旅游团在境外及境内的各项活动。组织出境旅游的旅行社,应委派具有丰富接待经验的导游员担任出境旅游团的领队,负责在整个旅行途中关照旅游者的生活。

(2)消费水平高。出境旅游团的消费水平比较高。他们一般要求在旅行期间乘坐飞机或豪华客车,下榻在档次比较高的饭店,并往往要求在就餐环境比较好的餐厅用餐。此外,出境旅游团的购物欲望比较强烈,采购量和采购商品的价值均较大。因此,旅行社的领队在陪同出境旅游团于境外旅游期间,应在当地接待旅行社导游人员的配合下,组织好旅游者的购物活动,满足他们的需要。

(3)外语水平低。目前我国参加出境旅游的旅游者,除个别人外,外语水平一般比较低,许多人根本不懂外语,同当地人交流成为一个严重的问题,结果闹出不少的误会和笑话,甚至发生上当受骗的事情。因此,应选派精通旅游目的地语言或英语的导游员担任出境旅游团领队,在境外充当翻译,以帮助旅游者克服语言方面的障碍。

3. 国内旅游团体的接待

国内旅游团队的类型比较多,包括旅游客源地附近的周末旅游、省内(自治区、直辖市内)短途旅游和跨省(自治区、直辖市)的省际旅游。

(1)准备时间短。国内旅游团的预订期一般比较短,而且由于不需要办理护照、签证等手续,所以国内旅游团的成团时间较短。有时,从旅游者提出旅游咨询到旅游团成团出发,只需要一周的时间,使得旅游客源地的组团旅行社,来不及用书面形式及时通知旅游目的地的接待旅行社,只好先用电话通知,然后再补发书面旅游计划。旅行社应在平时加强对接待人员的培训,使他们熟悉国内团体旅游接待的特点和要求,以便在接到旅游接待计划后,能够在较短时间内制订出当地的活动日程,做好各项接待准备。应根据当地旅游资源和本旅行社接待人员的特点,设计出针对不同国内旅游团的接待规范和标准活动日程,使接待人员能够按照接待规范和标准活动日程进行接待准备,提高接待准备工作的效率。

(2)日程变化小。国内旅游者一般对于前往的旅游目的地具有一定程度的了解,并能够在报名参加旅游团时对旅游活动日程做出比较理智的选择。因此,他们很少在旅游过程中提出改变活动日程的要求。另外,国内旅游者往往把旅行社是否严格按照事先达成的旅游协议安排在旅游目的地的活动及旅行途中的交通看成旅行社是否遵守协议、保证服务质量的重要标志。所以,他们对于旅行社更改活动日程的反感较之入境旅游团和出境旅游团更加强烈,旅行社应尽量避免修改活动日程。

(3)消费水平差别大。参加国内旅游团的旅游者生活水平参差不齐,既有收入丰厚的个体或乡镇企业家、外企高级管理人员和工程人员、经济效益较好的企业员工,也有中等收入水平的工薪阶层人士,还有在校的青年学生。不同生活水平的旅游者在旅游消费水平方面差异很大。消费水平高的旅游者,可能要求在档次较高的星级饭店下榻和就餐、乘坐豪华客车、增加购物时间;消费水平较低的旅游者则可能对住宿、餐饮、交通工具等要求不高,希望增加参观游览时间、减少购物时间。旅行社应根据他们的消费水平和消费特点,设法满足不同旅游者的需要。

（4）讲解难度小。国内旅游者由于没有境外游客在文化和语言上的障碍,加上大多数旅游者都有一定的文化水平,对景点有一定程度的了解,因而接待国内旅游团的导游讲解可采用多种形式、多种手法,可使用历史典故、成语、谚语、歇后语等,以丰富旅游者的知识,调动其旅游情趣,提高接待效果。

子任务2 运行团体旅游接待业务

旅行社的团队接待服务工作,大体分为接团前的准备阶段、接团中的服务阶段、接团后的总结阶段等三大部分。

一、准备阶段

1. 制订接待计划

旅行社接待部门承接旅游团的接待任务后,首先应该及时安排并落实接待计划,核实各项服务项目,确认旅游团的接待等级和服务范围。其次,了解用车情况,包括车辆的数量、车号、座位、空调、音响等情况并与司机取得联系,确认一些细节问题。落实行李车、行李员,确认接团的日期、时间,防止漏接、错接及行李的遗失。再次,与机场、车站、码头联系,核实飞机、火车、轮船抵达的确切时间。此外,还要做好物品准备,包括陪同日志、各种票据以及财务用品等。

2. 配备合适的接待人员

根据旅游团的性质,选择适当的导游人员上岗。导游员要做好接待服务的一切准备工作,主要包括研究旅游接待计划,安排和落实旅游活动日程,做好知识准备、心理准备、物质准备等。对旅游团接待计划外的其他活动要求,事先进行联系和安排,力求尽量予以满足。

二、接团阶段

1. 迎接工作

迎接团队是接待服务工作的开端,也是导游员与旅游团队交流的开始。导游员必须给旅游者留下良好的第一印象。导游员着装得体、大方。出发接站前,再次核实旅游团所乘交通工具抵达当地的确切时间,并通知旅行社的行李员。应在飞机（火车或汽车、轮船）抵达前半小时到达机场（车站、码头）,并与司机商定停车等候的位置,做好迎接准备。

导游员应该佩戴标牌,手举导游旗,携带导游证书,在机场（车站、码头）的出口处迎接,并主动辨认所接的旅游团。接到旅游团后,导游员应主动上前热情欢迎,进行自我介绍,并确认团队的名称、领队、人数,若与计划不符,应及时采取相应措施。核实托运的行李件数,并与旅行社行李员办妥行李交接手续。及时引导旅游者上车,协助旅游者就座并清点人数,待全部人员到齐后,请司机发车。

2. 初次导游

初次导游是由机场（车站、码头）到下榻饭店的路途中向旅游者进行的讲解,主要包括致欢迎词、沿途导游和饭店介绍等内容。

3. 入住饭店服务

导游员带领团队达到住宿饭店后,协助全陪及旅游者办理住宿登记手续,进住房间并取到行李,介绍饭店的各项服务设施及其位置和营业时间、介绍用餐时间和就餐形式,让游客及时了解饭店的基本情况和住店的注意事项。掌握领队和旅游团其他成员的房间号码,并根据旅游者的要求,安排第二天叫早服务。带领旅游团到餐厅用好第一餐。

4. 确认旅游活动日程

旅游团开始参观游览之前,地陪应与领队、全陪商定本地活动安排,并及时通知每一位游客。核对、商定日程是旅游团抵达后的一项重要工作,可视作两国(两地)间导游人员合作的开始。导游员必须告诉全体旅游者在本地旅游活动的行程与内容,主动介绍日程安排的依据和理由,以求旅游者给予配合。

5. 安排游览与娱乐活动

主要由白天的游览活动与晚间的娱乐活动两部分构成。白天的游览、购物等活动是旅游团队游程中最重要的部分,也是导游员最主要的接待内容,应严格按照合同规定的程序提供服务。晚间活动应积极组织丰富多彩、文明健康的项目,充实旅游者的夜生活。

一般来说,地方导游员应在每次活动之前的10分钟到达预定集合地点,督促司机做好出发前的准备工作。旅游者上车后,地方导游员应及时清点人数,向旅游者报告当日的重要新闻、天气情况、活动安排和就餐时间及地点。当全部旅游者到齐后,导游员请司机发车,并开始介绍沿途的风景、建筑物等。到达景点后,导游员应介绍景点的历史背景、风格特点、地理位置和欣赏价值,并告知旅游者在景点的停留时间、集合地点和游览注意事项。在游览过程中,导游员应始终同旅游者在一起活动,注意旅游者的安全,随时清点人数,以防旅游者走失。与此同时,导游员还应使用生动形象的语言向旅游者讲解景点情况,使旅游者得到美的享受。

除了导游讲解外,导游员还必须在游客就餐、购物和观看文娱节目时提供相应的服务,如介绍餐馆、菜肴特色、酒水类别、餐馆设施、当地商品特色、节目内容及特点,回答旅游者的各种问题,解决随时出现的问题等。

6. 送行

接待服务应善始善终,切忌虎头蛇尾。团队在当地旅游活动结束时,应对游客的通力合作表示感谢,并向游客发放征求意见表,诚恳地征求旅游者对当地接待工作的意见和建议,并祝愿旅游者旅途愉快。

旅游计划是组团社、地接社与游客共同约定的,除非特殊情况,如交通故障等,一般不能随便更改。在核对、商定日程时,对出现的不同情况,导游员要采取相应的措施。领队或游客提出小的修改意见或要求增加新的游览项目时,导游员应及时向旅行社有关部门反映,对合理又可能满足的项目应尽量安排,需要加收费用的项目,要事先向领队或游客讲明,按有关规定收取费用,对确有困难无法满足的要求,应向领队或游客说明原因并耐心解释。

领队或游客提出的要求与原日程不符且又涉及接待规格时,一般应给予婉言拒绝,并说明己方不便单方面不执行合同,如确有特殊理由,并且由领队提出时,导游员必须请示旅行社有关部门,视情况而定。

领队(或全陪)手中的旅行计划与导游员的接待计划有部分出入时,导游员应及时报地接社查明原因,分清责任,若是地接社方面的责任,应实事求是地说明情况并赔礼道歉。

三、总结阶段

1.总结工作

团队接待工作结束后,认真做好陪团小结,实事求是地汇报接团情况。导游员应将接待计划等有关函件整理妥当后存档。涉及游客的意见和建议,力求引用原话,并注明游客的身份。旅游中若发生重大事故,要整理成文字材料向地接社和组团社汇报,进行专题总结。

2.结账

按旅行社的具体要求并在规定的时间内,填写清楚有关接待和财务结算表格,连同保留的各种单据、接待计划、活动日程表等按规定上交有关人员,并到财务部门结清账目,并归还所借物品。

3.处理遗留问题

旅游结束后,导游员应妥善、认真处理好旅游团的遗留问题,按有关规定办理游客临行前托办的事宜,必要时请示领导后再办理。旅游者的意见或建议要及时答复并表示感谢。发现旅游者遗忘的物品,应尽快与有关方面联系,及时归还客人。

任务三 操作散客旅游接待业务

子任务1 解读散客旅游接待业务

一、散客旅游业务分类

散客旅游又称自助或半自助旅游,是由旅客自行安排旅游行程,零星现付各项旅游费用的旅游形式。散客导游服务就是旅行社按照散客的要求提供各项导游服务,主要包括单项委托业务、旅游咨询业务和选择性旅游业务三种类型。

1.单项委托服务业务

单项委托服务,主要包括零散旅游者(简称散客)来本地旅游的委托、零散旅游者赴外地旅游的委托和零散旅游者在本地的单项委托等三种情况。

(1)散客来本地旅游的委托业务。散客来本地旅游的委托,是指外地旅游者委托其所在地的旅行社,办理其前往旅游目的地旅游时所需的有关接待或其他旅游服务的业务。旅游目的地旅行社的有关工作人员,应在接到外地旅行社的委托通知后,立即按照通知的要求办理旅游者所委托的有关服务项目。如果旅游者要求旅行社提供导游接待服务,旅行社有关部门应及时委派导游员按时前往旅游者抵达的地点接站并提供相应的服务。如果旅行社认为无法提供旅游者所委托的服务项目,应在接到外地旅行社委托后 24 小时内发出不能接受委托的通知。

(2)散客赴外地旅游的委托业务。多数旅行社规定,散客旅游者应在离开本地前的三天内,到旅行社办理赴外地旅游的委托申请手续。旅行社散客部在接到旅游者提出的委托申请后,必须耐心询问旅游者的旅游要求,认真检查旅游者的身份证件。如果旅游者委托他人代办委托手续,受托人必须在办理委托手续时出示委托人的委托信函及受托人的身份证件。旅行社散客部人员在为旅游者办理赴外地旅游委托手续时,应根据旅游者的具体要求,逐项填写"委托代办支付券"。填好后,散客部人员将"委托代办支付券"的第一联和第二联交给旅游者,将第三联和第四联留存。

旅游者在旅行社办理旅游委托后又要求取消或变更旅游委托时,应至少在出发前一天到旅行社办理取消或变更手续,交纳加急长途通讯费并承担可能由此造成的损失。对于取消旅游委托的旅游者,旅行社经办人员应收回"委托代办支付券",并将其存档。

(3)散客在本地的单项委托业务。有些散客在到达本地前并未办理任何旅游委托手续,但当到了本地后,由于某种需要也会到旅行社申请办理在本地的单项旅游委托手续。旅行社在接待这类旅游者时,应首先问清旅游者的要求,说明旅行社所能提供的服务项目及收费标准,并根据旅游者的要求,向其提供相应的服务。如果旅游者委托旅行社提供导游服务,旅行社应在旅游者办妥委托手续并交纳费用后,及时通知接待部门委派导游员或派遣本部门的导游员为旅游者服务。

2. 旅游咨询业务

旅行社咨询服务的范围很广,主要有旅游交通、饭店住宿、餐饮设施、旅游景点、各种旅游产品价格、旅行社产品种类等方面。虽然旅行社在提供旅游咨询服务时并不向旅游者收取费用,但是,通过提供咨询服务,往往可以引导旅游者购买本企业的产品。因此,旅游咨询服务是扩大产品销售和提高经营收入的一条重要渠道。旅游咨询服务业务分为电话咨询服务、信函咨询服务和人员咨询服务三种。

(1)电话咨询服务。电话咨询服务,是指旅行社工作人员通过电话回答旅游者关于旅行社产品及其他旅游服务方面的问题,并向其提供购买本旅行社有关产品的建议。旅行社工作人员在接到旅游者打来的咨询电话时,应该表现出对顾客的尊重,要认真倾听他们提出的问题,并耐心地予以恰当的回答。回答时声调要友好、和气,语言应礼貌、规范。旅行社工作人员在提供电话咨询服务时应积极主动,反应迅速。在圆满地回答顾客问题的同时,应主动向旅游者提出各种合理的建议,抓住时机向他们大力推荐本旅行社的各种产品。

(2)信函咨询服务。信函咨询服务,是指旅行社工作人员以书信形式答复旅游者提出的关于旅游方面和旅行社产品方面的各种问题,并提供各种旅游建议的服务方式。目前,旅行社的信函咨询服务主要利用传真设备进行。信函咨询的书面答复应做到语言明确、简练规范、字迹清楚。

(3)人员咨询服务。人员咨询服务,是指旅行社工作人员接待前来旅行社门市柜台进行咨询的旅游者,回答他们提出的有关旅游方面的问题,向他们介绍本企业的散客旅游产品,提供旅游建议。在提供人员咨询服务过程中,旅行社工作人员应热情友好,面带微笑,主动进行自我介绍,仔细认真地倾听旅游者的询问,并耐心地进行回答。与此同时,还应该认真地将旅游者的问题和要求记录下来。此外,还应向旅游者提供有关的产品宣传资料,让旅游者带回去阅读,以便加深旅游者对本旅行社及其产品的印象,为旅行社争取客源。

3. 选择性旅游业务

选择性旅游,是指由旅行社为散客组织的短期旅游活动,如小包价旅游的可选部分、散客的市内游览、晚间文娱活动、风味品尝、到近郊及邻近城市旅游景点的"一日游"、"半日游"等项目。根据国际旅游市场的发展趋势和我国实行双休日制度后出现的周末远足旅游热潮,不少旅行社已将目光转移到选择性旅游这一大有潜力的新市场,纷纷推出各种各样的选择性旅游产品,以增加旅行社的经济效益和社会效益,扩大知名度。我国有些地区甚至出现了专营选择性旅游产品的旅行社。这些产品中包括"半日游"、"一日游"、"数日游"等包价产品;游览某一景点、品尝地方风味、观赏文娱节目等单项服务产品；"购物游"等组合旅游产品。

选择性旅游产品的价格应为"组合式"，即每一个产品的构成部分均有各自的价格，包括产品的成本和旅行社的利润。旅行社将这些产品目录放在门市柜台或赠送给代销单位，供旅游者选择。旅行社销售选择性旅游产品的主要渠道是旅行社的门市柜台。此外，还有外地的旅行社、饭店、旅游交通部门、海外经营出境散客旅游业务的旅行社等销售渠道。

二、散客旅游业务的特点

散客与团队旅游不同，主要表现在：第一，人数不同，我国目前通行散客包价旅游人数为 9 人（含 9 人）以下，团队包价旅游须 10 人以上；第二，付费方式不同，散客多采用零星现付方式，团队则采用包价一次性提前现付形式；第三，价格不同，通常散客的旅游活动项目按零散价支付，比享受折扣优惠的团队旅游价格高；第四，行程自由度不同，散客旅游一般由旅游者自行计划和选择行程，旅行社提供咨询服务，行程节奏变化大，而团队则受旅行社计划及自身组织性约束。

1. 批量小

散客旅游多为旅游者本人单独外出或与其家属、亲友结伴而行，同团体旅游相比，散客旅游的批量一般比较小.

2. 批次多

散客旅游的批量虽然比较小，但是采用散客旅游方式的旅游者日趋增加，加上许多旅行社大力开展散客旅游业务，更促进了散客旅游的发展，所以散客的总人数在迅速增加。散客市场规模的日益扩大及其批量小的特征，使得散客旅游形式呈现批次多的特点。

3. 预订期短

散客旅游决定的过程比较短，相应地使散客旅游形成了预订期短的特点。散客往往要求旅行社能够在较短的时间内，为其安排好旅游线路并办妥各种旅行手续。

4. 要求多

散客当中有大量的商务、公务旅游者，他们的旅行费用多由所在的企业、单位全部或部分承担。另外，他们在旅游过程中有很多交际应酬活动和商务、公务活动。因此，他们的旅游消费水平较高且对旅游服务的要求也较多。

5. 变化多

散客在旅行前常缺少周密的安排，而在旅行过程中临时变更旅行计划，提出各种新的要求或在旅行前突然由于某种原因而临时决定取消旅行计划。

三、散客旅游接待的要求

散客旅游的出现是旅游市场成熟的标志之一，说明旅游者的旅游消费观念日趋成熟。散客对旅行社提供接待服务的要求不同于团体旅游者，对于服务的效率和质量更为注重。概括起来，旅行社在散客旅游接待方面，主要应做好以下三个方面的工作：

1. 旅行社产品方面

散客的文化层次通常比较高，而且旅游经验一般比较丰富。他们对旅行社产品的深层内涵十分重视。旅行社在接待散客时应针对这一特点，多向他们提供那些具有丰富文化内涵和浓郁的地方与民族特色的产品，增加产品的参与性，以满足他们追求个性化和多样化的消费心理。

2. 预订系统方面

散客的购买方式多为零星购买,随意性较强。因此,散客旅游对高效、便利、准确的预订系统有着强烈的要求。针对这一特点,旅行社应采用以计算机技术为基础的网络化预订系统,保证散客能够自由、便利地进行旅游预订和委托、委派。

3. 采购方面

散客多采取自助式的旅游方式,对于旅游目的地各类服务设施要求较高。旅行社应加强旅游服务的采购工作,建立起广泛、高效、优质的旅游服务供应网络,以满足旅游者的需要。

子任务2 熟悉散客旅游接待流程

散客导游服务是旅行社在接受了散客至某一旅游线路、旅游区或旅游点的委托后,派遣导游人员为其提供的导游服务。这种服务一般会为客人提供车辆运输,而客人未委托的内容则由散客自理。

对于接待的散客旅游团,如选择旅游团、散客包价或小包价旅游团,由于游客来自不同的国家或地方,彼此不认识,个性和生活习惯各异,集合较困难。导游员带这样的旅游团必须有高度的责任感,工作更要尽心尽力,遇到情况要多倾听客人的意见,多向他们提合理化建议,做好协调工作。同时,多向客人做提醒工作,以使客人的参观游览安全、顺利。导游人员受旅行社的委派接待他们或帮助办理有关委托事项,涉及导游员的服务通常为接站服务、导游服务和送站服务。散客导游服务的规程如下:

一、接站服务

接站服务是散客到达旅游目的地之前向旅行社办理的委托服务,导游员的主要任务是按散客委托要求将其从航空港、车站、码头等地接送到客人预订的饭店。其服务规程如下:

1. 服务准备

导游人员接受迎接散客导游服务任务后,应认真做好迎接的准备工作。

(1)认真阅读接待计划。导游人员应明确迎接的日期、航班或车次的抵达时间;散客姓名及人数和下榻的饭店;有无航班(车次)及人数的变更;提供哪些服务项目;是否与其他游客合乘一辆旅游车至下榻饭店等。

(2)做好出发前的准备。导游人员要准备好写有散客的姓名或散客旅游团的欢迎标志及地图,随身携带的导游证、胸卡、社旗、接站牌;检查所需票证,如离港(车船)票、餐单、游览券等。

(3)联系交通工具。导游员要与散客部计调确认司机姓名并与司机联系,约定出发的时间、地点,了解车型、车号。

2. 接站服务

接站时要使散客或散客旅游团感受到热情友好的接待,有宾至如归之感。

(1)提前到港等候。导游人员若迎接的是乘飞机而来的散客或散客旅游团,应提前20分钟到达机场,在国际或国内进港隔离区门外等候;若是迎接乘火车而来的散客或散客旅游团,应提前30分钟进车站站台等候。

(2)迎接散客。在航班(列车)抵达时刻,导游人员应与司机站在不同的出口(或列车卧铺、硬座车厢外)易于被发现的位置举牌等候,以便散客前来联系,导游人员也可根据散客的特征上前询问。确认迎接到应接的散客后导游人员应主动问候,并介绍代表的旅行社和自己的姓名,对其表示欢迎。询问散客在机场或车站还需办理的事情,并给予必要的帮助。询问散客的行李件数并进行清点,帮助散客提取行李和引导客人上车。若是散客旅游团,要将行李清点后交行李员运送。

3. 沿途导游服务

在从机场(车站)至下榻饭店的途中,导游人员对散客或散客旅游团应像团队包价旅游团一样进行沿途导游,介绍所在城市的概况、下榻饭店的地理位置和设施以及沿途景物和有关注意事项等。导游人员接待的是临时组合起来的选择性旅游团,初次与游客见面时,导游员应代表旅行社、司机向游客致以热烈的欢迎,表示愿意竭诚为游客服务。希望游客予以合作,多提宝贵意见和建议。并祝游客游览愉快、顺利。导游人员除做好沿途导游之外,应特别向游客强调在游览中注意安全。

4. 入住饭店服务

应使散客或散客旅游团进入饭店后尽快完成住宿登记手续,导游人员应热情介绍饭店的服务项目及住店的有关注意事项,与散客或散客团确认日程安排与离店的有关事宜。

(1)帮助办理住店手续。散客抵达饭店后,导游人员应帮助散客办理饭店入住手续,介绍饭店情况及注意事项。按接待计划,向散客说明饭店将为其提供的服务项目,并告知散客离店要现付的费用和项目。记下散客的房间号码。散客旅游团行李抵达后,导游人员要负责核对行李,并督促行李员将行李运送到客人的房间。

(2)确认日期。导游人员在帮助散客或旅游团办理入住手续后,要与客人确认日程安排。当客人确认后,将填好的安排表、游览券及赴下站的飞机(火车)票交与客人,并让其签字确认。如散客乘坐大旅游车游览,应详细说明各种票据的使用,集合时间、地点以及离店的时间与送站安排。导游员可协助游客确认机票,也可以告知其航空售票等电话让客人自行确认机票。导游人员帮助散客确认机票后,应向散客部计调部门报告核实确认的航班号和离港时间。

(3)推销旅游服务项目。导游人员在迎接散客或散客旅游团的过程中,应询问他们在本地停留期间还需旅行社为其代办何种事项,并表示愿意竭诚为其提供服务。

5. 后续工作

迎接服务完结后,导游员应及时将同接待计划有出入的信息及散客的特殊要求反馈给散客部,或填写零散游客登记表。对于未在机场或车站接到散客的导游员来说,回到市区后应前往散客下榻的饭店前台确认客人是否已入住饭店。如果客人已入住饭店,必须主动与客人联系并表示歉意。要按接待计划安排好散客停留期间的有关委托服务,然后向散客部或计调部门报告。

二、现场导游讲解

抵达游览景点下车前,导游人员应多次强调客人游览景点后的上车时间、地点和车型、车号。客人下车游览景点时,导游员应对景点的历史背景、特色等进行讲解,语言要生动,有声有色,引导客人观赏。如是个体散客,导游员可采用对话形式进行讲解。游览前,导游员应向其提供游览路线的合理建议,由客人自行选择。如是散客旅游团,导游员应陪同旅游团边游览边讲解,随时回答客人的提问,并注意观察客人的动向和周围的情况,以防客人走失或发生意外事故。接待计划规定的景点游览结束后,导游人员要使散客顺利、安全地离站。

由于散客的自由活动时间较多,导游人员应当好他们的顾问,可协助其安排购物或晚间娱乐活动,提醒客人注意安全,引导他们去健康的娱乐场所。

三、送站服务

1. 服务准备

(1)详细阅读送站计划。导游员接受送站任务后,应详细阅读送站计划,明确所送散客的姓名或散客的旅游团人数、离开本地的日期、所乘航班(车次)以及下榻的饭店;有无航班(车次)与人数的变更;是否与其他游客合乘一辆车去机场或车站。

(2)做好送站准备。导游员必须在送站前24小时与散客或散客旅游团确认送站时间和地点。若客人不在房间,应留言并告之再次联络的时间,然后再联系、确认。要准备好客人的机(车)票。

同散客部计调部门确认与旅游车司机会合的时间、地点及车型、车号。如散客乘国内航班离站,导游员应掌握好时间,带领客人提前1小时到达机场;如散客乘国际航班离站,必须让客人提前2小时到达机场;如散客乘火车离站,应让客人提前40分钟到达车站。

2. 到饭店接运客人

按照与客人约定的时间,导游员必须提前20分钟到达客人下榻的饭店,协助客人办理离店手续,交还房间钥匙,付清账款,清点行李,提醒客人带齐随身物品,然后照顾客人上车离店。

若导游员送站的散客与住在其他饭店的游客合乘一辆车去机场或车站,要严格按约定的时间顺序抵达各饭店。

若合车运送游客途中遇到严重交通堵塞或其他特殊情况,需调整原约定的时间顺序和行车路线时,导游员应及时向散客部计调部门报告,请计调部人员将时间上的变化通知下一站饭店的游客。

3. 到站送客

在运送散客到机场或火车站途中,导游员应向散客征询在本地停留期间或旅游中的感受、意见和建议,并代表旅行社向客人表示感谢。客人到达机场或车站后,导游员应提醒和帮助客人带好行李与物品,协助办理机场有关税费。

导游员在同散客告别前,应向机场人员确认航班是否准时起飞,若航班延时起飞,应主动为客人提供力所能及的帮助。若确认航班准时起飞,导游员应将游客送至隔离区入口处同其告别,欢迎他(她)们下次再来。若有游客再次返回本地。要同游客约好返回等候地点。游客乘坐国内航班离站,导游员要待飞机起飞后方可离开机场。

送散客去火车站时,导游员要安排客人从贵宾候车室上车入座,协助客人安顿好行李,将车票交给客人,然后同其道别,欢迎其再来。送别散客后,导游员应及时将有关情况反馈给散客部。

任务四 操作特殊团队旅游接待业务

特殊旅游团是指该团成员具有同一体质特征或同一特殊旅游目的的旅游团。游客来自不同的国家和地区,他们在年龄、职业、宗教信仰、社会地位等方面存在较大的差异,有些游客甚至非同一般、特点尤为突出,导游人员必须给予特别重视和关照,因此称之为特殊游客或重点游客。虽然他们都是以普通游客的身份而来,但接待方法有别于一般的游客。

子任务1 接待儿童团队

出于增长见识、健身益智的目的,越来越多的游客喜欢携带自己的子女一同到目的地旅游,其中不乏一些少年儿童。导游人员应在做好旅游团中成年游客旅游工作的同时,根据儿童的生理和心理特点,做好专门的接待工作。

一、注意儿童的安全

儿童游客,尤其是 2～6 岁的儿童,天生活泼好动,因此要特别注意他们的安全。地陪可酌情讲些有趣的童话和小故事吸引他们,既活跃了气氛,又使他们不到处乱跑,保证了安全。

二、掌握"四不宜"原则

对有儿童的旅游团,导游人员应掌握"四不宜"的原则:
(1)不宜为讨好儿童而给其买食物、玩具;
(2)不宜在旅游活动中突出儿童,而冷落其他游客;
(3)即使家长同意也不宜单独把儿童带出活动;
(4)儿童生病,应及时建议家长请医生诊治,而不宜建议自行给孩子服药,更不能提供药品给儿童服用。

三、对儿童多给予关照

导游人员对儿童的饮食起居要特别关心,多给一些关照。如天气变化时,要及时提醒家长给孩子增减衣服,如果天气干燥,还要提醒家长多给孩子喝水等等;用餐前,考虑到儿童的个子小,且外国儿童不会使用中餐用具。地陪应先给餐厅打电话,请餐厅准备好儿童用椅和刀、叉、勺等餐具,以减少用餐时的不便。

四、注意儿童的接待价格标准

对儿童的收费是根据不同的年龄,有不同的收费标准和规定,如机票,车、船票,住房,用餐等,导游人员应特别注意。

子任务2 接待高龄游客团队

在我国入境旅游和国内旅游市场,老年游客均占有较大的比例。而在这些老年游客中还有年龄在 80 岁以上的高龄游客。尊敬老人是我们中华民族的传统美德,因此,导游人员应通过谦恭尊敬的态度、体贴入微的关怀及不辞辛苦的服务做好高龄游客的接待工作。

一、妥善安排日程

导游人员应根据高龄游客的生理特点和身体情况,妥善安排好日程。首先,日程安排不要太紧,活动量不宜过大,项目不宜过多,在不减少项目的情况下,尽量选择便捷路线和有代表性的景观,少而精,以细看、慢讲为宜;其次,应适当增加休息时间。参观游览时可在上、下午各安排一次中间休息,在晚餐和看节目之前,应安排回饭店休息一会儿,晚间活动不要回饭店太晚;此外,带高龄游客团不能用激将法和诱导法,以免消耗体力大,发生危险。

二、做好提醒工作

高龄游客由于年龄大,记忆力减退,导游人员应每天重复讲解第二天的活动日程并提醒注意事项,如预报天气情况,提醒增减衣服,带好雨具,穿上旅游鞋等。进入游人多的景点时,要反复提醒他们提高警惕,带好自己的随身物品。其次,由于外国游客对人民币不熟悉,加上年纪大,视力差,使用起来较困难。为了使用方便或不被人蒙骗,地陪应提醒其准备适量的小面值人民币。此外,由于饮食习惯和生理上的原因,带高龄游客团队,地陪还应适当增加去厕所的次数,并提前提醒他们准备好零钱(收费厕所)。

三、注意放慢速度

高龄游客大多数腿脚不太灵活,有时甚至力不从心。地陪在带团游览时,一定要注意放慢行走速度,照顾走得慢或落在后面的高龄游客,选台阶少,较平坦的地方走,以防摔倒碰伤;在向高龄游客讲解时,导游人员也应适当放慢速度、加大音量,吐字要清楚,必要时还要多重复。

四、耐心解答问题

老年游客在旅游过程中喜欢提问题,好刨根问底,再加上年纪大,记忆力不好,一个问题经常重复问几遍,遇到这种情况,导游人员不应表示反感,要耐心、不厌其烦地给予解答。

五、预防游客走失

每到一个景点,地陪要不怕麻烦、反复多次地告诉高龄游客旅游路线及旅游车停车的地点,尤其是上下车地点不同的景点,一定要提醒高龄游客记住停车地点;另外,还要提前嘱咐高龄游客,一旦发现找不到团队,千万不要着急,不要到处乱走,要在原地等待导游人员的到来。

六、尊重西方传统

许多西方老年游客,在旅游活动中不愿过多地受到导游人员的特别照顾,认为那是对他们的侮辱。因此,对此类游客应尊重其西方传统,注意照顾方式。

子任务 3 接待残疾游客团队

在外国旅游团队中,有时会有聋哑、截瘫、视力障碍(盲人)等残疾游客,他们克服了许多常人难以想象的困难来到中国旅游,这既表明他们有着比常人更加强烈的对旅游的渴望,也说明他们对中国有着特殊的感情,对中国悠久的历史文化有着浓厚的兴趣,而且还告诉我们他们之所以在众多的旅游目的地中选择了中国,就是相信在中国不会受到歧视。因此,在任何时候、任何场合都不应讥笑和歧视他们,而应表示尊重和友好。残疾游客的自尊心和独立性特别强,虽然他们需要关照,但又不愿给别人增添麻烦。因此,在接待残疾游客时,导游人员要特别注意方式方法,既要热情周到,尽可能地为他们提供方便,又不给他们带来压力或伤害他们的自尊心,真正做到让其乘兴而来、满意而归。

一、适时、恰当的关心照顾

接到残疾游客后,导游人员首先应适时地询问他们需要什么帮助,但不宜问候过多,如果过多当众关心照顾,反而会使他们反感。其次,如果残疾游客不主动介绍,不要打听其残疾的原因,以免引起不快。此外,在工作中要时刻关注残疾游客,注意他们的行踪,并给予恰当的照顾。尤其是在安排活动时,要多考虑残疾游客的生理条件和特殊需要,如选择路线时尽量不走或少走台阶、提前告诉他们洗手间的位置、通知餐厅安排在一层餐厅就餐等。

二、具体、周到的导游服务

对不同类型的残疾游客,导游服务应具有针对性。接待聋哑游客要安排他们在车上前排就座,因为他们需要通过导游人员讲解时的口形来了解讲解的内容。为了让他们获得更多的信息,导游人员还应有意面向他们放慢讲解的速度;对截瘫游客,导游人员应根据接待计划分析游客是否需要轮椅,如需要应提前做好准备。接团时,要与计调部门或有关部门联系,最好派有行李箱的车,以便放轮椅或其他物品;对有视力障碍的游客,导游人员应安排他们在前排就座,能用手触的地方、物品可以尽量让他们触摸。在导游讲解时可主动站在他们身边,讲解内容要力求细致生动,口语表达更加准确、清晰,讲解速度也应适当放慢。

子任务4 接待宗教人士团队

来中国旅游的外国游客中,常常会有一些宗教界人士,他们以游客的身份来华旅游,同时进行宗教交流活动,导游人员要掌握他们身份特殊、要求较多的特点,做好接待工作。

一、注意掌握宗教政策

导游人员平时应加强对宗教知识和我国宗教政策的学习,接待宗教旅游团时,既要注意把握政策界线,又要注意宗教游客的特点。如在向游客宣传我国的宗教政策时,不要向他们宣传"无神论",尽量避免有关宗教问题的争论,更不要把宗教、政治、国家之间的问题混为一谈,随意评论。

二、提前做好准备工作

导游人员在接到接待宗教团的计划后,要认真分析接待计划,了解接待对象的宗教信仰及其职位,对接待对象的宗教教义、教规等情况要有所了解和准备,以免在接待中发生差错;如果该团在本地旅游期间包括有星期日,要征求领队或游客的意见,是否需要安排去教堂,如需要,要了解所去教堂的位置及开放时间。

三、尊重游客信仰习惯

在接待过程中,要特别注意宗教游客的宗教习惯和戒律,尊重他们的宗教信仰和习惯。如由天主教人士组成的旅游团,每天早晨开车前,他们会在车上讲经、作祈祷。这时,导游人员和司机应主动下车,等他们祈祷完毕后再上车。

四、满足游客特殊要求

宗教界人士在生活上一般都有些特殊的要求和禁忌,导游人员应按旅游协议书中的规定,不折不扣地兑现,尽量予以满足。对宗教游客在饮食方面的禁忌和特殊要求,导游人员一定要提前通知餐厅做好准备;有些伊斯兰教人士用餐时,一定要去有穆斯林标志牌的餐厅用餐,导游人员要认真落实,以免引起误会。

子任务5 接待特殊身份和地位的游客团队

所谓"有特殊身份和地位的游客"是指外国在职或曾经任职的政府高级官员、皇室成员;对华友好的官方或民间组织团体的负责人;社会名流或在国际国内有一定影响的各界知名人士;国际或某国著名的政治家、社会活动家、大企业家等。这些游客是世界各国人民的使者,他们来到中国除了参观游览外,往往还有其他任务或使命,因此,做好他们的接待工作意义重大。

首先,导游人员要有自信心,不要因为这些游客地位较高、身份特殊而胆怯、畏惧。往往越是身份高的人,越懂得尊重别人。他们待人接物非常友好、客气,十分尊重他人的人格和劳动。如果导游人员因为心理压力过大,工作起来缩手缩脚,反倒会影响导游效果。其次,由于这些游客文化素质高、知识渊博,导游人员要提前做好相关的知识准备,如专用术语,行业知识等等,以便能选择交流的话题,并能流利地回答他们提出的问题。此外,在接待这些游客时,由于有时中央领导人或有关负责人要接见、会谈,所以游览日程、时间变化较大,导游人员要注意灵活掌握,随时向有关领导请示、汇报,尽最大努力安排好他们的行程和相关活动。

项目实训

实训项目 地陪跟团实训:让小组同学在当地随团一天,感受地陪带团的过程和技巧。

实训目标 学生通过实地跟团学习,更能直观地了解和掌握地陪工作的流程化和技巧,提高学生实际工作能力。

实训指导

1. 指导学生掌握地陪带团的流程及工作特点。

2. 帮助小组同学联系实习基地导游服务公司,安排同学跟团实习。

实训组织

1. 把所在班级学生分成小组,每组4～5人左右,确定组长,实行组长负责制。

2. 告知学生注意安全,签订安全责任协议书。

3. 完成跟团实训心得报告书,在课堂上进行讲解交流。

实训考核

1. 根据每组所写报告,由主讲教师进行评分和点评,占50%。

2. 课堂讲解完后,由4个小组各给出一个成绩,取其平均分占50%。

项目小结

本项目主要学习了旅行社接待业务的特点及其过程管理,研究和实践了团体旅游接待、散客旅游接待与特殊团队旅游接待的业务服务特点及其服务流程,能有效地提高学生的接待业务能力和综合素质。

思考与练习

一、主要概念

团体旅游接待业务　散客旅游

二、思考题

1. 简述入境团体旅游接待的主要特点。
2. 简述散客旅游接待程序。

三、案例分析

某旅游团一行 6 人于 7 月 21 日至 7 月 27 日作 A 地—B 地—C 地 6 日游。到达 A 地是下午,晚餐非常差,淡而无味;饭店房间陈旧,空调噪音非常大,令人无法安心休息。到了 B 地,陪同是一个刚开始做导游的姑娘,业务不熟,带队出游几乎不讲解,因而漏掉很多景点。而且在 B 地的三天时间,每天每次来车都是不同的,且不准时。从 B 地到 C 地,按规定是乘旅游列车,可是旅游团硬是被塞到一节普通车厢,结果该旅游团此次行程非常不愉快。

假如你是旅行社的有关管理人员,请试回答下列问题:

1. 你认为该案例中反映了旅行社在接待管理方面存在哪些问题?
2. 针对这些问题,应采取哪些措施去解决?

项目七　开展旅行社出、入境业务

实务导入

一外国旅客在免费托运的行李中带了 10 多条香烟和两盘黄色录像带,在 C 城海关交验有效证件并提取托运行李后,试图从绿色通道通关时,被海关人员截住。检查其行李后,海关人员问他为什么走绿色通道,他说他不认识中文,看见有人从那里走他也就跟着走了,还说他要在中国工作两个多月,所以多带了香烟,录像带是消遣时自己看的。海关人员还是让旅客补交了税,并没收了录像带。

(资料来源:熊建平,袁俊.导游业务[M].湖北:武汉大学出版社,2004.)

任务:

1. 旅行社导游人员协助游客办理出入境业务时应注意那些事项?

2. 怎样指导游客顺利通过红、绿色通道?

知识目标

了解出、入境旅游的含义、分类;了解中国公民出境旅游目的地现状及出境旅游须知与出入境旅游管理;掌握旅行社出、入境相关手续与程序及海外领队业务。

技能目标

能应用相关知识办理旅行社出、入境业务;能执行出境领队基本业务流程。

工作任务

储备出、入境旅游相关知识;操作旅行社出、入境业务办理流程及步骤。

随着我国经济的高速增长,我国旅游业在迅猛发展,我国的出入境旅游业务顺应此趋势发展迅速。了解我国公民出、入境相关程序及出境须知,熟悉我国发展出、入境旅游的相关政策方针,熟悉旅行社海外领队业务,以便为游客提供高质量的服务,促进我国由旅游大国向旅游强国的转变。

任务一　储备出、入境旅游相关知识

子任务1　解读入境旅游

一、入境旅游的含义

入境旅游,主要是指我国国际旅行社到境外旅游客源地招徕或委托境外旅行社组织境外签约游客前来我国进行的旅游活动,也应包括国外旅行社组织的来华旅游团队通过与国内的国际旅行社签约委托接待前来我国进行的旅游活动。旅游团队一般是指 10 人以上(含 10 人)的游客组成的旅游集体,采取一次性给付旅费,有组织地按预定行程计划进行旅游的方式。

二、入境旅游市场

在 20 世纪 80 年代和 90 年代上半期,我国的入境旅游不断波动、变化,在 90 年代后半期,入境旅游市场虽然还有局部波动,但在结构方面没有发生根本性的变化,呈现了稳定增长的局面。近几年,继续沿着这一轨迹发展,表现出结构稳定、总量扩张和深入开掘三个方面的总体趋势。

1. 三个系列

在入境旅游市场结构比较稳定的情况下,形成了市场的三个系列:

(1)洲内市场(见表 7-1)。

表 7-1　洲内三级市场

一级市场	日本、韩国、东南亚国家等
二级市场	蒙古、中亚诸国(哈萨克斯坦、吉尔吉斯斯坦、塔吉克斯坦、乌兹别克斯坦)、南亚诸国(巴基斯坦、印度、尼泊尔,以及缅甸、老挝、越南、朝鲜)等以边境旅游为主要特色
三级市场	中东阿拉伯地区等

目前洲内市场是旅华市场上发展最快的市场,洲内市场客源占来华入境外国旅游者人数的 64%,其中日本每年旅华人数约达到 293 万人次,东南亚每年来客量已超过 150 万人次规模。洲内市场促销投入相对较小,回报效益较好,游客再访率较高,入境后流向分布较广,受国际意外事件影响较小,从长远看洲内市场将成为我国相对稳定的主要客源市场。

(2)洲际市场(见图 7-2)。

表 7-2　洲际三级市场

一级市场	西欧(德国、英国、法国)、北美(美国、加拿大)、大洋洲(澳大利亚、新西兰)、俄罗斯等
二级市场	北欧(瑞典、挪威、丹麦、芬兰)、中欧(瑞士、奥地利及意大利、西班牙、荷兰、比利时)等
三级市场	据我国较远,国际交通不便的南非、南美等

其中一级市场一向是我国国际旅游的重点客源市场;二级市场尽管客源人数相对较少,但发展速度较快,发展趋势看好;三级市场每个国家每年的旅华人数一般不足万人。从总体上看,洲际市场游客平均花费多,停留时间长,旅华潜力很大,已占来华入境外国旅游者人数的 35% 以上。

(3)港澳台特定市场。港澳地区和台湾地区是我国入境旅游的特定市场,从入境人数看这一市场占到入境总数的 85% 左右,从我国旅游外汇收入看这一市场占到总数 40% 左右,该市场客源过往率高、再访率高、停留时间相对较短。

预计今后我国的入境旅游市场在总体格局上不会发生重大变化,总的趋势是,洲内市场将会有较大的增长,洲际市场将在稳定中保持适度增长;港澳市场将继续保持生机和活力,有可能形成较大的增长;台湾地区特定市场的发展取决于两岸经济和政治关系的变化,但如果不发生激烈冲突也会保持较大的增长。

2. 三级市场

在入境旅游市场的三个系列中,洲内市场和洲际市场又分别形成了三级市场。其中一级市场是重点市场,主要包括日本、韩国、东南亚、西欧(德国、英国、法国)、北美(美国、加拿大)、大洋洲(澳大利亚、新西兰)、俄罗斯等。

二级市场是发展中的市场,主要包括中亚诸国、南亚诸国以及与我边境接壤的周边国家和北欧、中欧及西欧一些国家。

三级市场由于地理距离和交通条件、经贸关系等方面的限制目前还是潜在的市场,但有可能通过方方面面的努力在今后向新兴市场转化。

从发展的动态来看,要求我们有针对性地对市场进行开发,对于重点市场要狠抓不放,以保障入境旅游发展的基础。对于发展中的市场要加大促销力度,促其不断发育。对于潜在市场要努力配合有关部门,缓和或解决相应的制约条件,使其逐步向新兴市场转化。

3. 三个层次

从来华入境旅游者的职业和动机等方面来分析,入境旅游市场还可以划分为商务及会议旅游市场、观光和度假为主要目的一般旅游市场,以欧美国家的青年学生和周边国家退休老人为代表的旅游市场三个层次,这三个层次各自有比较突出的特点,如表7-3所示。

表 7 - 3　三大入境旅游市场的消费特点

市场	特点
商务及会议旅游市场	再访率高,消费水平高,将可望获得较大的增长
观光和度假为主要目的一般旅游市场	采用传统的方式进行传统的旅游,但在发展过程中,将会不断有新的需求和新的方式产生,是目前海外宣传促销的主要对象
以欧美国家的青年学生和周边地区、周边国家退休老人为代表的旅游市场	停留时间长,消费水平低,青年学生将会成为未来中国旅游入境市场的主体;占份额不大,但市场影响大,其口碑对吸引大流量的入境旅游者起到重要作用,也会弥补旅游市场淡季

(资料来源:魏小安. 旅游市场的开发与培养[EB/OL])

三、入境旅游存在的主要问题

1. 旅游基础设施有待改善

目前外国游客最不能接受的就是旅游景区的基础设施,其中最主要的是旅游厕所。改革开放以来,我国旅游业基本形成了内容丰富、功能齐全、结构合理的供给体系,相继打破旅游住宿和旅游交通等方面的瓶颈制约,旅游环境有了根本性的好转和优化,特别是旅游厕所建设在底子薄弱、认识滞后的基础上实现了突破性进展,对于树立和改善我国旅游形象、扩大和活跃旅游经济,发挥了明显作用。但是必须要看到,目前我国的旅游厕所与国外还是有一定的差距,特别是在卫生条件和人性化的服务上,还需要国家有关部门继续加大力度,早日改善国内的旅游厕所环境。旅游厕所的建设档次、分布格局、方便程度和卫生水平是直接影响旅行全过程感受和旅游服务质量高低的重要因素。

2. 入境旅游发展缺少实际行动支撑

我国提倡大力发展入境旅游,但是这只是一种模糊的口号,具体如何发展,并没有进一步的具体规划。各省旅游部门独立进行国外市场的开发与宣传,而国家旅游部门则是对我国整体旅游形象进行宣传。对于入境旅游,我国应作为一个整体的、均衡的旅游体,国家应对全国的旅游有一个整体的规划,在具体挖掘各地方旅游特点的基础上形成差异化的旅游产品,引导各地方旅游的互补性发展,避免恶性竞争。

此外,散客旅游目前已成为世界旅游的一种趋势,无论是入境旅游还是国内旅游,但是应该看到我国还缺少服务于散客的旅游交通体系,这就需要国家有关部门早日协调各省旅游管理部门的行动,推出类似美国"灰狗"运输体系的旅游交通体系。

3. 缺少制度保障

我国的入境旅游市场不够完善,给旅游业的发展带来重重问题。营销上的宣传与策划脱节,制度保障跟不上。管理上较为分散,不能形成很好的合力,管理体制上的分散往往造成旅游的营销效果不佳。我国的旅游市场需要进一步完善化,管理体制需要进一步明晰和自主化,宏观上需要有总体的战略布局,这都是我国发展入境旅游市场中需要解决的问题。

子任务2　了解出境旅游

出境旅游是指公民自己支付费用,由经国家旅游行政主管部门批准特许经营中国公民自费出国旅游业务的旅行社组织的,以旅游团的方式,跨越国境或某些特定的界线到其他国家或特定行政区域的旅游活动。

一、出境旅游分类

我国公民出境旅游主要包括出国旅游、港澳旅游和边境旅游三部分。

(1)港澳旅游是指内地居民以旅游团的方式前往香港、澳门地区旅游的活动。

(2)边境旅游是指由国家旅游局批准的旅行社,将我国旅游者组织成旅游团,从指定的出口出境和进入对方国家国境,到我方与对方地方政府事先商定好的区域,在规定的限期内旅游。边境旅游必须以集体的方式进行。

(3)出国旅游是指前往国家批准的中国公民自费出国旅游目的地国家的旅游活动。国家规定,现阶段公民出国旅游以团队形式进行。

二、出境旅游市场存在的问题

1. 管理混乱,旅游者权益问题

由于出境旅游管理是一个新的市场,因此存在一系列的问题。出境旅游市场当前比较突出的问题是:用超范围经营招徕游客,以虚假广告搞价格欺诈,采取"零负团费"方式经营普遍存在,擅自增加自费项目、诱骗游客购物消费和诱导游客参加内容不健康活动等。目前,出境旅游中价格欺诈问题依然严重。由于我们的旅游者还没有达到国际上一般旅游者比较成熟的程度,而旅行社在这一过程中也产生了恶性削价竞争、质量下降,甚至发生内外勾结、损害消费

者权益的事情。上述问题的存在需要在出境旅游市场上加大管理力度,努力形成规范,同时也需要一个市场培育发展的过程,旅游者也需要一个逐步成熟的过程,否则会在相当程度上影响中国的国际形象。

2. 旅游者安全问题

随着中国公民出境活动人次数的增加和旅游范围的扩大,最近两年来每年涉及中国公民在海外的安全事件多达 3 万多件次。因此,中国公民在境外的安全问题越来越受到政府的关注。中国外交部和国家旅游局通过公开的信息渠道向中国公民发布的出境安全提醒和劝告也随之增多。引发安全问题的原因主要有以下几个方面:

(1)自然灾害所引发的安全问题。这些年来,世界各地各类天灾不断,一些突然发生的自然灾害破坏性很大,尤其是南亚和东南亚地区,如海啸、地震、暴雨等灾害的发生,往往涉及旅游度假地区。流行疾病,如 SARS、禽流感等,也危及人身安全。

(2)人为造成的安全问题。由于多种因素,一些国家和地区,国内和国际矛盾冲突频发;一些恐怖组织或分子利用恐怖袭击,以引起相关政府和国际社会的关注;也有一些非政治目的的人身侵害活动,如抢劫财物,有些国家或地区发生比较频繁。中国旅游者信用卡的普及度不高,往往随身携带现钞较多,很容易成为被袭击的目标。

(3)自身造成的安全问题。由于在境外旅游经验的不足,也发生过一些安全事故,如车祸等。

另外,有些因旅行证件不符合要求或其他非法行为,造成被境外边防部门拒绝入境或拘捕。

总之,从国家总体要求和整体利益来看,对出境旅游市场要加强管理,在努力规范的基础上适度发展。

三、我国出境旅游的指导方针

1. 发展方针

针对我国基本国情和目前旅游业的发展阶段,在我国旅游业发展方针中,明确了要"适度发展出境旅游"的指导方针。适度发展出境旅游的具体化,就是有组织、有计划、有控制地发展,有组织即出境旅游在一段时期内还要以参加旅行社组织的旅行团为主,以切实保护消费者的权益和避免一些问题的发生;有计划即按照旅游发展的总体需要和国家外汇管理的动态要求采取相应的计划手段进行;有控制即在经营方式上基本上采取特许经营方式。

2. 管理原则

(1)基于上述总体发展方针,在出境旅游的管理措施上,国家旅游局制定了"入出挂钩、合理分布、循序渐进、动态管理"的原则。

(2)中国公民的出境行为除了边民以外,总体上是两个"三三式"结构。一个是"大三三"即在出境总量中包括三个部分,因公出境、因私出境和出境旅游;另一个是"小三三"即在出境旅游中又包括三个部分,边境游、港澳游和出国游。从大旅游的概念来说,整个市场都可以视为中国公民出境旅游市场,但在实际操作中要根据两个"三三式"结构制定区别性的政策,实行针对性的管理。

(3)目前出境旅游虽然是一个新的消费领域,在一定程度上也形成了一个引人注目的消费热点,但是就普遍的消费能力和消费水平来看,出境旅游不像国内旅游,国内旅游市场的前景可以说是无限的而出境旅游市场的前景是相对有限的。如果盲目发展的话,有限的利润空间会迅速下降,在入境旅游和国内旅游市场上产生的一系列现象在出境旅游市场上也会同样发展,甚至愈演愈烈,因此需要制定相应的管理手段,采取比较严格的管理措施。

四、旅行社经营出国旅游的特点

目前,旅行社经营出国旅游具有以下特点:

1. 在经营资格上,具有相对的垄断性

1997年7月1日以前,虽然国家旅游局审批了9家组团社,但组团社又自行发展了众多代理社,代理社又设立分代理,基本上旅行社都在经营此项业务。7月1日以后,只有国家旅游局审批的67家组团社有权经营出国旅游业务,并通过《中国公民自费出国旅游审核证明》和《中国公民自费出国旅游团队名单表》加以管理和控制,虽然也审批了一些代办点,但由于有相应的控制手段,使得出国旅游经营仍具有较高的垄断性。

2. 在客源空间分布上,表现出较强的地域性

广东省是出国旅游大省,出国旅游人数占全国的30%,港澳游人数占全国的50%强;黑龙江省、广西壮族自治区、内蒙古自治区、辽宁省主要是边境旅游;云南因其特殊的地理位置,除边境旅游发达外,赴泰国等东南亚国家旅游的人数也较多,主要是价格相对便宜。除此以外,出国旅游的客源主要以经济发达和沿海地区为多,广东、上海、北京、浙江、福建、江苏等省、市的出国旅游人数约占全国的66%。

3. 在游客构成上,职业特征明显

现阶段,旅行社组织的出国旅游者主要包括以下几类:一是企业高薪职员;二是民营企业主和个体工商业者;三是离退休人员(主要是子女提供旅游费用);四是奖励旅游者(包括一些企业为客户提供的奖励旅游);五是沿海和经济发达地区的农民等。

4. 在旅游消费行为上,家庭式出国旅游已显雏形

春节、元旦等节假日通常是出国旅游的高峰,旅游者在选择旅行社和旅游线路时,多偏重于直观价格,表现出不够成熟的特点,虽然团队境外接待档次不高,但购物能力却较强。

由于旅行社经营出国旅游在政策上和具体操作上还受到限制,客观上抑制了部分需求,但总的来说,出国旅游正处于高速成长阶段。旅行社的经营行为比过去有明显的规范,恶性削价竞争基本上得到遏制,开始注重质量和品牌,旅游产品日趋丰富。

任务二 了解中国公民出境旅游目的地及出境须知

子任务1 了解出境旅游目的地

截至2008年年底,已成为中国公民出境目的地点的国家和地区有137个,其中正式实施成为中国公民组团出境旅游目的地国家和地区已达99个。中国旅游者的足迹已经遍及世界上大多数国家,中国已成为世界上最重要的客源输出国之一。

对开放中国公民出国旅游目的地国家,《中国公民自费出国旅游管理暂行办法》已有明确

规定"由国家旅游局会同外交部、公安部提出,报国务院批准"。

开放目的地国家和地区,首先要看条件是否成熟,主要从以下几个方面考虑:

(1)对方是我们的主要客源国,有利于双方旅游合作与交流;

(2)政治上对我友好,开展国民外交符合我国对外政策目标;

(3)旅游资源有吸引力,具备适合我国旅游者的接待服务设施;

(4)对我国旅游者在法律、行政等方面没有歧视性、限制性、报复性政策,我旅游者有安全保障;

(5)具有良好的可进入性。

在操作上,目的地国家内部也有一个旅游部门与外交、移民部门协调一致的问题。要在目的地国家内部协同一致、对我无歧视性规定的条件下,双方各自办好各自的事情,既要防止滞留不归,又要保证中国公民在海外旅游的合法权益。

子任务2 了解出、入境须知

一、出、入境手续

出于国家(地区)安全和利益的考虑,各国(地区)对入出境均实行严格的检查手续,办理手续的部门一般设在口岸和旅客入出境地点,如机场、车站、码头等地方。

1. 边防检查

出、入境者要填写入出境登记卡片,交验护照和签证。卡片的内容有姓名、性别、出生年月、国籍、民族、婚否、护照种类和号码、签证种类和号码、有效期限、入境口岸、日期、逗留期限等。护照、签证验毕加盖入出境验讫章。

2. 海关检查

海关检查一般询问是否有需申报的物品,有的国家要求出入境者填写携带物品申报单。海关有权检查入出境者所携带的物品,对持有外交护照者可免检。各国对入出境物品管理规定不一,烟、酒、香水等物品常常限量放行,文物、武器、毒品、当地货币、动植物等为违禁品,非经允许,不得入境。有的国家还要求填写外币申报单,出境时还要核查。

3. 安全检查

自从"9·11"后,出、入境登机旅客普遍须接受安全检查,检查手续日趋严格。检查方式包括过安全门、用磁性探测器近身检查、检查行李包、搜身等。

4. 卫生检疫

国家卫生检疫部门有权要求入境者填写健康申明卡,出示某种传染病的预防接种证书(黄皮书)、健康证明或者其他有关证件,并且采取必要的预防、控制措施。

5. 动植物检疫

动植物检疫是指为了保护农、林、牧、渔业的生产和人体健康,维护对外贸易信誉,履行国际间义务,防止危害动植物的病、虫、杂草及其他的有害生物由国外传入或由国内传出,采用各种方法和手段进行的检查。

二、出、入境有效证件

有效证件指各国政府为其公民颁发的出国证件。其种类很多,不同类型的人员使用的有效证件名称也不同。

1. 护照

护照是一国主管机关发给本国公民或在国外居留的证件,证明其国籍和身份。

(1)护照的种类。按照颁发对象和用途的不同,世界各国护照一般分为三种:外交护照、公务护照和普通护照。此外,有的国家为团体出国人员(旅游团、体育代表队、文艺团体等)发给团体护照。

①外交护照。颁发对象:前往国外进行国事活动的国家元首、政府首脑、议员和出访的政府代表团成员;外交和领事官员以及上述人员的配偶及未成年子女。

特征:护照封面上一般标有"外交"字样。

特殊功能:一般享有外交特权和豁免。在各类护照中,受到尊敬和礼遇程度最高。

②公务护照。颁发对象:一般性出访的官员;在驻外使、领馆和其他外交代表机关中,从事技术和辅助工作的人员;因公务派往国外执行文化、经济等任务的一些临时出境人员。

特征:护照封面一般标有"公务"字样。

③普通护照。颁发对象:前往国外或旅居外国的普通公民。

特征:护照封面不作特别标识。

(2)中国护照。

①中国护照的种类。中国现行护照分外交护照、公务护照和普通护照三种。其中公务护照包括多次有效和一次有效两种;普通护照,包括因公务普通护照和普通护照两种。此外,中国还为出境旅游的公民发给一次性有效的旅游护照。《护照法》规定:"公民因前往外国定居、探亲、学习、就业、旅行、从事商务活动等非公务原因出国的,由本人向户籍所在地的县级以上地方人民政府公安机关出入境管理机构申请普通护照。"因此,在我国,公民出境游所持有的护照为普通护照。

②中国护照式样。中国护照封面中央印有烫金国徽,国徽上方印有"中华人民共和国"烫金字样,国徽下方分别印有"外交护照"、"公务护照"、"因公务普通护照"、"普通护照"字样。

中国外交护照为大红封面、烫金字,因而也叫"红色护照";中国公务护照的封面为墨绿色;因公务普通护照和普通护照的封面颜色则分别为深棕色和紫色。中国开始颁布施行《护照法》后,因公普通护照更名为公务普通护照,划归公务护照的范围内,并由原来的浅紫色封面变为深棕色;而因私普通护照则更名为普通护照。

③中国护照的有效期。护照有一定的有效期限,各个国家所规定的有效期限不同。2007年1月1日施行的《护照法》规定,普通护照有效期以16周岁为界:16周岁以下公民的护照有效期为5年,16周岁以上公民的护照有效期为10年。外交护照、公务护照的有效期由外交部规定。

2. 签证

签证是主权国家颁发给申请者,进入或经过本国国境的许可证明,是附签于申请人所持入出境通行证件上的文字证明,也是一个国家检查进入或经过这个国家的人员身份和目的的合法性证明。在中国,华侨回国探亲、旅游无需办理签证。

(1)签证的种类。按照颁发对象和由此引发签证颁发国对持证人待遇的不同,可将签证分为外交、公务、普通签证三类。

①外交签证。

签发对象：入境或过境的应给予外交官员待遇的外国人（一般持外交护照）。

特征：签证上标明"外交"字样。

待遇：按照国际惯例，世界各国对持有本国外交签证的外国官员，一般都给予过境或停留期间外交豁免。

②公务签证。

签发对象：入境或过境的外国公务人员（一般持公务护照）。

特征：签证上注明"公务"字样。

③普通签证。

签发对象：入境或过境的普通人员（一般持普通护照）。

特征：签证上一般只有"签证"字样。

旅游签证属于普通签证，在中国为 L 字签证（发给来中国旅游、探亲或其他私人事务入境的人员）。签证上规定持证者在中国停留的起止日期。签证的有效期不等。

另外，按照签发国许可持证人的出入境行为，可将签证分为入境、出境、入出境、出入境、过境五种签证。在特殊情况下，前往或途经未建交的国家，签证通常做在另一张纸上，称为另纸签证，与护照同时使用。

九人以上的旅游团可发给团体签证。团体签证一式三份，签发机关留一份，来华旅游团两份，一份用于入境，一份用于出境。

外国人来中国旅游，需向中国驻外国的使、领馆办理旅游签证，九人以上组团来中国旅游的可申请办理团体旅游签证。去深圳、珠海、厦门经济特区的外国人，可直接向上述口岸签证机关申请"特区旅游签证"。到海南省洽谈商务、旅游、探亲，停留不超过十五天，可以临时在海口或三亚口岸办理入境签证。

为方便外国人进入珠江三角洲地区旅游，经国务院批准，对已到香港、澳门特别行政区持普通护照的建交国家的外国人组团进入广州、深圳、珠海、佛山、东莞、中山、江门、肇庆、惠州等地区旅游，实行简化手续，提供入境便利的政策。上述人员须参加经在香港和澳门合法在册的旅行社组织的旅游团，入境后仅限在上述地区内旅游，停留时间为入境之日起不超过第 6 天（144 小时）出境。旅游团须持团队名单出入境，可从设在上述地区的对外国人开放的口岸入出境。入境时，边防检查站查验护照。核查旅游团名单后放行，旅游团成员免填"入出境登记卡"。

持联程客票搭乘国际航班直接过境，在中国停留时间不超过 24 小时不出机场的外国人免办签证；要求临时离开机场的，需要经过边防检查机关的批准。

随着国际关系的改善和旅游事业的发展，许多国家间采取签订协议的方式互免签证。目前，中国已同五十多个国家签订了双边性质的互免签证协议。

（2）外国人申请签证须履行的手续。外国人申请签证须回答被询问的有关情况并履行下列手续：

①提供有效护照或者能够代替护照的证件；

②写签证申请表，交近期 2 寸半身正面免冠照片；

③交验与申请入境、过境事由有关的证明。

3. 港澳居民来往内地通行证

港澳同胞回内地旅游、探亲,原可凭《港澳同胞回乡证》入境、出境。为加快口岸验放速度,方便港澳居民来往内地,公安部决定将《港澳同胞回乡证》改为《港澳居民来往内地通行证》,自1999年1月15日起正式起用。新证件为卡式证件,设置机读码,出入境边防检查机关用机器查验证件,持卡人可免填出入境登记卡。成年人持有新证有效期为10年,在有效期内可多次使用。申请新证的港澳居民必须符合五项优先资格:

(1)首次申请回乡证件;

(2)旧回乡证已到期;

(3)旧证有效期2月内期满;

(4)旧证使用次数剩15次以内;

(5)旧证已遗失。

4. 台湾同胞旅行证明

《台湾同胞旅行证》即台胞证,是台湾同胞回大陆探亲、旅游的证件,经口岸边防检查站查验并加盖验讫章后,即可作为进出祖国大陆和在内地旅行的身份证明。该证由我国公安部委托香港中国旅行社签发,一次性有效,出境时由口岸边防检查站收回。

5. 外国游客来华旅游的有关规定

(1)持旅游签证的外国人,必须从中国对外国人开放的口岸或是指定的口岸通行,接受边防检查机关的检查,向边防检查机关缴验有效护照和中国的签证,填写入境卡,经边防检查机关查验核准加盖入境验讫章后入境。

(2)外国人在中国境内可凭本人的有效护照和旅游签证前往对外国人开放的地区旅行。目前,我国对外国人开放的地区包括了大中城市和绝大多数的旅游胜地。外国人在中国境内前往开放地区旅行,应乘飞机或火车,未经批准不得乘坐自备交通工具旅行。若确实需要乘自备交通工具到中国旅游,须入境前经主管机关批准。自备交通工具包括自行车、摩托车、汽车、船舶、飞机等。

(3)外国游客不得进入不对外国人开放的地区,违者将依法受到处罚。外国人因公务需前往不对外国人开放地区,须事先向所在地公安机关出入境管理部门申请《外国人旅行证》,申请《外国人旅行证》时应出示本人护照及有效签证,提供接待部门出具的说明必须前往的理由的公函,填写《外国人旅行申请表》,获准后方能前往。外国人旅行证与本人护照同时使用。

(4)持旅游签证来中国的外国人不得在中国从事与其身份不符的活动,如就业、宗教宣传、非法采访等,违者将受到处罚。中国政府保护在中国境内的外国人的合法权益。外国人在中国境内,必须遵守中国法律,尊重中国的风俗习惯。

(5)外国游客可在签证准予在华停留的期限内在中国旅行。停留期限到期,如需继续旅行,可向当地公安机关申请延长在中国的停留期限。旅行结束后,须在签证有效期内,填写出境卡,从对外国人开放的国际口岸经边防检查机关查验证件,加盖出境验讫章后出境。

(6)外国人如在中国境内丢失了护照,应及时向当地公安机关出入境部门报失,陈述丢失经过,并持公安机关出具的报失证明到本国驻中国使、领馆申请出境证件,然后再到出入境管理部门办理相应手续,方能出境。

表 7 - 4　我国对外开放一类口岸地区一览表

地区	空港	陆港	水港
北京	北京		
天津			天津、塘沽
河北	石家庄		秦皇岛、唐山
山西	太原		
内蒙古	呼和浩特、海拉尔	二连浩特、满洲里	
辽宁	沈阳、大连	丹东	营口、锦州、大连、丹东
吉林	长春	集安、珲春、图们	大安
黑龙江	哈尔滨、佳木斯、齐齐哈尔、牡丹江	逊克、抚远、密山、漠河、绥芬河	哈尔滨、佳木斯
上海	上海		上海
江苏	南京		连云港、南通、镇江、张家港、南京、扬州、江阴、常熟
浙江	杭州、宁波、温州		宁波、镇海、舟山、温州
安徽	合肥、黄山		芜湖、铜陵
福建	福州、武夷山、厦门		福州、厦门、漳州、泉州、莆田
江西	南昌		九江
山东	济南、青岛、烟台		威海、青岛、烟台
河南	郑州、洛阳		
湖北	武汉		汉口、黄石
湖南	长沙		岳阳
广东	广州、深圳、湛江、梅州	广州、皇岗、佛山、文锦渡、罗湖、沙头角、笋岗、拱北、常平、端州、三水	广州、黄浦、惠州、茂名、南海、番禺、潮州、汕头、深圳蛇口、湛江、肇庆、中山
地区	空港	陆港	水港
广西	南宁、桂林、北海	友谊关、凭祥、东兴、水口	北海、防城、福州、钦州
海南	海口、三亚		海口、三亚
重庆	重庆		
四川	成都		
贵州	贵阳		
云南	昆明、西双版纳	畹町、瑞丽	思茅、景洪
西藏	拉萨	聂拉木、普兰、吉隆、日屋、亚东	
陕西	西安		
甘肃	兰州		
新疆	乌鲁木齐、喀什	巴克图,阿拉山口,红其拉甫,霍而果斯,红山嘴,老爷庙	

（资料来源：中国导游考试在线）

三、海关手续

1. 入出境旅客通关

"通关"系指入出境旅客向海关申报,海关依法查验行李物品并办理入出境物品征税或免税验放手续,或其他有关监管手续之总称。

"申报"系指入出境旅客为履行中华人民共和国海关法规规定的义务,对其携带入出境的行李物品实际情况依法向海关所作的书面申明。

(1)须通过设有海关的地点入出境,接受海关监管。根据《中华人民共和国海关法》和《中华人民共和国海关对进出境旅客行李物品监管办法》的规定,入出境行李物品必须通过设有海关的地点入境或出境,接受海关监管。旅客应按规定向海关申报。

(2)携带物品以自用合理数量为原则。除依法免验者外,入出境旅客行李物品,应交由海关按规定查验放行。海关验放入出境旅客行李物品,以自用合理数量为原则,对不同类型的旅客行李物品,规定了不同的范围和征免税限量或限值。

(3)依法向海关申报。旅客入出境,携带须向海关申报的物品,应在申报台前,向海关递交《中华人民共和国海关入出境旅客行李物品申报单》或海关规定的其他申报单证,按规定如实申报其行李物品,报请海关办理物品入境或出境手续。其中,携带中国法律规定管制的物品,还须向海关交验国家行政主管部门出具的批准文件或证明。旅客行李物品,经海关查验征免税放行后,才能携离海关监管现场。

(4)依法选择合适通关方式。在实施双通道制的海关现场,旅客携带有须向海关申报的物品时,应选择"申报"通道(亦称"红色通道")通关;携带无需向海关申报物品的旅客,则可选择"无申报"通道(亦称"绿色通道")通关。

(5)妥善保管有关单证。经海关验核签章的申报单证,应妥善保管,以便回程时或者入境后,凭以办理有关手续。海关加封的行李物品,不得擅自开拆或者损毁海关施加的封志。

2. 部分限制进出境物品

(1)烟、酒。对烟酒进出境限制量因旅客类别不同而不同,如表7-5所示。

表7-5 烟酒进出境限制

旅客类别	免税烟草制品限量	免税12度以上酒精饮料限量
来往港澳地区的旅客(包括港澳旅客和内地因私前往港澳地区探亲和旅游等旅客)	香烟200支或雪茄50支或烟丝250克	酒1瓶(不超过0.75升)
当天往返或短期内多次来往港澳地区的旅客	香烟40支或雪茄5支或烟丝40克	不准免税带进
其他进境旅客	香烟400支或雪茄100支或烟丝500克	酒2瓶(不超过1.5升)

(资料来源:中国导游考试在线)

(2)旅行自用物品。入出境旅客旅行自用物品限照相机、便携式收录音机、小型摄影机、手提式摄录机、手提式文字处理机各一件,还含经海关审核批准的其他物品。经海关放行的旅行自用物品,旅客应在回程时复带出境。

(3)金、银及其制品。旅客携带金、银及其制品入境应以自用合理数量为限,超过 50 克应填写申报单证;复带出境时,海关凭本次入境申报的数量核放。我国公民出境所携带金、银及其制品除有一定的限额外,回程时还须将原物带回。携带或托运出境在中国境内购买的金、银及其制品(包括镶嵌饰品、器皿等新工艺品),海关验凭中国人民银行制发的《特种发货票》查核放行。

(4)外汇。旅客携带外币、旅行支票、信用卡等进境,数量不受限制。居民旅客携带 1000 美元(非居民旅客 5000 美元)以上或等值的其他外币现钞进境,需向海关如实申报;复带出境时,海关验凭本次进境申报的数额核放。旅客携带上述情况以外的外汇出境,海关验凭国家外汇管理局制发的"外汇携带证"查验放行。

(5)人民币。旅客携带人民币出入境,应当按照国家规定向海关如实申报。根据《中国人民银行公告〔2004〕第 18 号》规定,中国公民出入境、外国人入出境每人每次携带的人民币限额由原来的 6000 元调整为 20000 元。携带上述限额内的人民币出入境,在实行"红绿通道"制度的海关现场,可选择"绿色通道"通关;超出限额的,应选择"红色通道"向海关办理有关手续,海关予以退运,不按规定申报的,另予以处罚。

(6)文物、字画。文物指遗存在社会上或埋藏在地下的历史文化遗物。字画亦称书画,系书法和绘画的合称。旅客携带文物、字画出境,必须向海关申报。对旅客购自有权经营文物的商店(文物商店或友谊商店)的文物、字画,海关凭"文物古籍外销统一发货票"和中国文物管理部门加盖的鉴定标志查验放行。旅客在中国国内通过其他途径得到的文物、字画,如家传旧存文物和亲友赠送的文物、字画,凡需要携带出境,必须事先报经中国文物管理部门鉴定。目前,在北京、上海、天津、广州等八个口岸设有鉴定机构。经过鉴定准许出口的,由文物管理部门开具出口许可证明。文物、字画出境时,海关凭文物管理部门的出口许可证明放行。

(7)中成药。旅客携带中药材、中成药出境,前往港澳,限值人民币 150 元;前往国外,限值人民币 300 元。个人邮寄中药材、中成药出境,寄往港澳,限值人民币 100 元;寄往国外,限值人民币 200 元。

麝香、犀牛角和虎骨(包括其任何可辨认部分和含其成分的药品、工艺品)严禁出境;入境药用羚羊角限 50 克免税放行,超出部分,征税放行;携带、邮寄羚羊角出境,海关凭国家濒危物种进出口管理办公室核发的《允许出口证明书》放行。

入境旅客出境时携带用外汇购买的、数量合理的自用中药材、中成药,海关凭有关发货票和外汇兑换水单放行。

(8)旅游商品。入境旅客出境时携带用外汇在我国境内购买的旅游纪念品、工艺品,除国家规定应申领出口许可证或者应征出口税的品种外,海关凭有关发货票和外汇兑换水单放行。

3. 行李物品和邮寄物品征税办法

为了简化计税手续和方便纳税人,中国海关对进境旅客行李物品和个人邮递物品实施了专用税制、税率。最新税率为四级:10%、30%、80%、100%。物品进口税从价计征;其完税价格,由海关参照国际市场零售价格统一审定,并对外公布实施。

4. 禁止进出境物品

(1)禁止进境物品:

①各种武器、仿真武器、弹药及爆炸物品;

②伪造的货币及伪造的有价证券;

③对中国政治、经济、文化、道德有害的印刷品、胶卷、照片、唱片、影片、录音带、录像带、激光视盘、计算机存储介质及其物品;

④各种烈性毒药;

⑤鸦片、吗啡、海洛因、大麻以及其他能使人成瘾的麻醉品、精神药物;

⑥带有危险性病菌、害虫及其他有害生物的动物、植物及其产品;

⑦有碍人畜健康的、来自疫区的以及其他传播疾病的食品、药物或其他物品。

⑧燕窝(罐头装燕窝除外)、土壤、转基因生物材料。

(2)禁止出境物品:

①列入禁止进境范围的所有物品;

②内容涉及国家秘密的手稿、印刷品、胶卷、照片、唱片、影片、录音带、录像带、激光视盘、计算机存储介质及其物品;

③珍贵文物及其他禁止出境的文物;

④濒危的和珍贵的动物、植物(均含标本)及其种子和繁殖材料。

四、边防检查、安全检查和卫生检疫

1. 边防检查和安全检查

边防检查站是国家设在口岸的入出境检查管理机关,是国家的门户。它的任务是维护国家主权、安全和社会秩序,发展国际交往,对一切入出境人员的护照、证件和交通运输工具实施检查和管理。

(1)入境检查。外国人来中国,应向中国的外交代表机关、领事机关或外交部授权的驻外机关申请办理签证(互免签证的除外)。除签证上注明入、出境的口岸外,所有入出境人员,可在全国开放口岸入出境。

外国人到达中国口岸后,要接受边防检查站的检查。填好入(出)境登记卡,连同护照一起交入境检查员检验,经核准后加盖入境验讫章,收缴入境登记卡后即可入境。

下列外国人不准入境:

①被中国政府驱逐出境,未满不准入境年限的;

②被认为入境后可能进行恐怖、暴力、颠覆活动的;

③被认为入境后可能进行走私、贩毒、卖淫活动的;

④患有精神病和麻风病、性病、开放性肺结核等传染病的;

⑤不能保障其在中国所需费用的;

⑥被认为入境后可能进行危害我国国家安全和利益的其他活动的。

下列外国人,边防检查站有权阻止其入境:

①未持有效护照、证件或签证的;

②持伪造、涂改或他人护照、证件的;

③拒绝接受查验证件的;

④公安部或者国家安全部通知不准入境的。

(2)出境检查。外国人入境后应在签证有效期内从指定口岸离开中国。出境时,应向出境检查员交验护照证件和出境登记卡;持中国政府签发的居留证者,如出境后不再返回,应交出居留证件。出境检查员核准后,加盖出境验讫章,收缴出境登记卡后放行。

中国人出境必须向主管部门申领护照,除有特殊规定外,不论因公因私必须办好前往国签证,才能放行。

下列不准出境的几种人:

①刑事案件的被告人和公安机关、人民检察院或人民法院认定的犯罪嫌疑人;

②人民法院通知有未了结民事案件不能离境的;

③有其他违反中国法律的行为尚未处理,经有关主管机关认定需追究的。

下列人士,边防检查机关有权限制出境:

①持无效出境证件的;

②持伪造、涂改或他人护照、证件的;

③拒绝接受查验证件的。

(3)交通运输工具的检查。出入中国国境的国际交通运输工具,包括中、外籍的国际航空器、国际航行船舶、国际列车和入出境汽车及其他机动车辆。国际交通运输工具入出或过境,须从对外开放的口岸通行,并在入出境口岸接受我国边防检查机关的检查和监护。

边防交通运输工具检查的内容有:

①办理交通运输工具入出境手续。国际交通运输工具抵离我国口岸,其负责人应当向边防检查机关,申报服务员工及旅客名单,提供其他的情况,经审核、查验无误后放行;

②查验服务员工及旅客的护照、证件,为旅客办理入、出、过境手续,为服务员工办理准予停留或登陆、住宿手续,查封或启封交通运输工具;

③必要时,对服务员工及旅客行李物品进行检查;

④需要时,对交通运输工具实施机体、船体、车体检查。

(4)安全检查。根据我国政府规定,为确保航空器及旅客的安全,严禁旅客携带枪支、弹药、易爆、腐蚀、有毒、放射性等危险品。旅客在登机前必须接受安全人员的检查,拒绝接受检查者不准登机,损失自负。

2. 卫生检疫

中华人民共和国卫生检疫局是中华人民共和国国务院授权的卫生检疫涉外执法机关,它及其下属的各地国境卫生检疫机关在对外开放的国境口岸,对入出境人员依法实施如下主要卫生检疫内容:

(1)入境、出境的微生物、人体组织、生物制品、血液及其制品等特殊物品的携带人、托运人或者邮递人必须向卫生检疫机关申报并接受卫生检疫,未经卫生检疫机关许可,不准入境、出境。海关凭卫生检疫机关签发的特殊物品审批单放行。

(2)入境、出境的旅客、员工个人携带或者托运可能传播传染病的行李和物品应当接受卫生检查。卫生检疫机关对来自疫区或者被传染病污染的各种食品、饮料、水产品等应当实施卫生处理或者销毁,并签发卫生处理证明。海关凭卫生检疫机关签发的卫生处理证明放行。

(3)来自黄热病疫区的人员,在入境时,必须向卫生检疫机关出示有效的黄热病预防接种证书。对无有效的黄热病预防接种证书的人员,卫生检疫机关可以从该人员离开感染环境的时候算起,实施六日的留验,或者实施预防接种并留验到黄热病预防接种证书生效时为止。

(4)入境、出境的交通工具、人员、食品、饮用水和其他物品以及病媒昆虫、动物均为传染病监测对象。

(5)卫生检疫机关阻止患有艾滋病、性病、麻风病、精神病、开放性肺结核的外国人入境。

来中国定居或居留一年以上的外国人,在申请入境签证时,需交验艾滋病血清学检查证明和健康证明书,在入境后 30 天内到卫生检疫机关接受检查或查验。

任务三 组织开展旅行社出、入境业务

子任务 1 熟悉旅行社出、入境业务流程

出、入境必须接受检查,主要办理海关检查、边防检查、安全检查及卫生检疫等检查手续。

一、出境手续和程序

按照有关规定,我国出境旅游者出境旅游必须以团队形式在海关规定口岸城市出、入境。其程序如下:

(1)按领队规定的时间、地点集合;

(2)按照领队指导填写出境卡和"携带行李申报表";

(3)手持护照、黄皮书、出境卡,按领队《旅游团队名单表》的顺序排好队依次办理出境手续;

(4)托运行李,领取登记卡;

(5)出示护照、黄皮书、出境卡通过卫生检疫。

二、入外国国境手续和程序

(1)出海关前填写好入境的 E/D 卡及申报单的表卡;

(2)到机场行李旋转台提取行李;

(3)按"旅游团队名单"的顺序排队依次办理入境手续;

(4)接受检疫、入境证件、海关检查三大检查。

三、国外离境手续

出境旅游结束后,在领导带领下返回旅游目的地国家指定的口岸海关接受该国家边防、海关、动植物检疫和卫生检疫。一切检查完毕即进入我国领土,同样接受以上检查。检查完毕,出境旅游结束。

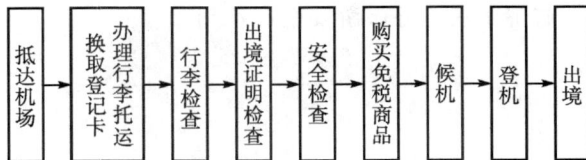

图 7-1 国外离境流程

抵达机场 → 办理行李托运换取登记卡 → 行李检查 → 出境证明检查 → 安全检查 → 购买免税商品 → 候机 → 登机 → 出境

四、回国入境手续程序

回国入境流程如下:

(1)严格遵守国家法律不得携带违禁品、管制品和未经检疫的水果入境;

(2)进入检查大厅后,按《旅游团队名单》上的顺序排对,依次到边检审验护照;

(3)到行李旋转台领取托运行李进入海关接受检查;

(4)出境时,有申报"携带行李"的则应出示《携带行李申报单》并按海关规定接受检查。

(5)边境旅游出、入境手续和程序

入境检查包括:边防检查、海关检查、动植物检疫、卫生检疫。

(1)由领队将旅游团名单表和对方接待旅行社邀请函一并交边防检查人员;

(2)游客持本人证件按旅游团名单顺序排队依次接受检查;

(3)证件查验完毕后,游客再将携带的物品依次交海关、动植物检疫、卫生检疫人员检查;

(4)接受完检查,即进入对方国家领土;

(5)进入对方国家领土后,首先接受对方国家的边防检查;

(6)对方国家一系列与出境时接受我方的一系列检查基本相同。

子任务2 熟悉海外领队业务

按照《中国公民自费出国旅游管理暂行办法》的规定,目前我国出国旅游均采取团队形式,"团队的旅游活动须在领队带领下进行"。

海外领队是经国家旅游行政管理部门批准的国际旅行社委派的出国旅游团队的专职服务人员,代表该旅行社,全权负责,起到旅游团在境外与接待方旅行社、旅游者和旅游目的地国家(或地区)导游员之间的桥梁作用。海外领队的工作流程如图7-2所示。

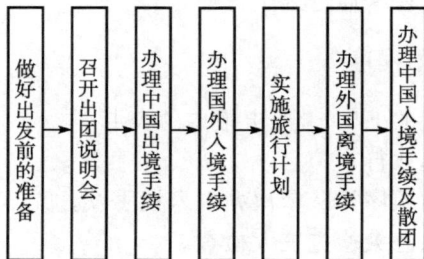

图7-2 海外领队工作流程

海外领队主要任务:维护旅游团成员间的团结。协调旅游团同境外接待方旅行社导游人员之间的关系,监督接待方旅行社全面执行旅游合同规定的内容,协助各地导游人员落实旅游团食、住、行、游、购、娱等各项服务;维护旅游团成员的正当权益;负责处理旅游团在境外所遇到的各种紧急事宜,保证旅游团在境外旅游安全和顺利。

一、服务准备

1. 业务准备

(1)了解旅游团成员的姓名、性别、年龄、职业,旅游团中的重点旅游者,需特别照顾的对象以及旅游团的特殊要求。

(2)研究旅游活动计划。

(3)核对各种票证。

①护照与机票核对,包括中英文姓名、前往国家。

②机票与行程核对,包括国际段和国内段行程、日期、航班、间隔时间等。

③护照与名单核对,各项一一对应,核对实际出境旅游人数是否与团队名单表一致。

④护照内容核对,包括正文页与出境卡,是否与前往国相符,签证的有效期、签证水印及签字等。

2．知识准备和心理准备

(1)准备好旅游目的地国家和地区的概况;熟悉旅游景点。

(2)海外领队要有吃苦受累、受气遭遇危险的准备。

3．物质准备

(1)准备好签证、已核对好的票据、证件和各种表格。

(2)准备好机场税款及团队费用。

(3)准备好社旗、社牌、胸牌、行李标签等。

(4)准备好国内外重要联系单位的电话号码、名片等。

(5)准备好日用品,如闹钟、计算器、签字笔等。

(6)准备好常用药品,如感冒药、胃肠药、消炎药、止泻药、晕车药等。

二、开好说明会

办理好签证、机票、名单表等出入境手续后,须举行由参游人员参加的"出境旅游说明会"。说明会的目的一是提供机会让领队与旅游者、同团旅游者之间相互认识,二是领队要将有关事项告知每一位客人,还要落实一些具体事项。

1．说明会内容

(1)致欢迎词。

(2)领队自我介绍,表明愿为大家服务的态度,希望旅游者配合、监督。

(3)行程说明:按行程表逐一介绍,但必须强调表上的游览顺序可能变化,也要说明哪些活动属自费项目,参加与否由旅游者自定。

(4)提醒旅游者带好有关物品:洗漱用品和拖鞋(在境外最好使用自带的)、衣物、常用药物、胶卷(最好多带一些)等。

(5)告诉旅游者,中国海关规定每位出境旅游者可携带人民币 20000 元,或可兑换美元 2000 元。

(6)卫生检疫:通常在开说明会时由旅行社联系检疫局人员来打防疫针并发给黄皮书,也可在出境时购买必备药物并领取黄皮书。

(7)告诫旅游者在境外注意安全。

(8)告诫旅游者在境外保管好自己的财物。

(9)告知有关国家和地区的法律及海关规定,说明过关程序及有关手续。

(10)通知集合时间和地点:一般在航班离港前 2 小时,火车或汽车发车前 1 小时到达指定地点集合。

(11)提出要求:注意统一活动,强化时间观念,全团成员团结友爱。

2．落实事项

(1)分配住宿。

(2)落实单项服务等方面的特殊要求。

(3)落实餐饮方面的特殊要求。

三、全程陪同

1. 办理出境手续

(1)提前到达集合地点并准时集合、清点旅游团人数。

(2)办理登机手续,准确统计托运行李数并保存好行李卡,分配飞机座位(火车、轮船铺位)。

(3)办理出境手续。

①名单表上的旅游者按顺序排队依次过关;未上名单表的客人可走其他通道,填出境卡;名单表加盖边检章后交领队收存一份,入境时依此核查。

②出示黄皮书,通过卫生检疫。

③过安检。

2. 办理国外入境手续

(1)预先填妥入境卡和行李申报单,准备好有关证件。

(2)带领旅游团办理好证件查验、海关检查和卫生检疫等入境手续。

(3)乘坐火车、汽车通过国界时,领队应将团队的证件收齐,旅游者坐在座位上,请有关人员上车检查,一般只核对人数,不检查行李。

3. 境外旅游服务

(1)抵达目的地后,领队应立即与当地接待社接待的导游人员接洽。

(2)清点行李与团员人数。

(3)安排团队入住饭店。

负责办理入住手续并分配房间;宣布叫早、早餐、出发时间及领队、导游人员的房间号、电话号码等;检查行李是否送到客人房间;协助团员解决入住后的有关问题。

(4)监督实施旅游计划,与当地导游人员商定日程。

遇有当地导游员修改日程时,应坚持"调整顺序可以,减少项目不行"的原则,必要时报告国内组团社;当地导游员推荐自费项目时,要征求全体旅游团成员的意见。

(5)游览中,留意旅游者的动向,防止各种事故的发生。

(6)与接待旅行社密切合作,妥善处理各种事故和问题,消除不良影响。

(7)餐饮服务。在国外餐厅用餐,须事先订位,还须再行确认:告知人数、时间、菜肴、价格等,在饭店内用早餐也须如此。若出现明显吃不饱或质量太差,应要求加菜加饭,费用应由地接社导游员支付;必要时可当时就与地接社联系。

(8)团结工作。维护旅游团内部的团结,协调旅游者之间的关系,妥善处理矛盾。

(9)保管证件和机票。在旅游途中,最好将客人的护照、签证集中保管。保管好全团机票和各国入境卡、海关申报卡等。

4. 办理国外离境手续

过关前,领队应通知旅游者航班号、登机门、登机时间,提醒大家在约定时间前到达。过关时,旅游者应手持护照、出境卡和登机牌,排队按顺序审核出关。

5. 办理回国入境手续

领队将名单表交边检官审验盖章,旅游者依次排队顺序审检入关;未上名单表的旅游者则自行持护照入关。

四、结束工作

1. 带旅游团安全回国

旅游团回国后,要清点行李物品;请旅游者填写出境旅游团游客问卷表。

2. 处理遗留问题

协助旅行社领导处理可能出现的投诉问题;妥善处理旅游者的委托事务;与旅行社结清账目,归还物品。

3. 写好领队日志

领队的陪同日志非常重要,组团旅行社的领导往往是通过领队日志了解接待国(地)旅游业的发展状况、旅游服务的水准、导游员的业务水平、旅游设施水准以及演变状况等,从而采取必要对策。因此,领队应重视陪同日志的编写工作。

领队日志的内容主要包括下述几点:

(1)旅游者的状况、表现和意见、建议以及对旅游活动的反映。

(2)接待方的饭店、交通、餐饮、娱乐场所等旅游设施状况及接待水准。

(3)接待方全陪和各地导游人员的知识水平、导游服务技能、处理问题的能力和服务态度。

(4)接待方旅行社落实旅游接待计划的状况以及存在的主要问题。

(5)与接待方导游人员之间的合作状况以及存在的主要问题。

(6)旅游过程中出现的问题或事故的原因、处理经过和结果、旅游者的反映等。

(7)带团中的成功经验和失败教训以及自己的意见、建议等。

应用训练

出境旅游派领队,法定义务不可少

几名游客参加某旅行社组织的新马泰15日游,在临登机时游客发现,该团是由5家旅行社共同组织的,并且这个旅游团没有领队。旅游团在途中遇到了许多困难,在国外如何转机,入境卡怎么填,怎样与境外旅行社接洽等均无人过问。在新加坡入境时,因不熟悉情况,旅游团被边检部门盘查一个半小时之久。旅游过程中,因没有领队与境外社协调,原来的日程被多次变更。旅游团在异国他乡,人生地不熟,只好听从境外导游摆布。

任务:请分析领队在出境旅游中的作用。

【指导点评】

领队是由旅行社派出,为出境旅游者提供协助、服务,同境外旅行社接洽,督促其履行接待计划,调解纠纷,协助处理意外事件的人员。根据规定,旅行社组织中国公民赴外国和我国港、澳地区旅游,必须要安排领队,这是旅行社的法定义务。

子任务3　实施中国公民出境旅游管理

一、出境旅游管理制度

国家旅游局根据国家开办出国旅游的指导方针,制定中国公民自费出国旅游管理的五项制度。

1. 总量控制制度

国家旅游局根据发展旅游业的基本方针和每年创汇情况、接待海外旅游者总量并考虑到我国基本国情和公民的外汇支付能力,对组团社组织团队出国旅游,按其经营入境旅游的业绩核定组织出国旅游的人数,并统一印制、编号发放《中国公民自费出国旅游团队名单表》。

2. 组团社审批制度

组团社,是指经国家旅游局审批,向外交部、公安部、国家外汇管理局、国家工商行政管理局备案,并对外公布的特许经营中国公民自费出国旅游业务的国际旅行社。国家旅游局根据国际旅行社入境旅游的业绩和出国旅游的经营情况,对组团社实行动态管理。

3. 出国旅游目的地审批制度

出国旅游目的地,是指经我国政府批准,允许旅行社组织团队前往的国家。出国旅游的目的地国家和地区,由国家旅游局提出,经外交部、公安部同意后报国务院批准。

4. 主要以团队形式开展出国旅游制度

团队,是指由特许经营出国旅游的国际旅行社组织的、3人以上的旅游团。为保障参游人员的人身安全及合法权益,便于旅游质量的监督管理,防止旅游者非法滞留、涉足"三禁(黄、赌、毒)",我国规定公民自费出国旅游主要以团队形式进行。团队应整团从国家开放口岸出入境,因不可抗拒的原因在境外确须分团的,领队应及时报告组团社。

5. 领队制度

出国旅游实行领队制度,团队的旅游活动须在领队的带领下进行。我国《旅游法》规定:"取得导游证,具有相应的学历、语言能力和旅游从业经历,并与旅行社订立劳动合同的人员,可以申请取得领队证。同时,领队为旅游者提供服务必须接受旅行社委派,不得私自承揽导游和领队业务。因此,领队从事业务活动,应当佩戴领队证,遵守职业道德,尊重旅游者的风俗习惯和宗教信仰,应当向旅游者告知和解释旅游文明行为规范,引导旅游者健康、文明旅游,劝阻旅游者违反社会公德的行为。领队应当严格执行旅游行程安排,不得擅自变更旅游行程或者中止服务活动,不得向旅游者索取小费,不得诱导、欺骗、强迫或者变相强迫旅游者购物或者参加另行付费旅游项目。"领队负责办理团队的出入境手续;因不可抗力在境外确须分团应及时报告;境外旅行社违约损害旅游者利益应及时交涉、维护旅游者的利益;在境外遇到特殊困难和安全问题应及时报告;旅游者滞留不归应及时报告。

二、组团社的职责

组团社应建立出境旅游服务质量管理体系,应建立健全出境旅游服务质量检查机构和监督机制,依据《旅行社出境旅游服务质量》标准对出境旅游服务进行监督检查。旅游行政管理部门依据本标准检查组团社出境旅游服务质量,受理旅游者对出境旅游服务质量的投诉。

1. 服务质量的监督

组团社应通过《旅游服务质量评价表》及其他方式认真听取旅游者的合理建议和意见;对收集到的旅游者反馈信息进行统计分析,了解旅游者对组团社出境旅游服务的满意度。

2. 服务质量的改进

组团社应根据旅游者的满意度对存在的质量问题进行分析,找出出现质量问题的原因;应针对出现服务质量问题的原因采取有效措施,防止类似问题再次发生,达到出境旅游服务质量的持续改进。

3. 境外接团社的选择与管理

组团社应在目的地国家/地区旅游部门指定或推荐的范围内,选择境外接团旅行社并进行评审,信誉和业绩优良者优先选用,以确保组团社所销售的旅游产品质量的稳定性。组团社应按要求与境外接团社签订书面接团协议。组团社应定期审验其履约能力并建立境外接团社信誉档案。

4. 证件的管理

组团社应按照合同约定协助旅游者办理出境旅游证件。旅游者已取得旅游证件的,组团社应认真查验其有效期并妥善保管,以确保证件在受控状态下交接和使用。组团社应按照旅游目的地国驻华使领馆的要求和与旅游者的约定为旅游者办理旅游签证。对旅游者提交的自办签证,接收时应认真查验。

5. 团队计划的落实

组团社应根据其承诺/约定、旅游线路以及经评审的旅游者要求,与有关交通运输、移民机关、接团社等有关部门/单位落实团队计划的各项安排,确保准确无误。组团社在落实团队计划过程中发现任何不适用的旅游者物品资料,应及时通知旅游者更换/更正。组团社应有境外接待社落实计划的确认信息,并保留其书面记录。

6. 投诉处理

组团社对旅游者的投诉应认真受理、登记记录,依法作出处理;应设专职人员负责处理旅游者投诉。对于重大旅游投诉,组团社主要管理人员应亲自出面处理,并向所在地旅游行政部门报告。组团社应建立健全投诉档案管理制度

7. 特殊情况的处理

组团社应建立健全应急处理程序和制度。旅游者在旅游过程出现的特殊情况,如事故伤亡、行程受阻、财物丢失或被抢被盗、疾病救护等,领队应积极作出有效的处理,以维护旅游者的合法权益。必要时,向我国驻当地使领馆报告,请求帮助。

项目实训

实训项目　召开出境团说明会:召开一个新马泰7天6晚游的出境团说明会。

实训目标　学生通过实地工作,了解出境团说明会的内容和注意事项,提高实际操作能力。

实训指导

1. 指导学生了解出境团说明会召开的流程及内容。

2. 熟悉召开出境团说明会的相关注意事项。

3. 指导学生做出境团说明会方案。

实训组织

1. 把所在班级学生分成4个小组,每组10人左右,确定组长,实行组长负责制。

2. 课堂模拟召开新马泰7天6晚游的出团说明会。

3. 组织教师和其他同学进行提问。

实训考核

1. 根据每组所写出境团说明会方案,由主讲教师进行评分和占50%。

2. 课堂模拟后,由4个小组各给出一个成绩,取其平均分占50%。

项目小结

本项目学习了出、入境旅游的相关知识,了解了中国公民出境旅游目的地的现状及中国公民出境须知,解析了出、入境旅游的管理制度,熟悉并操作了旅行社出、入境相关程序及海外领队的工作流程,训练、提高了学生办理出、入境旅游业务的综合能力。

思考与练习

一、主要概念

入境旅游　出境旅游　通关　海关申报

二、填空题

1. 中国公民出入境的有效证件主要有护照、_____,经商、旅游的凭有效_____、_____或者其他有效证件入境。

2. 护照或其他出入境证件的持有人若违反法律规定,持证人还将受到_____警告、拘留的处罚;情节严重的,依法_____。

3. 海关检查指海关在国境口岸依法对进出国境的人员、货物、运输工具、行李物品、邮递物品和其他物品执行监督管理、_____和_____等任务时所进行的检查。

4. 中国海关和边防站,为保证旅游者生命和财产安全,禁止携带武器、_____、_____。

5. 中国海关和边防站采用通过安全门使用磁性探测检查、_____、_____、开箱检查等方法,对旅游者出入境进行安全检查。

三、单项选择题

1. 中国公民因私出境,应向(　　)提出申请。

A. 组团社

B. 国家旅游局或其授权的省级旅游局

C. 组团社所在地的市县公安机关

D. 户口所在地的市县公安机关

2. 在现阶段,作为中国公民自费出国旅游目的地的国家和地区,应当由(　　)确定。

A. 省级旅游局会同省级公安、外事管理机关提出,报国家旅游局审批后

B. 国家旅游局和公安部提出,报国务院审批后

C. 公安部和外交部提出,报国务院审批后

D. 国家旅游局会同外交部、公安部提出,报国务院审批后

3. 外国人为前往我不对外国人开放地区旅行所办理的旅行证的有效期最长为(　　)。

A. 三个月　　　　B. 半年　　　　　　C. 一年　　　　D. 两年

4. 中国公民凭护照或其他有效证件(　　)。

A. 出境时无需签证,入境时需签证　　　　B. 出入境时均需签证

C. 入境时无需签证,出境时需签证　　　　D. 出入境时均无需签证

5. 外国旅游者来中国旅游,发给团体旅游签证的团队是(　　)。

A. 3人以上 B. 6人以上

C. 9人以上 D. 10人以上

6. 外国人前往我国甲、乙两类地区旅游(　　)。

A. 不需办理旅行证 B. 需办理旅行证

C. 甲类地区需办理旅行证 D. 乙类地区需办理旅行证

项目八　旅行社综合管理

甲旅客等 32 人分别在 2008 年春节前夕报名参加乙旅行社组织的"昆明——西双版纳四飞八日"游,缴纳团费并签订了旅游合同。旅客们原本想在春城昆明过一个愉快的假期,但未曾想到当地旅行社违约,服务质量低劣,使大家生了一肚子的气。真是花钱遭罪,受到了不应有的待遇,导致 32 名客人联名投诉。

甲旅客等人投诉:在旅游途中,导游擅自取消了西双版纳之行中的"热带雨林"项目。由于当地旅行社安排不妥,服务不周致使 12 名旅客误了"昆明——西双版纳"的飞机,不得不改乘第二日的航班与团队会合。有的客人行李上了飞机,而人却未上飞机;有的夫妻二人被分为两批乘机,致使互相担心。住在西双版纳的"龙腾"宾馆远没达到合同约定的标准,晚间洗澡热水不足,昆明游览未提供"空调车"等等。

(案例来源:蓬莱旅游政务网)

上海春秋国际旅行社(以下简称春秋国旅)在国内旅行社经营中已连续七年荣膺国家旅游局评定的国内旅游百强之首。20 世纪以来,随着散客旅游市场的不断发展,上海春秋国际旅行社把发展的目标定位在散客市场,重点经营散客成团的自费、长线、豪华、飞机旅游。散客的操作要比团体复杂得多,利润比团队薄得多,风险比团队旅游又大得多。若不成规模,拿不到房价、船价及机票的优惠价,就有可能亏本。在这种定位这下,客源就成为首要的因素。没有网络将寸步难行。春秋国旅选择了电脑网络经营。

电脑实时预订系统的开发——电子商务实践的开端。上海春秋国际旅行社在全国较有影响的电脑实时预订系统诞生于 1994 年,由于这种电脑实时预订系统在内部运作中很快显示出了准确、迅速、方便的规模化统一操作的优势,从而迅速扩展,网络成员不断增加,形成了一个比较完善的代理商预订系统。目前,春秋国旅已在全国建有 22 个直属分社,网络代理 500 多家。网络代理的急剧膨胀,也反过来促使旅行社注重旅游新产品的开发,以满足和增强代理商对批发商的要求和信心,保护代理商的利益。经过几年的磨合,2002 年上半年旅游包机十多条航线达 2500 个航次,运送游客人次近 10 万。这无疑说明了电脑信息技术在旅游业经营中的成功运用为春秋国旅的批发商运作打开了一条绿色通道。

互联网站建设——服务公众的门户。在电脑实时预订系统取得初步成功的情况下,春秋国旅分析了行业的经营特点,考察了国内外旅游电子商务的发展情况,意识到旅行社涉足电子商务领域已势在必行。2000 年,春秋国旅开始运作电子商务,建立了春秋旅游网(www.china-sss.com),定位于"传统旅行社的电子商务部门"。2001 年 1 月,春秋旅游网从简单的信息发布功能改造成能够进行旅游电子商务活动的网站。新的春秋旅游网提供详细的、实时更新的旅游线路信息,包括价格、开班日期、游程安排、供应标准等,同时也经营商务订房、订票以及自助旅游产品,这些产品都能从网上预订。春秋旅游网基于春秋品牌的高知名度,其营销重点不在于树立品牌形象,而将主要的精力放在了扩充产品丰富度和交易形式创新上,如推出"中外宾同车游"、"在线旅游拍卖"等项目,特别是后者在交易方式上进行了有益的尝试,这在国内目前是唯一的。

强调电子商务的服务优化。春秋国旅提出一切服务在展示企业形象的同时要体现网络门对门服务的方向。该网站意识到它的初步服务对象应是简化生活型和网上尝试型两类,这两部分人的共同要求是便捷的接入和明确的服务。于是网上的每条旅游线路都排列出具体的开班日期、该日的价格以及相应的旅游安排和服务项目,并将涉及的旅游内容连接到图文并茂的景区景点介绍上,使游客感受到旅游节目的脉搏跳动。

(资料来源:巫宁.旅游信息化与电子商务经典案例[M].北京:旅游教育出版社,2006.)

任务:

1. 旅行社应如何加强综合管理以挖掘人员潜能,降低管理成本,规避风险,提高服务质量?

2. 在信息时代,电子商务在旅行社经营与管理中有什么特别的作用?

📚 知识目标

了解旅行社人力资源管理的概念、意义、特性与职能;掌握旅行社人力资源、企业文化管理的相关内容;储备旅行社质量管理的基本知识,掌握旅行社质量管理的评价标准、实施质量管理的方式;储备旅行社财务管理和风险控制的基本知识;掌握旅行社电子商务的基本知识。

🏛 技能目标

掌握旅行社人力资源管理合理配置的方法,能够根据旅行社的特点确立积极有效的旅行社企业文化;运用旅行社质量管理的理论知识对旅行社实施质量管理;运用旅行社财务知识对旅行社进行财务分析,利用风险知识对旅行时面临的风险进行识别和控制;能够操作旅行社电子商务设备、办理旅行社电子商务基本业务。

📁 工作任务

认知旅行社人力资源管理;掌握旅行社人力资源开发与管理;储备旅行社的质量管理基本知识;制定质量管理标准并有效实施旅行社的质量管理;实施旅行社财务和风险管理;解构旅行社电子商务的基本组成,设计与实施旅行社电子商务。

任务一　实施旅行社人力资源管理

子任务1　储备旅行社人力资源管理基本知识

一、解读旅行社人力资源管理概念及特点

(一)旅行社人力资源管理的概念

人力资源管理,是指为了实现既定的目标,通过运用科学、系统的技术和方法对人力资源的取得、开发、保持、引进和利用等方面进行的计划、组织、指挥和控制等一系列活动的总称。它是研究企业当中,人与人关系的调整,人与事的配合,以充分开发人力资源,挖掘人的潜力,

调动人的积极性,提高工作效率,实现组织目标的理论、方法和技术。

旅行社人力资源管理的核心内容就是对人力资源的合理配置,通过选拔、培训、考核等环节,将符合旅行社发展需要的各类人才及时、合理地安排到所需的岗位上,根据不同岗位,员工的工作职责以及工作效果,设定合理的绩效评估标准,提供给员工相应的报酬待遇,帮助员工完成切合实际的职业生涯规划,从而使得员工获得归属感,提高员工的忠诚度,做到人尽其才,最大限度地为旅行社创造更多的经济效益和社会效益。

(二)旅行社人力资源管理的特点

根据旅行社的业务特点,其人力资源管理具有如下特点:

1. 独立性

接待业务是旅行社最重要的业务之一。接待业务通常由某一员工单独完成。为了维护自己的利益,很多员工拒绝与同事合作。因而,工作任务的完成情况很大程度上取决于员工个人的工作方式和工作效率。由此可能带来员工之间的工作绩效和收入水平方面的较大差异。所以,旅行社人力资源管理很突出的一个特点就是独立性。

旅行社要完善人力资源管理,既要鼓励每个员工发挥最大潜能,提高积极性,又要合理调配人员,倡导团队合作精神,推行规范化、制度化管理,保证工作井然有序地进行。

2. 分散性

旅行社的员工经常是独自分散地与客户接洽,广泛地、分散地在各条线路上陪同旅游者旅游,在联系业务或接待服务过程中,往往没有来自管理者和同事直接的、面对面的监督,工作时间弹性大,生活规律难以保证。

为了确保工作质量和顾客满意率,旅行社必须向工作人员提出明确的工作要求、工作规范和工作程序,要通过填写工作记录和搜集顾客意见反馈等方式,对员工的工作绩效作出客观、公正地评价,建立有效的激励机制,奖优罚劣,以维护旅行社的声誉和顾客的利益。

3. 流动性

旅行社的业务人员和接待人员流动性较大。因而,旅行社在人力资源管理方面面临很大的挑战:一方面增加了人力资源管理的成本;另一方面降低了人力资源效益,影响旅行社工作质量的稳定性。旅行社要吸引优秀人才,稳定员工队伍,就应当在规划旅行社发展的同时,考虑到员工的个人职业生涯发展,建立人力资源信息库,及时招聘补充优秀人才、强化业务培训,保证有一支高素质的、相对稳定的员工队伍。

4. 综合性

综合性是指旅行社人力资源管理不但要兼顾旅行社经营的特点,包括政治、经济、文化、地域、季节等因素,还要考虑到员工的学历、心理、民族、工作经验等个人因素。旅行社人力资源的综合性涉及了旅游经济学、消费心理学、组织行为学、统计学等知识。因此,旅行社人力资源管理工作中不仅要重视专业型人才,更需要不仅通晓旅游专业知识和市场营销知识,而且心理素质过硬,联络能力广泛的通才型人才。

(三)旅行社人力资源管理的意义

旅行社业属于人力和知识密集型的服务产业,其投入主要是人力资源和知识,产出主要是服务,人力、人才是旅行社业最大、最主要的资本。加强旅行社人力资源的开发与管理,对于吸引优秀人才、留住优秀人才,进而保证旅行社的稳定和发展,具有非常重要的战略意义。

1. 加强人力资源管理是增强旅行社市场竞争力的需要

旅行社是以提供服务为主的劳动密集型行业，也是人才智力密集型行业。从旅游线路的设计和开发、市场划分与销售，到联络餐、住、行以及导游接待，均须由人去完成。员工的创新策划能力、工作责任心和业务水平，直接关系到旅行社经营管理的水平与服务的水平。特别是知识经济的背景下，人力资源的作用将会更加突出。因此，旅行社市场竞争力的强弱，归根到底取决于员工队伍的素质，旅行社之间的竞争归根到底是人才的竞争。

2. 加强人力资源管理是旅行社吸引优秀人才的需要

在市场经济条件下，传统的就业观念已被打破，旅行社与应聘者之间形成了双向选择关系。而旅行社的人才流动、业务骨干的跳槽甚至是业务骨干的集体跳槽，对旅行社的稳定与发展产生了较大的影响，对旅行社人力资源管理提出了严峻的考验。加强旅行社人力资源管理，对于吸引人才，留住优秀人才，进而保证旅行社的稳定与发展，具有重要的战略意义。

3. 加强人力资源管理是调动员工积极性，充分挖掘员工潜能的需要

旅行社的从业人员，一般所受教育程度比较高，业务潜力相对比较大，他们往往具有以下几个特点。第一，在职务晋升方面的竞争比较激烈。旅行社可以提供的晋升岗位有限，而有业务能力可供进一步提升的人才相对较多。这必然导致一部分业务能力较强的员工在获得晋升机会方面开展激烈的竞争。第二，员工有较强的民主管理意识。第三，员工对自己的职业和生活满意程度给予了更多的关心。上述特点对旅行社人力资源管理提出了挑战。旅行社必须制订有效的人力资源管理政策，实行公开、公正的人才选拔机制；注意倾听员工的意见和建议，发动员工参与企业管理，赋予员工适当的责任；在工作安排方面尽可能考虑员工个人生活方式的特点，最大限度地调动员工的积极性；充分挖掘员工的业务潜力，为员工创造更多的发挥其才智的机会。

子任务2 开发与管理旅行社人力资源

一、规划旅行社人力资源

(一)旅行社人力资源规划的概念

旅行社人力资源规划，是旅行社对未来一定时期内人员的需求和供给所作的预测、分析及安排。

旅行社人力资源规划可分为短期、中期和长期规划。短期规划一般按月、季度、半年或年度进行规划；中期规划一般是指 1～5 年计划；长期规划一般为 5 年以上的计划。中、长期规划是以旅行社的发展战略和目标为依据，对未来人力资源工作具有指导性、方向性的安排。短期规划是中、长期规划的具体化和执行方案，它是在中、长期规划的指导下制订和实施的。

(二)旅行社人力资源规划的内容

旅行社人力资源规划一般包括岗位职务规划、人员补充规划、教育培训规划和人员分配规划等。

(1)岗位职务规划，主要解决旅行社的定编、定员问题。旅行社应当依据自身的近远期目标、劳动效率、岗位技术要求等因素，确定相应的组织机构、岗位职务标准，进行定编、定员。

(2)人员补充规划，是要保证在中、长期内使岗位职务的空缺能从质量和数量上得到合理地补充。人员补充规划应当具体指出各级各类人员所需要的资历、培训、年龄等要求。

(3)教育培训规划,是依据旅行社发展的需要,通过各种教育培训途径,培养当前和未来所需要的各级、各类合格人才。

(4)人员分配规划,是依据旅行社内部各级、各类组织机构、岗位职务的专业分工要求来配置所需要的人员,包括工种分配、管理人员职务调配及工作调动等。

(三)旅行社人力资源规划的作用

旅行社人力资源规划的作用,是通过规划人力资源管理的各项活动,努力使员工需要与组织需要相互协调,确保旅行社总体目标和战略的实现。人力资源规划的作用主要表现在以下几个方面:

1. 确保实现旅行社的目标

人力资源规划的特点是全面考虑旅行社的经营战略,在实现旅行社总体目标的前提下,关注人力资源的引进、保留、提高和流出四个环节,确保旅行社在生存、发展过程中对人才的需要,因此能较好地促进目标的整合,推动旅行社总体目标的实现。随着旅游市场环境不断变化,竞争日益激烈,旅行社从业人员流动率日趋增高。要改变这种境况,一方面,制订合理的人力资源规划,可以使旅行社在瞬息万变的市场形势中处于主动地位,可以确保旅行社能吸引和留住符合旅行社发展的人力资源;另一方面,随着旅行社规模的扩大、业务的拓展、技术的革新,旅行社必须对人力资源的数量、质量等不断进行调整。在旅行社发展的各个阶段上,必须预先准备适合其各个发展阶段的人力资源。人力资源规划可以为旅行社发展提供相应的人才保障。

2. 加强人力资源成本的控制

人力资源成本中最大的支出是工资,而工资总额在很大程度上取决于旅行社中人员的结构状况,即人员在不同职务、不同级别上的数量状况。合理的人力资源管理规划,能够合理地控制目前的人力成本,在预测未来旅行社发展的条件下,有计划地逐步调整人员的分布,避免造成人员数量严重超过实际需要,或者是人力资源高消费现象,将人力成本控制在合理的范围内。

3. 为人事决策提供依据

人力资源规划的信息往往是人事决策的基础,为了避免人事决策的失误,准确的信息是至关重要的。通过人力资源规划,可以建立有效的内部劳动力市场,同时使各旅行社间的人才进行合理流动,优化旅行社人员结构,使旅行社的成员能够做到人尽其才。通过规划可以尽早发现问题,对旅行社需要的人力资源作适当的储备,对紧缺的人力资源做出引进与培训的规划。通过制订人力资源规划,可以调动员工的积极性,加强旅行社管理层与员工的沟通和交流,形成良好的氛围,以更好地促进目标的完成。

(四)旅行社人力资源的需求预测

旅行社人力资源需求预测,是根据旅行社的战略、目标、发展计划和工作任务,综合考虑各种因素的影响,对旅行社未来人力资源需求的数量、质量和时间进行估计的活动。它立足现在,着眼未来,是人力资源规划的一项重要的、难度较大的基础性工作。人力资源需求预测是人力资源规划的重要组成部分。

1. 影响旅行社人力资源需求的因素

影响旅行社人力资源需求的因素大体可以分为三类:外部环境、内部环境和旅行社员工状况。

旅行社的外部环境包括政治、经济、社会、法律、技术等环境要素。外部环境的影响多是间接的,通过内部因素起作用。经济环境的变化会影响旅行社的规模和经营方向,技术环境的变化会影响旅行社的技术水平等,从而间接地影响了旅行社的人力资源需求。

旅行社的内部环境包括旅行社规模、经营方向、技术与管理、人员流动比率等因素。

旅行社员工状况对人力资源需求量也有重要影响,如合同期满后终止合同的人员数量,退休、辞职、外调人员的数量以及死亡、休假人数等都直接影响旅行社下一阶段人力资源的需求量。

2. 旅行社人力资源需求预测的基本方法

旅行社人力资源需求预测的基本方法主要有以下三种:经验估计法、统计预测法、工作研究预测法。

(1)经验估计法,是利用现有资料,根据有关人员的经验,结合本旅行社的特点,对旅行社的人员需求进行预测。经验估计法可以采用以下三种方式:第一,"自下而上"的方式,由直线部门的经理,向自己的上级领导提出要求和建议,征得上级领导同意后确定用人计划;第二,"自上而下"的方式,是由旅行社先拟定出旅行社的总体用人目标和建议,然后由部门确定各自的用人计划;第三,"上下结合"的方式,即先由旅行社提出人员需求的指导性意见,再由部门根据指导性意见的要求,会同有关部门提出具体的用人要求,然后由人力资源管理部门汇总,形成人员需求预测,上报旅行社领导审批。

(2)统计预测法,是运用数理统计的方法,根据旅行社目前和预测期内的经济指标及相关因素,计算出人员需求量。统计预测法,主要有比例趋势分析法、回归分析法和经济计量模型法。其中,运用最普遍、最简单易行的方法是比例趋势分析法,采用这种方法的关键在于历史资料的准确性和对未来情况变动的估计。

(3)工作研究预测法,是通过工作研究,计算确定员工的工作指标和定额,并考虑到预测期内有关变动因素,来确定旅行社的人员需求。

(五)旅行社人力资源的供给预测

旅行社人力资源的供给预测,是指为了满足旅行社对人员的需求,而对未来一定时期内旅行社从其内部和外部所能得到的人员的数量和质量进行预测。

旅行社人力资源供给预测一般包括以下几个方面的内容:

(1)分析目前的人员状况,如人员的部门分布、业务知识水平、年龄构成等。

(2)分析目前人员流动的情况及其原因,预测将来人员流动的态势,以便采取相应措施避免不必要地流动,或及时给予补充。

(3)掌握人员提拔或内部调动的情况,保证工作和职务的连续性。

(4)分析工作条件的改变和出勤率变化对人员供给的影响。

(5)掌握人员供给的来源和渠道。人员供给既可来源于旅行社内部,也可来源于旅行社外部。

(六)旅行社人力资源的综合平衡

旅行社在完成人力资源的需求和供给预测后,要进行平衡分析,比较人力资源需求和供给的结果,以确定人力资源短缺或是过剩状况,以及存在的层次、结构问题,从而制订出相应的政策措施,使之趋于平衡。

在旅行社人力资源管理过程中,人力资源的供求平衡是旅行社要求的最佳状态,但是,这种最佳状态是很难达到的,人力资源短缺或是富余等供求总量不平衡的状况普遍存在。即便是达到了数量上的平衡,也会在层次、结构上发生不平衡。因此,旅行社人力资源规划所涉及的人员补充、培训、安置、使用、晋升、薪资等方面是具有内在联系的,因此在制订各项专业计划时应注意相互之间的平衡与协调。例如培训、绩效和激励必须相互协调,若旅行社人员通过培训提高了素质,在任用及报酬方面无相应政策,就容易使员工丧失工作积极性。

另外,还要做好每一项专业计划的配套平衡。人力资源开发的总目标是通过执行各项具体计划实现的,因此应当将总目标分解为各项专业计划的分目标,为保证专业计划目标的实现就必须制订相应的政策并规定具体的措施及步骤,使计划具有可操作性。

二、旅行社工作分析

人力资源管理工作的最终目的是要把合适的人放到合适的岗位上,做到人适其职、职得其人、人尽其才、才尽其用的目的。这就要求我们既要了解每个员工的特点,同时也要了解每个岗位的特点。了解员工是招聘工作中的重要内容,可以通过面试、人才测评等工作分析的手段,要了解岗位的特点,同样要借助工作分析这一科学手段。

(一)工作分析的概念

工作分析,亦称为职务分析,是通过观察和研究,掌握职务的固有性质、责任、组织内职务之间的相互关系,以确定该职务的工作任务和性质以及工作人员在履行职务上应具有的知识、技术、能力。

旅行社是综合性较强的服务型企业,内部分工比较多,为了给旅游者提供高质量的旅游服务,对岗位要求较高;服务质量的相互依赖性和关联性,使旅行社各岗位之间协作性增强。这些特点要求旅行社进行科学细致的工作分析,只有这样,才能制订更符合实际需要的岗位职责,实现旅行社的经营目标。

(二)工作分析的意义和作用

工作分析是人力资源管理工作的核心,是各项人力资源管理工作的出发点,如图 8-1 所示:

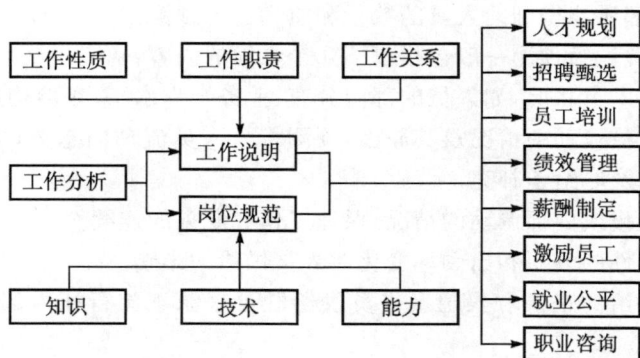

图 8-1 工作分析的内容和作用

工作分析的作用主要体现在以下几个方面:
(1)为制订人力资源规划提供科学依据。

(2)为招聘和培训工作提供客观标准。

(3)为制订科学有效的考评标准提供依据。

(4)为制订科学合理的薪酬制度提供依据。

(5)提高工作效率并更好地激励员工。

(6)保证就业公平,规避法律风险。

(7)加强职业咨询和指导。工作分析的作用,涉及旅行社人力资源管理的方方面面,由工作分析得到的工作说明和岗位规范是人力资源管理工作的基础性文件,是开展工作的依据和指导。

(三)工作分析中的要素分析

工作分析是对某一项工作的内容及有关因素做全面地、系统地、有组织地描写或记载。工作分析可以分别从以下七项要素着手:

1. 工作主体

工作主体即"谁来做",是对从事旅行社某岗位人员所需要具备的身体素质、心理素质和个性特点,需要掌握的知识和技能、接受的教育和培训,以及其拥有什么样的工作经验等方面的要求。工作分析中制订的岗位规范描述的主要就是这些内容,以此作为甄选、任用、调配旅行社工作人员的依据。

2. 工作内容

工作内容即"做什么"。工作分析应具体描述每个岗位需要完成的工作内容,包括所要完成的工作任务、工作职责、工作流程是什么,工作活动产生的结果或产品是什么,工作结果和产品要达到什么样的标准。

3. 工作时间

工作时间即"何时做"。工作分析应该对与时间相关的工作内容进行描述。例如,哪些工作是安排在哪个时间做的?

4. 工作环境

工作环境即"在哪里做",主要指的是自然环境和社会环境。工作的自然环境包括工作地点、温度、光线、噪音、通风、安全条件等。工作的社会环境包括所处的文化环境,工作群体中的人数,完成工作所要求的人际交往数量和程度,环境稳定性等。

5. 工作方式

工作方式即"如何做",指完成工作的具体方式,包括从事工作活动的一般程序,完成工作要使用哪些工具和操纵哪些设备,工作中所涉及的文件或记录有哪些,工作中重点控制的环节是什么等内容。

6. 工作原因

工作原因即"为什么做",主要说明工作的原因,包括做这个岗位的目的是什么,与其他工作有什么关系,对其他工作有什么影响等。

7. 工作关系

工作关系即"为谁做",确定某项工作的隶属关系,明确工作内容之间的联系,包括工作要向谁请示和汇报,向谁提供信息或工作结果,可以指挥和监控何人等。

三、旅行社工作设计

工作设计又称职务设计，是对工作的整个过程进行周密、有目的、有计划地安排和调整，包括对工作本身内容、结构、任务、方法和要求的确定、调整，协调工作与其他方面的联系，以及工作对员工的影响等。工作设计可以是对工作的某个部分的安排和调整，也可以是对整个工作的总体安排和调整。所以工作设计实际就是一个确定所要完成工作的具体任务及完成的方法，并确定该工作在组织中与其他工作相联系的过程。

（一）工作设计的原因和作用

当旅行社出现以下几种情况时，就应该考虑进行工作设计。

（1）工作效率下降。该情况是旅行社需要进行工作设计的重要信号。引起工作效率下降的原因很多，出现最多的情况包括员工无法达到工作要求，或是对工作产生厌倦情绪。

（2）岗位设置不合理。

（3）旅行社进行管理改革。由于旅行社的发展或是市场的变化，导致原有的工作说明已经不能适应旅行社的目标、任务和体制的要求时，或是旅行社计划对现有的经营模式和管理模式进行改革时，人力资源部门应配合旅行社进行相应的职务设计，使岗位能够适应新形势的需要。

工作设计的作用体现在提高工作效率，降低员工流失率，改变员工和职务之间的基本关系等方面。

（二）工作设计的影响因素

工作设计需要考虑的因素包括：环境因素、组织因素和行为因素。

旅行社进行工作设计时，首先要考虑的是环境因素。必须从现实出发，与人力资源管理的实际水平保持一致。

旅行社工作设计最根本的目的是为了提高组织的工作效率，工作设计离不开组织对工作的要求。具体设计时应注意，工作设计的内容包括旅行社所有经营活动，旅行社组织运行中的每一个程序，其任务都应该在工作设计中明确规定，以保证整体工作的顺利完成。在设计岗位具体任务时，应遵循均衡性原则，以保证工作中不出现"闲置"环节。

旅行社员工需求的不断变化是促使其工作设计不断更新的一个重要因素，工作设计一个最大的目的就是让员工在工作中得到最大的满足。如果旅行社在工作设计中能够顺应员工的要求，给他们成长和发展创造有利的条件和环境，就能增加旅行社的吸引力，激发员工的工作热情和忠诚度。

四、招聘和选拔

招聘是指旅行社按照经营目标与业务要求，以工作分析为依据，在人力资源规划的指导下，吸引人才，运用科学的手段选拔合适的人才，并将他们安排在合适的岗位上的过程。

旅行社招聘的原则包括：守法、公开竞争、成本效率、平等择优、量才适用。

（一）制订旅行社招聘人才的标准

1. 爱岗敬业精神

旅行社在招聘过程中，应重视从业人员的专业知识水平和专业服务能力，这一点是毋庸置疑的。但是，高素质的人才不仅仅意味着知识渊博、专业技能高超、经验丰富，更重要的是具备积极进取、奋发向上的事业心和奉献精神。因此，旅行社不仅应考虑应聘者的专业水平，更应重视其择业的价值取向,选聘那些能够不断学习、愿意在本企业长期工作、德才兼备、爱岗敬业的专业人员。

2．合作能力

旅行社内部虽有不同的分工,如外联、采购、接待,等等,但旅游服务工作并不像某些物质生产那样工序分明,无论是销售人员、旅游接待人员,还是计划调度人员,都必须与其他部门良好合作,才能为旅游者提供优质服务。另外,旅行社还必须把处理好与相关行业和部门(如交通运输部门、饭店、餐厅、旅游景点等)的关系放在首位,这就要求旅行社专业服务人员应该有较强的协调、沟通能力。旅行社在招聘时,应重视应聘者的互助精神和合作能力,要求专业服务人员能求同存异,有集体主义精神,能与各种类型的人建立良好的合作关系。

3．忠诚度高

随着旅游业的迅速发展,人才市场的竞争也日益激烈,旅游从业人员的流动率很高。吸收有经验的人才,对于旅行社开拓市场、解决燃眉之急有不可忽视的作用,尤其是对刚成立的旅行社。有经验的人才在短期内对企业的贡献可能是很大的,旅行社对这类人也无需进行培训投资。但旅行社管理者必须考虑,对这类人付出的代价(如高工资、高待遇)是否与他对企业的贡献真正相符,这类新加入的人对旅行社忠诚度如何。有些旅行社在招聘中以高薪、出国、晋升机会、舒适的工作环境等条件来"挖"人才,招揽一些所谓有"实力"的人加入企业,并不讲求应聘者的吃苦耐劳精神,其结果是吸引了那些只讲待遇、不求奉献、金钱至上的求职人员,一旦其他旅行社有更优厚的待遇,这些人便再次跳槽,给旅行社造成很大的损失。招聘、培养对企业有忠诚感的优秀人才,才是旅行社长期发展的基础。

(二)内部招聘

旅行社内部招聘是从旅行社内部现有人员中挑选适合新岗位的人选。

1．内部招聘的优、缺点

内部招聘的优缺点如表8-1所示。

表8-1　内部招聘的优、缺点

优点	缺点
1．有利于鼓舞士气,鼓励员工更努力地工作,进而为自己创造更多的发展机会 2．有利于降低员工流失率,提高员工对旅行社的忠诚度 3．有利于降低招聘风险 4．有利于员工更快地适应工作	1．旅行社进行内部招聘,选择的空间小,影响新理念、新思路、新方法的引入 2．有可能造成内部的不团结 3．有可能形成小团体。容易相互之间产生矛盾,影响旅行社的长远发展

2．内部招聘的主要形式

(1)内部晋升。内部晋升是指当旅行社内部出现岗位空缺的时候,将旅行社内部符合条件的人选从较低岗位提升到较高岗位,以填补职位空缺的方法。内部晋升员工的原则是挑选最适合新岗位的人选,哪怕他在原岗位上不是最优秀的。

(2)内部调用。内部调用是指旅行社员工在相同级别的岗位之间进行调动,级别不变,工作岗位发生变化。这种工作轮换,既减少工作单调带来的弊端,也为相应人员晋升到高级岗位创造了条件。

(3)重新聘用。重新聘用分为返聘和重聘两种情况。返聘是在没有合适人选的情况下将已离、退休的人员重新聘任到原有岗位。重聘是将闲置人员和辞退人员重新聘用到原有岗位，旅行社存在淡旺季的问题，因而这种形式也常被采用。

3. 内部招聘的方法

内部招聘的方法分为内部公告法、人才储备法和人员推荐法。

内部公告法是将岗位招聘的信息通过旅行社内部公告的形式告知全体员工，让愿意申请新岗位的内部员工进行公平竞争，从中选出合适的人选。常用于较高层次的管理岗位招聘。

人才储备法是旅行社建立自己的人才储备库，对所需的人才进行分类，并掌握所储备的人才的相关信息，再进行筛选，从而选拔出合适的人选。

人员推荐法一般由部门负责人将本部门中表现突出，能力卓越的人员推荐到旅行社空缺的岗位上，去从事更具体的工作，以便发挥其特长。

(三)外部招聘

外部招聘是旅行社从外部招聘适合旅行社需要的员工的一种方式。

1. 外部招聘的优、缺点

外部招聘的优缺点如表 8-2 所示。

表 8-2　外部招聘的优、缺点

优点	缺点
1. 选择的空间大	1. 可靠性较差
2. 给旅行社带来新思维和新方法	2. 适应新岗位所需的时间较长
3. 平息内部矛盾	3. 可能挫伤内部员工的积极性
4. 节省培训投资	4. 有可能不被老员工接受

2. 外部招聘的方法

(1)招聘会。旅行社可以参加政府、旅游协会或是大中专院校组织的专场招聘会，招聘所需人才。招聘会上的应聘者数量多，招聘成本低；但各旅行社之间的竞争也比较激烈，有的时候不一定能有合适的人选。要选择和旅行社所需人员种类、层次相符的专场招聘会，效果会更好。

(2)推荐。一般由旅行社内部人员进行推荐，或是由熟悉的合作单位或是个人进行推荐。推荐人员出于对自己声誉和利益的维护，会将优秀的人才推荐给需要招聘的旅行社。因而，该方法是比较有效的招聘方法之一。

(3)网络招聘。网络招聘的信息量大，可挑选余地大，应聘人员素质高，招聘效果比较好，费用比较低。一般网络招聘可以通过在人才网站注册为会员并发布招聘信息进行招聘和通过自己旅行社的主页公布招聘信息进行招聘。

(4)通过中介招聘到合适人选。旅行社将招聘人才的工作委托给人才交流中心、职业介绍所、猎头公司等中介机构。这种方法的选择余地较大，同时避免出现熟人推荐产生的拉关系等问题。

(四)旅行社人才选拔的内容

1. 教育背景

通过一个人的教育背景可以初步判断其能力水平。学历要求也普遍被各旅行社所采用。

比如：对导游人员要求中专以上学历；管理人员要求大专以上学历。不同层次的人员对学历层次的要求不同，不同岗位种类的人员要求的专业背景也不相同，一定要依据岗位本身的要求来确定教育背景的要求标准，盲目追求高学历的倾向是错误的。

同样学历的人其能力并不相同，旅行社在录用员工的过程中采用的是旅行社本身的标准，而学历标准是社会标准，学历作为社会标准被社会广泛采用，主要是因为其为招聘单位提供了简单易行的判断标准。

2. 工作经历

工作经历主要是指应聘者曾经从事过的职业、单位、职务、经验等。教育背景往往代表了一个人的学习能力，甚至是考试能力，很多时候一个人过去的工作经历比学历还要重要。通过工作经历可以初步判断应聘者的能力水平、工作稳定性、实际工作经验等多方面的因素。对工作经历的考察，要将重点放在其经历中与要招聘的岗位要求相关的部分，不是所有的工作经历都会对其要从事的新岗位有帮助。工作经历的信息可以通过求职简历和背景调查获得。

3. 工作能力

工作能力是应聘者能否胜任应聘岗位的能力。旅行社在招聘的过程中，可以通过各种能力测试的方法来测试应聘者的真实能力，也可以约定试用期来具体考核。

4. 身体状况

身体状况主要是指应聘者的健康状况和体能状况。在以身体状况作为选拔人才的标准时，要注意科学的工作分析资料可以证明这一要求的合理性，避免出现年龄或是性别的歧视。旅行社行业对应聘人员的身体素质要求相对来说更严格。比如：从事导游工作的员工，不能是传染病的携带者，能够承受较大的工作压力，体能好，可以应付带团过程中琐碎的事务、繁琐的程序。

5. 个性特点

个性特点是指应聘者与工作要求相关的性格类型、心理特征等内容。不同职位对员工个性特点的要求不同。员工的个性特点是影响工作绩效的重要因素。旅行社行业的大部分员工要与旅游者或是同行交流，要能够承受压力，运用各种科学的心理测试方法对应聘者的心理特点进行测试就显得更为重要。

五、培训旅行社人力资源

旅行社的产品是旅行社为满足旅游者旅游过程中的需要而向旅游者提供的各种有偿服务，它是以服务为基本特征的配套产品组合。旅行社的服务质量完全依赖于旅行社员工的主观能动性、创造性和工作热情，是以旅行社工作人员的服务意识和服务技巧为基础的。因此，培训是提高服务质量的需要，是培养员工良好的服务意识、熟练的工作技能和技巧的需要。同时，也是旅行社走向规范化、国际化，适应激烈的市场竞争环境的需要。

(一)旅行社培训的意义

1. 有利于提高旅行社的竞争力

旅行社提供的产品是服务，服务产品质量的高低取决于员工素质的高低，因此，各旅行社之间的竞争离不开人才的竞争。而对旅行社员工的培训是提高员工素质，提升旅行社核心竞争力的重要手段。

2. 提高员工的绩效,为员工个人发展创造条件

通过长期系统地培训可以提高旅行社管理人员的经营管理水平,可以提高一线员工的基本素质和业务技能水平,从而,提升管理者和普通员工的绩效。对员工进行培训不但可以挖掘员工的工作潜力,同时也能减少员工对于职业前景的恐惧感,提高其对旅行社的忠诚度。使员工安心、尽力为所属旅行社工作,从一定程度上,不仅为旅行社留住了优秀的员工,同时,使这些优秀员工把个人的职业前途和旅行社的发展目标紧紧联系到一起。在发展旅行社的同时,员工自身也得到了很大的发展。

(二)旅行社培训的原则

为了提高旅行社培训工作的水平,旅行社在组织培训的过程中要依据以下几个原则:

1. 培训要注重针对性

旅行社在培训的过程中,要根据岗位的不同要求,员工的不同学历层次以及是否从事过该类工作,不同的目标市场要求等进行培训,做到培训工作有针对性、实用性,以便提高培训的效率,使员工更容易接受所学的知识和业务。

2. 旅行社管理者重视对员工培训

培训是关系到旅行社经营和管理的重要环节。旅行社管理者应该予以重视和支持,并亲自抓培训工作,适当的时候,培训应该在全旅行社当中进行,旅行社的管理者也应该接受相应的培训,以便旅行社从上到下,全员提升素质,完善管理,提高经营水平。

3. 以考评促培训,重视培训效果的反馈

以考评促培训,并将其考评结果与员工的晋升、加薪等挂钩,可以激发员工参与培训的热情,确保员工认真参加培训。在培训过程中,注重对培训效果的反馈。反馈的信息越及时、准确,培训的效果就越好。经常测验员工的培训学习效果,是激励员工学习和提高学习兴趣的有效方法,同时还有利于评价培训效果,便于发现不足,强化薄弱环节。

(三)旅行社培训的种类和内容

旅行社培训的种类主要分为岗前培训、在岗培训、岗位职务培训和岗外培训。

1. 岗前培训

岗前培训通常指的是"入职培训",主要向新员工介绍本旅行社的发展史、组织结构及各部门职责和权限、人力资源政策、岗位相关技能等。

(1)旅行社的发展史。每个旅行社都有自己发展的过程,介绍旅行社的发展史,是为了让员工对旅行社增加认识,从而在心理上产生认同。在介绍的过程中,要着眼现在,放眼未来,告诉员工旅行社曾经做了哪些工作,作为现在发展的基础,在此基础上,新进员工应该付出怎样的努力以更快、更好地发展旅行社业务。

(2)旅行社的组织结构及各部门的职责和权限。让新员工明白旅行社的组织机构,有利于员工尽快熟悉自己的工作环境。培训者最好能够结合旅行社的发展史,将旅行社组织结构的演变过程介绍给新员工。旅行社的组织结构能够体现其经营管理的风格,因此,培训者可以在培训的过程中,结合旅行社的经营管理理念进行介绍。如果新员工熟悉了旅行社的组织结构并且清楚了各部门的职责和权限,有利于提高新员工的工作效率。

(3)旅行社的人力资源政策。让新员工了解就职旅行社的人力资源政策,包括福利待遇、假期、晋升等方面的内容,有利于员工安心地工作。在培训的过程中,应该尽可能详细地向员工介绍旅行社的相应人力资源政策,如果新员工有什么不清楚的地方,旅行社负责培训的人员应当对新员工提出的疑问进行解答。

（4）业务培训。旅行社业务培训包括岗位所需的技能知识、处理日常工作和突发情况的知识等。技能是员工日后赖以生存的本领,在岗前培训中,了解和学习到的可能不是非常深刻,但是,培训的内容一定要让新员工足以应对上岗后的日常工作和可能遇到的情况。而技能的进一步提高依赖于日后的工作实践的积累。

2. 在岗培训

在岗培训主要是解决在日常工作中出现的各种问题适应新形势、新方法,增强服务意识,强化员工对于旅行社的认同感和归属感。

（1）职业道德。职业道德的培训是员工培训的重要内容,主要包括职业道德的感知、理解和接受程度,职业道德行为与职业道德习惯等方面的培训。员工的思想观念直接影响到职业规范的执行和遵守的程度。所以,加强对员工职业道德的培训,有利于整个旅行社优良风气的形成。另外,因为社会风气很容易影响到旅行社员工的职业道德水平,所以旅行社在对员工进行职业道德培训时,要注意有针对性地培训,总结经验,摸索规律。

（2）企业文化。旅行社企业文化培训的内容包括三个层面:精神文化层面,包括旅行社核心价值观、旅行社精神、道德规范、经营理念;制度文化层面,旅行社各种规章制度以及这些规章制度所遵循的理念,包括人力资源理念、营销理念等;物质文化层面,包括旅行社的标识、文化传播环境、办公地点等。

（3）知识培训。知识培训主要目的在于解决员工在实际工作中难以应付的情况,以科学的、有效的理论作为补充和支撑,强化员工的自身素质。培训的内容应当具有鲜明的职业性,要与岗位、工作相关所需的知识紧密结合。

（4）心理培训。心理培训是将心理学的理论、理念、方法和技术应用到旅行社的培训活动中,以便更好地解决员工的动机、心态、意志、压力等一系列心理问题,使员工心态得到调适、意志品质得到提升、潜能得到开发。

（5）团队意识的培训。旅行社划分岗位、职位不同,但是,所有岗位的目标是一致的,就是旅行社的长久、稳定地发展。因此,在培训的过程中,强化团队意识对旅行社的发展的意义是非常必要的。"分工但不分家"是旅行社员工应该努力去实现的状态。旅行社在组织培训时,有必要对不同岗位、不同工种的员工进行团队意识和整体观念的培训。

3. 岗位职务培训

岗位职务培训一般是由国家或省、市、自治区、直辖市统一培训和发证,但是旅行社人力资源管理部门应积极做好配合工作。

4. 岗外培训

岗外培训的组织者一般是旅行社所属的上级主管公司、局或行业协会、高等院校等部门机构。旅行社人力资源管理部门应该充分利用这些教育资源,为开展岗外培训所用,也可计划安排与有关单位联合举办各种形式的培训班、报告会、参观考察活动等岗外培训项目。

六、评估旅行社员工绩效

绩效一般是指完成工作的效率和效能,包括完成工作的数量、质量、效率和效果。绩效可以从两个方面来表述:一方面,绩效是员工所做的工作中对旅行社的目标具有效益和贡献的部分;二方面,绩效是个人知识、技能、能力等一切综合因素通过工作而转化为可量化的贡献,包括精神和物质两个方面。

绩效是员工的主观努力和旅行社的企业文化、战略、评定者和被评定者的关系等客观条件限制共同作用的结果,绩效具有多重性、多样性和多边形等特点。

旅行社员工绩效评估,是指旅行社对员工的工作绩效所做的分析、判断和认定。

(一)旅行社员工绩效评估的意义

1. 为旅行社人力资源管理提供依据

(1)通过绩效评估,旅行社可以发现员工的优缺点和潜能,并以此为依据给予员工适当的训练,以强化优势,改善不足,挖掘潜能,还可以确定在招聘员工时应重点考察的知识、能力和品质。

(2)通过绩效评估,旅行社可以重点培养并提升表现出色、潜能大的员工;对表现差,业绩落后的员工,旅行社可以找出症结,改善管理,提高这部分员工的绩效。

(3)通过绩效评估,制定合理的薪酬体系,鼓励表现出色的员工,同时激发表现欠佳的员工更加努力为旅行社工作。

2. 可以加强管理者和员工的沟通

旅行社对员工进行绩效评估,通过对评估结果的沟通,管理者可以通过跟被评估员工的谈话,了解员工的工作情况,避免不必要的误会。同时,员工可以将工作情况反馈给管理者,加强管理者对其认识,以便有效地指导其工作。

3. 推动员工个人职业目标的实现

旅行社的战略目标被分解为若干单元,每个员工都负责落实这些目标。因此,旅行社的战略目标和员工是紧密联系在一起的。旅行社绩效评估的目标同旅行社整体的战略目标是一致的。员工的绩效高,旅行社的整体目标就完成的好,继而能够增强员工的信心。员工的绩效低,旅行社的整体目标完成的水平差,就会促使旅行社对员工加强培训和指导,从一定程度上推动了员工个人职业目标的发展和完善。

(二)旅行社员工绩效评估的原则

(1)公开化原则。评估前,向员工公布评估的标准,让员工知道评估的条件和过程,对评估工作产生信任感。评估完毕,向员工公布评估结果。

(2)规范化原则。评估目标应该具体、明确。规范考评的组织管理、考评者的权限范围、考评的程序和相关责任等,并在考评过程中,严格遵守考评规范,减少随意性。

(3)客观公正化原则。对被考评人的认知要客观,不能带有主观色彩。以量化的指标对考评人进行考评,以事实说话。

(4)反馈原则。反馈的内容包括评估结论以及必要的说明,肯定成绩和进步,指出不足之处,以实现评估的激励和教育作用。

(5)差别原则。评估不同等级之间要有明显的差别。评估结果对员工的影响要有差别,要与员工的报酬、晋升等挂钩。

(6)全方位原则。运用多种方式,从多层次、多角度、全方位对旅行社员工进行评估。有领导和员工之间,员工和员工之间的互评;有旅游者对旅行社员工的评估;有员工的自评;既有定性考评,又有定量考评。对多主体进行多角度评估时,由于各方面的评估者对被评估者的了解程度不同,看问题的角度不同,因而需要对他们评估结果的重要程度进行不同权重的处理。

(7)定期化原则。对旅行社员工的绩效评估时一个连续性的过程,因而必须定期化。绩效评估时对员工工作能力、工作态度和工作绩效的评估,也是对他们未来行为表现的一种预测。因此,只有定期化、制度化才能真正了解员工的潜能。

(三)旅行社绩效评估的内容

1. 工作质量

工作质量就是员工完成任务的质量,即工作的完美程度,包括是否采用了理想的工作方法和程序,是否达到了预期的工作目标等。

2. 工作数量

工作数量就是在特定时间内完成的工作量,可以用货币价值来表示,也可以用其他单位来表示。不同的部门和工种有不同的数量指标。

3. 工作效率

工作效率是指员工完成某项工作的时限,即是否在最短时间内完成要求的任务,实现预定目标。

4. 成本有效性

成本有效性就是充分利用人力、资金、技术、材料等组织资源以实现收益最大化的程度,以最小的投入获得最大的效益。

5. 监督管理需要

监督管理需要就是指员工在执行自身任务中,是否需要上级监督和帮助才能顺利完成,即独立工作能力的评估。

6. 对他人的影响

对他人的影响就是要评估被评估者与其他员工的合作关系和协作精神,其工作和个人对同事的影响。

旅行社对某一项工作进行评估时,不一定都会涉及以上六方面的内容,但是管理人员必须从多个方面综合判断和衡量决定工作业绩的各方面的指标,切忌片面强调某一方面。

七、管理旅行社报酬

报酬是旅行社员工从其工作当中获取各种劳动收入的总和,包括工资、奖金、津贴和福利等。旅行社的报酬管理既要符合旅行社发展战略和财务状况,又要体现员工的劳动价值。

(一)影响旅行社员工报酬的因素

1. 政策法规

旅行社制订的报酬制度必须遵守国家的法规和政策。劳动和社会保障法规当中包含的八小时工作制、同工同酬、加班费、带薪假、社保等方面的规定,旅行社应该严格遵守和执行。旅行社的员工报酬既要符合法规的要求,又要符合本旅行社的具体情况。

2. 社会和本行业报酬标准

旅行社报酬水平应当考虑到物价涨落以及社会消费水平的不断提高对员工报酬期望值的影响,从而确定适合的报酬水平。本行业的报酬水平应大体持平,或高或低的报酬水平都不利于旅行社的发展:过高会加大本旅行社的经营成本;过低会造成员工的工作效率下降甚至失去人才竞争优势。

3. 旅行社的支付能力

旅行社的规模大小和发展程度直接影响了旅行社的实际支付能力。旅行社应该以实际的支付能力确定员工的报酬水平。规模大的旅行社可以为优秀员工提供更多的报酬和相应奖励。发展比较稳定的旅行社相较于初期发展和发展衰退的旅行社,更能够为员工提供比较充裕的报酬。

4.员工的绩效

旅行社将员工的绩效同报酬联系起来,有利于督促和激励员工,警示绩效差的员工。工作态度良好、工作效率高、工作效果好的员工的报酬相对工作态度不端正、工作效率低、工作效果差的员工更高一些。

(二)旅行社员工报酬的构成

1.工资

工资是根据劳动者所提供的劳动数量和质量,按照事先规定的标准付给劳动者的劳动报酬,也就是劳动的价格。工资可分为基本工资、激励工资和成就工资。

基本工资是员工定期从旅行社得到的一个固定数额的劳动报酬。基本工资多以月薪和年薪的形式出现。

激励工资是随着员工工作努力程度和劳动成果的变化而变化的部分,如计件工资、销售提成等,与员工现时的表现是挂钩的,是一次性的增加。

成就工资是指员工表现突出,为旅行社做出了巨大的贡献后,旅行社以提高基本工资的形式付给员工的报酬,是对员工过去一段时间努力工作所取得成绩的报酬,是永久性的增加。

2.奖金

旅行社为了奖励员工超出正常劳动所支付的报酬。目的是鼓励员工提高劳动效率和工作质量,促使其继续保持良好的工作势头。与工资相比,奖金具有非普遍性和浮动性的特点。奖金的发放可根据员工的工作绩效评定,也可根据部门或是岗位的效益评定。

3.津贴

津贴是附加工资,也称为补助,是指旅行社员工在特殊条件下工作,旅行社对员工额外的劳动量和生活费用支出所做的补偿。津贴具有很强的针对性。只将特定的工作环境作为唯一的参考标准,一旦这种特殊条件消失了,津贴也就随之取消了。

4.福利

福利是旅行社为员工提供的除了金钱之外的一切物质待遇,是旅行社吸引员工或维持人员稳定而支付的作为工资或奖金等项目的补充性报酬。根据我国劳动法的有关规定,员工福利可分为"社会保险福利"和"企业集体福利"两大类。

社会保险福利是由政府统一管理的福利措施,包括社会养老保险、社会失业保险、社会医疗保险、工伤保险、生育保险等。

企业集体福利是企业为了吸引人才或稳定员工而自行为员工设置的福利措施,比如工作服、工作餐等。

子任务3 建设旅行社企业文化

一、解读旅行社企业文化

(一)旅行社企业文化的内涵

旅行社企业文化是在长期的经营管理实践中,逐步形成的共同理想、信念、价值观、道德规范等精神要素的总和,是由旅行社领导者倡导、为全体员工所认同的本旅行社的群体意识和行为准则。

旅行社的企业文化是旅行社的灵魂和精神支柱,指导和规范着旅行社一切活动;旅行社企业文化直接指导旅行社物质文明建设、制度文明建设和精神文明建设。

旅行社的企业文化的本质是旅行社的价值观。当一个旅行社有了共同的价值观,就意味着旅行社全体员工思想上的统一,该旅行社就能朝着预定的方向发挥总体力量,旅行社的总体目标和领导层的决策就能迅速转化为全体员工的行动。

(二)旅行社企业文化的特征

1. 无形性和有形性交错

旅行社的企业文化所包含的信念因素、道德因素、心理因素、精神因素、智能因素等,是作为一种文化心态和氛围广泛存在于旅行社员工当中。因而,它是无形的。但是,作为反映和表现旅行社企业文化的外部标志却是有形的,如中国国际旅行社的简写"CITS"、"国旅",都是广为外界识别的,是作为中国国际旅行社企业文化的载体。无形的文化通过有形的载体体现,而有形的内容反映的是无形的文化。

2. 非强制性和强制性的结合

旅行社企业文化所包含的行为准则和共同目标是通过制度的约束、管理条例的限定等强制手段实现的,每个员工都将其作为本分而遵守。价值观是旅行社企业文化的深层次的内容,是对旅行社员工的行为产生最持久和最深刻影响力的因素。这种影响借助旅行社内部的氛围进行熏陶,借助集体精神的感染,非强制性的潜移默化来影响和控制员工的行为模式。旅行社员工在强制性和非强制性因素的影响和制约下,接受旅行社的企业文化,并自觉地按共同的行为准则办事。

3. 时代性与传承性的统一

旅行社的企业文化存在于社会物质文化生活环境当中,必然体现时代的要求,反映时代的风貌,与时代的发展保持同步性。然而,旅行社的企业文化并不是凭空产生的,它是对传统的价值观、行为规范的继承和发扬,被后继的员工所学习和接受,并延续下去,因此,旅行社的企业文化是时代性与传承性的统一。

4. 独特性与普遍性相统一

经营旅行社的团队不同,因此,经营和管理旅行社的风格不同,造就了独特的旅行社企业文化。然而,旅行社企业文化离不开赖以存在的大环境,生存于一定环境当中的旅行社,具有所有旅行社都共通的特点。而不同的环境下,旅行社的企业文化是不同的。因而,旅行社企业文化是独特性和普遍性的统一。

(三)旅行社企业文化的内容

1. 旅行社企业目标

目标对人的行为具有导向和激励的作用。旅行社设置经营和管理目标可以激发员工努力工作,使个人职业目标和旅行社整体目标结合起来,从而调动员工的积极性。旅行社可以制定一段时间以内要达到的目标,具体明确的目标,对旅行社的发展具有十分重要的意义。

2. 旅行社价值观

价值观是人们对生活、工作和社会实践的一种评价标准。旅行社价值观是旅行社全体员工在共同信念、共同利益的基础上形成的群体价值观。对于旅行社来说,价值观为旅行社生存和发展提供了基本方向和行动指南,是旅行社全体员工用于判断事物的标准。旅行社价值观决定着旅行社经营的宗旨,规范旅行社的信念。

3. 旅行社道德规范

旅行社道德规范是员工在经营活动中调整内外关系的特点职业行为规范的总和,属于社会意识形态,又是一种管理理念。它规范旅行社内部员工与员工的关系,形成良好的氛围;规范员工和旅游者的关系,培养员工良好的职业操守。旅行社道德规范不具有法律强制性,但具有积极向上的示范效应,旅行社要有针对性地强化员工的职业道德培训,使员工自觉维护旅行社的声誉和旅游者的权益。

4. 旅行社精神

旅行社精神是旅行社员工群体的心理状态的外化,它反映着旅行社员工群体对一系列问题的认识、观念以及所采取的态度等,包括旅行社员工所共有的经营信条、价值观、行为准则、责任感、荣誉感等。

5. 旅行社制度

旅行社制度是完成旅行社任务的重要手段和保证,是旅行社行为准则的总称,包括章程、体制、组织机构、办事程序、岗位责任制等固定化的模式,同时也包括观念、习惯、职业道德规范等无形化的模式。

6. 旅行社环境

旅行社环境是旅行社表层文化的直接体现,包括旅行社的办公环境、员工的精神状态、人际关系等旅行社内部环境。同时,还包括旅行社外部的政策环境、经济发展状况、文化氛围等。对旅行社员工来说,旅行社的内部环境与他们的联系最为直接。因此,旅行社应该着力改善旅行社的内部环境,如创造和谐民主的氛围,增加办公设施设备,提高福利待遇,关心员工的生活等。

7. 旅行社形象

旅行社形象是指旅行社及其员工在社会公众心中留下的印象和获得的评价的总和。旅行社形象对旅行社的生存和发展至关重要,是旅行社的招牌。旅行社形象包含两方面内容:第一,旅行社的无形形象,即社会公众对旅行社的经营能力、特色、服务质量、工作效果等方面的印象。第二,旅行社的有形形象,即旅行社的标示、品牌、员工的制服、办公地点的布置风格等。

8. 旅行社民主

旅行社民主是指旅行社员工对经营管理的参与意识、参与体制和参与实践的总和。旅行社应充分调动员工参与旅行社经营管理的积极性,挖掘其最大的潜能,使旅行社的目标和员工个人发展的目标相统一,使员工以旅行社为家,投入最大的热情和努力,保证旅行社经营目标的实现,同时实现员工的个人价值。

任务二 实施旅行社质量管理

旅行社是以赢利为主要目的企业,其产品质量,直接关系到旅行社的生死存亡。旅行社产品具有综合性强的特点,涉及食、住、行、游、购、娱等多个环节,任何一个环节出现问题,都会影响到旅行社的产品质量。与一般产品相比,旅行社的产品质量更加难以控制与管理,因此,质量管理是旅行社经营与管理的重要内容之一。作为旅游业龙头的旅行社企业迫切需要不断加强管理,提高服务质量水平,以促进旅游业良性发展。

子任务1　储备旅行社质量管理基本知识

一、解释旅行社质量管理的概念

旅行社质量管理,是指旅行社为了保证和提高产品质量,综合应用一整套质量管理体系、思想、手段和方法所进行的系统的管理活动,即旅行社全体员工及有关部门共同努力,把经营管理、服务技术、数理统计等方法和思想教育结合起来,建立起旅行社产品生产全过程的质量保证体系,从而用最经济的手段提供旅游者满意的产品。质量管理包括过程因素(消除失败环节)和人员因素(管理好员工与顾客接触的"真实瞬间")。

二、确定旅行社质量管理内容

(一)旅游产品质量管理

旅行社产品质量管理,是保证旅行社在接待过程中,能够使旅游者满意的前提。旅行社的产品质量,一般是指旅游产品设计安排的质量,主要表现为:一是旅游线路、节目、内容安排是否合理,是否齐全多样,符合多层次多方面旅游者的需求;二是质价是否相符,游客是否感到安全方便。

为了加强旅行社产品质量的管理,必须注意解决以下两个问题:

1. 精心设计丰富多彩的旅游线路和节目内容

旅行社在产品设计方面,应注意在原有旅游线路的基础上,不断拓展和开发一些新的旅游线路和景点,避免旅游线路中出现不必要的重复和往返,以减少旅游者因过多的线路重复或往返而产生的厌倦情绪;要设计出符合旅游者各种需求的、适销对路的高质量节目,做到人无我有,人有我特,不断推出旅游业的名、特、新、优产品。

2. 控制好食、住、行、游、购、娱等各个环节

旅行社在产品质量控制方面有自己的特殊性,主要体现在每条旅游线路上的若干具体服务工作,不是由旅行社本身直接提供,而是广泛依赖风景区(点)、饭店、餐馆、交通部门,以及金融、电信、保险等各个外协单位共同提供。这就要求旅行社的接待及后勤部门要与上述外协单位处理好关系,建立起长期友好的协作关系。只有各单价、各部门都能以"质量第一,游客至上"的经营宗旨接待好每一个旅游者,保证提供给旅游者的产品质价相符,才能确保旅行社的产品质量。

(二)旅游服务过程的质量管理

1. 旅游过程中影响服务质量的因素

旅游是旅游者和旅行社的服务人员共同参与的一次服务经历,它是一个面对面的服务,通过对旅行社服务质量构成要素的分析可知旅游过程中(以"全包价"为例)影响服务质量的因素主要有以下方面:

(1)服务人员的服务能力。服务人员是服务的"生产者",对服务过程的质量乃至顾客感受到的整体服务质量影响极大。如某项研究表明:旅行社的"全包价"旅游中,全陪服务、前台服务与地陪服务这些人员服务要素对游客感受到的服务质量有显著影响。因此,服务人员的服务技能、服务意识、服务行为与服务过程质量相关。

（2）游客的期望水平与消费行为。旅游中由于游客的高度参与服务，他们的感知也就成为许多服务质量的重要因素。如游客对旅游的期望受旅行社的市场沟通活动、旅行社的市场形象、其他游客的口头宣传、游客的需要和愿望等一系列因素的影响。如果旅行社在市场沟通活动中作夸大不实宣传，就会引起游客过高的期望，即使按照某种客观的标准进行评估，游客实际经历的服务还是不错的，然而，由于游客的期望过高，他们感觉中的整体服务质量都会比较差。所以说，在面对面的服务过程中，服务质量的优劣与否，与游客的个性特点、知识水平、对旅行社的期望、当时的心理状态、身体状况、行为方式等高度相关。

（3）服务的关键时刻。服务的关键时刻是指游客与服务人员相互接触、相互交往的一段时间。功能性质量是由这个关键时刻决定的，技术性质量也主要是在这个过程中逐渐表现出来的，在服务的关键时刻出现质量问题，企业采取任何改进措施都已经太晚了，因为顾客已经消费了劣质服务。实质上，在旅游过程中，游客实际经历的服务就是由一系列的"关键时刻"所组成。所以说"关键时刻"极大地影响着服务过程的质量。

（4）服务体系设计和服务设施与环境。旅游是一个抽象的、无形的服务过程，因此旅行社在市场沟通活动中要运用有形证据来说明服务水平。如旅行社根据旅游者需求制订的旅游线路、途中的景点、住宿宾馆和交通工具的等级，以及服务人员的操作规程，并把它们展示给旅游者以增强其旅游信心，增加其满意感。

以上几方面是影响旅游服务过程质量的一些主要因素。对旅行社来说，有些是可控的，如服务人员、服务体系的设计等；有些是不可控的，如消费者、服务的关键时刻。但它们经常是共同地糅合在一起影响服务质量。可以说，优质服务有赖于游客、企业和服务人员的最佳配合。

2. 旅行社对旅游服务过程的质量管理

（1）做好旅游全过程的管理。旅游是一项跨越时间和空间的活动，旅游者在旅游过程中需要行、游、食、住、购、娱等多种服务。因此，旅游的过程也是一系列过程的总和，旅游者只要对其中某一项感到不满意，就会影响他对整个服务质量的评价。所以，旅行社要从产品的设计一直到售后阶段的全过程加强质量管理。

①游前阶段，重点是管理好旅游产品的设计、宣传、销售和接待的服务质量。在设计时，要充分考虑旅游者的需求，针对其不同层次的需要推出大众化、个性化或统一化与个性化相结合的、有特色的旅游产品，时间的安排、交通工具的使用和旅游景点的选择都要合理以满足旅游者的心理需求和生理需求。同时，旅行社还要通过积极的宣传和招徕，服务人员主动热情的接待和详细的介绍，才能使旅游者愿意购买。

②游览过程中阶段，重点是管理好导游人员的服务质量和环境质量就服务质量而言，一方面，要对导游员的服务态度、方式、项目、语言、仪表、时间和职业道德等方面实施标准化、程序化和规范化管理；另一方面，还要让其根据旅游者的具体情况提供个性化的服务，使旅游者通过导游员的服务而对旅行社产生好感。一般来说，在游览过程中，导游员是旅游团队的灵魂和核心。导游员的服务质量是至关重要的，甚至可以直接影响到旅游者对旅行社的信誉。因此，导游部门务必根据不同旅游者的各种需求，因人而异，扬长避短地选择最合适的导游员上团。此外，旅行社还要使用有效的质量管理网络及时收集旅游团队对导游员服务质量的信息反馈，随时加以监督、调整和提高。当然，在这个阶段也包括旅行社的各后勤部门的协调、配合和提供方便等工作质量，旅行社应配置专人实行夜间值班，以应付和处理各种具体问题，确保旅游团队的活动顺利。环境质量的管理，主要是对旅行社的各外协单位，如饭店、餐厅和车队等的

服务质量实施管理监督。旅行社首先必须选择质量信誉高的单位作为合作伙伴,有责任和义务使其按约定提供旅游者满意的服务。只有这样,在各个接待环节上形成有效的质量保证体系,才能使旅游者得到物质和精神上的满足。

③游后阶段,重点是做好旅游产品质量的检测和评定工作。在此阶段,旅行社要运用各种有效方法,积极主动地收集游客对旅游服务质量的评价,建立服务质量信息系统,奖罚分明,不断改进服务质量。在处理客人投诉时,要迅速、热情、灵活。以优质的补救性服务来消除游客的不满,增强旅行社与游客之间的关系。

(2)重视旅行社服务质量的全员管理。要使游客获得优质服务,旅行社必须要激励全体员工做好服务工作,自觉为游客提供优质服务。管理人员为服务人员服务,后台为前台服务,上一工序为下一工序服务,以及所有员工的相互服务。只有这样,才能从根本上解决服务质量的问题。

①在全体员工中树立优质服务的企业文化。旅行社要向员工宣传服务观念,加强以服务为核心的企业文化建设,使广大员工认识到游客对旅游服务是否满意取决于每一位员工,保持和提高服务质量依靠所有员工的积极参与,要使服务意识根植于员工心中,让员工自觉地以优质服务作为自己的准则。

②管理人员必须高度重视服务质量。管理人员高度重视服务质量,才会根据游客的需要和期望,确定服务质量标准和服务质量管理措施,从整体上提高游客感觉中的服务质量。所以管理人员高度重视服务质量,是优质服务的关键。

③做好人力资源的开发和管理工作。旅行社的管理人员应根据前台服务工作的性质和服务人员必需的知识、技能、能力,做好导游及其他服务人员的招聘、培训、评价、激励等人力资源的开发和管理工作。同时,授予服务人员必要的权力,给他们以较大范围的自由度去提供灵活、主动地服务。另外,要尊重员工,关心员工的生活质量和工作环境,消除员工的后顾之忧,使员工全心全意投入工作,从而保证优质的服务水平。

(3)加强对游客的行为管理。游客对服务是否满意,是由服务人员和游客之间相互交往的结果决定的。所以,顾客的消费行为也会影响服务质量、其他顾客的满意程度和服务人员的服务态度。因此,旅行社的管理人员要高度重视游客的消费行为管理工作。

①游客期望的管理。评估服务质量时,游客会对他们预期的服务与他们感觉中的服务进行比较。要形成优质服务的市场声誉,旅行社的服务必须符合或超过游客的期望。因此,旅行社必须有效地做好游客期望管理工作。首先,深入地了解游客的需要和期望,并根据营销调查的结果,确定服务质量管理措施。其次,必须为旅游者提供真实的信息,客观介绍服务质量,使游客形成现实的期望。再次,与游客保持密切的联系,经常与之沟通,使游客对服务质量形成正确的期望。

②游客和服务人员必须相互尊重。游客和服务人员相互尊重、相互配合,是提高服务质量的前提和必要条件。毫无疑问,首先强调服务人员必须尊重游客,但要全面提高服务质量,还必须强调对游客行为的管理。第一,旅行社应事先向游者提供必要的信息,使游客理解自己在服务过程中的作用,应遵守的规章制度,应有的行为方式。第二,旅行社管理人员必须认识到游客并非永远正确,旅游中,服务人员应尽力满足游客的需要,但这并不等于说游客的一切需要都必须满足,不能单纯强调游客的"需要"而不考虑自己对社会、对企业的责任。除了以上所说的几方面,加强旅游服务过程的质量管理,还有建立服务质量承诺制度,实施补救性服务等。

总之,服务无小事,任何一个细节都可能影响到服务质量,所以,旅行社提高服务质量也是全方位、全过程和全员的。

(三)旅游环境质量管理

旅游环境质量,是指旅行社为旅游者服务的全过程中所涉及的一切硬件供应项目。对旅游环境质量的管理包括对旅行社本身的环境质量管理以及对旅游景点和外协单位的环境质量管理两个方面。

1. 对旅行社本身的环境质量管理

环境美,是旅行社争取旅游者光顾的极为重要的条件之一。旅行社应通过质量管理根据客观条件对社容社貌、营业和接待等服务场所加强管理,给旅游者创造一个优美、整洁、舒适的环境,使游客进入旅行社后感到明快豁亮、舒适宜人,方便咨询和报名。

2. 对旅游景点和外协单位的环境质量的管理

旅行社为旅游者安排的食、住、行、游、购、娱等服务项目也必须质价相符,满足游客物质上的需求。当然,对旅游景点和外协单位的环境设施和供应项目的质量实施控制和管理,有一定的难度。但是,只要旅行社从重视服务质量和维护旅游者利益出发,采取一些有效的措施和办法,还是可以控制的。如旅行社可以对餐厅、饭店和车队等对外协单位通过慎重的实地考察和对比选择,采取定点或与协作单位签订质量保证协议和合同,来保证其质量。此外,旅行社在与外协单位的长期合作过程中,更要不断地将旅游者的质量信息反馈给对方,使其服务和供应质量不断改善和提高,以更好地满足旅游者的需求。

三、认识旅行社质量管理的意义

(一)提高旅游者的满意度

旅行社实施质量管理,适应了旅游者对优质服务产品的需求。事实表明,所有旅游者希望享受优质服务的心理要求是一致的;有的旅游者甚至将为了享受高水平的服务作为旅游动机。由此可见,服务本身已成为一种特殊的旅游资源。旅游接待服务必须最大限度地满足旅游者的需求,从服务态度、方式、技能、项目等多方面力求招徕和吸引更多的客源。

(二)提升旅行社的企业形象

服务质量是旅行社甚至是一个国家文化传统、价值观念和文明程度的体现。特别是导游的服务直接面对旅游者,他的一言一行和一举一动都会受到旅游者的注意,导游的服务质量体现着一个国家人民的精神面貌,代表一个国家旅游业的服务水平。所以,英国称导游为"民间大使"不无道理。就我国来说,国外旅游者到中国来旅游,所见所闻无不涉及到我国的政治、经济、文化、教育、历史、社会风尚和生活习俗等;导游生动的讲解和优质的服务有助于旅游者了解我国的悠久历史、灿烂文化、锦绣山河、名胜古迹,以及社会主义建设的伟大成就,从而使旅游者喜欢中国,增进友谊。由此可见,服务质量的优劣,给旅游者的印象如何,不仅在很大程度上关系到旅游业和旅行社的企业形象和声誉,关系到旅游业和旅行社的兴衰成败,而且直接关系到国家的形象。

(三)创造良好的经济效益

提高服务质量是旅行社进行市场竞争的主要手段之一,谁的服务质量高,谁就更能吸引旅游商和旅游者。服务质量的优劣直接影响着旅游者的购买欲望,高水平、高质量的服务能赢得客源,有客源才会产生经济效益。所以说,服务与效益是统一的,而不是对立的。优质服务是旅行社产生经济效益的源泉。

（四）提高员工的积极性

旅行社的生存主要依靠经济效益，因服务好而产生好的经济效益也能使旅行社的收益增加，而好的经济效益又可以提高员工提供优质服务的积极性，可以说，优质服务也是经济体制改革的要求。

（五）扩大客源的范围

旅行社的优质服务不仅是吸引"回头客"的重要手段之一，还会使旅游者主动向亲朋好友做宣传介绍，形成好的口碑效应。这是一种不需增加成本的最有说服力的广告，可以帮助旅行社招徕新的客源，产生新的经济效益。

子任务2 制定旅行社质量管理评价标准

一、分析影响顾客对服务质量评价的因素

服务质量并不是虚无缥缈的，游客对旅行社服务质量的评价会受到有形性、可靠性、反应性、保证性、移情性等五个方面因素的影响。

（一）有形性因素

旅行社服务的有形性，是指旅行社产品中的有形部分，包括旅行社和相关部门的硬件设施设备、服务设施的外观、宣传品的摆放和员工的仪容仪表等。由于旅行社产品的本质是一种无形的服务，而实现服务所借助的有形因素直接影响到旅游者对旅行社产品质量的感知。因此，旅行社产品中所包含的有形成分必然成为旅游者判断旅行社产品质量的重要因素。

（二）可靠性因素

旅行社产品的可靠性，是指旅行社能够按时而准确地履行服务承诺的能力。由于旅行社的服务产品涉及多个相关部门，有很高的不确定性，因此旅游者在评价旅行社的服务产品质量时，最看重可靠性因素。只要旅行社在其提供服务的过程中，出现不能兑现其承诺的行为，必然会导致旅游者对服务产品质量的不满。

（三）反应性因素

旅行社服务的反应性，是指旅行社随时愿意为旅游者提供快捷有效的服务。旅行社是否能够及时地满足旅游者的各种合理要求，表明旅行社是否具备了以服务为导向的经营观念，即是否将旅游者的利益放在了第一位。

（四）保证性因素

旅行社服务的保证性，是指旅行社服务人员具有友好的态度和胜任工作的能力，具体包括服务人员完成任务的能力、对旅游者的礼貌和尊敬、与旅游者有效地沟通和将旅游者最关心的事放在心上的态度。旅行社的服务人员要知识丰富，几乎能回答顾客所有问题。保证性因素影响到旅游者对旅行社服务质量的信心和安全感及其对旅行社服务质量的判断。

（五）移情性因素

旅行社服务的移情性是指旅行社的服务人员设身处地地为旅游者着想和对旅游者给予特别关怀。这要求服务人员具有接近旅游者的能力和敏锐的洞察力，能够有效地理解旅游者的需要。例如，给游客个性化关怀，帮助游客解决个人问题等等。

二、了解旅游者的主观评价标准

(一)预期质量与感知质量的比较

旅游者通过将预期质量与感知质量进行比较,对旅行社产品的质量进行评价。

预期质量,是指旅游者在实际接受旅行社提供的服务之前,对旅行社产品质量所产生的心理预期。感知质量,是指旅游者在旅游过程中实际体验到的旅行社服务质量。当旅游者的感知质量大于或等于其预期质量时,旅游者就会认为旅行社产品的质量优秀,对旅行社的服务感到满意。当旅游者对旅行社产品的感知质量低于预期质量时,旅游者就会认为旅行社产品的质量低劣,并且对旅行社产生不满情绪。

(二)过程质量与结果质量的比较

旅游者评判旅行社产品的另一个标准是过程质量与结果质量的差距。旅游者在评价旅行社产品的质量时,不仅要考虑旅行社通过消费该产品所产生的结果,如是否获得了希望得到的旅游信息,是否购买到了计划中的旅游产品

三、制订旅行社服务质量的客观评价标准

(1)旅行社所提供的旅游计划中,旅游线路安排合理,旅游项目丰富多彩、劳逸程度适当,能够满足旅游者在旅游过程中游览和生活的需要;

(2)旅行社应保证制订的旅游线路和日程能顺利实施,不耽误或删减顾客的游程;

(3)旅行社应按质按量地提供计划预定的各项服务,如保证饭店档次、餐饮质量、车辆规格、导游水平和文娱活动、风味节目等;

(4)旅行社应保证旅游者在旅游过程中的人身及财产安全,保证其合法活动不受干预和个人生活不被骚扰;

(5)旅行社及旅游活动所涉及的相关旅游服务企业的服务人员不仅要有合格的文化素养和服务技能,还要有高尚的职业道德、强烈的服务意识和良好的服务态度,能够创造一种宾至如归的旅游氛围。

子任务3 实施旅行社全面质量管理

一、管理旅行社全面质量

(一)全面质量管理的概念

旅行社全面质量管理是指旅行社为了保证和提高产品质量,综合运用一整套质量管理体系、思想、手段和方法所进行的系统的管理活动,即旅行社全体员工及有关部门共同努力,把经营管理、服务技术、数理统计等方法和思想教育结合起来,建立起旅行社产品生产全过程的质量保证体系,从而用最经济的手段提供旅游者满意的产品。

全面质量管理的基本核心是提高人的素质,调动人的积极性,人人做好本职工作,通过抓好工作质量来保证和提高服务质量。旅行社全面质量管理的特点是预防为主,采用多种方法综合治理。

（二）旅行社全面质量管理的基本要求

1. 对服务质量的全方位管理

对服务质量的全方位管理要求旅行社各个管理层都要有明确的质量管理活动内容。旅行社上层质量管理侧重于质量决策，制定企业的质量方针，目标，政策和计划，并统一组织和协调各部门各环节的质量管理活动；旅行社中层的质量管理则要实施上层的质量决策，运用一定的方法，找出本部门的关键或必须解决的事项，再确定本部门的目标和对策，更好地执行各自的质量职能，对基层工作进行具体的业务管理；旅行社基层管理则要求每个职工都要严格地按标准及有关规章制度进行生产和工作。这样旅行社就组成了一个完整的质量管理体系，每个部门、每个员工都对服务质量负责。

2. 对服务质量全过程的管理

旅行社全面质量管理的范围是服务质量产生、形成和实现的全过程，包括从旅行社产品的设计、采购、接待等到全部有关过程的质量管理。任何一个产品或服务的质量，都有一个产生、形成和实现的过程，旅行社应该把服务质量有关的全过程各个环节加以管理，形成一个综合性的质量体系，做到以预防为主，防检结合，不断改进，做到一切为顾客服务，以达到游客满意为目的。对旅行社服务质量管理扩展到市场调研、产品开发、产品销售、服务采购、质量反馈、售后服务等全过程。

3. 由全体人员参与的管理

旅行社应该把"质量第一，人人有责"作为基本指导思想，将质量责任落实到全体职工，人人为保证和提高质量而努力。要求全员参加的质量管理，要求全体职工树立质量第一的思想，各部门各个层次的人员都要有明确的质量责任，任务和经验、做到各司其职、各负其责，形成一个群众性的质量管理活动，尤其是要开展质量管理小组活动，充分发挥广大职工的聪明才智和当家做主的主人翁精神，把质量管理提高到一个新水平。

二、旅行社的售后服务

（一）售后服务概念

旅行社的售后服务是指旅行社在旅游者旅游活动结束后，继续向游客提供的一系列服务，以主动解决客人遇到的问题和加强同客人的联系。

（二）售后服务的意义

美国《旅游代理人》杂志曾对一些游客不再光顾旅行社的原因作过统计调查，结果如表8-3所示。

表8-3　游客不再光顾旅行社的原因及比例

不再光顾的原因	所占比例（%）
客人投诉没有得到处理或没有得到令人满意的处理	14
其他旅行社提供了价格更低、服务更好的旅游	9
经朋友建议，转而订购了其他旅行社的产品	5
搬到别处住了	3
由于年老多病，丧偶等原因而放弃旅游	1
旅行社缺乏售后服务，顾客不再继续订购该旅行社产品	68

调查结果显示有 68％ 的顾客是由于旅行社缺乏售后服务和不积极争取回头客造成的。一些游客之所以不再光顾原旅行社,首先是因为这些旅行社对他们今后旅游抱着"爱来不来"的冷淡态度所造成的。如果旅行社能主动给予旅游者一些必要的售后服务,旅游者一般都会忠诚于熟悉的旅行社。

仅有高质量的接待服务是不够的,良好的售后服务是优质接待工作的延续,向旅游者提供新的信息,并从旅游者那里得到意见反馈不仅可以维持和扩大原有的客源,还可以更新产品内容,提高接待服务水平,有利于旅行社巩固和扩大市场,使旅行社在激烈的市场竞争中立于不败之地。目前,西方国家都极为重视售后服务。

(三)旅行社售后服务的方式

1. 问候电话

一般在客人返回后第二天起的一段时间里给客人打电话,主要询问客人对刚结束的旅游有何感受、意见和建议。这种问候方式的意义有三个方面:第一,可让客人感到受重视、受关心,从而产生对旅行社的好感;第二,可以从客人之中了解到许多非常有价值的信息,如对线路安排的意见,对导游人员的意见,对房、餐、车等的意见;第三,可以发现客人中存在的不满情绪,从而采取及时的补救措施,通过真心诚意的解决问题会进一步拉近旅行社与客人之间的关系。问候电话可以选择一些重要的客人进行联系。

2. 意见征询单

类似一个问卷调查,可以给每一位客人寄发,调查项目设计要简洁明了,可以设计成全面的信息反馈表,也可以就一些单项问题作调查,要便于客人回答。为提高效益,最好附上回信的信封和邮票,也可考虑对寄回者发给小纪念品等。

3. 书信往来

较好的做法是写亲笔信,所联系的客人无疑也是经过挑选的。书信往来的目的最终当然是为了销售旅行社产品,而那种只会不断寄广告宣传品的做法是不受欢迎的。

4. 问候明信片

向顾客寄去一些明信片,比书信更省事,明信片上除送去祝福、问候等话语外,还附有旅行社最新产品介绍,联系电话等,以方便客人再次购买。

5. 促销性明信片

旅行社工作人员在考察旅游线路过程中,每到一地都购买一些当地风景名胜的风光明信片,将这些明信片寄给预先挑选好的顾客。通过明信片向客人介绍该地的风景名胜,引发旅游兴趣。

6. 游客招待会

选择恰当时机,召集一些老客户欢聚在一起,可以是宴请,也可是茶话会、联欢会,或伴随风光风情音像片的欣赏等形式,这样便于旅行社与客户间产生面对面的销售活动。

7. 节日祝贺

利用节日和客人的生日等,向客人道贺,加强往来,有利销售。

8. 影印材料

向顾客寄送他们感兴趣的旅游胜地的报道、关于旅游的趣味性文章、一些重大的庆典及盛事的举办消息等,激发客人出游兴趣。

9. 旅行社报

旅行社内部自编一些小报,根据情况每年出 2～4 期,其内容应丰富多彩,不要仅只做广告。

10. 旅行社开放日

西方一些旅行社每年都举行一次旅行社开放日活动,届时有针对性地邀请一些客人到旅行社看录像、看图片展、座谈等,请一些有名望的顾客、旅游专家、飞机机长、新闻工作者、作家谈旅游集会,谈对本旅行社的感受,谈旅游中的趣闻等,为旅行社作正面宣传。

三、管理旅行社服务质量投诉

(一)旅行社服务质量投诉分类

旅游投诉可分为旅游者向旅游管理部门投诉和向旅行社投诉两类。我们这里所说的旅游投诉是特指旅游者为维护自身合法权益,对损害其合法权益的有关服务单位或有关接待人员以书面或口头形式向其接待人员或旅行社提出投诉,请求处理的行为。如游客向导游反应餐饮、住宿问题等,向旅行社反应导游接待问题等。这类投诉要依靠旅行社的质量管理来解决。

常见的对旅行社服务质量投诉的类型主要有:

1. 旅游者对旅游行程的投诉

旅行社对景点的设施、参观项目的夸大宣传,误导旅游者;有时还减少参观的景点,或者将路途时间算成旅游时间,实际旅游时间过短。

2. 旅游者对随意转团、拼团不满意

旅游者在出发前或到达目的地后被随意转团或拼团,致使旅游者在旅游过程中,频繁更换旅游接待人员和车辆,游览的随机性很强,无法得到应有的重视和服务。

3. 旅游者对收费的投诉

(1)旅行社强制旅游者参加自费项目;

(2)一些导游员在旅游过程中,向游客索要小费和私收回扣;

(3)以聘请当地车辆、人员等理由重复收费,或者以增加景点为由向旅游者收费。

4. 旅游者对吃、住、行的投诉

旅游者在旅游时的吃、住、行是非常关键的要素,同时也是旅游团队等级或标准的一个重要体现,而旅行社往往靠降低这些项目的服务标准而从中渔利。

5. 对导游服务的投诉

对导游的投诉可能是针对导游的服务技能、服务态度的投诉,也可能是针对导游人员的投诉。导游的服务能力和服务态度影响旅游者的游览效果,游客往往会要求旅行社更换导游。有时,也可能由于个别游客自身的原因对导游过于挑剔,旅行社应该根据具体情况酌情处理。

(二)旅行社服务质量投诉产生的原因

1. 旅行社行业的恶性竞争

我国旅行社业进入门槛较低,旅游经营业务成本低、易操作。旅行社数量的剧增,加剧了旅游市场的竞争。目前,我国大多数旅行社处于小、散、弱、差的状况,产品差异化程度低,缺乏特色产品和优势产品,旅行社对客源的竞争往往体现在低价竞销上,有的旅行社甚至采取“零负团费”的方式招徕、吸引客源,致使旅游接待费用明显超过成本费。为了保证利润,旅行社往往会采取降低接待标准、缩短游览时间、过多安排购物等方式操作旅游团,导致服务质量下降,旅游合同无法兑现。

我国《旅游法》明确规定："旅行社之间的不规范操作包括旅行社不得以不合理的低价组织旅游活动,诱骗旅游者,并通过安排购物或者另行付费旅游项目获取回扣等不正当利益。旅行社组织、接待旅游者,不得指定具体购物场所,不得安排另行付费旅游项目。"

2. 旅行社之间的不规范操作

旅行社与旅行社之间存在着多种不规范操作的现象。以"先接团、后付款"为例:组团社害怕地接社接待不好,先不付款,便于发生游客投诉时扣留一部分款项以赔付游客,同时也避免"地接社收到钱后不接团却携款跑掉"风险。组团社采取这种方式规避风险却使地接社的工作带来了被动。在地接社保质保量完成接待任务后,组团社却迟迟不给付团费,致使许多地接社无法及时与景点、饭店等结清相关费用,陷入"三角债"泥潭。因组团社未能与相关协作单位结清费用,相关协作单位在给游客提供服务的时候往往会在数量和质量上大打折扣,大大侵害了游客的应有权益。使游客最终成了不规范经营行为引发矛盾的替罪羊。

3. 旅行社出租业务经营权

个人承包旅行社部门或挂靠旅行社是取得旅行社业务经营权的一条捷径,无须经过开设旅行社所必要的申报、审批、审查等程序,也无须交纳开设旅行社所必要的注册资金和质量保证金。而承包者或挂靠者很少是想通过积极做好业务、提高接待质量和树立优良信誉来促使企业长期、健康发展,大多只是想利用旅行社的牌子来获取短期效益。他们往往"只负盈,不负亏",交完承包或挂靠费后,赚了是承包者或挂靠者的,亏了则拖欠团款、降低接待标准和服务质量、甚至卷包逃之夭夭。而旅行社对于承包者或挂靠者的经营行为并不负责,这使旅游者的权益得不到保障。

4. 不合理的导游薪酬制度

导游变相为"导购"、私拿回扣是近年来投诉的热点,导致这种现象出现的主要原因之一就是导游人员不合理的薪酬制度。目前,我国导游人员的薪酬主要由底薪、出团补贴、回扣、小费构成,底薪只有旅行社少数专职导游才有,都在 300 元~450 元左右,大多数导游没有底薪;出团补贴一般每天在 30 元~50 元之间;在国内旅游团队中一般没有小费。在这种情形下,导游人员不得不把大部分精力花在诱导游客购物以获取回扣上来,导购的热情甚至高于导游讲解和接待服务的热情,有的导游甚至因游客不配合消费而冷眼以对,大大影响了旅游接待服务质量。

但是,在我国《旅游法》颁布后,这些现象有了不小的变化,《旅游法》第三十八条指出:"旅行社应当与其聘用的导游依法订立劳动合同,支付劳动报酬,缴纳社会保险费用。旅行社临时聘用导游为旅游者提供服务的,应当全额向导游支付导游服务费用。旅行社安排导游为团队旅游提供服务的,不得要求导游垫付或者向导游收取任何费用。"这一条款,无疑保证了导游的利益。

5. 导游人员服务技能低、服务质量差

近年来,我国旅行社业的高速扩张,使大量的从业人员加入到导游人员队伍的行列。许多导游员没有导游上岗证,有的甚至没有经过专业培训,不了解具体的导游操作业务,不具备基本的导游服务技能和技巧。部分导游虽拥有导游上岗证,但普遍以高中及中专文化为主,文化功底不深,在带团过程中只游不导,影响了游客的游览质量。而且,导游人员年龄结构偏低,涉世不深,缺乏灵活应变能力及应有的问题处理的能力,对带团过程中的突发事件不能妥善地处

理。另外,旅游的季节性使得有些旅行社经常在旺季时聘用一些兼职导游,这些兼职导游对旅游业务不很熟悉,无法为游客提供优质服务。

6. 相关接待部门的服务质量低下

在旅游投诉中,有相当一部分是涉及旅行社之外的服务部门或企业,如交通、住宿与餐饮等,其中由饭店、购物店导致的旅游投诉尤为突出。虽然这些投诉并非直接由旅行社造成,但旅行社若处理不当,同样会引发旅游者对旅行社的投诉。这需要旅行社在确定合作关系之前,对相关服务部门进行慎重的实地考察和对比,挑选出各方面都较好的服务部门与之合作,并签订质量保证协议和合同。在这基础上,还要加强对他们的监督,随时掌握其经营动态及质量,发现有不讲信用、欺诈旅游者的,应及时予以解决,情节严重的,应中断与之合作。

(三)减少旅游投诉的途径探寻

1. 建立和完善旅行社的质量管理制度

旅行社除了要严格执行国家《旅游法》和地方出台的各项规章制度外,还应在此基础上建立和完善旅行社自身的各项制度,以确保责任落实到人,有奖有罚、奖罚分明。同时,还在实践中要进行必要的监督,确保有关制度在实际中得以严格执行,对于违反规定的行为一定要坚决制止,常抓不懈。

2. 树立正确的旅行社经营管理理念

(1)以品质挑战低质低价。曾经"零负团费"低价格背后的低质量服务、强迫性购物及自费项目,是某些旅行社不正当竞争的惯用手段。旅行社竞争最终的赢家属于那些靠质量和服务取胜的企业,低质低价竞争必然以丧失旅行社信誉为代价。《旅游法》实施之前,市场上曾推出过一种"游程无购物、购物随客意"的"纯玩团"旅游形式,整个旅程安排真正按照游客的意愿且保证全程无购物点。虽然这种形式在目前旅游市场中有点叫好不叫座,但从长远角度讲,随着旅游者消费心理的成熟,"品质团"将会更受游客的青睐。

(2)加强旅行社业自身产业结构的调整。随着我国加入世贸组织及旅行社业的进一步对外开放,旅行社业将受巨大冲击,几百号人的单体大型旅行社或三五个人的小型旅行社要想发展,难上加难。大型旅行社集团化、中型旅行社专业化、小型旅行社网络化将是旅行社业产业结构发展趋势。

3. 旅行社自身加强信用建设

(1)加强旅行社的诚信经营。通过实现产品与服务质量承诺,树立企业诚信形象,同时,建立相应的营销服务应对系统,以客户满意为经营理念,对售前、售中、售后进行全方位服务,以赢得旅游者的满意;

(2)加强导游的信用管理。在旅行社内部建立导游信用评比制度,通过旅游者的信息反馈、投诉和表扬情况,对导游进行定期的服务质量评比,奖优罚劣,并以此形成一种严格的管理制度。

(3)加强"诚信为本"的旅行社行业文化建设。中国传统文化把诚信列为从事任何职业的一条首要道德规范。而利益的驱动、竞争的加剧使得许多企业诚信不再。"先接团、后付款"行为就是旅行社之间缺乏诚信的一种表现。旅行社行业应加强行业自律、建立"诚信为本"的行业文化,从而使旅行社之间以及旅行社与相关旅行社之间的合作呈良性发展。

4. 制订科学合理的导游薪酬制度

不合理的薪酬制度不能保证导游劳动价值的补偿,极大地挫伤了导游人员的服务积极性,使得导游滑向"导购",妨碍了旅游业的健康发展。制订科学合理的导游薪酬制度,能使导游自我约束、自我激励。

(1)给予导游恰当的底薪及相关福利,满足其正常的物质生活需要。旅行社应根据所在地区的消费水平给予导游人员不等的底薪,以确保导游人员生活的质量;为其交纳医疗保险、养老保险、公积金等,以解导游后顾之忧。这样既遵照了国家有关劳动法的规定,也增加了导游对所在旅行社的归属感。

(2)加强对导游的培训与考核,使考核结果与带团补贴相挂钩。旅行社平时应加强对导游职业道德及业务知识技能的培训,制订科学的考核方案,并使考核结果与出团率及带团补贴相挂钩,适当拉开带团补贴差距。上海一些旅行社就对不同等级导游的带团补贴拉开了差距,初级导游带团的补贴为100元/天,中级导游为200元/天,高级导游为300元/天。这样可从一定程度上改善导游依靠回扣而生存的状况,使导游更珍惜自己所拥有的工作成就,同时也能促使导游工作人员在工作中不断进取。

(四)解决旅行社服务质量投诉问题

1. 客人投诉的心理分析

通过大量的调查研究发现顾客投诉心理大体有三种类型:

(1)要求尊重。每个人都希望能得到别人的尊重和认可,客人投诉本身就体现了这种被尊重的要求,要求旅行社能尊重他的权益和声音。客人在进行旅游投诉后,期待能得到旅行社对他们意见的重视,这时旅行社更应该充分尊重客人,积极、耐心地处理顾客投诉。

(2)要求补偿。由于旅行社服务缺陷导致游客利益受到损失,游客通过投诉进行维权,要求从物质和精神上得到一定的补偿。

(3)要求发泄。顾客投诉往往会觉得自己受了委屈,投诉本身就是一种发泄,把自己的怨气发泄出来。所以,在对待顾客投诉时要理解客人的感受,给客人抱怨的机会,抱怨完了问题也就好解决了。相反,如果服务人员不断强调自己的理由,只会让问题更难解决。

2. 投诉处理的原则

怒气冲冲的投诉客人,一般总是先找来管理人员,倾诉他们的不满和愤懑。受理及处理旅游者的投诉,并非愉快之事,但事关重大,马虎不得。处理旅游者投诉时,应遵循以下原则:

(1)真心诚意帮助投诉者。管理人员接待投诉者,首先应表明自己的身份,让旅游者产生一种依赖感,相信能帮助他解决问题。管理人员对投诉者应有同情心,要理解投诉者当时的心情,同情其所面临的困境,并给予应有的帮助。

(2)绝不与投诉人争辩。接待投诉者,管理人员应保持冷静态度,投诉的旅游者可能情绪激动、态度不善、言语粗鲁、举止无礼,接待人员都应给予理解和谅解,保持冷静和耐心,绝对不可急于辩解或反驳,与投诉者针锋相对;也不能无动于衷,冷落客人。即使是不合理的投诉,也应做到有礼、有理、有节,既要尊重他们,不失投诉人面子,又应做出恰如其分的处理。

(3)维护旅游组织合法的利益。处理投诉不能以无端损害旅行社的利益为代价,尤其是对于一些复杂问题,切忌在真相不明之前,急于表态或当面贬低本企业及其部门或员工。应弄清事实,通过相关渠道了解其来龙去脉,在真相清楚后,再诚恳道歉并作恰当处理。

3. 投诉处理的程序

(1)认真倾听投诉者的意见。受理和处理投诉是从听取投诉者的讲话开始的。投诉者希望他的意见能引起旅行社充分地重视。但投诉者表述意见时又往往由于激动而杂乱无章,管理人员可以通过适时和适当提问的方式来弄清问题。集中注意力倾听对方的意见能节约对话的时间。

（2）保持冷静。在投诉时，投诉者总是觉得理由充足的。因此，不要反驳投诉者的意见，不要争辩。为了不在其他客人身上产生不良影响，应当请投诉者到专门的接待室或非公共场所，个别地听取旅游者的投诉。幽雅的环境和私下交谈容易使人趋于平静。

（3）表示同情。管理人员应设身处地地为客人着想，对投诉者的感受要表示理解，用适当的评议给投诉者以安慰。此时，尚未核对旅游者投诉的事实，仅能对旅游者表示理解与同情，语言可采用虚拟语气，如"如果我遇上这种事，也很生气……"。

（4）给予关心。不应该对旅游者的投诉采取"大事化小，小事化了"的态度，应该用"这件事情发生在你身上，我感到十分抱歉。"诸如此类的语言来表示对投诉者的关心。在交谈的过程中，注意用尊称和姓名来称呼投诉者。

（5）不转移目标。把注意力集中在投诉者提出的问题上，不随便引申，不转嫁他人，不推卸责任。绝对不可因投诉者对于某些细节没弄清而怪罪投诉者。

（6）记录要点。把投诉者投诉的要点记录下来。记录过程中可要求投诉者重复一些词句，这样不但可以使投诉者讲话的速度放慢，缓和客人的情绪；还可以使客人确信，旅行社对他反映的问题是重视的。此外，记录的资料可以作为解决问题的根据。

（7）告之处理方法。如有可能，可请投诉者选择解决问题的方案或补偿措施。绝对不能对投诉者表示，由于权力有限，爱莫能助。但千万不可轻率地向投诉者做出不切实际的许诺。

（8）告之处理时间。要充分估计解决问题所需要的时间。最好能告诉投诉者具体的时间，不含糊其辞。切忌低估解决问题的时间。

（9）解决问题。这是关键的一环。如果所采取的行动与对投诉者的许诺不一致的话，那么旅游者的投诉不可能得到妥善的处理，旅行社还将面对两个新出现的问题：其一，就原先的问题，旅游者第二次提出投诉；其二，对旅行社人员工作的低效率，旅游者表示失望。所以，为了不使问题进一步复杂化，为了节约时间，为了不失信于旅游者，必须抓好这一环节的工作。在执行的过程中如发生意外情况，应及时反馈给旅游者。

（10）检查落实和记录存档。与投诉者联系，检查核实旅游者的投诉是否已圆满地解决了。将整个过程写成报告，存档。

4. 处理投诉的技巧

（1）让投诉人"降温"。旅游者投诉时，心中往往充满了怒火，投诉成了维持心理平衡的宣泄机会。在受理投诉者投诉时，应首先耐心倾听，让投诉者通过发泄，使其不平静的心情逐渐平静下来，同时也利于弄清事情的缘由。"降温"就是要创造一种环境，让投诉者自由发泄他们受压抑的情感，把火气降下来，恢复理智的状态。"降温"的环境应是安静幽雅的接待室，投诉者在这里可获得受尊重的感受。受理投诉的管理人员最好是女性，因为女性的微笑能平稳投诉者的情绪，有利于事态的解决。

（2）在感情和心理上与投诉者保持一致。旅游者在采取了投诉行动后，都希望别人认为他的投诉是正确的，他们是值得同情的；另一方面，投诉者又对旅行社的管理人员有一种戒备心理，他们认为，旅行社的人仅仅是旅行社利益的代表，胳膊一定是向里拐的。针对投诉者的这种心理，要把投诉者看成是一种需要帮助的人，这样才能营造解决问题的气氛。接受投诉的工作人员要以自己一系列实际行动和话语，使客人感到有关部门和人员是尊重和同情客人的，是站在投诉者立场上,真心实意地处理投诉的,从而把不满的情绪转化为感谢的心情。这是解决旅游者投诉最积极有效的方法。

(3)果断地解决问题。在接受旅游者投诉时,要善于分析,听清客人意见、要求,然后迅速果断地处理。管理人员处理投诉的第一个姿态是:向投诉者表示真诚的感谢,把他的投诉看成是对本组织的爱护。如果是自己能够解决的问题,应迅速回复投诉者,告诉处理意见;对一些投诉合理,明显是服务或管理工作的失误,应立即向投诉者致歉赔礼,在征得投诉者同意后,做出补偿性处理。所有旅游者的投诉,应尽量在投诉人离店(境)前得到圆满解决,要把处理旅游者投诉作为重新建立声誉的机会。

任务三　实施旅行社财务及风险管理

旅行社财务活动影响着旅行社的各种经营和管理活动,旅行社应采取有效的财务管理措施,记录和分析各项财务信息,为旅行社的决策和经营活动提供财务方面的保障。

由于旅游业的脆弱性和旅行社行业面临的激烈竞争,旅行社存在着多方面的经营风险。各种经营风险的存在,不但会给旅行社带来收益上的损失,甚至还可能造成企业的破产。因此,经营风险的管理便成为旅行社经营管理活动中的一项重要内容。

子任务1　实施旅行社财务管理

旅行社财务管理,是旅行社管理的重要组成部分,它在旅行社经营过程中,始终处于制约和促进全局发展的重要地位。旅行社的管理者根据其资金运转的规律,通过对资金筹集、资金运用、资产管理和资金分配等管理,实现旅行社利润最大化和所有者权益最大化的目标,使旅行社财务状况处于最优状态,并利用货币形式对旅行社经营活动进行全过程管理。

一、确定旅行社财务管理内容

旅行社财务管理包括资金管理、成本费用管理、收入与盈利管理、旅行社财务报表分析等内容,具体包括资金管理——企业物质生产之源,成本费用管理、营业收入、利润及分配管理、财务报告及评价等。

二、明确旅行社财务管理的要求

(一)遵循会计核算的基本前提

为了保证企业会计工作的正常进行,旅行社会计人员必须遵循会计核算的基本前提(即会计假设)。我国会计的四个前提如下:

1. 会计主体

会计主体是指会计工作为其服务的特定单位或组织。会计主体假设界定了会计核算的空间范围和记账、算账、报账的立场。会计主体假设要求会计核算时必须分清自身的经济活动与其他单位的经济活动。

2. 持续经营

持续经营是指会计主体的生产经营活动将无限期地延续下去,在可预见的未来会计主体不会进行清算、破产、解散。持续经营假设规定了会计主体系统建立所依据的时间范围。会计核算上的一系列会计处理方法都是建立在持续经营的基础上,它要求会计人员以会计主体持续、正常的经营活动为前提,在此前提下选择会计程序和会计处理方法,进行会计核算。

在持续经营的前提下,企业会计资料的收集和处理所使用的会计处理方法才能保持稳定。如企业经营活动中长期使用的房屋、设备等固定资产,只有在持续经营假设的前提下,才可以在固定资产的使用年限内,按照其取得的成本及使用情况,确定采用某一折旧方法计算其磨损价值,以计入相关成本费用。

3. 会计分期

会计分期是指将会计主体持续不断的经营活动分割为一定的期间,据以结算账户、编制会计报表,从而及时向有关方面反映经营成果和财务状况及其变化情况的会计信息。

会计信息的使用者们需要及时了解企业经营现状和财务状况,以便进行决策和从事各种管理活动。为了能及时提供出相关的会计信息,就必须将企业类型的经营活动人为地划分为首尾相接、间距相等的会计期间,在连续反映的基础上,提供企业不同期间的会计信息。会计分期假设下,一般以公历1月1日起至12月31日止作为一个会计年度,每一个会计年度还具体划分为半年度、季度和月度。

4. 货币计量

货币计量是指会计主体在会计核算过程中采用货币作为计量单位,计量、记录和报告会计主体的生产经营活动。

在货币计量前提下,企业的会计核算以人民币为记账本位币。业务收支以人民币以外的货币为主的企业,可以选定其中的一种货币作为记账本位币,但是编报的财务会计报告应当折算为人民币。在境外设立的中国企业向国内报送的财务会计报告,应当折算为人民币。

(二)遵循会计的一般原则

为了保证旅行社会计工作的正常开展,会计核算还必须以十二条会计一般原则为准绳,具体包括:真实性原则、可比性原则、一贯性原则、相关性原则、及时性原则、清晰性原则、重要性原则、稳健性原则、权责发生制原则、历史成本原则、配比原则和收益性支出与资本性支出原则。

(三)遵循财务管理基本原则

与会计基本原则一样,财务管理的基本原则是企业财务管理工作应遵循的基本准则。一般而言,财务管理工作的基本原则包括以下内容:

1. 风险与收益平衡原则

风险是经济生活中不可避免的,是由于某种事情发生的不确定性。具体说,风险是在一定条件下和一定时期内可能发生的各种结果的变动程度。比如,我们对某项投资计划未来收益的预测,不可能那么精确,只能在一个可以变动的范围之内进行估计。风险广泛存在于重要财务活动中,并且对企业实现其财务目标具有重要影响;风险的大小与财务活动的收益有密切关系,一般说来,高风险往往带来高收益,而低收益又伴随着低风险。风险与收益之间这种关系,使得在财务决策时必须均衡两者的发生,不能只追求收益而忽略风险,又不能因害怕风险而放弃收益,而要尽可能在同等风险中,选取收益最大的,在同等收益中,选取风险最小的。只有把风险与收益放在一起均衡来考虑,才能有良好的财务成果。

2. 成本与效益对等原则

成本与效益也是从事财务活动时必须考虑的基本原则。为了获得某种效益必然要花费成本,这也是不可避免的。比如企业应收账款的管理,如果为了收回某单位一笔欠款,要花费人员数次催收。这样很可能收回的应收账款无法补偿为收回该欠款而发生的费用成本。所以在考虑催收的同时,就应比较催收的成本与效益,否则得不偿失。成本与效益原则就是要求以最小得资金投入追求最大得效益产出,从而转变企业单纯追求产值的片面的观点。

3．协调各方财务关系原则

企业的财务活动反映了企业同各方面发生的财务关系。其中有企业与国家、企业与银行、企业与个人、企业之间等各方面的关系。只有把企业各方面财务关系协调好,才能使其共同关心与支持企业经营活动,偏袒任何一方只能导致某种财务关系的恶化。协调财务关系最重要的一方面是在利益分配时,应采取合适的方法,使各方面都获得尽可能地满足,同时又不能只考虑满足各方面利益,而忽视企业自身发展活动后劲。因此,财务管理人员就应该在这些错综复杂的关系中寻求最佳结合点。

三、旅行社的经营核算

旅行社的会计核算包括业务核算和业务结算两项内容。会计核算可以全面、系统、连续地反映旅行社的经营业务过程和经营成果,是旅行社财务管理的一项重要内容。

(一)明确旅行社业务核算的内容

旅行社业务核算主要分为组团业务核算和接待业务核算两大类型。

1．组团业务核算

组团业务核算主要包括审核报价、核算组团收入和核算组团成本等内容。由于组团业务对旅行社的客源起着十分重要的作用,而且组团业务能够为旅行社带来明显的经济效益,所以旅行社应高度重视对其核算。

(1)审核报价。审核旅行社销售人员的对外报价使组团业务核算的一项重要内容。旅行社的财务部门根据旅游团的旅游活动日程、旅游团队的等级以及旅行的时间,对销售人员填制的报价单进行审核。审核的内容主要是报价的价格是否正确、合理;报价单上的各项价格是否准确、全面等。

(2)组团收入核算。组团社通过招徕旅游团和组织旅游团(者)进行旅游获得的收入称为组团营业收入。这种营业收入主要由房费、餐费、城市间交通费、景区门票费、地接费等项目构成。在核算其组团收入时,应根据与旅游者签订的旅游合同,认真审核其所付的旅游费用或付款承诺。如果发现其所付费用少于旅游协议上双方所同意的数目,应立即指出,要求对方将少付的旅游费用补上。

(3)核算组团成本。组团成本核算是考核旅行社在经营中成本开支,从中发现不合理的支出,并采取切实的措施予以纠正,以达到降低成本和增加企业经济效益的目的。组团成本中,绝大部分为旅行社从各旅游服务供应部门采购旅游服务的费用,亦称为营业成本或直接成本。旅行社在核算其组团成本时,检查重点为所采购的旅游服务是否按照采购合同上双方同意的价格进行结算。

在实际工作中,为了便于操作,旅行社往往采用下面的方法来计算其营业成本:

$$营业成本＝营业收入－毛利$$

$$毛利＝旅游团(者)的人数×停留天数×人天计划毛利$$

旅行社在核算其组团成本时,还需核实组团社陪同人员的各项费用支出是否合理、准确。

2. 接待业务核算

(1)审核结算通知单。结算通知单是接待旅行社向组团旅行社收取接待费用的凭证,由旅游团的陪同填写并由地接社的导游签字。如果旅游者没有配备全程陪同,则由接待该旅游团的地方陪同负责填写结算通知单。结算通知单转交给财务部门后,由财务部门根据接待计划、变更通知等有关文件对结算通知单的内容进行逐项审核。审核的重点是组团社名称、计划号码、旅游者人数、等级、抵离时间、活动项目、计价标准等与接待计划和变更通知是否一致;各项费用计算是否正确;填写项目是否齐全;有无陪同人员的签字确认。

(2)核算接待收入。核算接待收入是接待旅行社业务审核的一个重要内容。接待业务收入主要由综合服务费、房费、餐费、城市间交通费和专项附加费构成。接待旅行社再计算接待收入时应根据同组团旅行社确定的结算方法,计算出其应得的综合服务费收入和其他收入。

(3)核算成本。接待旅行社再审核其营业成本时应按照收入/支出配比原则进行成本核算,严格审核应付给饭店、汽车公司、景区等款项,做到"分团结算,一团一清"。接待旅旅行社可根据自身业务的特点,采用单团成本核算、批量成本核算等方法。

(二)结算旅行社国内旅游业务

旅行社企业国内结算是指旅行社企业同国内有关旅游服务单位、旅行社企业之间销售商品或者提供劳务所发生的货币收付行为。

1. 旅行社企业与各旅游服务单位之间结算业务的结算

旅行社企业将饭店、餐馆、交通部门、旅游景点、文化娱乐等单位生产的单项旅游产品统一采购进来,然后把这些产品进行优化组合,再销售给旅游者,作为自己的收入。

2. 旅行社企业间的结算业务

旅行社企业间结算业务涉及组团社与地接社之间的旅费的拨付结算业务、联合经营的旅行社企业间代收款和代垫付款的结算业务。

(1)应付(收)国内结算款。应付(收)国内结算款是指组团社按接团社实际接待情况应付未付的款项,以及接团社按组团社下达的接待计划为旅行社企业提供服务应向组团社收取的未收款项。

(2)应收(付)联社结算款。应收(付)联社结算款是指联合经营的旅行社企业之间互相代收、代付、暂付等款项。

(三)旅行社国际旅游业务的结算

旅行社国际旅游业务的结算,分为综合服务费的结算和其他旅游费用的结算两大部分。

1. 综合服务费的结算

综合服务费的结算业务,包括审核结算内容和确定结算方式两方面的内容。

(1)审核结算内容。旅行社财务人员在审核综合服务费结算内容时,应对照旅游计划和陪同该旅游团(者)的导游员所填写的结算通知单,对所需结算的各项费用进行认真审查。旅行社之间结算所涉及的综合服务费一般包括市内交通费、杂费、领队减免费、地方导游费、接待手续费和接待宣传费。当旅游团内成年旅游者的人数达到16人时,应免收1人的综合服务费;旅游者所携带的1～12周岁(不含12周岁)的儿童,应按照成年旅游者标准的50％收取综合服务费;12周岁以上(含12周岁)的儿童、少年旅游者按照成年旅游者标准收取综合服务费;2周岁以下的儿童在未发生费用的情况下,不收取综合服务费。如果发生费用,由携带儿童的旅游者现付。

（2）确定结算方式。旅游者在一地停留时间满 24 小时的，按 1 天的综合服务费结算；停留时间超过 24 小时、未满 48 小时的部分和停留时间未满 24 小时的，按照有关标准结算。目前，我国旅行社主要采用的结算方式有中国国际旅行社的结算标准（简称国旅标准）、中国旅行社的结算标准（简称中旅标准）和中国青年旅行社的结算标准（简称青旅标准）三种。其具体结算标准如下：

①国旅标准。国旅系统采用的结算方式，是按旅游者用餐地点划分综合服务费结算比例。

②中旅标准。中旅系统采用的结算方式，是按抵离时间分段划分综合服务费。

③青旅标准。青旅系统采用的是结算方式，按照旅游者停留小时划分综合服务费结算比例。

2. 其他旅游费用的结算

这里所说的其他旅游费用，包括旅游者的房费、餐费、城市间交通费、门票费和专项附加费，其中后三项费用统称为其他费用。

（1）房费的结算。房费分自订房和代订房两种。自订房房费由订房单位或旅游者本人直接向饭店结算。代订房房费由接待旅行社结算。其结算公式为：

$$房费＝实用房间数×实际过夜数×房价$$

在实际经营中，旅行社一般为旅游团队安排双人房间。有时，旅游团队因人数或性别原因可能出现自然单间，由此而产生的房费差额可根据事先达成的协议由组团旅行社或接待旅行社承担。旅行社应按照饭店的规定在旅游团队（者）离开本地当天中午 12 点以前办理退房手续。凡因接待旅行社退房延误造成的损失由接待旅行社承担；如果旅游者要求延迟退房，则由旅游者直接向饭店现付房差费用。

（2）餐费的结算。餐费的结算有两种形式：一种是将餐费（午、晚餐）纳入综合服务费一起结算；另一种是将餐费单列，根据用餐人数、次数和用餐标准结算。餐费的计算公式为：

$$餐费＝用餐人数×用餐次数×用餐标准$$

（3）其他费用的结算。如前所述，其他费用，是指城市间交通费、门票费和专项附加费的统称。在结算这些费用时，旅行社应按照双方事先达成的协议，及有关的旅游服务供应企业和单位的收费标准处理。

（四）旅行社财务付款方式

旅行社之间结算业务多采用汇付方式进行。汇付方式为电汇、信汇和票汇三种类型。

1. 电汇

电汇，是指组团旅行社要求其开户银行拍发加押电报或电传给接待旅行社所在地的开户银行，指示解付一定金额给接待旅行社的付款方式，是我国旅行社目前使用最多的一种汇款方式。

2. 信汇

信汇，是指组团旅行社要求其开户银行将信汇委托书寄入接待旅行社的开户银行，授权解付一定金额给接待旅行社的汇款方式。我国旅行社已很少使用这种汇款方式。

3. 票汇

票汇，是指组团旅行社要求其开户银行代其开立以接待旅行社所在地开户银行为解付行的银行即期汇票，支付一定金额给接待旅行社的汇款方式。

(五)旅行社特殊情况的结算业务

旅行社在组团或接团过程中往往会遇到一些特殊的情况,并相应地反映到会计核算中。旅行社应根据不同的情况分别加以妥善处理。

1. 跨季节的结算

由于气候、假期分布等原因造成旅行社在游客接待量上存在明显的淡旺季之分,各地旅游的淡季和旺季时间划分有所不同。一般,旅行社多以每年的12月初至来年的3月底作为旅游淡季,其余的年月份作为旅游旺季或平季。旅游者在一地停留的时间恰逢旅游淡季与旺季交替时,旅行社应按照旅游者在该地停留日期的季节价格标准分段结算。

2. 等级变化的结算

(1)因分团活动导致等级变化。旅游团在成行后因某种特殊原因要求分团活动,并因此导致旅游团等级发生变化时,应按分团后的等级收费或结算。结算的方式有两种:一种是由旅游者现付分团后新等级费用标准和原等级费用标准之间的差额;另一种是接待旅行社在征得组团旅行社同意后按新等级标准向组团旅行社结算。

(2)因部分旅游者中途退团造成等级变化。参加团体包价旅游团的旅游者,在旅行途中因特殊原因退团,造成旅游团队因退团后人数不足10人而发生等级变化时,原则上仍按旅游团的人数和等级标准收费和结算。退团的旅游者离团后的费用由旅游者自理。

四、管理旅行社资产

资产管理是旅行社财务管理的一项重要内容。资产是旅行社所拥有的全部资本的具体化。旅行社凭借其所拥有的资产经营各种旅游产品,并获得预期的经济收益。虽然旅行社的资产构成与饭店、车船公司等其他旅游企业基本相同,主要包括流动资产、固定资产、无形资产和其他资产,但是各种资产所占的比例却与其他旅游企业相差甚远,具有一定的特殊性。因此,旅行社的资产管理方式亦有别于其他旅游企业。目前,我国多数旅行社资产管理的重点是流动资产管理和固定资产管理。

(一)管理旅行社流动资产

流动资产是指旅行社可以在一个营业周期(通常为一年)内将其转变成为现金或者耗用的资产。它是旅行社业务经营活动不可缺少的重要条件之一同旅游业的其他部门相比,旅行社的流动资产在其总资产中占有较大的比重。因此,控制流动资产的规模和内部构成比例、加速流动资金的周转便成为旅行社财务管理的重要内容。

旅行社对流动资产的管理主要由货币资产、生息资产、债权资产和存货资产四部分组成。

1. 管理旅行社货币资产

旅行社的货币资产,主要包括现金和银行存款。它是旅行社所有资产中最具有流动性的一种资产。现金经常用于向旅游供应部门和企业采购各种旅游服务、支付旅行社各类劳务费用及其他各种费用,偿还到期的债务等。银行存款主要用于旅行社的各种经济往来与结算、发放工资和补充旅行社的库存现金等。现金虽然具有较强的支付能力,但在未使用前不能给旅行社带来任何利润,反而还需要承担一定的筹资成本。旅行社将现金存入银行所获得的利息也是微乎其微的。所以,在保证旅行社业务经营活动顺利进行的前提下,旅行社必须设法缩短现金在周转过程中占用的时间,减少实际占用的现金总量。旅行社在货币资产管理中主要采取下列措施:

(1)确定旅行社的现金库存限制。随着我国市场经济的逐步确立,许多商业银行已经不再为旅行社核定库存现金的限额。因此,旅行社必须根据本企业在日常经营活动中的需要,自行确定库存现金的数量。旅行社日常开支所需的现金数量要适宜,既不能出现经营中现金短缺的现象,也不能造成资金的闲置和浪费。

(2)严格控制现金的使用范围。除以下各项款项可用现金支付以外,旅行社不能随意扩大现金使用范围。

①职工工资、各种工资性津贴和支付给个人的各种奖金;

②各种劳保、福利费用以及国家规定的对个人的其他现金支出;

③个人劳动报酬,包括稿费、讲课费及其他专门工作报酬;

④出差人员必须随身携带的差旅费;

⑤结算起点以下的零星支出;

⑥确需要现金支付的其他支出。

(3)严格现金收支管理。旅行社应将现金收入于当日送存开户银行。旅行社现金支出不得坐支,即不得从本企业的现金收入中直接支付。如因特殊情况需要坐支现金的,需报开户银行审核批准。

(4)加强银行存款管理。按照国家有关规定,旅行社作为企业必须在所在地的银行开立账户(分为人民币存款和外汇存款)。为保证银行存款与旅行社日记账所记业务及金额的一致性,旅行社财务人员应定期与银行对账。银行则应定期编制对账单,列明旅行社在一个会计期内,通过银行实际收付的资金。旅行社应将日记账与对账单进行认真的核对,如发现不符,要及时查明、调整。旅行社对其银行存款要加强管理,不准出租、出借账户,不准套取银行信用,不准签发空头支票或远期支票。

(5)严格控制现金支出。旅行社应充分利用商业信用所提供的方便,减少现金的占用时间,从而达到节约现金的目的。旅行社应严格控制现金支出,尽量避免在应付账款到期日之前支付现金,并设法减少某些不十分必要的开支或推迟支付的时间。

2. 管理旅行社生息资产

为了减少因在企业内保持超出日常开支所需的货币资金而蒙受利润损失,旅行社应将其暂时闲置的货币资金投资于生息资产。生息资产亦称短期有价证券或者金融资产,主要包括期限在一年以下(含一年)的国库券、商业票据、银行承兑汇票和可转让定期存单等。生息资产一般具有三个特点:

(1)能够在短期内变成现金;

(2)能够产生较(银行存款等)多的利息;

(3)市场风险小。

生息资产由于具有以上各种优点,所以又常被看成"准现金"。但是,生息资产有时候也会出现因为货币市场上供求关系的变化而出现价格波动,在个别情况下某些票据也存在违约风险等情况,这些都是旅行社的管理者所应予以注意的。

3. 管理旅行社债权资产

旅行社的债权资产主要指应收账款。应收账款在旅行社的流动资产中占有较大的比例。这是因为在目前旅游客源呈买方市场的条件下,多数旅行社难以坚持"先收费,后接待"的原则。此种状况进而导致在接待旅游者的预订计划实现以后,接待收入往往不能立刻以现金形式收进来。这些收入需经过一系列的结算过程才能最后收回。在此期间,旅行社被占用的资金称为应收账款。

加强债权资产的管理对于旅行社具有重要意义。旅行社对债权资产的管理主要采取以下措施:

(1)制定和执行正确的信用政策。旅行社的债权资产状况,取决于旅行社制定的信用政策及其执行情况。当信用政策宽松时,债权资产和旅行社的业务量往往增加,一方面导致边际利润的增加和市场占有率的扩大;另一方面也容易造成应收账款回收的管理费用及坏账损失增加。当信用政策紧缩时,一方面可以减少回收应收账款的管理费用及坏账损失的风险;另一方面却不利于边际利润的增加和市场占有量的扩大。因此,旅行社必须根据自身所处的市场条件及客户的资信状况,制定适当的信用政策。

①制定信用政策。旅行社制定信用政策,主要包括针对不同的客户规定出相应的赊账信用标准、赊销条件及收取账款的程序。对新客户,应该先进行充分的资信调查,设法了解其财务状况,以便决定是否向其提供信用。对已经同旅行社建立了良好信用关系,而且向旅行社输送大量旅游者的老客户,只要没有大幅度地增加赊欠的应收账款,旅行社就可以继续提供信用。

②规定赊销的条件。在目前我国旅游市场条件小,旅行社为了扩大市场占有量,吸引更多的客户从而获得更大的边际利润,应该允许部分客户在一定条件下先送客人后结算。然而,这种赊销信用经常是无担保的,而大多数客户不在旅行社的所在地。当客户无力偿付欠款时、旅行社虽有权索取欠款,但因没有担保物,使旅行社承担了更大的风险。所以,旅行社在允许客户欠款时,应该规定赊销的条件,如为了鼓励客户尽快付款,可做出在一定期限内付款则能够享受现金折扣的规定;规定赊欠账款的最长期限;给不同的客户规定不同的赊欠最高限额等,以减少可能发生的坏账损失。

③制定收取应收账款的程序。为了减少坏账的损失,旅行社应该制定出一套收取应收账款的程序。例如,旅行社应在一笔应收账款刚过偿付期时,立即给客户发函或电话催收欠款。如经过数次催收后客户仍继续拖欠,旅行社可以停止向其提供赊销信用,直至诉诸法律以求解决。催收客户欠款需支付一定的费用,旅行社应对这种费用的发生规定出适当的标准。当继续催收账款已经得不偿失之时,旅行社应该停止对其催收而将这笔账款经报批后作为坏账损失注销。

(2)应收账款的管理方法。

①比较应收账款的回收期。旅行社将应收账款的实际回收期同规定的回收期进行对比,找出差距,分析出问题之所在,以便采取相应的纠正措施。

②分析账龄。旅行社可将所有赊销客户所欠的应收账款,按时间长短顺序编制成表,分析其中拖欠时间超过规定回收期的客户及其拖欠原因,确定客户的信用程度。旅行社可以根据所分析的结果采取相应的措施,以避免可能发生的坏账损失。

③定期检查客户的应收账款。旅行社应定期检查客户应收账款偿付情况。检查的主要内容包括:客户对本旅行社招徕客源的重要程度及其占旅行社总接待量的比重,应收账款的支付情况;客户未能偿付欠款的原因等。通过检查,旅行社可以对客户进行信用评价,判断发生坏账的可能性,并根据客户的信用程度重新确定向其提供的信用条件。

4．管理旅行社存货资产

存货在旅行社业务中所占流动资产的比重比一般企业要低,但严格加强旅行社存货管理也是旅行社财务管理的一项重要内容。

(二)管理旅行社固定资产

固定资产,是指使用年限在一年以上的房屋、建筑物、机器、机械、运输工具和其他与生产经营有关的设备、器具、工具等。不属于生产经营主要设备但单位价值在 2000 元以上,并且使用年限超过两年的物品,也应当作为固定资产。旅行社固定资产相对其他旅游企业(如旅游交通部门、旅游住宿部门等)而言是较少的,主要是房屋、建筑物和运输工具等。

1．对旅行社固定资产折旧的计提

(1)固定资产计提折旧的范围。计提折旧的固定资产,包括房屋和建筑物;在用的机器设备、运输车辆;季节性停用、修理停用的设备;融资租入的设备;以经营租赁方式租出的固定资产。不准计提折旧的固定资产,包括房屋、建筑物以外的未使用、不需用的机器设备;以经营方式租赁方式租入的固定资产;已提足折旧仍继续使用的固定资产和未提足折旧提前报废的固定资产;国家规定不计提折旧的其他固定资产(如土地等)。

(2)固定资产计提折旧的方法。旅行社计提折旧的方法一般分为两种:即平均年限法(直线法)和工作量法。

①平均年限法。平均年限法又称为直线法,是我国目前最常用的计提折旧方法。旅行社采用平均年限法计提固定资产的折旧时,先以固定资产的原始成本扣除净残值,然后按照固定资产的预计使用年限进行平均分摊,计算每年或每月的折旧额和折旧率。这是一种较为简易的折旧计提方法,通常用于房屋等建筑物和贵重办公设备的折旧计提。

固定资产净残值率,一般按照固定资产原值的 3%～5% 确定。对不同的固定资产,旅行社应按其类别规定具体的折旧年限。目前,国家对于不同类别固定资产折旧年限的规定为:营业用房 20～40 年,非营业用房 35～45 年,简易房 5～10 年,建筑物 10～25 年;大型客车(33座以上)30 万公里或 5～10 年,主型客车(32 座以下)30 万公里或 7～8 年,小轿车 20 万公里或 5～7 年,行李车 30 万公里或 7～8 年,货车 50 万公里或 12 年,摩托车 15 万公里或 5 年。

②工作量法。有些固定资产(如接待旅游者的旅游大客车)在不同的经营期间使用的程度不均衡,发生的磨损程度也相差较大,难以用平均年限法确定其每年的折旧额。对于这类资产,旅行社可以采用工作量法来计提折旧。工作量法是一种以固定资产的具体使用时间或使用量为自变量,且与年限无绝对直接依存关系的折旧方法。这种折旧计提方法适用于汽车等固定资产。

2．对旅行社固定资产修理费用与盘亏、盘盈和报废的处理

(1)修理费用的提取。旅行社发生的固定资产修理费用,计入当期成本费用。对数额较大、发生不均衡的修理费用,可以分期摊入成本费用,也可以根据修理计划分期从成本中预提。

(2)固定资产盘亏、盘盈及报废的处理。对盘亏及毁损的固定资产,应按原价扣除累计折旧、过失人及保险公司赔款后的差额计入营业外支出。对盘盈的固定资产应按其原价减估计折旧后的差额计入营业外收入。

对出售或清理报废固定资产变价净收入(变价收入、残料价值减清理费用后的净额)与固定资产净值(原价减累计折旧)的差额,计入营业外收入或营业外支出。

五、管理旅行社成本费用

成本费用管理是旅行社财务管理的一项重要内容。旅行社管理者在进行成本费用管理的过程中,应按照客观经济规律的要求,对旅行社的经营成本和各种费用进行计划、控制、核算和分析,以促进旅行社人、财、物的合理利用,不断降低成本费用,提高经济效益。

(一)旅行社成本费用的构成

旅行社的成本费用主要由营业成本、营业费用、管理费用和财务费用所构成。

1. 营业成本

旅行社的营业成本,是指在经营过程中发生的各项直接支出,包括房费、餐费、交通费、文娱费、行李托运费、票务费、门票费、专业活动费、签证费、陪同费、劳务费、宣传费、保险费、机场建设费等代收、代付费用。

2. 营业费用

营业费用,是指旅行社各营业部门在经营中发生的各项费用。它包括运输费、装卸费、包装费、保管费、保险费、燃料费、水电费、展览费、广告宣传费、邮电费、差旅费、洗涤费、清洁卫生费、低值易耗品摊销、物料消耗、经营人员的工资(含奖金、津贴和补贴)福利费、服装费及其他营业费用。

3. 管理费用

管理费用,是指旅行社组织和管理经营活动所发生的费用,以及由旅行社统一负担的费用,包括公司经费、工会经费、职工教育经费、劳动保险费、待业保险费、劳动保护费、董事会费、外事费、租赁费、咨询费、审计费、诉讼费、排污费、绿化费、土地使用费、土地损失补偿费费、修理费、技术转让费、研究开发费、税金、燃料费、水电费、折旧费、修理费、无形资产摊销、低值易耗品摊销、开办费摊销、交际应酬费、坏账损失、存货盘亏和毁损、上级管理费及其他管理费用。

4. 财务费用

财务费用,是指旅行社为筹集资金而发生的费用。它包括旅行社在经营期间发生的利息净支出、汇兑净损失、金融机构手续费及筹资发生的其他费用。

(二)旅行社的成本费用核算方法

旅行社成本费用核算可以根据旅行社的经营规模和范围分别实行单团核算和部门批量核算。

1. 单团核算

单团核算,是指旅行社以接待的每一个旅游团(者)为核算对象进行经营盈亏的核算。单团核算有利于考核每个团队的经济效益,有利于各项费用的清算和考核,有利于降低成本。但单团核算的工作量较大,一般适用于业务量较小的旅行社。

2. 部门批量核算

部门批量核算,是指旅行社的业务部门在规定期限内,以接待的旅游团(者)的批量为核算对象进行的核算。

按部门批量核算虽不像单团核算那样详细,但却能从不同的侧面反映出旅行社经营的盈亏状况,为开拓市场、改善经营管理提供依据。这种核算方法适用于业务量较大的旅行社。

(三)分析旅行社的成本费用

成本是影响旅行社经济效益的一个重要因素。在营业量一定的前提下,成本费用越低,经济效益就越高。对成本分析可以按核算的要求实行单团成本分析和部门批量成本分析。

1. 分析单团成本

单团成本分析的前提是实行单团成本核算。为了达到控制成本,提高旅行社经济效益的目的,应采取以下几个步骤:

(1)在综合分析市场状况和旅行社自身经营状况的基础上编制成本计划,制订出一套分等级的计划成本,并以此作为衡量旅行社经济效益的标准。

(2)将单团的实际成本与计划成本进行对比,找出差异。对于差异较大的旅游团要逐项进行分析,找出导致成本上升或下降的原因并加以改进。

(3)加强信息反馈,把在成本分析中发现的差异及其原因及时送到有关领导和部门,以便加强对成本的控制。

2. 分析部门批量成本

接待业务量较大的旅行社应实行部门批量成本分析和核算,将不同部门接待的旅游团,作为成本核算的对象进行成本的归集和分配,核算出各个部门接待一定批量旅游者的成本水平和经济效益。旅行社在进行成本分析和核算时应采取以下几个步骤:

(1)编制各部门接待一定批量旅游者的计划成本及计划成本降低额(率),核算出实际成本及实际降低额。

(2)按照部门接待旅游者的数量变动、产品结构变动、成本变动等三方面进行因素替代分析,找出各因素的影响程度。

(3)将信息反馈给有关部门,采取措施,扭转不利因素的影响。

(四)采取控制旅行社成本费用的措施

成本费用控制,是指旅行社在经营过程中,根据事先制定的成本费用目标,并按照一定的原则、采用专门的方法,对日常发生的各项经营活动进行严格管理和监督,把各项成本费用控制在一定范围之内。成本费用控制是旅行社实行成本费用管理的重要步骤之一。旅行社通过对产品设计、产品开发、旅游服务采购、产品销售写促销和旅游接待等方面的成本和费用的形成过程进行监督和分析,及时纠正所发生的偏差,把经营成本限制在目标决策的范围内,以保证目标成本的实现。

1. 制定成本费用标准

旅行社在经营过程中需要付出大量的成本费用,以获得预期的经营收入。如果成本费用过高,会使旅行社的经营利润大幅度下降,甚至造成亏损。因此,旅行社管理者必须根据本企业的实际情况和经营目标,并参照其他旅行社的成本费用水平,制定出本旅行社的成本费用标准。这是旅行社成本控制的首要步骤。旅行社制定成本费用标准的方法主要有分解法、定额法和预算法。

(1)分解法。分解法,是指将目标成本费用和成本费用降低目标,按成本费用项目进行分解,明确各成本费用项目应达到的目标和降低的幅度。在此基础上,把各成本费用项目指标按部门进行归口分解。然后,各部门再把成本费用指标落实到各个岗位或个人,再由各个岗位或个人分别制定各项成本费用支出的目标和措施,对分解指标进行修订。各项修订后的指标要以实现目标成本费用为标准,进行综合平衡,经过综合平衡以后,即可形成各项成本费用开支的标准。

(2)定额法。定额法,是指旅行社首先确定各种经营成本或费用的合理定颜,并以此为依据制定成本费用标准。凡是能够直接确定定额的成本或费用,都应制定标准成本或费用。不能直接确定定额的成本费用,也要比照本行业平均水平确定成本费用开支标准限额,用以控制盲目的成本费用开支。

(3)预算法。预算法,是指旅行社在把经营费用划分为同销售收入成比例增加的变动费用、不成比例增加的半固定成本费用或半变动成本费用,以及与销售收入增减无关的固定费用的基础上,按照各赢的些业务量分别制定预算,并以此作为费用控制的标准。各部门的业务量不同,其费用预算也不一样。旅行社可据此对业务量不同各个部门制定弹性费用预算。

2. 日常控制

旅行社应当在日常经营管理中,按照预先制定的成本费用标准,严格控制各项消耗和支出,并根据已发生的误差,及时进行调整,以指导当前的经营活动。旅行社成本费用的日常控制,丰要包括建立成本控制信息系统、实行责任成本制和进行重点控制等三项措施,并通过这些措施对旅行社经营管理的成本费用实行全过程、全面和全员的控制。

(1)建立成本控制信息系统。旅行社应该通过建立成本费用控制信息系统,对经营活动过程中产生的成本费用进行控制。成本控制信息系统主要包括三个部分:成本指标、标准、定额等输入系统;核算、控制、反馈系统;分析、预测系统。这三个系统构成一个整体,就会发挥提供、传递与反馈成本费用信息的作用,并成为旅行社成本控制的有效手段。

(2)实行责任成本制。为了加强成本控制,旅行社应实行责任成本制度,即把负有成本责任的部门作为成本责任中心,使其对可控成本负完全责任。通过责任成本制度,可以把经济责任落实到旅行社内部各个部门,推动各部门控制其所负责的成本。

(3)进行重点控制。旅行管理者应在日常成本费用控制中,对占成本比重较大的部门或岗位、成本降低目标较大的部门或岗位和目标成本实现较难的部门或岗位进行重点控制。按照确定的标准,对这些部门或高位的成本费用进行检查和监督,以降低成本费用,提高经营利润。

3. 检查与考核

旅行社管理者应定期对各部门的成本费用控制情况,及整个旅行社的成本费用控制情况进行检查和考核。在检查与考核过程中,旅行社管理者应着重做好以下几项工作:

(1)检查成本计划的完成情况,查找和分析产生成本差异的原因;

(2)评价各部门和个人在完成成本计划过程中的成绩和缺点,给予应有的奖励和惩罚;

(3)总结经验,找出缺点,提出办法,为进一步降低经营成本提供资料。

以上成本控制的三项内容,是紧密联系、循环往复的,每经一次循环,成本控制标准都应有所改善,成本控制手段都应更加科学化。

六、管理旅行社营业收入与利润

作为以营利为目的的旅游企业,旅行社通过向旅游者提供各种旅游服务获得其所预期的营业收入和利润。利润来源于旅行社的营业收入,只有营业收入增加了,利润才可能增加。同时,利润又是旅行社在一定时期内的经营成果,利润的多寡反映了旅行社经普水平的高低。因此,旅行社管理者必须重视对营业收入和利润的管理。

(一)管理旅行社营业收入

在旅行社的营业收入中,代收代支的款项占了很大比重,这是旅行社在业务经营方面区别于其他旅游企业的一个重要特点。旅行社在核算其营业收入时应根据这一特点,加强管理,准确地对其进行确认和时间上的界定。

1．确认营业收入的原则

按照国家的有关规定,旅行社在确认营业收入时应实行权责发生制。根据权责发生制,旅行社在符合以下两种条件时,可确认其获得了营业收入:

(1)旅行社已经向旅游者提供了合同上所规定的服务;

(2)旅行社已经从旅游者或者组团旅行社处收到价款或取得了收取价款权利的证据。

2．对营业收入实现时间的界定

由于旅行社经营的旅游产品不同,其营业收入实现的时间也各异。根据有关规定,对旅行社营业收入实现时间的界定为:

(1)入境旅游。旅行社组织境外旅游者到境内旅游,以旅游者离境或离开本地时作为确认其营业收入实现的时间。

(2)国内旅游。旅行社组织国内旅游者在国内旅游,接团旅行社应以旅游者离开本地时、组团旅行社应以旅游者旅行结束返回原出发地时作为确认其营业收入实现的时间,

(3)出境旅游。旅行社组织中国公民到境外旅游,以旅游者旅行结束返回原出发地时作为确认其营业收入实现的时间。

(二)管理旅行社利润

利润,是旅行社在一定时期内经营活动的最终财务成果,是旅行社经营活动的效率和效益的最终体现。它不仅是反映旅行社经营状况的一个基本指标,也是考核、衡量旅行社经营成果与经济效益最重要的标准。

1．分析旅行社利润的构成

旅行社的利润由营业利润、投资净收益和营业收支净额构成。它是旅行社在一定时期内经营的最终成果。旅行社通过对利润指标的考核和比较,能够综合地反映出企业在这段时期内取得的经济效益。

(1)营业利润。旅行社营业利润,是指营业收入扣除营业成本、营业费用、营业税金、管理费用和财务费用后的净额。

(2)投资净收益。旅行社投资净收益,是指投资收益扣除投资损失后的数额。投资收益包括对外投资分得的利润、取得的股利、债券利息、投资到期收回或中途转让取得的款项高于投出资产账面净值的差额。投资损失是投资不当而产生的投资亏损额或指投资到期收回或中途转让取得的款项低于投出资产的账面净值的差额。

(3)营业外收支净额。旅行社营业外收支净额,是指营业外收入减营业外支出后的差额。营业外收入包括固定资产盘盈和变卖的净收益、罚款净收入、确实无法支付而按规定程序批准后转做营业外收入的应付账款、礼品折价和其他收入等。营业外支出包括固定资产盘亏和毁损、报废的净损失、非常损失、技工学校经费、赔偿费、违约金、罚息和公益性捐赠等。

2．确定旅行社利润分析的内容

利润分析是指旅行社根据期初的利润计划,对本期内所实现的利润进行的评价。它主要包括利润总额分析、利润总额构成因素分析和营业利润分析三个方面的内容。

(1)利润总额分析。利润总额分析,是指旅行社运用比较分析法将本期的利润总额同上期的利润总额湖本期的计划利润指标进行对比,分析其增减变动的情况。

(2)利润总额构成因素分析。旅行社在分析其利润总额增长情况后,还应对利润的构成因

素进行分析，以便发现导致本期利润变化的主要因素，并采取相应的措施。如果发现某项因素的增长比例或绝对额与上一期相差较大，则应对其发生的原因进行深入地分析。

（3）营业利润分析。营业利润分析，是指旅行社通过将利润计划指标与实际结果对比，运用因素分析法，找出影响营业利润实现的因素，以便采取措施、加强管理，为进一步增加营业利润指明方向。在营业收入一定的情况下，影响营业利润高低的因素是营业成本、营业费用、营业税金、管理费用和财务费用。尽可能降低成本费用，特别是严格控制费用的支出是增加营业利润的有效途径。

3. 管理旅行社利润

利润管理，是旅行社财务管理的一项重要任务，其主要内容是确定目标利润和进行利润分配。

（1）确定目标利润。旅行社应该在每一个营业期之初确定将在这个营业期内获得多少利润，即确定其目标利润，以便采用各种合理而且可能的方法努力实现这个目标。此外，旅行社确定了目标利润后，还应在营业期结束时将实际完成的利润同目标利润进行对比，以加强对利润的管理。

旅行社在确定了目标利润之后，可以运用各种方法来测算出为实现目标利润所应完成的销售量及所产生的各种成本和费用。成本—业务量—利润分析法（简称量、本、利法）是进行这种测算的一种有效的方法。量、本、利法将成本分解为固定成本和变动成本，并根据由此获得的信息，预测出旅行社的保本销售量和为完成任务利润而需增加的销售量。

对于产品单一、售价和成本稳定的旅行社，使用量、本、利分折法能够做出比较准确的预测。但是，对于多数旅行社来说，其产品、成本和售价因受市场供求关系、同行之间的竞争激烈程度以及其产品的规格、内容和档次等因素的影响，使用量、本、利分析法存在着一定的难度。旅行社可以参考上一期的平均成本和营业收入按照上述的公式进行估算。

（2）利润分配。利润分配是旅行社利润管理的另一重要内容。由于旅行社的经营体制不同，利润分配的方式也存在一定的差异。目前，我国旅行社大致可以分为股份制旅行社和非股份制旅行社两类，其利润分配办法各不相同。

根据国家有关规定，股份制旅行社在依法向国家缴纳所得税后，应首先提取公益金，然后按照以下顺序分配所剩余的利润：①支付优先股股利；②按公司章程或股东会议决议提取盈余公积金；③支付普通股股利。

非股份制旅行社应在依法向国家缴纳所得税后，按照下列程序分配税后利润：

①支付被没收的财务损失和各项税收的滞纳金、罚款。②弥补旅行社过去年度的亏损。根据国家有关规定，旅行社发生亏损，可用下一年度的利润弥补，延续 5 年未弥补的亏损，可用所得税后的利润弥补。③提取法定盈余公积金。④提取公益金。⑤向投资者分配利润。旅行社过去年度未分配的利润，可以并入本年度利润一并分配。

根据国家有关规定，旅行社提取的法定盈余公积金应为税后利润的 10%；法定盈余公积金已达旅行社注册资金的 50% 后，可不再提取。旅行社提取的盈余公积金用于弥补亏损或按规定转增资本金。旅行社提取的公益金主要用于职工集体福利设施支出。

七、旅行社的财务分析

财务分析，是旅行社财务管理的重要方法。旅行社管理者应以各种财务报表的核算资料为基础,对旅行社财务活动的过程和结果进行研究和评价,以分析其经营过程中的利弊得失、财务状况及发展趋势,为日后进行经营决策提供重要的财务信息。

(一)旅行社的财务报表

旅行社的财务报表是反映旅行社财务状况和经营成果的书面文件,主要包括资产负债表、损益表和现金流量表及有关附表。在此重点介绍与旅行社经营关系最为密切的资产负债表、损益表和现金流量表。

1. 旅行社的资产负债表

资产负债表,是反映旅行社在某一特定日期财务状况的报表。它以"资产=负债+所有者权益"这一会计基本等式为依据,按照一定的分类标准和次序反映旅行社在某一个时间点上资产、负债和所有者权益的基本状况。

资产负债表包括三大类项目:资产、负债和所有者权益。报表的左方为资产类部分,反映旅行社的资产状况。资产分为流动资产、长期投资、固定资产、无形及递延资产和其他长期资产五个类型。报表的右方上半部分是负债类部分,分为流动负债、长期负债和递延税项三个类型;下半部分是所有者权益部分。负债和所有者权益部分反映了旅行社资金的来源情况。

资产负债表揭示了旅行社资产结构、流动性、资金来源、负债水平、负债结构等方面的状况,他反映了旅行社的变现能力、偿债能力和资产管理水平,为旅行社的投资者和管理者提供了重要的决策依据。

2. 旅行社的损益表

损益表又称收益表,是反映旅行社在一定期间的经营成果及其分配情况的报表。其基本等式为:

$$利润(亏损)=收入-费用(成本)$$

损益表分为五个主要部分:营业收入、经营利润、营业利润、利润总额和净利润。损益表为旅行社的投资者和管理者提供了有关旅行社的获利能力、利润变化原因、企业利润发展趋势等方面的大量信息,是考核旅行社利润计划完成情况和经营水平的重要依据。

3. 旅行社现金流量表

在旅行社经营活动中,现金所起的作用非常重要。旅行社在偿还到期的各种债务,向许多旅游服务供应部门和企业支付其所采购的旅游服务及向其员工支付工资时,都需要使用现金。如果旅行社未能及时获得其经营活动所必需的现金,就会给其经营活动带来严重困难。

除了经营活动以外,旅行社所从事的投资和筹资活动同样影响着现金流量,从而影响其财务状况。如果旅行社进行投资,而没有能取得相应的现金回报,就会对其财务状况(比如流动性、偿债能力)产生不良影响。通过对旅行社现金流量的分析,可以大致判断其经营周转是否顺畅。

现金流量表向旅行社管理者及其他有关单位和部门,提供旅行社在一定会计期间内现金和现金等价物流入和流出的信息,以便使他们了解和评价旅行社获取现金和现金等价物的能力,并据以预测旅行社未来的现金流量。同财务状况变动表相比,现金流量表能够更好地反映旅行社的经营成果和财务状况,并真实地体现旅行社资产的流动性和对社会经济环境变动的适应能力,使人们能够对旅行社的整体财务状况做出客观评价。

(二)旅行社财务分析的方法

财务分析,是在财务报表的基础上对旅行社在一定时期内的财务状况和经营成果进行的一种评价。通过对财务报表的分析,旅行社管理者能够了解本企业财产的流动性、负债水平、资金周转情况、偿还债务能力、获利能力及其未来发展的趋势,从而对旅行社的财务状况和经营风险做出比较合乎实际的评价,避免因方向性决策失误给旅行社带来重大损失。

财务分析以财务报表为主要依据,采取一定方法进行计量分析以反映和评价旅行社的财务状况和经营成果。旅行社常用的财务分析方法有增减分析和比率分析。

1. 增减分析

增减分析是将两个会计期间的财务报表数字加以对比,计算两个期间的增减变动差额并编制成比较对照表,通过对差额的分析对企业的经营状况和经营结果进行评价。比较对照表通过比较旅行社连续两年财务报表的历史数据,分析其增减变化的幅度及其变化原因,判断旅行社财务状况发展的趋势。目前,我国多数旅行社在采用增减分析法分析财务报表时,主要的分析对象是资产负债表和损益表。

(1)资产负债表增减分析。旅行社对资产负债表进行增减分析的目的,是为了了解本企业资产、负债和所有者权益等方面的发展趋势及所存在的问题。在分析前,旅行社财务人员先把连续两期或数期的资产负债表编制成一份工作底表或比较资产负债表,然后对不同时期的资产、负债和所有者权益的差异进行比较和分析,从中发现存在的问题和变动趋势,从而把握旅行社的经营状况和经营成果,预测今后的发展趋势。

(2)损益表增减分析。损益表增减分析,是指通过对旅行社在不同时期的经营情况进行比较分析,找出经营中存在的问题,分析产生问题的原因,并提出解决问题措施的一种财务分析方法。比较损益表的编制方法,基本上与比较资产负债表相同。

2. 比率分析

比率分析,是指在同一财务报表的不同项目之间,或在不同报表的有关项目之间进行对比,以计算出来的比率反映各项目之间的相互关系,据以评价旅行社财务状况和经营成果的一种方法。旅行社分析和评价本企业财务状况和经营成果的主要财务指标包括:流动比率、速动比率、应收账款周转率、资产负债率、资本金利润率、营业利润率和成本费用利润率。

(1)流动比率。流动比率,是反映旅行社短期偿债能力的一项指标。它表明旅行社偿还流动负债的保障程度。其计算公式为:

$$流动比率 = 流动负债 / 流动负债 \times 100\%$$

(2)速动比率。速动比率是速动资产(流动资产-存货资产)和流动负债之间的比率。它反映旅行社在最短时间内偿还流动负债的能力。速动比率的计算公式为:

$$速动比率 = 速动资产 / 流动负债 \times 100\% = (流动负债 - 存货资产) / 流动负债 \times 100\%$$

(3)应收账款周转率。应收账款周转率,是旅行社赊销收入净额与应收账款平均额的比率。它反映应收账款的周转速度。

目前,我国旅行社行业已进入市场经济,商业信用的使用日趋广泛,应收账款成了旅行社的重要流动资产。旅行社的管理者应该运用应收账款周转率这个工具,对企业应收账款的变现速度和管理效率进行了解和分析。应收账款的周转率越高,则旅行社在应收账款上冻结的资金越少、坏账的风险越小、管理效率越高。

(4)资产负债率。资产负债率又称举债经营比率,是旅行社负债总额(短期负债+长期负债)与其资产总额之间的比例关系。资产负债率是反映旅行社偿债能力大小的一个标志,揭示出负债在全部资产中所占的比重,及资产对负债的保障程度。其计算公式为:

$$资产负债率＝负债总额/资产总额×100\%$$

资产负债率的比率越高,旅行社偿还债务的能力就越差;比率越低,偿还债务的能力就越强。

(5)资本金利润率。资本金利润率,是指旅行社利润总额与资本金总额的比率。它用以衡量投资者投入旅行社资本金的获利能力。其计算公式为:

$$资本金利润率＝利润总额/资本金总额×100\%$$

资本金利润率说明旅行社每投入 1 元的资本金可以获得多少利润。这个比率越高,说明资本金获利水平越高。当资本金利润率高于同期银行贷款利率时,旅行社可适度运用举债经营的策略,适当增力。负债比例,优化资金来源结构。如果资本金利润率低于同期,则说明举债经营的风险大,应适度减少负债以提高,保护投资者的利益。

$$营业利润率＝利润总额/营业收入净额×100\%$$
$$营业净收入＝营业收入－营业成本$$

通过对旅行社营业利润率的分析,可以了解旅行社在经营中赚取利润的能力。该比率越高,旅行社通过扩大销售额获得利润的能力越强。

(6)成本费用利润率。成本费用利润率反映的,是旅行社在营业过程中为取得利润而消耗的成本和费用情况。它是利润总额与成本费用总额之间的比率。该比率可以用下列公式表示:

$$成本费用利润率＝利润总额/成本费用总额×100\%$$

成本费用是旅行社为了获取利润而付出的代价。成本费用利用率越高,说明旅行社付出的代价越小、获利能力越强。旅行社管理者运用这一比率,能够比较客观的评价旅行社的获利能力、对成本费用的控制能力和经营管理水平。

子任务 2　实施旅行社风险管理

由于旅游业的脆弱性以及旅行社行业激烈的竞争现状,旅行社的经营活动存在着大量的风险。各种经营风险,不但可能给旅行社带来收益上的损失,甚至会造成企业的破产。因此,经营风险的管理便成为旅行社经营管理活动中的一项重要内容。

一、区分旅行社风险

旅行社的风险多种多样,依据不同标准可以将旅行社的经营风险划分为不同的类别。根据企业管理内容的不同,旅行社经营风险可以分为财务风险、市场及竞争风险、人身及财产风险和责任风险。

(一)财务风险

1. 筹资、投资风险

负债经营是现代企业应有的经营策略,通过负债经营可以弥补自有资金的不足,还可以用借贷资金来实现盈利。尤其是股份制的旅行社在生产经营中所需的资金一般都来自发行股票和债务两个方面,其中,债务(包括应行贷款、发行企业债券、商业信用)的利息负担是一定的,如果公司资金总量中债务比重大,或是公司的资金利润率低于利息率,就会使股东的可分配盈利减少,股息下降,使股票投资的财务风险增加。

(1)无力偿还债务风险。由于负债经营以定期付息、到期还本为前提,如果公司用负债进行的投资不能按期收回并取得预期收益,公司必将面临无力偿还债务的风险,其结果不仅导致公司资金紧张,也会影响公司信誉程度,甚至还可能因不能支付而遭受灭顶之灾。

(2)利率变动风险。公司在负债期间,由于通货膨胀等的影响,贷款利率发生增长变化,利率的增长必然增加公司的资金成本,从而抵减了预期收益。

(3)再筹资风险。由于负债经营使公司负债比率加大,相应地对债权人的债权保证程度降低,这在很大程度上限制了公司从其他渠道增加负债筹资的能力。

2. 三角债务风险

旅行社与酒店、景点等旅游供应商之间,与旅游者之间、地接社与组团社之间存在着较为复杂的债权债务关系。很多旅行社应收账款数额相当大,有很多无法收回的坏账,海外拖欠款、国内三角债都是困扰旅行社的大问题,大量应收账款的无法按时顺利回收构成财务隐患。旅行社经营的企业特性、季节性,账款结算中易受汇率变动的影响,以及债权债务关系的复杂性等因素,使得旅行社面临较大的财务风险。

(二)市场及竞争风险

一般来说,旅行社的业务流程都包括市场调查与产品设计、促销、销售、采购和接待等环节。旅行社在对市场进行调查研究的基础上开发产品,然后向市场进行宣传促销,把产品推向市场。这一阶段存在的主要风险因素是市场的不确定性和人的决策的主观性。市场不确定是旅行社面临的主要风险之一,产品开发是否对路、旅行社希望通过销售产品来实现企业的利润的目的能否实现,都要依靠市场来检验决定。由于旅游者的心理是非常复杂的,有时又受政治经济社会等各方面的影响较大,随时可能发生变化。由于市场不稳定性,旅行社根据对市场的调研和预期设计出来的产品可能不符合市场的实际需求,并由此造成旅行社在产品开发和促销方面的投入损失。

由于旅游资源属于公共产品的范围,旅行社的很多产品易于模仿,却不涉及专利侵权的责任,一旦竞争对手掌握相关信息,会使市场状况发生很多变化。这些都会影响到旅行社原来对市场的估计,从而可能造成旅行社产品开发和促销方面的投入损失。

(三)人身及财产风险

旅行社拥有交通工具房产其他经营设施等许多资产,而这些财产都有可能因某种原因而受到损失,这就构成了旅行社可能面临的财产风险。同时旅游活动具有较大空间、空间跨度,在旅游活动中旅行社会接触到社会的方方面面,遇到各种问题。由于社会治安状况以及旅行社工作人员及旅游者的失误,都可能是人身财产安全受到损失。同时,旅行社员工也有发生人身财产损失的可能性。这些具有不确定性的因素就构成了旅行社经营过程中的人身及财产风险。

(四)责任风险

在旅游者购买旅游产品时,旅游者与旅行社之间签订合同,规定双方的权利义务,其中对旅行社接待活动的细节也会详细规定,如住宿、交通、参观点等。而在旅游活动进行中,由于旅游活动的综合性与复杂性,旅行社对旅游者的履约情况很大程度上取决于旅游供应商对旅行社的合同履行情况。同时,旅游活动中随时可能出现一些意外问题也是旅行社的合同履行产生风险。一旦旅行社不能实现对旅游者的承诺,没有很好的履行合同,不论原因怎样,旅行社都有责任,需要对旅游者进行赔偿。旅行社的责任风险也是旅行社经营中经常面临的一项主要风险。

旅行社责任风险的一个特点是风险事故发生后,结果复杂而难以控制,发生的赔偿金额可能是巨大的,如旅行社接待过程中涉及旅游者人身伤亡和财产损失的赔偿。一些国家的法律或条例中还规定对旅游者的精神损失赔偿,从而进一步加大了旅行社的责任风险。

二、识别旅行社经营风险

(一)旅行社风险

风险识别是旅行社风险管理的重要内容。由于风险是旅行社经营活动中可能发生的某种损失,因此,旅行社风险识别应从损失对象、损失原因、损失数量和损失单位四个方面入手。

1. 损失的对象

损失的对象,是旅行社风险识别界定的首要内容,它主要解决旅行社风险是什么的问题。一般来讲旅行社损失对象主要有财产损失、净收入损失和承担法律责任损失等三种情况。

(1)旅行社财产损失,包括有形财产损失和无形财产损失两大类。有形财产是由动产与不动产两部分组成的;无形财产是旅行社信息、版权、专利权、许可证权、租赁权等由所有者独占的财产。有形财产会因物质损坏或不正当使用给旅行社带来损失;无形财产则会因非法使用而使旅行社受到损失。

(2)旅行社净收入损失,是指旅行社销售收入减少或销售费用增加,以及两者同时发生变化而形成的损失。在旅行社经营活动中,销售收入的减少是形成旅行社净收入损失的一个主要因素,最常见的原因是意外事故造成旅行社经营的中断,或者因不能如期收回应收账款,使得旅行社收入减少。如果旅行社的经营成本增加,则收入减少,就意味着净收入减少;当意外事故发生后,旅行社或许倒闭、或许部分经营,无论是哪一种情况出现,都会增加旅行社的经营费用,造成净收入的损失。

(3)法律责任损失,是旅行社经营过程中,由于意外事故的发生承担各项法律责任而形成的损失,主要有刑事责任损失和民事责任损失两种形式。刑事责任损失,是违犯国家刑法的犯罪行为所负的责任损失;民多责任损失,是旅行社无正当理由而不履行合同或各项民事义务,对他人造成损害而形成的经济赔偿损失。

2. 损失的原因

损失的原因,是旅行社风险识别界定的第二项内容,它主要解决旅行社为什么产生风险的问题。一般来讲,造成旅行社损失的原因主要有自然、人为和经济三种情况。

3. 损失的数量

损失的数量,是旅行社风险识别界定的第三项内容,它主要解决风险的程度问题。损失数量是旅行社识别风险损失严重程度的重要因素。如果某种事故给经营活动带来一定的负面影响,旅行社就要估算这种风险损失的大小,以便采取相应的对策。

4. 损失的单位

损失的单位,是旅行社风险识别界定的第四项内容,它主要解决谁受损失的问题。旅行社某种风险所造成的损失可能是个人,也可能是部门和企业。

(二)旅行社经营风险识别的方法

识别旅行社经营风险的方法主要有以下两种:

1. 风险调查分析法

风险调查分析法,是旅行社通过现场观察和请教专家获得各种信息,以识别经营风险的一种方法。

2. 财务报表分析法

财务报表分析法,是旅行社通过对资产负债表、损益表和现金流量表的研究与分析,以识别经营风险的一种方法。

三、规避旅行社风险

随着出游目的地的增多,旅游体验的深入,旅游形式的多样化,未知的旅游风险也在增加。作为从事招徕、组织、接待旅游者等活动,为旅游者提供相关旅游服务的旅行社来说,更应该提高自身的风险管理意识。

旅行社在日常经营过程中,应该把游客安全放在首位,游客的旅程安全是旅行社经营的基础,确保游客高高兴兴出发、平平安安归来,才能有旅行社的好口碑,才能够使旅行社发展壮大。但是风险无处不在,交通事故、食物中毒、意外伤害、突发疾病、财物被盗等危及游客人身和财产安全的事故却屡屡发生,严重影响了旅行社的日常经营。未雨绸缪、居安思危旅行社在日常工作中需每时每刻考虑游客安全、保护游客安危,也就是保护了自己,规避自身的经营风险。

(一)合法经营

旅行社要严格按照《旅行社条例》、《旅行社条例实施细则》等相关规定依法从事日常经营活动。在日常经营中要按规定与游客签订旅游合同,要按照规定租用车辆,要按规定与地接社签订合同等等,只要依法经营并严格按规定操作,就会避免诸多危及、损害游客和旅行社利益的案件发生,并且违规操作保险公司是可以拒赔的,只有依照相关法律法规经营,旅行社才能通过责任保险来保护自己、规避转移风险。

(二)关注外来风险点

旅行社要时刻关注经营之外的风险点,这些外来风险事件的发生虽然不是旅行社的直接责任,但如果本来可以避免,但是因为我们旅行社的疏忽和过失使游客遭受到了外来风险事故的侵害,那就是我们的责任了。避免事故的发生要做好以下几点:

(1)确定好整个团队的行程,特别对有乘坐飞机、火车等公共交通工具的团队,安排好时间,提前想到在去飞机场或火车站的路上可能发生的堵车、调流等意外事件,尽可能的预留出时间,减少有责延误案件的发生。

(2)时刻关注天气和自然灾害,我们在旅游团出发前务必要关注整个行程中所到地区的天气情况和自然灾害情况,如果有大雾,我们就要考虑轮渡和航班可能延时甚至取消,要及时做好应对准备,如果旅游目的地发生了洪水、泥石流、雪灾这样的灾害,就已经不适合去旅游了,我们要根据天气情况及时调整行程,避开不可抗力对游客的影响。

(3)对旅游目的地的选择要符合我国对旅游目的地国家的要求,并实时关注最新公告,看当地是否有政治骚乱和自然灾害,像泰国和吉尔吉斯斯坦的骚乱等,得知信息后一定要及时对旅游团做变更,不及时做出调整会使我们产生很多额外的费用。

(三)加强自身管理

旅行社在日常经营中要加强对导游及带团工作人员的安全培训,他们工作的细心与否直接影响着游客安全。旅行社要提高业务人员、计调及相关工作人员的风险意识。

(1)选择游客要慎重,对于儿童、老人、孕妇等比较特殊的人群参团旅游一定要多注意,有的旅行社代为投保的意外险只管到 65 岁或 70 岁,而他们接的团里却有 75 岁的老人。接的团超出了保险的范围,一旦发生损失,超出保险范围的费用只能旅行社自己承担了。

(2)团队出发前要确认游客是否适合参加行程,询问并查看游客有无身体不适,是否晕车、晕船、恐高。对于健康有问题的乘客要尽量劝其不要参加行程。

(3)在旅游路途中要对儿童、老人、孕妇等比较特殊的人群要多加照顾和提醒。对于老人发生事故最多的还是意外摔伤,容易发生问题的几个环节是上下楼梯、上下车和进出电梯等,在这些时候要特别注意对老人的提醒和保护;对于儿童要注意看护,主要是防止儿童之间打架、避免走失等。

(4)要时刻注意湿滑的路面,特别是在雨雪天气后,比如桥上、湖边等,遇到湿滑的地方要提醒游客放慢速度,必要时另外选择路线。

(5)对于漂流、骑马、滑雪等危险较大的特殊旅游项目,导游应视游客情况而定,不要一味推荐游客,有些项目对年龄和身体状况是有限制的,必须事先掌握并告知游客。

(6)在旅途中要经常提醒游客注意所带财物的安全,特别是当游客与行李分离时务必叮嘱游客随身携带贵重物品。一般最容易发生被盗案件的有两个地方,一个是宾馆酒店,另一个是机场车站,尤其是在机场和火车站,各个地区的治安状况不一样,工作人员应尽量避免代管游客财物、证件等,以免丢失给自己造成不必要的麻烦。

(7)要避免工作人员、游客与当地居民发生冲突,如有小摩擦应立即劝阻,做到大事化小、小事化了。打架斗殴任何保险都可以拒赔,因此不能意气用事,要理性的处理事情。

(8)要做好用车管理,在用车前务必要检查车辆的运营资质和保险情况,要注意检查车方保险要查哪些险种。车方正规投的保险应该是承运人责任险或者车上人员责任险。承运人责任险是强制保险,所以旅行社检查车方保险一定要车方出具承运任责任险保单。

(四)用好"保险"工具

用好旅游意外险,旅游意外保险是一个很特殊的险种,很少有游客自己去保险公司购买,大多通过旅行社代为购买,这个险种直接保护了游客,实际上是间接保护了旅行社。

(1)所有的游客投保一份意外险,因为意外险虽然不能先行赔付,但是其不与其他任何险种重复,而且只要发生意外事故就在其保险责任内,所需索赔材料简单、理赔快捷。意外险对旅责险是一个补充,对游客是一份安慰;

(2)大的组团社可以建立自己的保费专用账户,把收取的意外险保费全部进账户之后再在进行分配;

(3)投保的意外险要尽量选择保险责任范围广泛的,普通的意外险只保意外事故,而旅行社在替游客选择旅游意外保险时应该充分考虑风险,对于医疗费用保额高的以及包含有急性病、住院津贴等的产品优先考虑。

(4)《保险法》除对未成年人都有明确规定外,老年人并无规定,但是保险公司为防止自身经营风险一般都有年龄的限定,对于少部分投不上旅游意外险的游客,旅行社应当慎之又慎。旅游意外险是保监局重点规范的一个险种,一定要选择方案和投保方式都符合监管要求的旅意险产品,并且要选择正规的渠道投保,不能心存侥幸、麻痹大意。

(五)发生风险时沉着应对

在案件发生时,逃避、退让都不是办法,旅行社要先保障游客利益,同时维护自身权益不受损害。一旦发生事故,要找一名沟通能力比较强又有责任心的工作人员随时记录损失情况,包括游客的医疗费用、财产损失以及处理事故的食宿交通费用,并保留好费用凭证,因为无论是否通过保险解决,随时有一份损失清单是很有必要的。处理时需要注意以下方面:

(1)交通事故一定要报知交警及时报案,通过交强险、第三者责任险、承运人责任险、旅行社责任险、旅游意外险,联合车方、地接社等并案处理;

(2)食物中毒要及时通知疾病控制中心,并获取证据证明就餐地点,人数少于3人时要和医生沟通,诊断应为食物中毒,如个别游客自身肠胃问题,保险公司会依据医院既往病史的诊断而拒赔;

(3)在景区、宾馆、酒店等经营场所内发生的事故要注意向责任第三方提出索赔,因为一般景区、宾馆、酒店都会投保公众责任险,如果坚持走旅责险的话,要注意保留好第三方责任的证据,以便保险公司赔付完后向第三方追偿;

(4)发生旅程延误时要及时退票、退房等以减少损失,报案时要向保险公司列举延误造成了哪些实际损失;

(5)对于游客自身疾病有病史的案件且不属于旅行社责任的,旅行社要保留好医院等权威部门出具的相关证明材料,来保护自己。

任务四　实施旅行社电子商务管理

旅行社,是旅游产品的开发商也是推销商,是连接旅游者和各旅游服务供应商的桥梁和纽带。这一中介地位决定了旅行社必须收集和整理大量的旅游者的需求信息,必须获取和处理大量旅游产品信息,并以此为基础,做出合乎旅游市场的旅游产品设计、整合和采购。因此,信息是旅行社赖以生存的基础,旅行社开展电子商务既是其发展的需要,也是时代的要求。

子任务1　了解旅游电子商务的功能与应用

一、解读电子商务

(一)电子商务的概念

电子商务指的是利用简单、快捷、低成本的电子通讯方式,实现买卖双方不谋面的各种商贸活动。电子商务源于英文 Electronic Commerce,简称 EC。顾名思义,其内容包含两个方面,一个是电子方式,二是商贸活动。

从贸易活动的角度分析,电子商务可以在多个环节实现,由此也可以将电子商务分为两个层次。较低层次的电子商务如电子商情、电子贸易、电子合同等,最完整的也是最高级的电子商务应该是利用 Internet 能够进行全部的贸易活动,即在网上将信息流、商流、资金流和部分的物流进行完整的实现,也就是说,你可以从寻找客户开始,一直到洽谈、订货、在线付(收)款、开具发票以至到电子报关、电子纳税等通过 Internet 一气呵成。要实现完整的电子商务还会涉及很多方面,除了买家、卖家外,还要有银行或金融机构、政府机构、认证机构、配送中心等机构的加入才行。由于参与电子商务的各方在物理上是互不谋面的,因此整个电子商务过程并不是物理世界商贸活动的翻版,网上银行、在线电子支付等条件和数据加密、电子签名等技术在电子商务中发挥着重要的不可缺少的作用。

(二)电子商务的特点

电子商务起源于 20 世纪 60 年代末的专用增值网络和 EDI 的应用,在 Internet 的商用推动下电子商务得到迅速发展,而且表现出一些与 Internet 相关的特点。

1. 信息化

电子商务是以信息技术为基础的商务活动,它的进行必须通过计算机网络系统来实现信息交换和传输,计算机网络系统是融数字化技术、网络技术和软件技术为一体的综合系统,因此电子商务的实施和发展与信息技术发展密切相关,也正是信息技术的发展推动了电子商务的发展。

2. 虚拟性

Internet 作为数字化的电子虚拟市场,它的商务活动和交易是数字化的.由于信息交换不受时空限制,因此可以跨越时空形成虚拟市场完成过去在实物市场中无法完成的交易,这正是电子商务快速发展的根本所在.

3. 全球性

作为电子商务的主要媒体 Internet 是全球开放的,电子商务开展是不受地理位置限制的,它面对的是全球性的统一电子虚拟市场.

4. 社会性

虽然电子商务依托的是网络信息技术,但电子商务的发展和应用是一社会性的系统工程,因为电子商务活动涉及企业、政府组织、消费者的参与,以及适应电子虚拟市场法律法规和竞争规则形成等。如果缺少任意一个环节,势必制约甚至妨碍电子商务的发展,如电子商务交易纳税等敏感问题。

二、解读旅游电子商务

(一)旅游电子商务的概念

旅游电子商务是指通过先进的网络信息技术手段实现旅游商务活动各环节的电子化。

从技术基础的角度来看,旅游电子商务是采用数字化电子方式进行旅游信息数据交换和开展旅游商务活动。从应用层次上来看,旅游电子商务可分为两个层次:一是面向市场,以市场活动为中心,包括促成旅游交易实现的商业行为(如网上发布旅游信息、网上公关促销、旅游市场调研)和实现旅游交易的电子贸易活动(如网上旅游企业洽谈、售前咨询、网上旅游交易、网上支付、售后服务等)。二是利用网络重组和整合旅游企业内部的经营管理活动,实现旅游企业内部的电子商务,包括旅游企业建设内联网,利用饭店客户管理系统、旅行社业务管理系统、客户关系管理系统和财务管理系统等实现旅游企业内部管理信息化。

(二)旅游电子商务体系的构成

旅游电子商务体系是一个复杂的系统,由多个要素组成。这些要素包括:作为基础框架的网络信息系统;提供技术支持的电子商务服务商;作为参与主体的旅游目的地营销机构、旅游企业和旅游者;起到推进、保障、规范作用的旅游信息化组织,以及电子支付体系、物流配送服务等其他支持要素。

1. 网络信息系统

网络信息系统是旅游电子商务体系结构的基础,它的主要作用是提供一个通畅、安全、可控的信息交换平台。旅游电子商务中涉及的信息流、资金流、业务流都和网络信息系统紧密相关。网络信息系统由旅游机构和电子商务服务商在计算机网络基础上开发设计,它可以成为旅游企业、机构及旅游者之间跨越时空进行信息交换的平台。在信息系统的安全和控制措施的保证下,旅游机构可在网站上发布信息,旅游者可搜寻和查看信息。交易双方能便捷地交流,通过网络支付系统可进行网上支付。旅游预订和交易信息可指示旅游企业组织旅游接待服务,最后保证旅游业务的顺利实现。

旅游电子商务所依托的网络信息系统可分为增值网(value added network,VAN)、互联网(Internet)和内联网(Intranet)三种。

(1)增值网(VAN)网络信息系统。基于增值网络旅游电子商务的主要模式就是 EDI。它是最早的旅游电子商务方式,主要应用于旅游企业之间的商务活动。相对于传统的分销付款方式,EDI 大大节约了时间和费用,相对于互联网,EDI 较好地解决了安全保障问题。目前 EDI 在旅游业中的应用主要集中在计算机预订系统(CRS)和全球分销系统(GDS)中。

(2)互联网(Internet)网络信息系统。基于 Internet 的旅游电子商务,能为旅游业务的开展提供许多便利,实现很多非常有用的功能。例如:电子邮件、邮件列表、新闻组、信息浏览、远程登录、网上聊天以及电子公告栏等。由于互联网有便捷、开放的信息处理和沟通优势,当它与旅游业结合时,能为旅游机构提供巨大的商业机会。

(3)内联网(Intranet)网络信息系统。Intranet 是在 Internet 基础上发展起来的企业内部网。它在原有的局域网上附加一些特定的软件,将局域网与互联网连接起来,从而形成企业内部的虚拟网络。内联网与互联网之间最主要的区别在于内联网中的信息受到企业防火墙安全网点的保护,它只允许授权者介入内部的 Web 网点,外部人员只有在许可的条件下(如拥有访问的密码,通过指定的 IP 等)才可进入企业内联网,Intranet 能让旅游企业分布在各地的分支机构及企业内部各部门共享企业内联网站,使企业各级管理人员获取自己所需的信息。内联网如今在大型旅行社、饭店集团中被广泛使用,有效地降低了通信成本,并推进了企业内部的无纸化办公。

2. 电子商务服务商

电子商务服务商为旅游企业、旅游机构和旅游者在网络信息系统上进行商务活动提供技术支持。根据其服务内容和层次的不同,可以将电子商务服务商分为两大类:

(1)系统支持服务商。对于系统支持服务商,根据技术和应用层次的不同可分为三类。第一类是接入服务商(internet access provider,IAP),它主要提供互联网通信和线路租借服务,如中国电信、中国联通。第二类是互联网服务提供商(internet service provider,ISP),它主要为旅游企业建立电子商务系统提供全面支持。一般旅游机构和旅游者上网时只通过 ISP 接入 Internet,由 ISP 向 IAP 租借线路。第三类是应用服务提供商(application service provider,ASP)它主要为旅游企业,旅游营销机构建设电子商务系统时提供系统解决方案。

(2)专业的旅游电子商务平台运营商。专业的电子商务平台运营商,不直接参与网上旅游的电子商务活动,而是起着中间商的作用。一方面,它为旅游电子商务活动的实现提供信息系统支持和配套的资源管理服务,是旅游企业、旅游营销机构和旅游者之间信息沟通技术的基础。另一方面,它还为网上旅游交易提供商务平台,是旅游市场主体间进行交易的商务活动基础。

专业的旅游电子商务平台运营商的特点是规模大,知名度高,访问量大,有巨大的用户群。它收集并整理旅游市场信息,提供虚拟的交易场所,为参与旅游商务活动的各个方面提供信息通达的市场环境,降低交易成本,提高商务活动效率。

3. 旅游电子商务的参与主体

现代旅游电子商务活动的主要参与者包括旅游目的地营销机构、旅游企业和旅游者。在信息技术飞速发展的今天,电子商务能为旅游目的地营销机构、旅游企业和旅游者的各种商务活动提供支持。

(1)旅游目的地营销机构(DMO)。旅游目的地营销机构(destination marketing organization,DMO)是一种专门组织负责目的地旅游促销事务的组织。这些组织一般都是依法成立的法定机构或非盈利组织,公私合营较为普遍,如加拿大旅游委员会、日本国家旅游组织、西班牙旅游促进会等。对于另一些国家和地区,目的地营销职能与政策、管理等职能并列,由政府旅游管理部门统一承担。这时候,政府旅游行政管理机构中的市场开发部门就相当于旅游目的地营销机构。旅游目的地营销机构是信息网络和旅游电子商务技术的重要应用者。

(2)旅游企业。旅游企业是旅游市场的主体,由于旅游产品本身的特点和网络信息手段商业应用的倍速增长趋势,电子商务为旅游企业提供了非常有吸引力的全新市场空间。因此,旅游企业开展电子商务,必须进行系统规划,建设好自己的电子商务系统。

一个完备的旅游企业电子商务系统,由企业内联网络系统、基于 Intranet 的旅游企业管理信息系统和电子商务站点以及其他部分有机组成。其中:企业内联网络系统是沟通企业内部信息传输的媒介,企业管理信息系统是信息加工、处理的工具,电子商务站点是企业拓展网上市场的窗口。

(3)旅游消费者。旅游消费者是旅游电子商务的最终服务对象。信息手段在旅游电子商务中的运用为旅游者提供了更充分的信息服务并让旅游者享受查询、预订、咨询及服务等多方面便利,节省时间和费用。它也使旅游者从过去信息比较封闭和稀缺的状态进入信息完备而丰富的状态,可以了解更多的旅游景区景点和旅游产品,增加了选择性,激发了消费愿望。

旅游电子商务系统能为旅游者提供覆盖旅游全过程各个阶段的多种服务。在旅游出行之前,游客可以首先查询旅游电子商务网站提供的旅游目的地信息、与旅游相关的公共信息(包括天气、航班、列车、公交、其他交通信息、汇率等)、旅游企业信息(如餐厅、酒店、旅行社等)、旅游产品信息;旅游者可通过电子邮件、聊天室、留言板等与旅游企业进行交流,进行旅游咨询;另外,旅游者还可通过电子商务平台预订旅游产品,得到确认,再进行网上支付。在旅行中,游客通过旅游电子商务平台,可了解目的地各种情况,查询旅游服务设施,还能够及时做下一站的行程安排。对旅行归来的游客,旅游电子商务网站提供了信息交流和反馈的渠道,游客可通过电子商务网站进行投诉,提出建议,填写调查问卷等。旅游企业可将过去接待的旅游者信息纳入到客户关系数据库中,定期向其传递符合其偏好的旅游促销信息。

4. 旅游信息化组织

旅游业的运行涉及旅游目的地营销机构、旅行社、航空公司、酒店、主题公园、景点、汽车租赁、火车、游轮公司、文娱场所、旅游购物中心、展览业等各种旅游、文化、信息传播机构等多种机构和环节。这些机构分布在不同的地域,规模大小不一,对信息化的认识和应用程度不同。旅游电子商务在行业内的普及,需要有专业的广泛服务于行业的引导者、服务者、推动者、规范者。这些工作通常由旅游信息化组织来完成。

旅游信息化组织一方面推动旅游营销机构和旅游企业更好地在旅游电子商务体系中定位自己,保证他们能从先进的、新的通信技术中获益;另一方面还承担着推进旅游电子商务标准化以及制定旅游电子商务政策法规的职能。

在我国,政府性的旅游业信息化机构,如国家旅游局、地方旅游局的信息中心,负责旅游业信息化的规划、管理、组织和事业发展的职能,它们在全行业贯彻落实中央关于信息化工作的方针政策,推进旅游业的信息化工作,推进旅游业务处理的电子化、数字化,促进旅游业电子政务和电子商务的发展。

5.支付结算与物流配送体系

支付结算与物流配送体系的稳步推进,是旅游电子商务得以顺利实现的重要支持。

支付结算是旅游网上交易完整实现的很重要的一环,关系到对购买方的信用、能否按时支付、旅游产品的销售方能否按时回收资金并促进企业经营良性循环的问题。对于一个完整的网上交易,它的支付应该是在网上进行的。但由于目前电子商务支付环境和社会认同程度的原因,网上交易还处于初级阶段,许多旅游企业和旅游者还没有接受网上支付这种方式。支付结算是脱离网络进行的,旅游者事先预订了旅游产品,再与旅游企业面对面支付费用。旅游企业之间的支付则采取月结和银行划账的方式。

与其他行业不同,旅游电子商务对物流配送的需求相对很少。旅游产品具有异地购买、当地消费的特点,一个旅行社推广旅游线路,无论消费者身在何处,都需要亲临当地进行消费;消费者预订酒店时,可以在地球的另一端,但是只有亲自住入酒店才能完成这次消费。旅游产品的这种消费特点,能够有效地避免电子商务实施过程中商品远距离运送问题,而只需要解决一些交通票据的近距离递送。

对于开展旅游电子商务的企业而言,有两种途径管理和控制物流。一种是利用自己的力量建立自己的物流系统,例如,上海春秋国际旅行社作为开展电子商务时间较早的企业,早已在物流配送上形成一支庞大的服务队伍。它在上海的各区县均有营业部,在上海市200公里内都能提供上门送票服务。另一种方式,是通过选择合作伙伴,利用专业的第三方物流公司提供票据递送服务。比如在美国,旅游电子商务网站递送机票最主要的合作伙伴是美国联邦快递和UPS。

(三)旅游电子商务的功能

旅游电子商务可提供网上交易和管理等全过程的服务。因此,它具有旅游广告宣传、旅游活动咨询洽谈、旅游产品网上订购、旅游消费网上支付、电子账户、旅游服务传递、旅游意见征询、旅游产品交易管理等各项功能。

1.旅游广告宣传

旅游企业可利用网上主页(Home Page)和电子邮件(E-mail)在全球范围内做广告宣传;而旅游消费者则可借助网上的检索(Search)工具迅速地找到所需旅游产品信息。与以往的各类广告相比,网上的广告成本最为低廉,而给旅游消费者的信息量却最为丰富。

2.旅游活动咨询洽谈

旅游企业和旅游消费者可借助非实时的电子邮件(E-mail)、新闻组(News Group)和实时的讨论组(Chat)来了解旅游市场和旅游商品信息、洽谈交易事宜,如有进一步的需求,还可以用网上的白板会议(Whiteboard Conference)来交流即时的图形信息。网上的咨询和洽谈能超越人们面对面洽谈的限制,提供多种方便的异地交谈形式。

3.旅游产品网上订购

旅游电子商务可借助Web中的邮件交互传送实现网上的旅游产品订购。旅游企业通常都是在介绍旅游产品的页面上提供十分友好的订购提示信息和订购交互格式框。当旅游者填完订购单后,通常系统会回复确认信息单据来保证订购信息的收悉。旅游产品订购信息也可采用加密的方式使旅游者和旅游商家的商业信息不被泄露。

4. 旅游消费网上支付

旅游电子商务要成为一个完整的过程,旅游消费网上支付是一个重要的环节。旅游商家和旅游消费者可采用电子支付手段进行支付,这样可以节省旅游交易中的人员开销。

5. 电子账户

网上的旅游消费支付必须要有电子金融来支持,即银行或信用卡公司及保险公司等金融单位要为金融服务提供网上操作服务。而电子账户管理是其基本的组成部分。信用卡号或银行账号都是电子账户的一种标志,而其可信度需配以必要技术措施来保证,提供电子账户操作的安全性。

6. 旅游服务传递

对于已付了款的旅游消费者应将其订购的旅游产品尽快传递到他们的手中,而最适合在网上直接传递的旅游产品是旅游信息产品,如旅游合同、旅游电子读物、旅游信息服务等。旅游电子商务能直接从旅游电子仓库将旅游产品发到用户端。

7. 旅游意见征询

旅游电子商务能十分便捷地采用网页上的"选择"、"填空"等格式文件来收集旅游消费者对旅游销售服务的反馈意见。旅游消费者的反馈意见不仅能提高旅游售后服务的水平,还能帮助旅游企业改进旅游产品、提高服务质量。

8. 旅游产品交易管理

旅游产品交易管理是涉及旅游商务活动全过程的管理。旅游电子商务的发展,将会提供一个良好的旅游产品交易管理的网络环境及多种多样的应用服务系统。

三、应用旅游电子商务

旅游电子商务的各种功能通过企业所选择的电子商务模式而在不同的领域发挥着不同的作用。随着旅游电子商务的不断发展和深化,它在旅游业的应用也越来越广,几乎无所不在。其中,较为典型的应用领域有销售预定系统、客户关系管理(customer relationship management)和企业资源计划(enterprise resource planning)等。

(一)销售预定系统

1. 计算机预订系统(computerized reservation system,CRS)

计算机预订系统是一个专供旅游业内部使用的电脑预订网络,它一端联系航空公司、饭店等旅游服务供应单位,另一端联系分布在各地的旅行社等销售单位,为旅客预订机票、客房等服务,并辅之以由上述各单位参加的银行清化计划(banking settlement plan,BSP)进行费用结算。CRS是旅游业的第一代网上销售系统,它大大提高了旅游销售的效率,迄今仍是各国航空公司出售机票的主要工具。航空公司的计算机预定系统最早用于旅游预订和销售,现其业务范围逐步扩大,包括订购机票、预定客房、租车等,我国航空公司的计算机订票网络现已十分发达,如南方航空公司在全国各地的电脑预订服务已网络化。

2. 饭店集团的中央预订系统(center reservation system,CRS)

饭店集团的中央预订系统已有40多年历史,最早的中央预订系统是由假日饭店集团于1965年7月建立的假日电信网(Holidex-I),是饭店集团自建的预定销售系统。顾客可通过此系统预定该集团在全球各地的任意一家饭店或度假村的客房,并且在几秒钟内就可得到确认。中央预定系统使饭店集团能有效地将客源保持在集团内部。目前向中国大陆非国际联合集团饭店提供 CRS 接人服务的主要有两大饭店组织,即 Utell International 和中国天马系统。

3.全球分销系统(global distribution system,GDS)

全球分销系统是近二十年以来获得迅速发展的新型电子商务营销网络,是为代理人提供航空和旅游产品分销服务的计算家技术及网络服务系统的总称。通常以国际性航空公司为龙头,与连锁饭店、度假村、汽车租赁公司、铁路公司、旅游公司等旅游相关企业形成联盟共同建设的,提供航班预定、订房、旅游预订等综合服务的分销与信息服务的系统。

(二)客户关系管理(customer relationship management,CRM)

客户是企业发展最重要的资源之一。旅游企业推出的旅游产品只有在大量旅客的消费过程中才能产生价值和利润,客户关系对旅游企业尤为重要。客户关系管理是以客户为中心的新型商业模式,是一种旨在改善企业和客户之间关系的新型管理机制;企业通过销售、市场和服务等渠道全面收集客户资料,综合分析客户信息,目的在于建立新型的企业与客户关系,使企业得以快速提供客户所需要的产品和服务,从而提高客户满意度,吸引和保持更多的客户,增加企业的效益。广东易网通商旅资讯服务有限公司就是通过建立完备的 CRM 企业客户关系管理系统凝聚公司客户提供旅游服务的。

三、企业资源计划(enterprise resource planning,ERP)

企业资源计划是一个以企业会计为导向的信息系统,其目的是对企业的制造、配送和结算等环节的企业资源,进行合理的规划和管理。ERP 的产生是为了合理配置传统企业内部资源,实现企业办公的自动化,提高企业的作业率和各部门的协调能力。其在旅游企业的应用主要为与之关系比较密切的财务管理和人力资源管理。

子任务 2 解构旅行社电子商务的基本组成

一、解释旅行社电子商务的概念

旅行社电子商务就是把电子商务融合到传统的旅行社业务中去,实现产品生产、销售、预定和结算电子化的过程。它以数据(包括文本、声音和图像)的电子处理和传输为基础,包含了许多不同的活动,如商品服务的电子贸易、数字内容的在线传输、电子转账、协作、在线资源利用、消费品营销和售后服务、远程管理等。其包含以下几层含义:旅行社电子商务是整个旅游交易活动的自动化和电子化;旅行社电子商务是利用各种电子工具和电子技术从事各种旅游交易活动的过程,其中,电子工具是指计算机硬件和网络基础设施;旅行社电子商务内容广泛,渗透到旅游交易活动的各个阶段,包括信息交换、售前售后服务、销售、电子银行、运输、资源等;旅行社电子商务的参与者包括旅行社,旅游企业、旅游消费者、企业雇员、银行和金融机构以及政府等;旅行社电子商务的目的是实现旅行社高效率、低成本的旅游交易活动。

二、分析电子商务对旅行社的影响

(一)分析电子商务对旅行社商务活动的影响

电子商务可以增强旅游企业间的信息沟通和业务联系。在电子商务环境下,所有的商务活动都变得非常简单:

(1)人们可以进入网上商场浏览、采购各类产品,而且还能得到在线服务;

（2）商家们可以在网上与客户联系，利用网络进行货款结算服务；

（3）旅行社可直接面对旅游目的地的旅游企业和客源地的消费者，更有针对性地提供个性化、人性化服务，从而提高服务水平和效率，变被动营销为主动营销。

（4）电子商务可以弥补传统旅行社与游客之间信息不对称所导致的诸多缺陷。由于旅游产品具有无形性，游客在实现旅游消费之前难以了解旅游产品的质量，这使消费者往往处于信息缺乏的一方。这种信息不对称会导致旅游市场资源的不合理配置，不利于旅游业的发展。

电子商务为企业提供了一种全新的产品信息媒体，为消费者提供全方位的资讯平台，这不仅可充实游客可获取的信息，也可激发潜在的游客，扩展旅游市场。

（二）电子商务对旅行社组织形式的影响

在电子商务环境下，虚拟旅行社、业务外包、战略联盟等中间形态的商务组织层出不穷。这些商务组织形式的出现不是偶然的，而是代表了传统的旅行社组织形式正在被电子商务"解构"和"重组"，半旅行社半市场的中间形态的商务组织将会成为旅行社组织形式的主流。

（三）电子商务对旅行社管理体系的影响

目前，很多电子商务系统已涉足旅行社程序化的决策领域，甚至某些程序化决策部门功能也完全由电子商务系统自动完成。管理者可以集中精力于非程序化决策，从而扩大管理幅度，降低管理层次，实现旅行社管理的扁平化。

（四）电子商务对旅行社经营方式的影响

（1）电子商务是在商务活动的全过程中，通过人与信息技术的结合，极大地提高商务活动的效率，减少不必要的中间环节。

（2）旅行社的经营方式也实现了由传统的"推式"向以顾客为中心的"拉式"转变。

（3）传统旅行社职能将被逐步淡化和削弱，中间商市场逐步减少。电子商务的应用和普及，使旅游者可直接通过网络进行旅游活动的信息查询、线路安排、票务酒店预订等，足不出户即可获得关于旅游地的充分资料。可见，传统旅行社帮助游客设计线路、安排交通及住宿等职能在旅游电子商务中已非必需之物，旅行社将面临迷失于网络旅游营销中的困境。

（4）未来旅行社必将转化角色，由代表供应商利益向代表消费者利益转变。

（五）电子商务对旅行社业务流程的影响

传统的旅行社内部信息交流大多只能采用"一对一"模式逐级传递，业务流程也只能在这种基础上设计和形成，其效率低下；电子商务使得"一对多"、"多对多"信息交流成为可能。一份业务报告可以同时传递给多个上级或者多个部门，业务协调也可以非常容易地跨地域、跨部门、跨层次进行。旅行社必须对原有的业务流程重新设计，构造出适应电子商务的更高效率的业务流程。

三、解构旅行社电子商务体系的基本组成

旅行社要开展电子商务必须以旅行社的信息化和商务的电子化为前提，结合旅行社自身的特点，改造传统的操作手段和操作流程，并建立起与新的生产方式相适应的经营理念和管理方式，从而形成一套完整的不断螺旋上升的良性的电子商务体系。

从构建旅行社电子商务体系的角度来说，旅行社电子商务的体系结构中主要有层次结构、功能结构、软件结构、物理结构和相应的管理机制。

(一)层次结构

层次结构是从旅行社管理的角度,将旅行社企业的电子商务分为了基础的作业处理层,中间的管理控制层和顶端的战略决策层等三个子系统。例如,旅行社的线路设计、报价、销售、采购等工作都属于作业处理层,对旅行社内部作业实施情况的监督管理则属于管理控制层,通过研究分析旅行社内外环境为旅行社发展做出战略规划等则属于顶端的战略决策层。

(二)功能结构

功能结构则反映了在层次结构下,系统中各个部门通过该系统所完成的工作。旅行社每个层次承担着不同的工作内容和工作责任,旅行社在层次结构划分的基础上通过电子商务系统对每个部门应完成的工作进行明确分工,做到责任明确、分工合理。

(三)软件结构

软件结构体现了为实现系统的总体目标和具体功能所需要的软件组成及其相互关系。旅行社电子商务系统的总体目标需要通过软件来实现,优质的软件机构会使旅行社电子商务功能有效满足实践需要,达到便捷、高效的目标,有助于提高旅行社的经营管理能力。

(四)物理结构

物理结构是整个电子商务体系为了保障软件系统能实现其功能而必须具备的硬件构成,以及系统硬件资源、软件资源和信息资源地理分布的拓扑关系。

(五)相应的管理机制

尽管电子商务系统可以为旅行社实现信息化、现代化、职能化办公提供良好的工作平台,但是要想使之真正发挥作用关键还在于在实践中去贯彻执行。旅行社电子商务系统同样需要有必要的管理机制,确保系统不断维护升级,以及实践中按照相关规定去实施旅行社电子商务。

子任务3 设计与实施旅行社电子商务

一、分析旅行社电子商务系统研发趋势

旅行社要实施电子商务,应当建立一套切实可行的旅行社电子商务系统。而旅行社电子商务系统的设计,应根据旅行社电子商务体系的基本结构,结合旅行社自身的市场定位和经营的特点,参与先进的管理学理论,并最终形成能促进企业信息化智能化和提高效率、降低成本的电子商务模式。目前,从旅行社管理信息化和商务电子化的发展过程来看,旅行社计算机软件的设计和开发呈现出以下一些发展趋势。

(1)从单功能软件到集成软件,从旅行社管理信息系统与旅行社电子商务系统由各自独立的系统向逐渐整合的方向发展。

早期计算机在旅行社的运用主要是处理某些部门的特殊需求,而现在计算机不但能处理各部门的局部数据,而且已经将旅行社的各方面的信息处理集成到一起,形成一个完整的信息处理和交易处理系统。

(2)从事务处理到管理系统,并向决策性软件发展。事务型软件主要是对人工操作的模仿,减少人工错误,降低人工成本,提高工作效率;管理型软件不再以减少人工操作为主要目标,而是通过计算机事务的处理实现数据的电子化,再对电子化的数据进行统计、归纳、分析等深层次加工,使日常事务活动中产生的数据变成管理提供参考的信息;决策型软件则更进一步,不但可以为管理者提供参考信息,而且还可以利用数据模型,通过加工获得的信息进行直

接决策或辅助决策。

（3）从 C/S 模式向 B/S 模式或 C/S 与 B/S 结合的方向转变。

C/S 模式，即 Client/Server 模式，用这种模式开发的软件业务变更或改变不够灵活，维护和管理得难度较大，需要专门的客户端安装程序，不能够实现快速部署安装和配置，对开发旅行社电子商务系统来说已不太适用。B/S 模式，即 Browser/Server 模式，按这种模式开发的软件具有分布性特点，可以通过 Internet 随时随地进行业务处理，而且系统维护和业务扩展也简单方便。通过修改或增加网页即可实现所有用户的同步更新或系统功能增加，是目前开发基于 Internet 应用系统的主要模式。当然，如果能将 C/S 模式中客户端数据处理和打印功能强的特点结合在 B/S 模式中就能开发出功能更强的旅行社电子商务系统。

二、把握旅行社电子商务系统的设计要点

根据旅行社计算机软件的这些发展特点，在设计开发旅行社电子商务时，应着重考虑以下几点：

（1）将企业办公自动化系统、管理信息系统和电子商务系统结合起来设计，使企业的经营决策、业务管理和营销管理通过企业信息流的共享而整合成一个有机的系统。这样既可以增强信息的共享程度，也可减少信息流转的中间环节，提高利用效率；同时还可减少重复投资，降低成本。

（2）由于旅行社对外信息交流是旅行社开展业务的基础，设计以电子商务为中心的企业计算机系统时，应以 B/S 或 B/S 与 C/S 结合的模式为主，建立基于 Internet、采用 Web 技术的开放型系统。

（3）鉴于目前通过 Internet 进行多媒体实时客户交流还尚未形成气候，中小旅行社电子商务可以企业资源计划（ERP）为主的企业内部业务流重组来设计电子商务系统，大中型旅行社则可建立包含企业资源计划和供应链管理的企业外部业务流重组为基础的电子商务系统。

三、建立旅行社独立网站

（一）旅行社网站的组成部分

1. 域名，即网址

原则上域名的选择可以任意决定，但是一个好的旅行社网址应该与旅行社的名称一致而且要尽量简短易记。

2. 主页

主页代表旅行社的"脸面"，是给浏览者留下第一印象的关键页面，主页应包括旅行社名称、标志、对站点内容进行导航的菜单和图表，标明最重要的产品，以及公司的联系方式、地址等。主页制作要快捷、精简、信息概括、易于导航。

3. 新闻稿档案

无论旅行社大小，它的网站都应该有个新闻稿档案，它可以发布有关新产品和信项目的情况，作为档案的一部分，它们又是活的公司年表。

4. 产品和服务

产品页面主要展示旅行社在售产品的名称、价格、行程等内容，是旅行社网站的重要内容，目的是为了更有效地宣传促销。所以，这一部分往往会放在网站的重要位置，清楚明了，方便

消费者查阅。

5. 雇员页面

雇员是旅行社最宝贵的资源和财富,旅行社通过创建每个雇员页面,可以吸引潜在的客户,同时也是网站人格化的有效手段。客户希望把电子邮件发给一个真正有名字的人。

6. 市场调研页面

旅行社可以通过市场调研页面的制作,收集顾客对产品的评价和建议等信息,由此可建立市场信息库,作为营销决策的量化基础。

7. 旅行社信息页面

主要展示旅行社的发展概况、经营理念等内容,有助于提高旅行社的资信透明度,让访问者了解旅行社的运营状况。

（二）遵循网页设计的原则

（1）主页上应该有旅行社的标志物,能让浏览者知道这是哪家旅行社的主页,但标志物不宜过大。

（2）应将旅行社站点视为信息的"终点站",方便浏览者下载。

（3）应图文结合。每个图标都应配上必要的文字说明,图片应选择有吸引的图片,必要时进行一些图片处理后在发到网站上。

（4）页面上应设置在线咨询平台、电子邮箱地址或论坛,方便与浏览者进行信息及时反馈。

四、网上营销旅行社产品

旅行社可以通过自建独立的网站或借助网络服务供应商提供的专业网站进行网上营销。

（一）制订产品策略

无论是旅行社自己的网站还是通过其他网站推出的旅游产品,仅仅是把旅行社已拥有的线路简单摆放在网站上,这类产品在推广上几乎没有任何优势可言,获得的营销效果自然就不佳。因此,旅行社应当重点设计适合在网上营销的产品,让网民有机会自己进行选择,满足他们的个性化需求。在互联网上营销的产品应当根据互联网的营销特点来进行设计和营销,旅游产品也不例外。

1. 增大产品的标准化程度

人们在购买其他商品时,可以先目睹商品的特性和质量,然后再决定是否购买,而由于旅游产品的异地性,旅游者无法在购买之前对产品进行"验货"。而标准化程度越高的产品越能减少人们到亲临鉴别的依赖性,这一规律同样也适用于旅行社产品。在我国传统的旅行社产品中,作为生产要素的人的成分过重,整个行程都由导游或领队掌握,旅游者缺乏一定的自由度。在国外,随着观光旅游逐渐退出主体市场,作为生产要素的人的比重大大降低,产品的标准化程度大幅度提高。

2. 提供个性化的旅游产品

随着旅游活动的开展,传统的团体旅游很难适应对当今游客个性化的旅游需求。旅行社通过网络营销可以凭借便捷的信息沟通、强大的查询功能提供个性化旅游产品,来满足个性化旅游需求。网络营销能够灵活地适应市场变化,在最短的时间内,确定线路、更新产品或调整价格。这也是网络旅游市场近年突飞猛进的一个重要原因。很多旅行社目前还没有个性化旅游产品,网络营销特有的优势没有得到充分发挥。把个性化打造成为旅行社的特色和品牌,对于扩大市场份额,降低企业运行成本,提高企业利润率都有着十分重要的意义。

(二)制定价格策略

网络的开放性和主动性为旅游者的价格选择提供了可能。对于大多数旅游者来说,网络将使他们成为自由的定价者,而不像以前那样只是价格的被动接受者。因此,网络营销中旅游企业价格策略的制定,要充分掌握旅游者购买信息,使买卖双方能充分沟通。具体可以采取的策略有:

1. 个性化定价策略

借助完善的数据库,网络可能帮助旅游者实现的功能有很多,甚至只要将他们想去的地方及愿意支付的机票、客房、用餐、租车等的价格输入,网络就能帮他们去寻找,完全根据每个旅游者的个性化需求来行动,让旅游者不费吹灰之力就能以自己的出价去旅游。同时网络使营销人员认识到同样的产品和服务对于不同的顾客可以具有不同的价值,这也就意味着可以具有不同的价格。例如,周五下午的机票对于商务乘客特别有价值,这样的价值就可能反映在机票价格上。正因为这样,我们才有可能实现产品和服务的充分个性化,这种个性化甚至可以实现没有完全相同的线路和价格。

2. 提供价格查询

网上提供的各种搜索工具能使旅游者很容易地查到相同旅游产品的不同报价。如果旅行社能够在自己的网站上就为旅游者客观、准确地提供同类旅游产品或相关产品的不同旅游企业的价格目录,既方便了旅游者查询,为他们提供了个性化服务,又能提高客户的信任度。实现所谓的"同等价格比服务,同等服务比价格",真正体现企业的竞争优势。

3. 开发自助调价和智能议价系统

取消菜单式定价。自助调价系统可根据季节、市场需求、促销状况等因素的变化自动调整价格水平,智能议价系统则可以给旅游者提供一个网上议价的环境,满足其心理需要。旅游者自己可以参与定价,对旅游者本身的心理期望是一种满足,这种满足或许能够把潜在消费倾向转变为现实的消费需求。

(三)制定渠道策略

旅游网络营销渠道是借助因特网将旅游产品从生产者转移到旅游者的中间环节,它一方面要为旅游者提供旅游产品信息,方便旅游者选择;另一方面又要方便旅游者购买。旅行社通过互联网无疑大大扩展了营销渠道,更多的旅游者可以通过浏览网站了解旅行社的产品信息。旅行社需要对其网站进行必要的宣传,同时还应及时更新,使其成为新老客户同旅行社沟通的平台。

(四)制定促销策略

网络促销的最大优势是可以实现沟通双方突破时空限制直接进行交流,这种交流简单、高效而且费用低廉。尤其是对于旅游产品来说,这种方法的优势十分明显。可以通过网上介绍的方式将旅游目的地、旅行社、酒店等无形化的服务通过有形展示的方式告诉异地的旅游者,使其对即将购买的产品有充分的了解。在网上开展促销活动是最有效的沟通渠道,但网上的促销活动开展必须遵循网上的信息交流与沟通规则。

1. 网络广告促销策略

网络广告促销是指通过信息服务商进行广告宣传,开展促销活动。相对于传统的广告,网络广告拥有更好的性能价格比:网络广告的投资低、效果好。网络广告跨越地域和时空,宣传范围广泛,只要是上网用户都是它的宣传对象,不受电视广告的时间限制,也不受报纸广告的版面限制。网络广告表现形式灵活,交互界面受用户喜爱,运用计算机多媒体技术,电子广告以图、文、声、像等多种形成,将产品的形状、用途、使用方法、价格、购买方法等信息展示在用户面前,交互式界面可以使用户除了了解产品的概括介绍外,还能有选择的阅读有关详细资料。

2. 电子邮件促销

由于电子邮件具有廉价、快捷性和简单等特点,因而 E—mail 促销被认为是最有效和最有发展潜力的网络促销方式。据统计其反馈率远远高于旗帜广告的回应率。但这种促销不应该是随意向潜在客户发送产品和服务信息,而是基于事先争得用户同意的"软营销"方式。在采取这一促销策略时,基本思路是:通过为浏览者提供某些有价值的信息,如旅游资源现状、旅游线路信息、酒店预订信息、旅游服务信息以及为顾客定制的个性化服务内容等,吸引顾客参与,从而收集顾客的邮件地址(邮件列表)。通过这些邮件地址,向顾客发送他们所定制的信息,在发送定制信息的同时对自己的网站、产品或服务进行宣传介绍。特别需要提醒的是,如果以垃圾邮件的形式向广大用户群发,可能会适得其反,对企业的形象和声誉造成损害。

3. 网络公共关系促销

网络公共关系与传统公共关系功能类似,但由于网络的开放性和互动性等特征,又使网络公共关系出现了一些新的特点:企业主动性增强,可以通过网络论坛、新闻组、E-mail 等直接面向目标市场及时发布新闻,不受篇幅、媒体时间与空间的限制;网上消费者的权威性得到强化,他们的意见和行为是企业的无形财富,他们对企业的影响更直接、更迅速;传播的效能性大为提高,网络上双向互动式的沟通,使传播的广度、力度大大提高。

在网络上开展公共关系活动有多种形式,可以通过站点宣传推广网站,通过蓄意制造有新闻价值的事件吸引公众注意力,通过活动策划组织让网民有兴趣参与并能造成一定社会影响的活动等。

4. 赠品促销

这种促销方式通过鼓励人们经常访问网站或通过网站购买旅游产品以获得更多的旅游优惠信息来提高网站的访问量和知名度,营销人员能根据旅游消费者索取赠品的热情程度来分析、总结营销效果和产品或服务本身的反应情况等。采取这种促销策略时应注意赠品的选择,要选择适当的能够吸引旅游消费者的产品或服务。

5. 积分促销

这种促销方式在网络上更易操作,它可通过编程和数据库来实现,并且结果可信度高。积分促销的奖品一般应是价值较高的奖品,旅游消费者通过在网上多次购买旅游产品来增加积分,以获得奖品。这种促销方式的优点是:可以增加旅游消费者访问网站的次数,可以增加旅游消费者对网站的忠诚度,可以提高网站的知名度等。很多网站通过这种方式已经取得了比较明显的效果,如携程旅游网。

<h1 style="text-align:center">项目实训</h1>

实训项目 港澳零团费、负团费解决方案:目前有些组团社港澳游实行零团费、负团费,这已经严重扰乱了正常的旅游市场,请你对此进行调研,提出解决问题的方案。

实训目标 学生通过实地调研分析,了解零团费、负团费产生的原因,提出问题的解决方案,提高实际运用知识的能力。

实训指导

1. 指导学生了某些旅行社解零团费、负团费运作流程。

2. 分析零团费、负团费产生的原因。

实训组织

1. 把所在班级学生分成 4 个小组，每组 10 人左右，确定组长，实行组长负责制。

2. 组织小组同学实地调研、访谈业内人士，寻求解决零团费、负团费的方案。

3. 写出实训报告，包括访谈地点、时间、参加人员及解决问题的方案。

实训考核

1. 根据每组所写报告，由主讲教师进行评分和点评，占 50％。

2. 小组自评，占 50％。

项目小结

本项目学习了旅行社人力资源管理的基本知识，实践掌握了旅行社人力资源开发与管理过程中人力资源规划、工作分析、工作设计、招聘和选拔、培训、绩效评估、报酬管理等操作环节，认识了建设旅行社企业文化对旅行社运营的重要性，并确定了建设内容，培养和训练了学生对旅行社人力资源管理的综合能力和素质；了解旅行社质量管理的内容，掌握了旅行社服务质量的标准与方法，操作和培训了妥善处理投诉程序和技能；学习了旅行社财务管理和风险管理的基本知识和基本理念，掌握了旅行社财务管理和风险管理的内容和方法，实践掌握了对旅行社资产、成本费用、营业收入和利润等的初步管理方法和理念，训练了财务分析和规避旅行社风险的技能；了解了旅游电子商务的功能与应用，解构了旅行社电子商务的基本组成，实践操作了旅行社电子商务设备，尝试办理了旅行社电子商务的基本业务。

思考与练习

一、主要概念

旅行社人力资源管理　旅行社员工绩效评估　旅行社财务管理　旅行社利润　旅行社电子商务

二、思考题

1. 分析人力资源管理对于旅行社经营管理的意义。

2. 分析旅行社人力资源规划的作用。

3. 旅行社服务质量的内容有哪些？

4. 旅行社服务质量投诉产生的原因是什么？减少旅游投诉的途径有哪些？解决投诉应注意哪些问题？

5. 旅行社的经营结算业务包含哪些内容？

6. 如何对旅行社成本费用进行控制？

7. 简述旅行社风险控制方法。

8. 简述旅游电子商务的应用领域。

9. 浅析旅行社网上营销策略。

参 考 文 献

[1] 朱晔,问建军.旅行社经营与管理实务[M].西安:西安交通大学,2010.

[2] 柳中明.旅行社经营与管理[M].北京:电子工业出版社,2010.

[3] 纪炳南.旅行社经营管理[M].北京:清华大学出版社,2010.

[4] 朱晔.导游业务及实训教程[M].西安:西安交通大学出版社,2010.

[5] 李幼龙.旅行社业务与管理[M].北京:中国纺织出版社,2009.7.

[6] 陈永发.旅行社经营管理[M].2版.北京:高等教育出版社,2008.

[7] 刘晓杰.旅行社经营与管理[M].北京:化学工业出版社,2009.

[8] 董正秀,朱晔.旅行社管理实务[M].南京:东南大学出版社,2007.

[9] 谢颖.旅行社经营管理实务[M].大连:大连理工大学出版社,2009.

[10] 倪慧丽.旅行社经营管理实务[M].北京:人民邮电出版社,2006.

[11] 巫宁.旅游信息化与电子商务经典案例[M].北京:旅游教育出版社,2006.

[12] Dimitrios Buhalis.旅游电子商务[M].北京:旅游教育出版社,2007.

[13] 李健明.旅行社服务质量管理新论[M].北京:中国科学技术出版社,2007.

[14] 赵爱华,雷引周.导游业务[M].北京.中国财政经济出版社,2007.

[15] 梁智.旅行社运行与管理[M].大连.东北财经大学出版社,2006.

[16] 周晓梅.旅行社经营管理[M].重庆.重庆大学出版社,2008.

[17] 李胜芬,侯志强.旅行社经营与管理-理论、方法与案例[M].北京:中国科学技术出版社,2008.

[18] 孙班军.风险管理案例——分析与公司治理[M].北京:中国财政经济出版社,2006.

[19] 邹统钎.旅游危机管理[M].北京:北京大学出版社,2005.

[20] 中华人民共和国旅游局网站:http://www.cnta.gov.cn/

[21] 计调网:http://www.jidiao.net/

[22] 魏小安.出国旅游管理的政策基础[EB/OL].

[23] 魏小安.出境旅游市场的规范[EB/OL].